Vernunft auf Anordnung

Europäische Hochschulschriften

Publications Universitaires Européennes
European University Studies

Reihe II
Rechtswissenschaft

Série II Series II
Droit
Law

Bd./Vol. 5396

PETER LANG
Frankfurt am Main · Berlin · Bern · Bruxelles · New York · Oxford · Wien

Clas-Steffen Feuchtinger

Vernunft auf Anordnung

Das Kindeswohl im Elternstreit bei Trennung und Scheidung

Pflichtberatung gemäß § 156 Abs. 1 S. 4 FamFG als Ausdruck von Elternverantwortung und Staatlichem Wächteramt gemäß Art. 6 Abs. 2 GG

PETER LANG
Internationaler Verlag der Wissenschaften

Bibliografische Information der Deutschen Nationalbibliothek
Die Deutsche Nationalbibliothek verzeichnet diese Publikation in der Deutschen Nationalbibliografie; detaillierte bibliografische Daten sind im Internet über http://dnb.d-nb.de abrufbar.

Zugl.: Frankfurt (Main), Univ., Diss., 2012

Gedruckt auf alterungsbeständigem,
säurefreiem Papier.

D 30
ISSN 0531-7312
ISBN 978-3-631-63471-4

www.peterlang.de

Meinen Eltern

Vorwort

Die Trennungs- und Scheidungswirklichkeit spiegelt sich deutlich in den Scheidungsziffern der letzten Jahrzehnte wider. Nicht selten sind Streitigkeiten um das Kind die Folge. Jedoch unterscheidet sich die Perspektive des Kindes auf die Scheidungssituation grundsätzlich von der seiner Eltern. Im Mittelpunkt der vorliegenden Arbeit steht somit die Frage, inwieweit kann die Situation des Kindes besonders in hochemotionalen Auseinandersetzungen der Eltern verbessert werden. Es galt, die besondere Bedeutung des Kindeswohls als ein geschütztes Rechtsgut von Verfassungsrang herauszuarbeiten. Die Komplexität des Themas und der bestehende Kontext zu anderen fachfremden Disziplinen machten eine interdisziplinäre Herangehensweise erforderlich. Somit war der Begriff »Kindeswohl« aus juristischer Sicht als auch aus der Sicht der Human- und Sozialwissenschaften zu untersuchen.

Besondere Aufmerksamkeit wurde dem Spannungsverhältnis von Elternprimat und der subsidiären Verantwortung der staatlichen Gemeinschaft gewidmet. Beiden kommt die Aufgabe zu, über das Kindeswohl zu wachen. Dabei wurde der Frage nachgegangen, ob Eltern zu einer Teilnahme an Hilfs- und Beratungsangeboten verpflichtet werden können. Inwieweit eine solche Pflichtberatung vor dem Hintergrund der gegenwärtigen Rechtslage möglich ist, ist Gegenstand dieser Arbeit. Sie entstand parallel zu den Gesetzgebungsverfahren des Gesetzes über das Verfahren in Familiensachen und in den Angelegenheiten der freiwilligen Gerichtsbarkeit.

Die Rechtswissenschaftliche Fakultät der Johann Wolfgang Goethe-Universität zu Frankfurt am Main hat die vorliegende Arbeit im Sommersemester 2012 als Dissertation angenommen. Mein besonderer Dank gilt Frau Professorin Dr. Marina Wellenhofer für die konstruktive Betreuung und die vielfältigen Anregungen bei der Abfassung des Manuskripts. Für die Erstellung des Zweitgutachtens danke ich Herrn Professor Dr. Ludwig Salgo, der mir mit kompetentem Rat zur Seite stand.

In besonderem Maße möchte ich meinen Eltern und meiner Frau danken, die mich geduldig und liebevoll unterstützt und mir diese Arbeit erst ermöglicht haben.

Frankfurt am Main, im September 2012 Clas-Steffen Feuchtinger

Inhaltsverzeichnis

Literaturverzeichnis

16. Deutscher Familiengerichtstag: 16. Deutscher Familiengerichtstag - Empfehlungen des Vorstandes, FamRZ (Zeitschrift für das gesamte Familienrecht) 2005, S. 1962–1964.

Alberstötter, Uli: Kooperation als Handlungsstrategie bei hoch strittigen Elternkonflikten, in: Weber/Schilling. Eskalierte Elternkonflikte. Weinheim, 2006, S. 177–198.

Alberstötter, Uli: Wenn Eltern Krieg gegeneinander führen, in: Weber/Schilling. Eskalierte Elternkonflikte. Weinheim, 2006, S. 29–51.

Altrogge, Alexandra: Nichtehelicher Vater und Sorgeerklärung, FPR (Familie Partnerschaft Recht) 2008, S. 154–157.

Amato, Paul R.: Life Span Adjustment of Children to Their Parents' Divorce, Future Child. (The Future of Children) Jg. 4 (1994), S. 143–164.

Amato, Paul R.: Children of Divorced Parents as Young Adults, in: Hetherington. Coping with divorce, Single Parenting, and Remarriage. Mahwah NJ u.a., 1999, S. 147–169.

Amendt, Gerhard: Scheidungsväter. Wie Männer die Trennung von ihren Kindern erleben. Frankfurt am Main, New York, 2006.

Andresen, Sabine; Hurrelmann, Klaus: Was bedeutet es heute Kind zu sein? Die World Vision Kinderstudie als Beitrag zur Kinder- und Kindheitsforschung., in: Hurrelmann/Andresen. Kinder in Deutschland 2007. Frankfurt am Main, 2007, S. 35–64.

Andreß, Hans-Jürgen; Borgloh, Barbara; Güllner, Miriam, et al.: Wenn aus Liebe rote Zahlen werden. Über die wirtschaftlichen Folgen von Trennung und Scheidung. Wiesbaden, 2003.

Arditti, Joyce A.: Parental divorce and young adults' intimate relationships: Toward a new paradigm., Marriage Fam. Rev. (Marriage and Family Review) Jg. 29 (1999), S. 35–55.

Ariès, Philippe; Hentig, Hartmut von; Neubaur, Caroline: Geschichte der Kindheit, 4. Aufl. München, 1977.

Ayoub, Catherine C; Deutsch, Robin M; Maraganore, Andronicki: Emotional distress in children of high-conflict divorce: The impact of marital conflict and violence, Fam. Cons. Crt. Rev. (Family and Conciliation Courts Review) Jg. 37 (1999), S. 297–314.

Baacke, Dieter: Die 6- bis 12jährigen. Einführung in die Probleme des Kindesalters, Bd. 5, 6. Aufl. Weinheim, 1999.

Badura, Peter: Art. 6 GG, in: Maunz/Dürig/Badura. Grundgesetz Kommentar, Stand: 2002, Lfg. 41. München, 2010.

Badura, Peter: Art. 6 GG, in: Maunz/Dürig/Badura. Grundgesetz Kommentar, Stand: 2011, Lfg. 61. München, 2010.

Balloff, Rainer: Die Regelung der elterlichen Sorge nach Trennung oder Scheidung. Neuere Tendenzen und Entwicklungen, in: Menne/Schilling/Weber. Kinder im Scheidungskonflikt, 1997, S. 115–138.

Balloff, Rainer: Kinder vor dem Familiengericht. München, Basel, 2004.

Balloff, Rainer; Walter, Eginhard: Gemeinsame elterliche Sorge als Regelfall? Einige theoretische und empirische Grundannahmen., FamRZ (Zeitschrift für das gesamte Familienrecht) Jg. 37 (1990), S. 445–454.

Balloff, Rainer; Walter, Eginhard: Möglichkeiten und Grenzen beratender Intervention am Beispiel der Mediation nach §§ 17, 28, 18 Abs. 4 KJHG, ZfJ (Zentralblatt für Jugendrecht) Jg. 80 (1993), S. 65–75.

Bamberger, Heinz Georg; Roth, Herbert (Hrsg.): Beck'scher Online-Kommentar, 11. Aufl. München, 2011. (zit. als Bearbeiter, in: BeckOK).

Bastine, Reiner: Mediation bei Familienkonflikten, in: Hörmann/Körner. Einführung in die Erziehungsberatung. Stuttgart, 2008.

Bastine, Reiner; Römer-Wolf, Birgit; Decker, Frauke, et al.: Praxis der Familienmediation in der Beratung, PKK (Praxis der Kinderpsychologie und Kinderpsychatrie) Jg. 55 (2006), S. 584–599.

Bastine, Reiner; Weinmann-Lutz, Birgit; Wetzel, Antje: Unterstützung von Familien in Scheidung durch Familien-Mediation. Abschlußbericht. Stuttgart, 1999.

Bastine, Reiner; Weinmann-Lutz, Birgit: Qualitätssicherung und Evaluation der Trennungs- und Scheidungsmediation: Das Heidelberger Dokumentationssystem DoSys, in: Strempel/Bastine. Mediation für die Praxis. Berlin, 1998.

Bauer, Kea: § 1666 BGB, in: Herberger/Viefhues. juris-PraxisKommentar Familienrecht, 2. Aufl., Stand: 01.10.2010. Saarbrücken, 2005.

Bauers, Bärbel: Psychische Folgen von Trennung und Scheidung für Kinder, in: Menne/Schilling/Weber. Kinder im Scheidungskonflikt, 1997, S. 39-62.

Beck, Ulrich; Beck-Gernsheim, Elisabeth (Hrsg.): Das ganz normale Chaos der Liebe. Frankfurt am Main, 1990.

Becker, Friedwart A; Horn, Claus-Henrik: Notwendige Regelungen eines deutschen Mediationsgesetzes, SchiedsVZ (Die neue Zeitschrift für Schiedsverfahren) 2006, S. 270–275.

Becker-Lenz, Roland (Hrsg.): Professionalität in der sozialen Arbeit. Standpunkte, Kontroversen, Perspektiven. Wiesbaden, 2009.

Beelmann, Wolfgang; Schmidt-Denter, Ulrich: Auswirkungen von Scheidung, in: Grau/Bierhoff. Sozialpsychologie der Partnerschaft. Berlin, 2003, S. 505-529.

Behrends, Okko; Schumann, Eva (Hrsg.): Gesetzgebung, Menschenbild und Sozialmodell im Familien- und Sozialrecht. 14. Symposion der Kommission "Die Funktion des Gesetzes in Geschichte und Gegenwart", Bd. 3. Berlin, 2008.

Belardi, Nando: Beratung. Eine sozialpädagogische Einführung, 6. Aufl. Weinheim, 2011.

Benjamin, Michael; Irving, Howard H.: Research in Family Mediation: Review and Implications., Med. Q. (Mediation Quarterly) Jg. 13 (1995), S. 53-82.

Bernhardt, Hanspeter; Winograd, Bianca: Entwicklung der Familien-Mediation in Theorie und Praxis: Anwendungen, Arbeitsstile und Modelle, P. Med. (Perspektive Mediation) 2004, S. 67–71.

Bertram, Hans, Zur Lage der Kinder in Deutschland: Politik für Kinder als Zukunftsgestaltung. Innocenti Working Paper No. 2006-02, 2006, veröffentlicht unter: http://www.unicef.de/4264.html (zuletzt geprüft: 17.07.2011).

Bertram, Hans (Hrsg.): Mittelmaß für Kinder. Der UNICEF-Bericht zur Lage der Kinder in Deutschland, Bd. 1790. München, 2008.

Bertram, Hans; Kohl, Steffen: Kinder stärken für eine ungewisse Zukunft, in: Deutsches Komitee für UNICEF e.V. Zur Lage der Kinder in Deutschland 2010. Köln, 2010, S. 4–126.

Bickerdike, Andrew J; Littlefield, Lyn: Divorce adjustment and mediation: Theoretically grounded process research, Med. Q. (Mediation Quarterly) Jg. 18 (2000), S. 181–201.

Biermann, Ilka; Rauschenbach, Ursula, Qualitätsmanagement Handbuch Jugendamt Steglitz-Zehlendorf, Juli 2008, veröffentlicht unter: http://www.berlin.de/imperia/md/content/basteglitzzehlendorf/abteilungen/jug2/orghandbuch_juni08_einseitig.pdf (zuletzt geprüft: 19.07.2011).

Blaisure, Karen R; Geasler, Margie J.: Educational Interventions for Separating and Divorcing Parents and Their Children, in: Fine/Harvey. Handbook of divorce and relationship dissolution. Mahwah, N.J, 2006, S. 575-602.

Böckenförde, Ernst-Wolfgang: Elternrecht - Recht des Kindes - Recht des Staates, in: Krautscheidt. Essener Gespräche zum Thema Staat und Kirche (14). Münster, 1980, S. 54–98.

Bork, Reinhard; Jacoby, Florian; Schwab, Dieter (Hrsg.): FamFG - Kommentar zum Gesetz über das Verfahren in Familiensachen und in den Angelegenheiten der freiwilligen Gerichtsbarkeit. Bielefeld, 2009. (zit. als Bearbeiter, in: Bork/Jacoby/Schwab, FamFG Kommentar).

Born, Winfried; Schwab, Dieter; Säcker, Franz Jürgen, et al. (Hrsg.): Münchener Kommentar zum Bürgerlichen Gesetzbuch - Familienrecht II. §§ 1589 - 1921 BGB, SGB VIII Nachtrag zur 5. Auflage §§ 1666 - 1667 BGB, Bd. 8, 5. Aufl. München, 2010. (zit. als Bearbeiter, in: MüKo BGB).

Borth, Helmut; Grandel, Mathias (Hrsg.): Familiengerichtliches Verfahren. 1. und 2. Buch, 2. Aufl. München, 2011. (zit. als Bearbeiter, in: Musielak/Borth FamFG).

Borth, Helmut; Grandel, Mathias; Musielak, Hans-Joachim (Hrsg.): Familiengerichtliches Verfahren. 1. und 2. Buch. München, 2009. (zit. als Bearbeiter, in: Musielak/Borth).

Borth, Helmut; Grandel, Mathias: Einleitung, in: Borth/Grandel. Familiengerichtliches Verfahren, 2. Aufl. München, 2011.

Boyan, Susan; Termini, Ann Marie: The psychotherapist as parent coordinator in high-conflict divorce. Strategies and techniques. New York, 2005.

Brauns-Hermann, Christa; Baer, Ingrid; Dinse, Hartmut (Hrsg.): Ein Kind hat das Recht auf beide Eltern, Bd. 17. Neuwied, Kriftel, Berlin, 1997.

Braver, Sanford L; Salem, Peter; Pearson, Jessica, et al.: The Content Of Divorce Education Programs : Results Of A Survey, Fam. Cons. Crt. Rev. (Family and Conciliation Courts Review) Jg. 34 (1996), S. 41–59.

Brem-Gräser, Luitgard: Handbuch der Beratung für helfende Berufe. München, 1993.

Bringewat, Peter: Schutz des Kindeswohls - eine Aufgabe des Strafrechts!?, ZKJ (Zeitschrift für Kindschaftsrecht und Jugendhilfe) 2007, S. 225–231.

Bröning, Sonja: Kinder im Blick. Theoretische und empirische Grundlagen eines Gruppenangebotes für Familien in konfliktbelasteten Trennungssituationen, Bd. 527. Münster, 2009.

Bruch, Carol S.: And how are the Children? The Effects of Ideology and Mediation on Child Custody Law and Children's Well-Being in the United States, Int. J. Law & Fam. (International Journal of Law and the Family) Jg. 30 (1988), S. 106–126.

Bruch, Carol S.: Taking Oueselves Seriously Enough to be Cautious: A Response to Hugh McIsaac, Int. J. Law & Fam. (International Journal of Law and the Family) Jg. 5 (1991), S. 82–85.

Bruch, Carol S.: When To Use And When To Avoid Mediation, Family Court Review (Family Court Review) Jg. 31 (1993), S. 101–107.

Bruch, Carol S.: Parental Alienation Syndrome and Alienated Children – getting it wrong in child custody cases, Child & Fam. L. Q. (Child and Family Law Quarterly) Jg. 14 (2002), S. 381–400.

Bruch, Carol S.: Parental Alienation Syndrome und Parental Alienation. Wie man sich in Sorgerechtsfällen irren kann, FamRZ (Zeitschrift für das gesamte Familienrecht) 2002, S. 1304–1315.

Brudermüller, Gerd: § 1567 BGB, in: Palandt/Bassenge. Bürgerliches Gesetzbuch, 70. Aufl. München, 2011.

Brumlik, Micha: Advokatorische Ethik. Zur Legitimation pädagogischer Eingriffe. Bielefeld, 1992.

Buchholz-Graf, Wolfgang: Wie kommt Beratung zu den Scheidungsfamilien? Neue Formen der interdisziplinären Zusammenarbeit für das Kindeswohl, PKK (Praxis der Kinderpsychologie und Kinderpsychatrie) Jg. 50 (2001), S. 293-310.

Buchholz-Graf, Wolfgang; Vergho, Claudius: Beratung für Scheidungsfamilien. Das neue Kindschaftsrecht und professionelles Handeln der Verfahrensbeteiligten. Weinheim, München, 2000.

Büchler, Andrea; Cantieni, Linus; Simoni, Heidi: Die Regelung der elterlichen Sorge nach Scheidung de lege ferenda - ein Vorschlag, FamPra.ch (FamPra.ch) Jg. 3 (2007), S. 207–227.

Budzikiewicz, Christine: Materielle Statuseinheit und kollisionsrechtliche Statusverbesserung. Zu der Rechtsstellung des außerehelich geborenen Kindes unter Berücksichtigung der Folgen für das Kollisionsrecht der Legitimation, Bd. 185. Tübingen, 2007.

Bumiller, Ursula; Harders, Dirk (Hrsg.): FamFG, Freiwillige Gerichtsbarkeit. Gesetz über das Verfahren in Familiensachen und in den Angelegenheiten der freiwilligen Gerichtsbarkeit (FamFG), Bd. 33, 9. Aufl. München, 2009. (zit. als Bearbeiter, in: Bumiller/Harders).

Bumiller, Ursula; Harders, Dirk: § 156 FamFG, in: Bumiller/Harders. FamFG, Freiwillige Gerichtsbarkeit. Gesetz über das Verfahren in Familiensachen und in den Angelegenheiten der freiwilligen Gerichtsbarkeit (FamFG), 9. Aufl. München, 2009.

Bundes-Arbeitsgemeinschaft für Familen-Mediation e.V., BAFM-Mediation, veröffentlicht unter: http://www.bafm-mediation.de/ (zuletzt geprüft: 27.08.2010).

Bundesministerium für Arbeit und Soziales, Lebenslagen in Deutschland, April 2005, veröffentlicht unter: http://194.145.122.100/portal/892/property=pdf/lebenslagen__in__deutschland__de__821.pdf (zuletzt geprüft: 19.07.2011).

Bundesministerium für Familie Senioren Frauen Jugend (Hrsg.): Elfter Kinder und Jugendbericht. Bericht über die Lebenssituation junger Menschen und die Leistungen der Kinder und Jugendhilfe in Deutschland. Bonn, 2002.

Bürgi, Andreas; Eberhart, Herbert: Beratung als strukturierter und kreativer Prozess. Ein Lehrbuch für die ressourcenorientierte Praxis. Göttingen, 2006.

Burkhauser, Richard V; Duncan, Greg J.: Economic Risks of Gender Roles: Income Loss and Life Events Over the Life Course, Soc. Sci. Quart. (Social Science Quarterly) Jg. 70 (1989), S. 3–23.

Burkhauser, Richard V; Duncan, Greg J; Hauser, Richard, et al.: Wife or frau, women do worse: A comparison of men and women in the United States and Germany following marital dissolution, Demography (Journal Information for Demography) Jg. 28 (1991), S. 353–360.

Butz, Cornelie; Boehnke: Problemverhalten im Kontext familiärer Veränderungen durch Trennung und neue Partnerschaft der Eltern, in: Walper/Schwarz. Was wird aus den Kindern? Weinheim, München, 2002, S. 171–191.

Cahn, Naomi R.: Civil images of battered women: The impact of domestic violence on child custody decisions., Van. L. Rev. (Vanderbilt Law Review) Jg. 44 (1991), S. 1041–1100.

Castells, Manuel: Bausteine einer Theorie der Netzwerkgesellschaft, BJS (Berliner Journal für Soziologie) Jg. 11 (2001), S. 423–439.

Castells, Manuel: Der Aufstieg der Netzwerkgesellschaft, Bd. 1. Opladen, 2001.

Chassé, Karl August: Meine Familie ist arm. Wie Kinder im Grundschulalter Armut erleben und bewältigen, 4. Aufl. Wiesbaden, 2010.

Cochemer Modell - Arbeitskreis Trennung-Scheidung im Landkreis Cochem, veröffentlicht unter: http://www.ak-cochem.de/ (zuletzt geprüft: 14.05.2010).

Cockett, Monica; Tripp, John H.: The Exeter family study. Family breakdown and its impact on children, 2. Aufl. Exeter, 1996.

Coester, Michael: Das Kindeswohl als Rechtsbegriff. Die richterliche Entscheidung über die elterliche Sorge beim Zerfall der Familiengemeinschaft. Frankfurt am Main, 1983.

Coester, Michael: Neue Aspekte zur gemeinsamen elterlichen Verantwortung nach Trennung und Scheidung, FuR (Familie und Recht) 1991, S. 70–74.

Coester, Michael: Rezension, FamRZ (Zeitschrift für das gesamte Familienrecht) 1995, S. 399.

Coester, Michael: Elternautonomie und Staatsverantwortung bei der Pflege und Erziehung von Kindern. Wissenschaftliche Vereinigung für Familienrecht 1996 Erfurt, FamRZ (Zeitschrift für das gesamte Familienrecht) 1996, S. 1181–1187.

Coester, Michael: § 1697 a BGB, in: Staudinger, et al. J. von Staudingers Kommentar zum Bürgerlichen Gesetzbuch : mit Einführungsgesetz und Nebengesetzen. Berlin, 2006.

Coester, Michael: Inhalt und Funktion des mittels der Kindeswohlgefährdung – Erfordernis einer Neudefinition?, in: Lipp/Schumann/Veit. Kindesschutz bei Kindeswohlgefährdung - neue Mittel und Wege? Göttingen, 2008, S. 19–44.

Coester, Michael: Inhalt und Funktionen des Begriffs der Kindeswohlgefährdung - Erfordernis einer Neudefinition?, JAmt (Das Jugendamt) 2008, S. 1–9.

Coester, Michael: § 1666 BGB, in: von Staudinger, et al. J. von Staudingers Kommentar zum Bürgerlichen Gesetzbuch mit Einführungsgesetz und Nebengesetzen. §§ 1638 - 1683 (Elterliche Sorge 2 - Vermögenssorge, Kindesschutz, Sorgerechtswechsel), Stand: 2009. Berlin, 2009.

Coester, Michael: Verfahren in Kindschaftssachen, in: Lipp/Schumann/Veit. Reform des familiengerichtlichen Verfahrens. Göttingen, 2009, S. 39–64.

Coester, Michael; Peschel-Gutzeit, Lore Maria; Salgo, Ludwig (Hrsg.): J. von Staudingers Kommentar zum Bürgerlichen Gesetzbuch : mit Einführungsgesetz und Nebengesetzen. Familienrecht, Bd. 4. Berlin, 2007. (zit. als Bearbeiter, in: Staudinger).

Coester, Michael; Peschel-Gutzeit, Lore Maria; Salgo, Ludwig (Hrsg.): J. von Staudingers Kommentar zum Bürgerlichen Gesetzbuch: mit Einführungsgesetz und Nebengesetzen. Familienrecht, Bd. 4. Berlin, 2006. (zit. als Bearbeiter, in: Staudinger).

Coester-Waltjen, Dagmar: Art. 6 GG, in: v. Münch/Kunig. Grundgesetz-Kommentar, 5. Aufl. München, 2000.

COMMITTEE ON THE RIGHTS OF THE CHILD: GENERAL COMMENT NO. 12 (2009) - The right of the child to be heard. Fifty-first session Geneva, 25. May - 12. June 2009, 20 July 2009, veröffentlicht unter: http://www2.ohchr.org/english/bodies/crc/docs/AdvanceVersions/CRC-C-GC-12.doc (zuletzt geprüft: 19.07.2011).

Conen, Marie-Luise: Eigenverantwortung, Freiwilligkeit und Zwang, ZJJ (Zeitschrift für Jugendkriminalrecht und Jugendhilfe) 2007, S. 370–374.

Crosbie-Burnett, Margaret: Impact of joint versus sole custody and quality of co-parental relationship on adjustment of adolescents in remarried families., Behav. Sci. Law (Behavioral Sciences and The Law) Jg. 9 (1991), S. 439-449.

Dahlheimer, Charlotte: Vereint in Sorge und Recht, Sozialmagazin Jg. 22 (1997), S. 12–21.

DeMause, Lloyd: Evolution der Kindheit, in: DeMause. Hört ihr die Kinder weinen. Frankfurt am Main, 2003, S. 12–111.

DeMause, Lloyd (Hrsg.): Hört ihr die Kinder weinen. Eine psychogenetische Geschichte der Kindheit, 11. Aufl. Frankfurt am Main, 2003.

Depner, Charlene E; Cannata, Karen; Ricci, Isolina: Report 4: Mediated Agreements On Child Custody And Visitation: 1991 California Family Court Services Snapshot Study, Fam. Cons. Crt. Rev. (Family and Conciliation Courts Review) Jg. 33 (1995), S. 87–109.

Dettenborn, Harry; Walter, Eginhard; Dettenborn-Walter: Familienrechtspsychologie. 6 Tabellen, Bd. 8232. München, 2002.

Deutsches Komitee für UNICEF e.V.: Zusammenfassung der UNICEF-Studie; Kinderarmut in reichen Ländern (1. März 2005), veröffentlicht unter: http://www.unicef.de/fileadmin/content_media/mediathek/I_0104_Kinderarmut_in_Industriel_ndern_05.pdf (zuletzt geprüft: 31.03.2010).

Deutsches Komitee für UNICEF e.V. (Hrsg.): Zur Lage der Kinder in Deutschland 2010. Köln, 2010.

Dieckmann, Albrecht; Müller-Freienfels, Wolfram (Hrsg.): Festschrift für Wolfram Müller-Freienfels. Baden-Baden, 1986.

Diederichsen, Uwe: Zur Reform des Eltern-Kind-Verhältnisses, FamRZ (Zeitschrift für das gesamte Familienrecht) Jg. 25. (1978), S. 461–474.

Diederichsen, Uwe: Die Reform des Kindschafts- und Beistandschaftsrechts, NJW (Neue juristische Wochenschrift) 1998, S. 1977–1991.

Diederichsen, Uwe: § 1626 BGB, in: Palandt/Bassenge. Bürgerliches Gesetzbuch, 70. Aufl. München, 2011.

Diederichsen, Uwe: § 1666 BGB, in: Palandt/Bassenge. Bürgerliches Gesetzbuch, 70. Aufl. München, 2011.

Diederichsen, Uwe: § 1684 BGB, in: Palandt/Bassenge. Bürgerliches Gesetzbuch, 70. Aufl. München, 2011.

Diefenbach, Heike: Intergenerationale Scheidungstransmission in Deutschland: Relevanz und Erklärungsansätze, in: Rehberg. Differenz und Integration. Opladen, 1997, S. 117–121.

Diekmann, Andreas; Engelhardt, Henriette: Die soziale Vererbung des Scheidungsrisikos . Eine empirische Untersuchung der Transmissionshypothese mit dem deutschen Familiensurvey, ZfS (Zeitschrift für Soziologie), Jg. 24 (1995), S. 215–228.

Diekmann, Andreas; Weick, Stefan (Hrsg.): Der Familienzyklus als sozialer Prozess. Bevölkerungssoziologische Untersuchungen mit den Methoden der Ereignisanalyse. Berlin, 1993.

Dietz, Berthold: Soziologie der Armut. Eine Einführung. Frankfurt am Main u.a., 1997.

Dingwall, Robert; Greatbatch, David; Ruggerone, Lucia: Gender and interaction in divorce mediation, Med. Q. (Mediation Quarterly) Jg. 15 (1998), S. 277–287.

Dollinger, Bernd: Klassiker der Pädagogik. Die Bildung der modernen Gesellschaft, 2. Aufl. Wiesbaden, 2008.

Dolto, Françoise: Scheidung - wie ein Kind sie erlebt. Françoise Dolto im Gespräch mit Inès Angelino. Stuttgart, 1990.

Dolzer, Rudolf; Waldhoff, Christian; Graßhof, Karin (Hrsg.): Bonner Kommentar zum Grundgesetz. Heidelberg, 1991. (zit. als Bearbeiter, in: BK-GG).

Donnelly, Denise; Finkelhorn, David: Does Equality in Custody Arrangement Improve the Parent-Child Relationship?, J. Marriage Fam. (Journal of Marriage and the Family) Jg. 54 (1992), S. 837–844.

Donner, Hartwig; Simon, Jürgen: Genomanalyse und Verfassung, DÖV (Die Öffentliche Verwaltung) 1990, S. 907–918.

Dopffel, Peter (Hrsg.): Kindschaftsrecht im Wandel. Zwölf Länderberichte mit einer vergleichenden Summe. Tübingen, 1994.

Dopffel, Peter; Martiny, Dieter: Rechtsvergleichung, in: Dopffel. Kindschaftsrecht im Wandel. Tübingen, 1994, S. 573–662.

Döring, Klaus W.: Lehrerverhalten. Forschung Theorie Praxis. Weinheim, Basel, 1980.

Douglas, Gillian; Murch, Mervyn; Perry, Alison: Supporting children when parents separate - a neglected family justice ormental health issue?, Child & Fam. L. Q. (Child and Family Law Quarterly) 1996, S. 121–135.

Douglas, Gillian; Murch, Mervyn; Scanlan, Lesley, et al.: Safeguarding Children's Welfare in Uncontentious Divorce: A Study of s41 of the Matrimonial Causes Act 1973. Lord Chancellor's Department Research Series No 7/99. Cardiff University, Cardiff Law School. Cardiff, 1999.

Douglas, Gillian; Murch, Mervyn; Scanlan, Lesley, et al.: Safeguarding children's welfare in non-contentious divorce: towards a new conception of the legal process?, MLR (Modern Law Review) Jg. 63 (2000), S. 177–196.

Dutoit, Bernhard; Vischer, Frank; Staehelin, Adrian, et al. (Hrsg.): Familienrecht im Wandel. Festschrift für Hans Hinderling. Basel, Stuttgart, 1976.

Ecarius, Jutta (Hrsg.): Handbuch Familie. Wiesbaden, 2007.

Eckert-Schirmer, Jutta: Gemeinsames Sorgerecht nach Scheidung: Leitbild oder soziale Realität?, FuR (Familie und Recht) 1996, S. 205–213.

Edelmann, Walter: Lernpsychologie, 6. Aufl. Weinheim, 2000.

Elbing, Eberhard: Beratung, in: Wenninger. Lexikon der Psychologie in fünf Bänden. Heidelberg, 2002, S. 200–203.

Emery, Robert E.: Renegotiating family relationship. Divorce, child custody and meditation. New York, 1994.

Emery, Robert E.: Divorce Mediation: Negotiating Agreements and Renegotiating Relationships, Family Relations (Family Relations) Jg. 44 (1995), S. 377-383.

Emery, Robert E.: Interparental Conflict and Social Policy, in: Grych/Fincham. Interparental conflict and child development. Cambridge, New York, 2001, S. 417–439.

Emery, Robert E; Laumann Billings, Lisa; Waldron, Mary C., et al.: Child Custody Mediation and Litigation: Custody, Contact, and Coparenting 12 Years After Initial Dispute Resolution., J. Consult. Clin. Psychol. (Journal of Consulting and Clinical Psychology) Jg. 69 (2001), S. 323–332.

Emery, Robert E; Otto, Randy K; O'Donohue, William T.: A Critical Assessment of Child Custody Evaluations. Limited Science and a Flawed System, Psy. Sci. Pub. Interest (Psychological Science in the Public Interest) Jg. 6 (2005), S. 1-29.

Engel, Frank; Nestmann, Frank (Hrsg.): Beratung. Eine Einführung in sozialpädagogische und psychosoziale Beratungsansätze, 3. Aufl. Weinheim u.a., 2008.

Erichsen, Hans-Uwe: Elternrecht - Kindeswohl - Staatsgewalt. Zur Verfassungsmäßigkeit staatlicher Einwirkungsmöglichkeiten auf die Kindeserziehung durch und aufgrund von Normen des elterlichen Sorgerechts und des Jugendhilferechts, Bd. 14. Berlin, 1985.

Ettrich, Christine; Ettrich, Klaus Udo: Verhaltensauffällige Kinder und Jugendliche. Mit 24 Abbildungen und 16 Tabellen. Heidelberg, 2006.

EU Kommission: Mediation in Zivil- und Handelssachen gewinnt an Bedeutung: Europäisches Parlament nimmt Mediationsrichtlinie an. IP/08/628. Brüssel, 23. April 2008, veröffentlicht unter: http://europa.eu/rapid/pressReleases Action.do?reference=IP/08/628&format=PDF&aged=1&language=DE& guiLanguage=en (zuletzt geprüft: 08. September 2010).

Europäische Gerichtshof für Menschenrechte, Pressemitteilung des Kanzlers (619 02.09.2010) - Kammerurteil Rumpf gegen Deutschland (Beschwerde-Nr. 46344/06), 2010, veröffentlicht unter: http://cmiskp.echr.coe.int/ tkp197/view.asp?action=html&documentId=873204&portal=hbkm&source= externalbydocnumber&table=F69A27FD8FB86142BF01C1166DEA398649 (zuletzt geprüft: 02.09.2010).

Faessler, Pierre; van Fijn Draat, Lydia: Die Stellung des Kindes im Wandel von Recht und Gesellschaft, in: Kühn/Adomeit. Familienrechtsreform - Chance einer besseren Wirklichkeit? Bielefeld, 1978, S. 143–167.

Fegert, Jörg M.: Beratung heißt das Zauberwort, in: Fegert. Kinder in Scheidungsverfahren nach der Kindschaftsrechtsreform, 1999, S. 82–92.

Fegert, Jörg M. (Hrsg.): Kinder in Scheidungsverfahren nach der Kindschaftsrechtsreform. Kooperation im Interesse des Kindes, 1999.

Fegert, Jörg M; Ziegenhain, Ute (Hrsg.): Hilfen für Alleinerziehende. Die Lebenssituation von Einelternfamilien in Deutschland. Weinheim, 2003.

Fegert, Jörg M; Ziegenhain, Ute; Goldbeck, Lutz (Hrsg.): Traumatisierte Kinder und Jugendliche in Deutschland. Analysen und Empfehlungen zu Versorgung und Betreuung. Weinheim, München, 2010.

Fehmel, Hans-Werner: Ist das Verbot der gemeinsamen elterlichen Sorgerechts nach der Scheidung (§ 1671 Abs. IV S.1 BGB) verfassungswidrig?, FamRZ (Zeitschrift für das gesamte Familienrecht) 1980, S. 758–761.

Fertig, Michael; Tamm, Marcus: Die Verweildauer von Kindern in prekären Lebenslagen, in: Bertram. Mittelmaß für Kinder. München, 2008, S. 152–166.

Fichtner, Jörg: Konzeptionen und Erfahrungen zur Intervention bei hoch konflikthaften Trennungs- und Scheidungsprozessen – Exemplarische Praxisprojekte –. Expertise aus dem Projekt "Hochstrittige Elternschaft - aktuelle Forschungslage und Praxissituation" Laufzeit: 1.9.2006 - 31.12.2006 (Deutsches Jugendinstitut e. V. - Abteilung Familie/Familienpolitik), 2007, veröffentlicht unter: http://www.dji.de/bibs/Hochstrittige_Fichtner_2007.pdf (zuletzt geprüft: 19.07.2011).

Figdor, Helmuth: »… und hab' nicht mehr gewusst, wer ich eigentlich bin.«, in: Hilweg. Kindheit und Trauma. Göttingen, 1997, S. 49–74.

Figdor, Helmuth: »und ich hab nicht mehr gewußt, wer ich eigentlich bin«. Die psychischen Folgen des Trennungstraumas am Beispiel des Scheidungskindes, FPR (Familie Partnerschaft Recht) 1997, S. 60–67.

Figdor, Helmuth: Kinder aus geschiedenen Ehen. Zwischen Trauma und Hoffnung. Eine psychoanalytische Studie, Bd. 6, 3. Aufl. Mainz, 1997.

Figdor, Helmuth: Scheidungskinder - Wege der Hilfe. Gießen, 1998.

Fine, Mark A; Harvey, John H (Hrsg.): Handbook of divorce and relationship dissolution. Mahwah, N.J, 2006.

Finger, Peter: § 1684 BGB, in: Schwab/Rebmann. Münchener Kommentar zum Bürgerlichen Gesetzbuch: Familienrecht II, 4. Aufl., Stand: 2002. München, 2002.

Fischer, Wera: Kindschaftsrechtsreform: Bemerkungen zum Kindeswohl aus sozialarbeiterischer Sicht, ZfJ (Zentralblatt für Jugendrecht) Jg. 84 (1997), S. 235–249.

Fisher, Roger; Ury, William; Patton, Bruce (Hrsg.): Getting to yes. Negotiating agreement without giving in, 2. Aufl. Boston, 1991.

Flügge, Sibylla: Stellungnahme im Rahmen der öffentlichen Anhörung des BT-Rechtsausschusses zum FGG-ReformG - BT Drs 16/6308, 13-02-2008, Berlin, Streit 2008, S. 7–17.

FOCUS - online, Teenager-Schwangerschaften: Mit Babybauch in die Schule - Teenager-Schwangerschaften - FOCUS Online, 01.01.2008, veröffentlicht unter: http://www.focus.de/schule/familie/erziehung/tid-11713/teenager-schwangerschaften-mit-babybauch-in-die-schule_aid_330341.html (zuletzt geprüft: 08.04.2010).

Frankfurter Kunstverein (Hrsg.): Kunst im 3. Reich. Dokumente der Unterwerfung. Ausstellung: 15.10. - 8.12.1974, Frankfurter Kunstverein. Frankfurt am Main, 1974.

Freud, Anna; Goldstein, Joseph; Solnit, Albert J. (Hrsg.): Das Wohl des Kindes. Grenzen professionellen Handelns, 1988.

Fritz, Bernd: Das Modell von der Mosel. Die "Cochemer Praxis" schlichtet Kindschaftsstreitigkeiten, FAZ (Frankfurter Allgemeine Zeitung) 23. Dezember 2004, S. 10.

Fröhlich, Werner D. (Hrsg.): Wörterbuch Psychologie, Bd. 34231, 25. Aufl. München, 2005.

Fthenakis, Wassilios E.: Kindliche Reaktionen auf Trennung und Scheidung. Familiendynamik, Familiendynamik (Familiendynamik) Jg. 20 (1995), S. 127–154.

Fthenakis, Wassilios E. (Hrsg.): Engagierte Vaterschaft. Die sanfte Revolution in der Familie. Opladen, 1999.

Fthenakis, Wassilios E; Niesel, Renate; Griebel, Wilfried: Scheidung als Reorganisationsprozess, in: Menne/Schilling/Weber. Kinder im Scheidungskonflikt, 1997, S. 261–291.

Fthenakis, Wassilios E; Eckert, Martina; Block, Michael von (Hrsg.): Handbuch Elternbildung 1: Wenn aus Partnern Eltern werden, Bd. 1. Opladen, 1999.

Füchsle-Voigt, Traudl: Verordnete Kooperation im Familienkonflikt als Prozess der Einstellungsänderung: Theoretische Überlegungen und praktische Umsetzung, FPR (Familie Partnerschaft Recht) 2004, S. 600.

Furstenberg, Frank F; Cherlin, Andrew J.: Geteilte Familien. Stuttgart, 1993.

Galatzer-Levy, Robert M; Kraus, Louis (Hrsg.): The scientific basis of child custody decisions. New York, 1999.

Garrity, Carla; Baris, Mitchell A.: Custody and Visitation: Is It Safe? How to Protect a Child From an Abusive Parent, Fam. Adv. (Family Advocate) Jg. 17 (1995), S. 42–45.

Gast, Stefanie: Suizid im Jugendalter. Diplomarbeit - Vechta, 2007. Hamburg, 2008.

Gerlachs, Jürgen von: Das Fortleben des Preußischen Allgemeinen Landrechts in der heutigen Rechtsprechung, in: Wolff/Birtsch. Das Preußische Allgemeine Landrecht. Heidelberg, 1995, S. 265–286.

Gernhuber, Joachim: Neues Familienrecht. Eine Abhandlung zum Stil des jüngeren Familienrechts, 1977.

Gestrich, Andreas: Geschichte der Familie im 19. und 20. Jahrhundert. München, 1999.

Gillich, Stefan: Armut und Wohnungslosigkeit. Grundlagen, Zusammenhänge und Erscheinungsformen. Köln, 2000.

Goerdeler, Jochen; Wapler, Friederike (Hrsg.): SGB VIII Onlinekommentar, 2011. (zit. als Bearbeiter, in: Goerdeler/Wapler SGB VIII-Onlinekommentar).

Goldstein, Joseph: Before the best interests of the child. New York, 1979.

Goldstein, Joseph; Freud, Anna; Solnit, Albert J., et al. (Hrsg.): Diesseits des Kindeswohls, Bd. 383. Frankfurt am Main, 1982.

Goldstein, Joseph; Freud, Anna; Solnit, Albert J, et al.: Jenseits des Kindeswohls, Bd. 212. Frankfurt am Main, 1986.

Goldstein, Sonja; Solnit, Albert J.: Wenn Eltern sich trennen. Was wird aus den Kindern? Stuttgart, 1989.

Göppel, Rolf: Aufwachsen heute. Veränderungen der Kindheit - Probleme des Jugendalters. Stuttgart, 2007.

Gorges, Monika: Eltern sein- Eltern bleiben. Das Cochemer Modell als innovativer Ansatz zur Wahrnehmung gemeinsamer elterlicher Verantwortung nach Trennung und Scheidung. Diplomarbeit an der Fachhochschule Koblenz (Studiengang: Soziale Arbeit)., o. Jg., veröffentlicht unter: http://www.ak-cochem.de/images/stories/dokumente/diplomarbeit051205_neu.pdf (zuletzt geprüft: 19.07.2011).

Gould, Jonathan W; Martindale, David A.: The Art and Science of Child Custody Evaluations. New York, 2009.

Grau, Ina; Bierhoff, Hans-Werner (Hrsg.): Sozialpsychologie der Partnerschaft. Berlin, 2003.

Greatbatch, David; Dingwall, Robert: The Marginalization of Domestic Violence in Divorce Mediation, Int'l J. L. Pol'y & Fam. (International Journal of Law, Policy and the Family) Jg. 13 (1999), S. 174–190.

Greger, Reinhard: Mediation und Gerichtsverfahren in Sorge- und Umgangsrechtskonflikten. Pilotstudie zum Vergleich von Kosten und Folgekosten. Köln, 2010.

Grillo, Trina: The Mediation Alternative: Process Dangers for Women., Yale Law J. (The Yale Law Journal) Jg. 100 (1991), S. 1545–1610.

Groß, Ingrid: Zur Problematik der §§ 1626a und 1672 BGB, FPR (Familie Partnerschaft Recht) 2002, S. 176–178.

Großmann, Uwe; Groß, Christian: Die Darstellung der Frau, in: Frankfurter Kunstverein. Kunst im 3. Reich. Frankfurt am Main, 1974, S. 182–192.

Grube, Christian: § 18 SGB VIII. SGB VIII - Kinder- und Jugendhilfe, Stand: Okt. 2006. Berlin, 2011.

Grych, John H; Fincham, Frank Douglas Gillian: The Adjustment of Children from Divorced Families: Implications of Empirical Research for Intervention, in: Galatzer-Levy/Kraus. The scientific basis of child custody decisions. New York, 1999, S. 96–120.

Grych, John H; Fincham, Frank D. (Hrsg.): Interparental conflict and child development. Theory, research, and applications. Cambridge , New York N.Y., 2001.

Gudjons, Herbert: Pädagogisches Grundwissen. Überblick - Kompendium - Studienbuch, Bd. 3092, 10. Aufl. Bad Heilbrunn, 2008.

Hammer, Stephan: Die rechtliche Verbindlichkeit von Elternvereinbarungen, FamRZ (Zeitschrift für das gesamte Familienrecht) 2005, S. 1209–1217.

Harnach, Viola: Psychosoziale Diagnostik in der Jugendhilfe. Grundlagen und Methoden für Hilfeplan, Bericht und Stellungnahme, 5. Aufl. Weinheim, 2007.

Harnisch, Rüdiger; Hinderling, Robert (Hrsg.): "... im Gefüge der Sprachen". Studien zu System und Soziologie der Dialekte ; Festschrift für Robert Hinderling zum 60. Geburtstag, Bd. 90. Stuttgart, 1995.

Hattenhauer, Hans: Einführung in die Geschichte des preußischen allgemeinen Landrechts., in: Hattenhauer/Bernert. Allgemeines Landrecht für die Preußischen Staaten. Neuwied, 1994, S. 8–19.

Hattenhauer, Hans: Preußen auf dem Weg zum Rechtsstaat, in: Wolff/Birtsch. Das Preußische Allgemeine Landrecht. Heidelberg, 1995, S. 49-67.

Hattenhauer, Hans; Bernert, Günther (Hrsg.): Allgemeines Landrecht für die Preußischen Staaten. Von 1794, 2. Aufl. Neuwied, 1994.

Hauck, Karl; Noftz, Wolfgang; Stähr, Axel (Hrsg.): SGB VIII - Kinder- und Jugendhilfe, Bd. 1. Berlin, 2011. (zit. als Bearbeiter, in: Hauck/Noftz SGB VIII).

Hauck, Karl; Noftz, Wolfgang (Hrsg.): SGBdigital (SGB VIII) :. Sozialgesetzbuch VIII: Kinder- und Jugendhilfe, Kommentar. Loseblattsammlung; CD-Rom Stand: 2008. Berlin, 2005. (zit. als Bearbeiter, in: Haucke/Noftz).

Haynes, John M.: Mediation. Basisinformation für Interessierte., in: Krabbe. Scheidung ohne Richter. Reinbek bei Hamburg, 1993, S. 132–147.

Heckhausen, Jutta: Motivation und Handeln. Mit 43 Tabellen, 3. Aufl. Heidelberg, 2006.

Heinke, Sabine: Umgangsrecht und Partnerschaftsgewalt - nicht nur ein mechanisches Problem. Oder - warum beschleunigte Verfahren gefährlich sein können, Streit (Streit) 2008, S. 3–6.

Helming, Elisabeth; Sandmeir, Gunda; Sann, Alexandra, et al.: Abschlussbericht - Kurzevaluation von Programmen zu Frühen Hilfen für Eltern und Kinder und sozialen Frühwarnsystemen in den Bundesländern. Laufzeit: 01.08.2006 bis 31.12.2006. München, 2007.

Henrich, Dieter; Johannsen, Kurt Herbert; Althammer, Christoph: Familienrecht. Scheidung Unterhalt Verfahren ; Kommentar, 5. Aufl. München, 2010.

Herberger, Maximilian; Viefhues, Wolfram (Hrsg.): juris-PraxisKommentar Familienrecht, Bd. 4, 2. Aufl. Saarbrücken, 2005. (zit. als Bearbeiter, in: jurisPK-BGB).

Hering, Sabine: Sorge um die Kinder. Beiträge zur Geschichte von Kindheit, Kindergarten und Kinderfürsorge. Weinheim, 2008.

Herz, Birgit (Hrsg.): Kinderarmut und Bildung. Armutslagen in Hamburg. Wiesbaden, 2008.

Hesse, Konrad: Grundzüge des Verfassungsrechts der Bundesrepublik Deutschland, 10. Aufl. Heidelberg, Karlsruhe, 1977.

Hetherington, Eileen Mavis: Coping with Family Transitions: Winner, Losers and Survivors, Child Dev. (Child Development) Jg. 60 (1989), S. 1–14.

Hetherington, Eileen Mavis (Hrsg.): Coping with divorce, Single Parenting, and Remarriage. A Risk and Resiliency Perspective. Mahwah NJ u.a., 1999.

Hetherington, Eileen Mavis: Should we stay together for the sake of the children?, in: Hetherington. Coping with divorce, Single Parenting, and Remarriage. Mahwah NJ u.a., 1999, S. 93–116.

Hetherington, Eileen Mavis; Kelly, Joan B.: Scheidung. Die Perspektiven der Kinder. Weinheim, Basel, Berlin, 2003.

Hill, Hermann: Das Verhältnis des Bürgers zum Gesetz, DÖV (Die Öffentliche Verwaltung) 1988, S. 666–671.

Hilweg, Werner (Hrsg.): Kindheit und Trauma. Trennung Missbrauch Krieg. Göttingen, 1997.

Hinz, Manfred O.: Kindesschutz als Rechtsschutz und elterliches Sorgerecht. Materiell-rechtliche und verfahrensrechtliche Strukturen des vormundschaftsgerichtlichen Rechtsschutzes Minderjähriger nach geltendem und künftigem Recht, Bd. 22. Paderborn, 1976.

Hofer, Sibylle; Schwab, Dieter (Hrsg.): Perspektiven des Familienrechts. Festschrift für Dieter Schwab zum 70. Geburtstag am 15. August 2005. Bielefeld, 2005.

Höhne, Norbert: Gerichtliche Kontrolle elterlicher Fehlentscheidungen. Die Anwendung des § 1666 BGB in der Rechtsprechung der Bundesrepublik. Frankfurt am Main, Univ., Diss., 1974.

Holden, George W; Geffner, Robert; Jouriles, Ernest N. (Hrsg.): Children exposed to marital violence. Theory, research, and applied issues. Washington DC, 1998.

Hoof, Dieter: Opfer - Engel - Menschenkind. Studien zum Kindheitsverständnis in Altertum und früher Neuzeit. Bochum, 1999.

Hoppensack, Hans-Christoph (Hrsg.): Vernachlässigte Kinder besser schützen. Sozialpädagogisches Handeln bei Kindeswohlgefährdung. München, Basel, 2008.

Hörmann, Georg (Hrsg.): Handbuch der psychosozialen Intervention. Opladen, 1988.

Hörmann, Georg; Körner, Wilhelm (Hrsg.): Einführung in die Erziehungsberatung. Stuttgart, 2008.

Horndasch, Klaus-Peter: § 156 FamFG, in: Horndasch/Beermann/Viefhus. Kommentar zum Familienverfahrensrecht, Stand: Jan. 2009. Münster, 2009.

Horndasch, Klaus-Peter; Beermann, Christopher; Viefhus, Wolfram (Hrsg.): Kommentar zum Familienverfahrensrecht. Inkl. Betreuungs- und Unterbringungsrecht sowie Nachlass- und Teilungssachen. Münster, 2009. (zit. als Bearbeiter, in: Horndasch/Viefhues FamFG).

Hübenthal, Maksim: Kinderarmut in Deutschland. Empirische Befunde, kinderpolitische Akteure und gesellschaftspolitische Handlungsstrategien ; Expertise im Auftrag des Deutschen Jugendinstituts. München, 2009.

Huber, Arlene Browand: Children at Risk in the Politics of Child Custody Suits: Acknowledging Their Needs for Nurture, U. Louisville J. Fam. L. (University of Louisville Journal of Family Law) 1993-94, S. 33–65.

Huffmann, Johann-Friedrich: Die Erfassung der Familie im Zivilrecht. Die Auslegung der Begriffe "Familie" "Familienangehöriger" und "naher Angehöriger". Stuttgart, Berlin, Köln, 1990.

Hullen, Gert: Scheidungskinder - oder: Die Transmission des Scheidungsrisikos., Zeitschrift für Bevölkerungswissenschaft (Zeitschrift für Bevölkerungswissenschaft) Jg. 23 (1998), S. 19–38.

Humphrey, Michael: Das Sorgerecht des nichtehelichen Vaters in rechtsvergleichender Kritik, FPR (Familie Partnerschaft Recht) 2003, S. 578–585.

Humphreys, Catherine: Judicial alienation syndrome - failures to respond to post-separation violence, Fam. Law (Family Law) Jg. 29 (1999), S. 313–316.

Hurrelmann, Klaus: Lebensphase Jugend. Eine Einführung in die sozialwissenschaftliche Jugendforschung, 9. Aufl. Weinheim, 2007.

Hurrelmann, Klaus; Andresen, Sabine (Hrsg.): Kinder in Deutschland 2007. 1. World Vision Kinderstudie. Frankfurt am Main, 2007.

Huss, Michael; Lehmkuhl, Ulrike: Folgen von Trennung und Scheidung, in: Lehmkuhl/Lehmkuhl/Boos. Scheidung - Trennung - Kindeswohl. Weinheim, 1997, S. 13–25.

Huss, Michael; Lehmkuhl, Ulrike: Trennung und Scheidung aus Sicht der Kinder und Jugendlichen: Chancen und Risiken für die psychische Entwicklung, in: Fegert. Kinder in Scheidungsverfahren nach der Kindschaftsrechtsreform, 1999, S. 31–44.

Irving, Howard H; Benjamin, Michael: An Evaluation of Process and Outcome in a Private Mediation Service, Med. Q. (Mediation Quarterly) Jg. 10 (1992), S. 35–55.

Isaacs, Maria Beth; Leon, George H; Kline, Marsha: When Is a Parent Out of the Picture? Different Custody, Different Perceptions, Fam. Proc. (Family Process) Jg. 26 (1987), S. 101–110.

Jaffe, Peter G; Geffner, Robert: Child Custody Disputes and Domestic violence: Critical Issues for Mental Health; Social Proffessionals., in: Holden/Geffner/Jouriles. Children exposed to marital violence. Washington DC, 1998, S. 371–408.

Jäger, Wolfgang; Haas, Christoph M; Welz, Wolfgang (Hrsg.): Regierungssystem der USA. Lehr- und Handbuch, 3. Aufl. München u.a., 2007.

James, Adrian L.: Social Work in Divorce: Welfare, Mediation and Justice, Int. J. Law & Fam. (International Journal of Law and the Family) Jg. 9 (1995), S. 256-274.

Jeand'Heur, Bernd: Verfassungsrechtliche Schutzgebote zum Wohl des Kindes und staatliche Interventionspflichten aus der Garantienorm des Art. 6. Abs. 2 Satz 2 GG, Bd. 643. Berlin, 1993.

Jestaedt, Matthias: Art. 6 Abs. 2 und 3 GG, in: Dolzer/Waldhoff/Graßhof. Bonner Kommentar zum Grundgesetz, Stand: Dez. 1995, Lfg. 74. Heidelberg, 1991.

Jestaedt, Matthias: Das Kinder- und Jugendhilferecht und das Verfassungsrecht, in: Münder/Münder-Wiesner. Kinder- und Jugendhilferecht. Baden-Baden, 2007, S. 101–128.

Jestaedt, Matthias: Staatlicher Kindesschutz unter dem Grundgesetz, in: Lipp/Schumann/Veit. Kindesschutz bei Kindeswohlgefährdung - neue Mittel und Wege? Göttingen, 2008, S. 5–18.

Joas, Hans: Lehrbuch der Soziologie, 3. Aufl. Frankfurt am Main, 2007.

Johnston, J. R; Campbell, L. E. G; Wallerstein, J. S.: Impasses of Divorce: The Dynamics and Resolution of Family Conflict, 1999.

Johnston, Janet R; Roseby, Vivienne; Kuehnle, Kathryn: In the name of the child. A developmental approach to understanding and helping children of conflicted and violent divorce, 2. Aufl. New York, NY, 2009.

Johnston, Janet R.: High-Conflict Divorce, Future Child. (The Future of Children) Jg. 4 (1994), S. 165–182.

Johnston, Janet R; Campbell, Linda E.: Impasses of divorce. The dynamics and resolution of family conflict. New York, NY, 1988.

Jopt, Uwe: Sehnsucht nach zu Hause, Psychol. Erz. Unterr. (Psychologie in Erziehung und Unterricht) Jg. 39 (1992), S. 57–61.

Jugendwerk der Deutschen Shell (Hrsg.): Jugend '92. Lebenslagen, Orientierungen und Entwicklungsperspektiven im vereinigten Deutschland. Opladen, 1992.

Jurczyk, Karin; Wahl, Klaus: Familienpolitik, in: Kreft. Wörterbuch soziale Arbeit. Weinheim u.a., 2005, S. 282–297.

Kahlert, Heike (Hrsg.): Arbeit und Vernetzung im Informationszeitalter. Wie neue Technologien die Geschlechterverhältnisse verändern, Bd. 26. Frankfurt am Main u. a., 2004.

Kaltenborn, Karl-Franz; Lempp, Reinhart: The Wellfare of the Child in Custody Disputes after Parental Separationor Divorce, Int. J. Law & Fam. (International Journal of Law and the Family) Jg. 12 (1998), S. 74–106.

Kant, Immanuel: Kant im Original. Erläuternde Anmerkungen zu den metaphysischen Anfangsgründen der Rechtslehre, Nachdruck der Ausgabe Königsberg, 1797/1798, Erlangen, 1990.

Kant, Immanuel: Über die Erziehung, Bd. 8365: Die Taschenbibliothek. München, 1997.

Kaufmann, Franz-Xaver (Hrsg.): Staatliche Sozialpolitik und Familie. München, 1982.

Kavemann, Barbara (Hrsg.): Handbuch Kinder und häusliche Gewalt, 2. Aufl. Wiesbaden, 2007.

Kelly, Joan B.: Family mediation research: Is there empirical support for the field?, Conflict Res. Q. (Conflict Resolution Quarterly) Jg. 22 (2004), S. 3–35.

Kelly, Joan B; Gigy, Lynn: Divorce Mediation: Characteristics of Clients and Outcomes, in: Kressel/Pruitt. Mediation research. San Francisco, 1989, S. 263-283.

Kemper, Rainer: Das Verfahren in der ersten Instanz nach dem FamFG, FamRB (Der Familien-Rechts-Berater) 2008, S. 345–350.

Kitzmann, Katherine M; Emery, Robert E.: Child And Family Coping One Year After Mediated And Litigated Child Custody Disputes., J. Fam. Psychol. (Journal of Family Psychology) Jg. 8 (1994), S. 150–159.

Klement, Jan Henrik: Verantwortung. Funktion und Legitimation eines Begriffs im Öffentlichen Recht. Tübingen, 2006.

Kleppel, Joachim; Späth, Karl (Hrsg.): Gefährdete und gefährliche Kinder und Jugendliche. Diakonisches Werk der EKD - Dokumentation der 11. Evangelischen Konferenz für Jugend- und Familienhilfe 06. – 07.12.1999. Leinfelden - Echterdingen, 2000.

Kline, Marsha; Tschann, Jeanne; Johnston, Janet, et al.: Children's Adjustment In Joint and Sole Physical Custody Families, Dev. Psychol. (Developmental Psychology) Jg. 25 (1989), S. 430–435.

Kluge, Ulrich; Kriele, martin (Hrsg.): Menschen- und Bürgerrechte. (ARSP-Beiheft), Bd. 33, 1988.

Knieper, Rolf: Gesetz und Geschichte. Ein Beitrag zu Bestand und Veränderung des Bürgerlichen Gesetzbuches. Baden-Baden, 1996.

Knittel, Bernhard: Elterliche Sorge, in: Schnitzler/Arens. Münchener Anwalts-Handbuch Familienrecht. München, 2008, 261–277.

Knöpfel, Gottfried: Zur Neuordnung des elterlichen Sorgerechts, FamRZ (Zeitschrift für das gesamte Familienrecht) 1977, S. 600–609.

Knöpfel, Gottfried: Elternrecht, Kindesrecht und Zwang gegen Jugendliche. zugleich Anmerkung zum Beschluß des BayObLG vom 18.4.1985, FamRZ (Zeitschrift für das gesamte Familienrecht) 1985, S. 1211–1216.

Kölner Fachkreis Familie: Cochemer Modell - Die Lösung aller streitigen Trennungs- und Scheidungsfälle? Erstabdruck: FamRZ 2005, 202-206, FF (Forum Familienrecht) 2006, S. 215–219.

Kostka, Kerima: Im Interesse des Kindes? Elterntrennung und Sorgerechtsmodelle in Deutschland, Großbritannien und den USA, Bd. 5. Frankfurt am Main, 2004.

Kostka, Kerima: Vermittlungsverfahren und Kindeswohl. Ein Blick auf die Wirkungsforschung zu Informationstreffen und Mediation sowie auf das «Cochemer Modell», FamPra.ch (FamPra.ch) 2009, S. 634–657.

Kötten, Charlotte: Armut macht Kinder und Jugendliche psychisch krank, in: Herz. Kinderarmut und Bildung. Wiesbaden, 2008, S. 125–136.

Krabbe, Heiner (Hrsg.): Scheidung ohne Richter. Neue Lösungen für Trennungskonflikte, Bd. 8882. Reinbek bei Hamburg, 1993.

Krapp, Andreas; Weidenmann, Bernd (Hrsg.): Pädagogische Psychologie. Ein Lehrbuch. Weinheim u.a., 2006.

Krause, Christina; Fittkau, Bernd: Pädagogische Beratung. Grundlagen und Praxisanwendung. Stuttgart, 2003.

Krautscheidt, Joseph (Hrsg.): Essener Gespräche zum Thema Staat und Kirche (14). Münster, 1980.

Krech, David; Crutchfield, Richard S: Grundlagen der Psychologie. Augsburg, 2006.

Kreft, Dieter (Hrsg.): Wörterbuch soziale Arbeit. Aufgaben, Praxisfelder, Begriffe und Methoden der Sozialarbeit und Sozialpädagogik, 5. Aufl. Weinheim, 2005.

Kressel, Kenneth: Research onDivorce Mediation: A Summary and Critique of the-of the Literature., in: Vermont Law School. Dispute Resolution Project. The Role of Mediation in Divorce Proceedings - A Comparative Perspective (United States, Canada and Great Britain). Vermont, 1987, S. 219–233.

Kressel, Kenneth; Pruitt, Dean G. (Hrsg.): Mediation research. The process and effectiveness of third-party intervention. San Francisco, 1989.

Kretzschmar, Sima; Meysen, Thomas: Reform des Familienverfahrensrechts. Reformziele und Regelungsmechanismen: eine Auswahl, FPR (Familie Partnerschaft Recht) 2009, S. 1–5.

Krüger, Heinz-Hermann; Grunert, Cathleen: Handbuch Kindheits- und Jugendforschung. Opladen, 2002.

Kühn, Evelyn; Adomeit, Klaus (Hrsg.): Familienrechtsreform - Chance einer besseren Wirklichkeit?, Bd. 9. Bielefeld, 1978.

Langenmayr, Arnold: Familienkonstellation, Persönlichkeitsentwicklung, Neurosenentstehung. Hilfen zur Beurteilung der Auswirkungen familiärer Umweltdaten für Pädagogen, Sozialpädagogen, Berater und Mediziner. Göttingen, 1978.

Lauff, Werner: Erholungsmaßnahmen, in: Kreft. Wörterbuch soziale Arbeit. Weinheim, 2005, S. 238–241.

Lebow, Jay: Integrative Family Therapy for Disputes Involving Child Custody and Visitation, J. Fam. Psychol. (Journal of Family Psychology) Jg. 17 (2003), S. 181–192.

Lehmkuhl, Gerd; Lehmkuhl, Ulrike; Boos, Renate (Hrsg.): Scheidung - Trennung - Kindeswohl. Diagnostische, therapeutische und juristische Aspekte. Weinheim, 1997.

Lehr, Ursula: Die Bedeutung der Familie im Sozialisationsprozeß. Unter besonderer Berücksichtigung psychologischer Aspekte familiärer Grenzsituationen; ein Gutachten erstattet im Juli 1970, Bd. 5. Stuttgart u.a., 1973.

Lengning, Alice; Zimmermann, Peter: Expertise - Materialien zu frühen Hilfen - Interventions- und Präventionsmaßnahmen im Bereich der Früher Hilfen. Internationaler Forschungsstand, Evaluationsstandards und Empfehlungen für die Umsetzung in Deutschland. Köln, 2009, veröffentlicht unter: http://www.bzga.de/pdf.php?id=15057d5cb2d149e46a5af4ceafaa4191 (zuletzt geprüft: 19.07.2011).

Lengowski, Manfred, Dokumentation einer Fachtagung - Vernetzung der Professionen: Das "Cochemer Modell" 10 Jahre Schlichtungspraxis im Familienkonflik, veröffentlicht unter: http://www.akcochem.de/index.php?option=com_content&view=article&id=27:dokumentation-einer-fachtagung&catid=23&Itemid=38 (zuletzt geprüft: 19.07.2011).

Lenz, Gaby: Potenziale und Risiken der Professionalitätsentwicklung in der Praxis sozialer Arbeit – Am Beispiel der Qualitätsentwicklung von Beratung den Zwangskontext Schwangerenkonfliktberatung, in: Becker-Lenz. Professionalität in der sozialen Arbeit. Wiesbaden, 2009, S. 159–174.

Leptien, Frank: Der europäische Gerichtshof im Visier der deutschen Printmedien. Marburg, 2000.

Leutheusser-Schnarrenberger, Sabine, Rede: Amtseinführung der ersten Schlichterin der Rechtsanwaltschaft, Frau Dr. Renate Jaeger, 2011, veröffentlicht unter: http://www.bmj.de/SharedDocs/Reden/DE/2011/20110118_Amtseinfuehrung_der_ersten_Schlichterin_der_Rechtsanwaltschaft.html?nn=1468716 (zuletzt geprüft: 21.04.2011).

Liebenwein, Sylva: Erziehung und soziale Milieus. Elterliche Erziehungsstile in milieuspezifischer Differenzierung. Univ., Diss. -- München, 2007. Wiesbaden, 2008.

Lindemann, Karl H.: Objektivität als Mythos. Die soziale Konstruktion gutachterlicher Wirklichkeit. Eine Analyse der sprachpragmatischen Strukturen in Gutachten und Berichten der Sozialarbeit/Soz, 1998.

Lins, Ralf Dieter: Leserbrief zu "Das Cochemer Modell..." (FF 2006, 215 ff.), FF (Forum Familienrecht) 2007, S. 41–42.

Lipp, Volker; Schumann, Eva; Veit, Barbara (Hrsg.): Kindesschutz bei Kindeswohlgefährdung - neue Mittel und Wege? 6. Göttinger Workshop zum Familienrecht, Bd. 4. Göttingen, 2008.

Lipp, Volker; Schumann, Eva; Veit, Barbara (Hrsg.): Reform des familiengerichtlichen Verfahrens. 1. Familienrechtliches Forum Göttingen, Bd. 6. Göttingen, 2009.

Löbbert, Carsten: Kooperation, Kommunikation und Verhaltensänderung als Gegenstand familiengerichtlicher Verfahren über das Sorgerecht und den Umgang mit dem Kinde, SchlHA (Schleswig-Holsteinische Anzeigen) April 2008, S. 105–109.

Lossen, Helga; Vergho, Claudius: Zwischenbericht zum Modellprojekt „Familienberatung bei Trennung und Scheidung" im Familiengericht Regensburg, FamRZ (Zeitschrift für das gesamte Familienrecht) 1995, S. 781–783.

Lossen, Helga; Vergho, Claudius: Familienberatung bei Trennung und Scheidung - Modellprojekt im Familiengericht Regensburg, FamRZ (Zeitschrift für das gesamte Familienrecht) 1993, S. 768–771.

Lücking-Michel, Claudia: Zur Kindeswohlgefährdung – Anmerkungen zur aktuellen Debatte – Stellungnahme des Bundesjugendkuratoriums, ZKJ (Zeitschrift für Kindschaftsrecht und Jugendhilfe) 2008, S. 200–205.

Lüderssen, Klaus (Hrsg.): Generalklauseln als Gegenstand der Sozialwissenschaften, Bd. 1. Baden-Baden, 1978.

Luthe, Ernst-Wilhelm: Optimierende Sozialgestaltung. Bedarf - Wirtschaftlichkeit - Abwägung, Bd. 69. Tübingen, 2001.

Maccoby, Eleanor E; Mnookin, Robert H.: Dividing the child. Social and legal dilemmas of custody, 2. Aufl. Cambridge Mass., 1994.

Mackscheidt, Elisabeth: Loyalitätsproblematik bei Trennung und Scheidung. Überlegungen zum Kindeswohl aus familientherapeutischer Sicht, FamRZ (Zeitschrift für das gesamte Familienrecht) 1993, S. 254–258.

Magaña, Holly A; Taylor, Nancy: Child Custody Mediation and Spouse Abuse. A Descriptive Study of a Protocol, Fam. Cons. Crt. Rev. (Family and Conciliation Courts Review) Jg. 31 (1993), S. 50–64.

Mähler, Giesela; Mählre, Hans-Georg: Familienmediation, in: Sulz, et al. Paartheraphien. München, 2000, S. 305–320.

Maier, Joachim: Einvernehmliche Konfliktlösungen und Vermittlungsverfahren, in: Lipp/Schumann/Veit. Reform des familiengerichtlichen Verfahrens. Göttingen, 2009, S. 105–112.

Man, Jean Piet de: Das Wohl des Trennungs- und Scheidungskindes in der Praxis, in: Brauns-Hermann/Baer/Dinse. Ein Kind hat das Recht auf beide Eltern. Neuwied, Kriftel, Berlin, 1997, S. 144–173.

Mangelsdorff, ursula: Armut macht krank, in: Herz. Kinderarmut und Bildung. Wiesbaden, 2008, S. 111–124.

Mangoldt, Hermann von (Hrsg.): Das Bonner Grundgesetz. Kommentar, 4. Aufl. München. (zit. als Bearbeiter, in: BK-GG).

Mann, Andreas: Dialogmarketing. Konzeption und empirische Befunde. Univ., Habilitationsschrift -- Kassel, 2004. Wiesbaden, 2004.

Markefka, Manfred; Nave-Herz, Rosemarie (Hrsg.): Handbuch der Familien- und Jugendforschung. Familienforschung, Bd. 1. Neuwied, 1989.

Marotzki, Winfried (Hrsg.): Zum Bildungswert des Internet, Bd. 1. Opladen, 2000.

Mason, Mary Ann: From father's property to children's rights. The history of child custody in the United States. New York, 1994.

Mason, Mary Ann: The custody wars. Why children are losing the legal battle and what we can do about it. New York, 1999.

Mathis, Richard D; Yingling, Lynelle C.: Family Functioning Level and Divorce Mediation Outcome, Med. Q. (Mediation Quarterly) Jg. 8 (1990), S. 3–13.

Maunz, Theodor: Art. 6 GG, in: Maunz/Dürig/Badura. Grundgesetz Kommentar. München, 2004.

Maunz, Theodor; Dürig, Günter; Badura, Peter (Hrsg.): Grundgesetz Kommentar. München, 2010. (zit. als Bearbeiter, in: Maunz/Dürig GG).

Maunz, Theodor; Dürig, Günter; Badura, Peter (Hrsg.): Grundgesetz Kommentar. München, 2004. (zit. als Bearbeiter, in: Maunz/Dürig GG).

Mayerl, Jochen: Kognitive Grundlagen sozialen Verhaltens. Framing, Einstellungen und Rationalität. Wiesbaden, 2009.

McConaghy, John S; Cottone, R. Rocco: The systemic view of violence: an ethical perspective, Fam. Proc. (Family Process) Jg. 37 (1998), S. 51–63.

Mecke, Axel; Weinmann-Lutz, Birgit: Präventive Mediation, in: Fthenakis/Eckert/Block. Handbuch Elternbildung 1: Wenn aus Partnern Eltern werden. Opladen, 1999, S. 173–204.

Meier, Brigitte: Cochem: Muster für Letten, Rhein-Zeitung (Rhein-Zeitung) 21. Juli 2006, S. 17.

Meister, Dorothee M; Sander, Uwe: Bildung just in time durchs Internet?, in: Marotzki. Zum Bildungswert des Internet. Opladen, 2000, S. 115–136.

Menne, Klaus: Zwischen Beratung und Gericht - Aufgaben der Erziehungsberatungsstellen und des Allgemeinen Sozialen Dienstes bei Trennung und Scheidung, ZfJ (Zentralblatt für Jugendrecht) Jg. 79 (1992), S. 66–75.

Menne, Klaus; Schilling, Herbert; Weber, Matthias (Hrsg.): Kinder im Scheidungskonflikt. Beratung von Kindern und Eltern bei Trennung und Scheidung, 1997.

Metell, Babro: Arbeit mit Mädchen und Jungen, deren Mütter misshandelt wurden. Erfahrungen einer Spezialberatungsstelle in Stockholm, in: Kavemann. Handbuch Kinder und häusliche Gewalt. Wiesbaden, 2007, S. 345–359.

Meuser, Michael: Nichts als alter Wein in neuen Schläuchen? Männlichkeitskonstruktionen im Informationszeitalter, in: Kahlert. Arbeit und Vernetzung im Informationszeitalter. Frankfurt am Main u. a., 2004, S. 73-93.

Miehe, Olaf: Erziehung unter dem Grundgesetz, in: Mußgnug. Rechtsentwicklung unter dem Bonner Grundgesetz. Heidelberg, 1990, S. 249–269.

Mitterauer, Michael: Entwicklungstrends der Familie in der europäischen Neuzeit, in: Markefka/Nave-Herz. Handbuch der Familien- und Jugendforschung. Neuwied, 1989, S. 179–194.

Mnookin, Robert H.: Child-Custody Adjudication: Judical Functions in the Face of Indeterminacy, L. & Cont. Prob. (Law and Contemporary Problems) Jg. 39 (1975), S. 226–293.

Moskopp, Stefanie: The Parental Alienation Syndrome (PAS) - Das elterliche Entfremdungssyndrom - Möglichkeiten der Intervention und kritische Reflexion. Diplomarbeit an der Fachhochschule Koblenz (Fachbereich Sozialwesen, Studiengang „Soziale Arbeit"), 2006, veröffentlicht unter: http://www.akcochem.de/images/stories/dokumente/diplomarbeit_pas_fertig.pdf (zuletzt geprüft: 04. September 2010).

Müller-Freienfels, Wolfram: Familienrechtliche Kodifikationen im Wandel der Anschauung, in: Dutoit, et al. Familienrecht im Wandel. Basel, Stuttgart, 1976, S. 111–150.

Münch, Ingo v; Kunig, Philip (Hrsg.): Grundgesetz-Kommentar. (Präambel bis Art. 19), 5. Aufl. München, 2000. (zit. als Bearbeiter, in: Münch/Kunig GG).

Münder, Johannes: Familien- und Jugendrecht. Eine sozialwissenschaftlich orientierte Darstellung des Rechts der Sozialisation. Familienrecht, Bd. 1, 3. Aufl. Weinheim, Basel, 1993.

Münder, Johannes; Meysen, Thomas; Trenczek, Thomas (Hrsg.): Frankfurter Kommentar zum SGB VIII. Kinder- und Jugendhilfe, 6. Aufl. Baden-Baden, 2009. (zit. als Bearbeiter, in: FK-SGB VIII).

Münder, Johannes; Mutke, Barbara: Kindeswohl zwischen Jugendhilfe und Justiz – Ergebnis eines Forschungsprojektes, in: Sozialpädagogisches Institut im SOS-Kinderdorf e.V. Jugendämter zwischen Hilfe und Kontrolle. München, 2001, S. 90–141.

Münder, Johannes; Münder-Wiesner (Hrsg.): Kinder- und Jugendhilferecht. Handbuch. Baden-Baden, 2007.

Murch, Mervyn; Hooper, Douglas: The family justice system. Bristol, 1992.

Musielak, Hans-Joachim; Borth, Helmut: § 156 FamFG. Familiengerichtliches Verfahren. München, 2009.

Mußgnug, Reinhard (Hrsg.): Rechtsentwicklung unter dem Bonner Grundgesetz. Ringvorlesung der Juristischen Fakultät der Ruprecht-Karls-Universität Heidelberg aus Anlaß der 40. Wiederkehr des Inkrafttretens des Bonner Grundgesetzes, Bd. 65. Heidelberg, 1990.

Nake, Angelika, Schriftliche Stellungnahme Zur öffentlichen Anhörung des Rechtsausschusses des Deutschen Bundestages am 11. Februar 2008, 07.02.2008, veröffentlicht unter: http://www.bundestag.de/bundestag/ausschuesse/a06/anhoerungen/Archiv/29_FGG_Teil_1/04_Stellungnahmen/Stellungnahme_Dr__Nake.pdf (zuletzt geprüft: 26.03.2010).

Napp-Peters, Anneke: Scheidungsfamilien. Interaktionsmuster und kindliche Entwicklung ; aus Tagebüchern und Interviews mit Vätern und Müttern nach Scheidung. Stuttgart, Berlin, Köln, Mainz, 1988.

Napp-Peters, Anneke: Familien nach der Scheidung. München, 1995.

Nave-Herz, Rosemarie: Familie heute. Wandel der Familienstrukturen und Folgen für die Erziehung, 4. Aufl. Darmstadt, 2009.

Nestmann, Frank: Beratung, in: Hörmann. Handbuch der psychosozialen Intervention. Opladen, 1988, S. 101–113.

Nestmann, Frank: Beratung zwischen alltäglicher Hilfe und Profession, in: Nestmann/Engel/Sickendiek. Disziplinen und Zugänge. Tübingen, 2007, S. 547–558.

Nestmann, Frank; Engel, Frank; Sickendiek, Ursel (Hrsg.): Disziplinen und Zugänge, Bd. 1, 2. Aufl. Tübingen, 2007.

Nestmann, Frank; Engel, Frank; Sickendiek, Ursel (Hrsg.): Das Handbuch der Beratung, Bd. 2. Tübingen, 2007.

Neuffer, Manfred: Case Management. Soziale Arbeit mit Einzelnen und Familien, 4. Aufl. Weinheim, 2009.

Neugebauer, Richard: Divorce, custody, and visitation: The child's point of view, J. Divorce Remarriage (Journal of Divorce & Remarriage) Jg. 12 (1989), S. 153–168.

Neumann, Diane: Divorce Mediation. How to Cut the Cost and Stress of Divorce. New York, 1989.

Neumann, Diane: § 1 SGB VIII, in: Hauck/Noftz. SGBdigital (SGB VIII), Berlin, 2005.

Newmark, Lisa; Harrell, Adele; Salem, Peter: Domestic Violence And Empowerment In Custody And Visitation Cases, Family Court Review (Family Court Review) Jg. 33 (1995), S. 30–62.

Niemeyer, Christian: Sozialpädagogik als Wissenschaft und Profession. Grundlagen, Kontroversen, Perspektiven. Weinheim, 2003.

Niesel, Renate: Erleben und Bewältigung elterlicher Konflikte durch Kinder, Familiendynamik (Familiendynamik) Jg. 20 (1995), S. 155–170.

Nowak, Vera; Gössweiner, Veronika: Scheidungsfolgen, in: Walper/Schwarz. Was wird aus den Kindern? Weinheim, München, 2002, S. 221–250.

O'Quigley, Ann, Listening to children's views, 2000, veröffentlicht unter: http://www.jrf.org.uk/sites/files/jrf/1859353363.pdf (zuletzt geprüft: 19.07.2011).

Oberloskamp, Helga: Das Jugendamt zwischen Hilfe und Kontrolle – neuer Herausforderungen für die Jugendhilfe?, in: Lipp/Schumann/Veit. Kindesschutz bei Kindeswohlgefährdung - neue Mittel und Wege? Göttingen, 2008, S. 45–63.

Oberloskamp, Helga; Adams, Ursula: Jugendhilferechtliche Fälle für Studium und Praxis, 7. Aufl. Heidelberg, 1991.

Oelkers, Nina; Schrödter, Mark: Kindeswohl und Kindeswille. Zum Wohlergehen von Kindern aus der Perspektive des Capability Approach., in: Otto. Capabilities - Handlungsbefähigung und Verwirklichungschancen in der Erziehungswissenschaft. Wiesbaden, 2010, S. 143–164.

Óhidy, Andrea: Lebenslanges Lernen und die europäische Bildungspolitik. Adaptation des Lifelong Learning-Konzepts der Europäischen Union in Deutschland und Ungarn. Wiesbaden, 2009.

Olzen, Dirk: § 1666 BGB, in: Schwab/Olzen. Münchener Kommentar zum Bürgerlichen Gesetzbuch - Familienrecht II, 5. Aufl. München, 2010.

Ossenbühl, Fritz: Schule im Rechtsstaat, DÖV (Die Öffentliche Verwaltung) Jg. 30. (1977), S. 801–812.

Ossenbühl, Fritz: Das elterliche Erziehungsrecht im Sinne des Grundgesetzes, Bd. 2. Berlin, 1981.

Otto, Hans-Uwe (Hrsg.): Capabilities - Handlungsbefähigung und Verwirklichungschancen in der Erziehungswissenschaft, 2. Aufl. Wiesbaden, 2010.

Palandt, Otto; Bassenge, Peter (Hrsg.): Bürgerliches Gesetzbuch, 70. Aufl. München, 2011. (zit. als Bearbeiter, in: Palandt).

Paul, Stephanie; Dietrich, Peter S.: Projekt: "Hochstrittige Elternschaft – aktuelle Forschungslage und Praxissituation". EXPERTISE A Genese, Formen und Folgen „Hochstrittiger Elternschaft" – Nationaler und internationaler Forschungsstand & EXPERTISE B Wirkungen von Beratungs- und Unterstützungsansätzen bei hochstrittiger Elternschaft – Nationale und internationale Befunde. Vehlefanz/Potsdam, 2007.

Pearson, Jessica; Anhalt, Jean: Enforcing Visitation Rights - Innovative Programs in Five State Courts May Provide Answers to This Difficult Problem, Judge's J. (The Judges' Journal) Jg. 33 (1994), S. 3, 40-41.

Pearson, Jessica; Thoennes, Nancy: Mediation in custody disputes, Behav. Sci. Law (Behavioral Sciences and The Law) Jg. 4 (1986), S. 203–216.

Pearson, Jessica; Thoennes, Nancy: Mediation Versus the Courts In Child Custody Cases, Negotiation J. (Negotiation Journal) Jg. 1 (1985), S. 235–243.

Peschel-Gutzeit, Lore Maria: § 1626 BGB, in: Staudinger, et al. J. von Staudingers Kommentar zum Bürgerlichen Gesetzbuch : mit Einführungsgesetz und Nebengesetzen. Berlin, 2007.

Petzold, Matthias: Entwicklung und Erziehung in der Familie. Familienentwicklungspsychologie im Überblick. Hohengehren, 1999.

Peuckert, Rüdiger: Familienformen im sozialen Wandel, 7. Aufl. Wiesbaden, 2008.

Pfennig, Michael, Die Cochemer Praxis (Cochemer "Modell"). Was steckt dahinter? veröffentlicht unter: http://www.ak-cochem.de/index.php?option=com_content&view=article&id=70:die-cochemer-praxis-cochemer-qmodellq-was-steckt-dahinter&catid=28:pressespiegel&Itemid=41 (zuletzt geprüft: 19.07.2011).

Pielen, Birgit: Netzwerk gegen Gezerre ums Kind, Rhein-Zeitung (Rhein-Zeitung) 06. Oktober 2006, S. 15.

Pines, Malach Ayala; Gat, Hamutal; Tal, Yael: Gender Differences in Content and Style of Argument Between Couples During Divorce Mediation, Conflict Res. Q. (Conflict Resolution Quarterly) Jg. 20 (2002), S. 23–50.

Pinkvoß, Frauke: Kindeswohlgefährdung. Rechtliche Grundlagen und Orientierung für Jugendhilfe Schule und Gesundheitswesen, Bd. 7. Berlin, 2009.

Pressestelle Ministerium für Arbeit und Soziales (Baden-Würtemberg): Landesregierung fördert Aufbau regionaler Arbeitskreise nach Cochemer Modell - Bundesweite einmalige Fortbildungsreihe. Renner und Goll:"Scheidungskinder sind die Schwächsten. Ihnen wollen wir helfen.", 22. September 2005.

Proksch, Roland: Mediation (Vermittlung) in Familiensachen - Möglichkeiten und Grenzen -, in: Strempel/Bastine. Mediation für die Praxis. Berlin, 1998, S. 65-79.

Proksch, Roland: Evaluation der Reform des Kindschaftsrechts. Notwendigkeit und Möglichkeit von Mediation., ZKM (Zeitschrift für Konfliktmanagement) 2003, S. 66–69.

Proksch, Roland: § 17 SGB VIII, in: Münder/Meysen/Trenczek. Frankfurter Kommentar zum SGB VIII, 6. Aufl. Baden-Baden, 2009.

Proksch, Roland: § 18 SGB VIII, in: Münder/Meysen/Trenczek. Frankfurter Kommentar zum SGB VIII, 6. Aufl. Baden-Baden, 2009.

Proksch, Roland: § 61 SGB VIII, in: Münder/Meysen/Trenczek. Frankfurter Kommentar zum SGB VIII, 6. Aufl. Baden-Baden, 2009.

Proksch, Roland: § 65 SGB VIII, in: Münder/Meysen/Trenczek. Frankfurter Kommentar zum SGB VIII, 6. Aufl. Baden-Baden, 2009.

Proksch, Roland: vor §§ 16-21 SGB VIII, in: Münder/Meysen/Trenczek. Frankfurter Kommentar zum SGB VIII, 6. Aufl. Baden-Baden, 2009.

Rabe, Heike: Fortschritt und Stagnation – ein kritischer Blick auf die (familien-) rechtlichen Rahmenbedingungen, in: Kavemann. Handbuch Kinder und häusliche Gewalt. Wiesbaden, 2007, S. 125–146.

Rauscher, Thomas: Die Beteiligung des Kindes am Umgangsvergleich. Beck-online, FamFR (Familienrecht und Familienverfahrensrecht) Jg. 28 (2010), S. 1–5.

Rauscher, Thomas; Wax, Peter; Wenzel, Joachim (Hrsg.): Münchener Kommentar zur Zivilprozessordnung. Mit Gerichtsverfassungsgesetz und Nebengesetzen, Bd. 4, 3. Aufl. München, 2007. (zit. als Bearbeiter, in: MüKo ZPO).

Rauscher, Thomas; Coester-Waltjen, Dagmar; Wax, Peter, et al. (Hrsg.): Münchener Kommentar zur Zivilprozessordnung, 3. Aufl. München, 2010. (zit. als Bearbeiter, in: MüKo ZPO).

Rehberg, Karl-Siegbert (Hrsg.): Differenz und Integration. Die Zukunft moderner Gesellschaften ; Verhandlungen des 28. Kongresses der Deutschen Gesellschaft für Soziologie im Oktober 1996 in Dresden, Band II: Sektionen, Arbeitsgruppen, Foren, Fedor-Stepun-Tagung. Opladen, 1997.

Reinschmidt, Melanie, Cochemer Modell, 01.12.2007, veröffentlicht unter: http://www.allein-erziehend.net/Info/Cochemer_Modell.htm (zuletzt geprüft: 19.07.2011).

Robbers, Gerhard: Art. 6 Abs. 2 GG, in: von Mangoldt/Klein/Starck. Das Bonner Grundgesetz, 4. Aufl. München.

Röchling, Walter: Überlegungen zum Entwurf eines Gesetzes des Freistaates Bayern vom 3.5.2006 zur Änderung des § 1666 BGB und weiterer Vorschriften, FamRZ (Zeitschrift für das gesamte Familienrecht) 2006, S. 1732–1739.

Röchling, Walter: Neue Aspekte zu Kinderschutz und Kindeswohl? Zum Entwurf eines Gesetzes zur Erleichterung familiengerichtlicher Maßnahmen bei Gefährdung des Kindeswohls, FamRZ (Zeitschrift für das gesamte Familienrecht) 2007, S. 1775–1779.

Rolff, Hans-Günter; Zimmermann, Peter: Kindheit im Wandel. Eine Einführung in die Sozialisation im Kindesalter, Bd. 84, 2. Aufl. Weinheim, 2008.

Rosenberger, Katharina: Kindgemäßheit im Kontext. Zur Normierung der (schul-)pädagogischen Praxis. Wiesbaden, 2005.

Rosenboom, Esther: Die familiengerichtliche Praxis in Hamburg bei Gefährdung des Kindeswohls durch Gewalt und Vernachlässigung nach §§ 1666, 1666a BGB. Eine qualitative Untersuchung, Bd. 235. Bielefeld, 2006.

Rosenboom, Esther; Rotax, Horst-Heiner: Ein kleiner Meilenstein auf dem Weg zum besseren Kindesschutz, ZRP (Zeitschrift für Rechtspolitik mit Rechtspolitischer Umschau) 2008, S. 1–3.

Rousseau, Jean-Jacques: Émile ou de l'éducation, Bd. 4. LaHaye [Paris], 1762.

Rousseau, Jean-Jacques; Schmidts, Ludwig: Emil oder Über die Erziehung, Bd. 115, 13. Aufl. Paderborn, 2001.

Rubin, Jeffrey Z.: Third Party Intervention in Family Conflict, Negotiation J. (Negotiation Journal) Jg. 1 (1985), S. 269–281.

Rudolph, Jürgen: Du bist mein Kind. Die "Cochemer Praxis" - Wege zu einem menschlicheren Familienrecht. Berlin, 2007.

Ruffert, Matthias: Vorrang der Verfassung und Eigenständigkeit des Privatrechts. Eine verfassungsrechtliche Untersuchung zur Privatrechtswirkung des Grundgesetzes, Bd. 74. Tübingen, 2001.

Rummel, Carsten: Kindeswohl – ein Gebot von Verfassungsrang in neuen und alten Spannungsfeldern: Leihmutterschaft, Embryonenschutz und Jugendhilfe. Die Ablösung von § 1666 BGB, RdJB (Recht der Jugend und des Bildungswesens) 1989, S. 394–412.

Sacher, Werner: Schule und Internet: Informations- und Wissensmanagement als zeitgemäße Bildungsaufgabe, in: Marotzki. Zum Bildungswert des Internet. Opladen, 2000.

Sachs, Michael (Hrsg.): Grundgesetz Kommentar. Kommentar, 3. Aufl. München, 2003. (zit. als Bearbeiter, in: Sachs GG).

Sachße, Christoph; Tennstedt, Florian: Familienpolitik durch Gesetzgebung, in: Kaufmann. Staatliche Sozialpolitik und Familie. München, 1982., S. 87-130.

Saladin, Peter: Rechtsbeziehungen zwischen Eltern und Kindern als Gegenstand des Verfassungsrechts, in: Harnisch/Hinderling. "... im Gefüge der Sprachen". Stuttgart, 1995, S. 175–212.

Salgo, Ludwig (Hrsg.): The family justice system. Past and future, experience and prospects, Bd. 3. Budapest, 1997.

Salgo, Ludwig: The Family Justice System - The German Approach, in: Salgo. The family justice system. Budapest, 1997, S. 1-4; 125-152.

Salgo, Ludwig: Grenzen der Staatsintervention zur durchsetzung des Umgangsrechts - Anmerkungen zur Entscheidungen des AG Frankfurt am Main, in: Hofer/Schwab. Perspektiven des Familienrechts. Bielefeld, 2005, S. 891-910.

Salgo, Ludwig: Stellungnahme für die Öffentliche Anhörung des Rechtsausschusses des Deutschen Bundestages zum FGG-RG – BT-Drs. 16/6308 am 13.02.2008 (11.02.2008), veröffentlicht unter: http://www.autonome-frauenhaeuser-zif.de/pdf/ksr/stellungnahme_salgo_fgg-reform.pdf (zuletzt geprüft: 09.09.2010).

Salgo, Ludwig: »Ein Schritt nach vorn, zwei Schritte zurück«?! – kritische Anmerkungen zur Installierung des Umgangspflegers und zur Revision der Verfahrenspflegschaft im FGG-RG, in: Lipp/Schumann/Veit. Reform des familiengerichtlichen Verfahrens. Göttingen, 2009, S. 153–194.

Salgo, Ludwig: Häusliche Gewalt, Traumatisierung und Umgangsfragen, in: Fegert/Ziegenhain/Goldbeck. Traumatisierte Kinder und Jugendliche in Deutschland. Weinheim, München, 2010, S. 121–139.

Salgo, Ludwig: Mitwirkung am Zustandekommen einer einvernehmlichen Regelung - Aufgaben und Pflichten des Verfahrensbeistands, FPR (Familie Partnerschaft Recht) 2010, S. 456–460.

Samary, Ursula: Justiz soll bei Sorgerecht bundesweit vom "Cochemer Modell" lernen - Alle Prozessbeteiligten sparen so viel Geld und Zeit. Bambergers Appell: Mehr schlichten statt richten, Rhein-Zeitung (Rhein-Zeitung) 27. Mai 2006, S. 3.

Saunders, Daniel G.: Child custody decisions in families experiencing women abuse, Soc. Work (Social Work) Jg. 39 (1998), S. 51–59.

Schäffer, Burkhard: Medien, in: Ecarius. Handbuch Familie. Wiesbaden, 2007, S. 456-479.

Schäfter, Cornelia: Die Beratungsbeziehung in der Sozialen Arbeit. Wiesbaden, 2010.

Schall, Traugott: Sorgerecht – Sorgepflicht – Sorgekonflikt, in: VAMV Bundesverband e.V. (Verband Alleinstehender Mütter und Väter). Gemeinsames Sorgerecht. Amerikanische Erfahrungen – deutsche Diskussion. Münster, 1996, S. 97-110.

Schlieffen, Katharina von; Torsten Harms: Mediation und Streitbeteiligung, Verhandlungstechnik und Rhetorik. Berlin, 2006.

Schmidt-Denter, Ulrich: Kindliche Reaktionen auf Trennung und Scheidung., FPR (Familie Partnerschaft Recht) 1997, S. 57–59.

Schmidt-Denter, Ulrich; Schmitz, Heike: Familiäre Beziehungen und Strukturen sechs Jahre nach der elterlichen Trennung, in: Walper/Schwarz. Was wird aus den Kindern? Weinheim, München, 2002, S. 73–90.

Schmidt-Denter, Ulrich; Beelmann, Wolfgang: Kindliche Symptombelastungen in der Zeit nach einer ehelichen Trennung - eine differentielle und längsschnittliche Betrachtung, Z. f. Entwicklungspsychol. & Päd. Psychol. (Zeitschrift für Entwicklungspsychologie & pädagogische Psychologie) Jg. 29 (1997), S. 26-42.

Schmidt-Denter, Ulrich; Beelmann, Wolfgang: Familiäre Beziehungen nach Trennung und Scheidung. Veränderungsprozesse bei Müttern Vätern und Kindern ; Forschungsbericht. Köln, 1995.

Schmitt Glaeser, Walter: Die Eltern als Fremde. Verfassungsrechtliche Erwägungen zum Entwurf eines Gesetzes zur Neuregelung der elterlichen Sorge, DÖV (Die Öffentliche Verwaltung) Jg. 31. (1978), S. 629–635.

Schmitt-Kammler, Arnulf: Art. 6 GG, in: Sachs. Grundgesetz Kommentar, 3. Aufl. München, 2003.

Schneekloth; Ulrich; Leven, Ingo: Familie als Zentrum: nicht für alle gleich verlässlich, in: Hurrelmann/Andresen. Kinder in Deutschland 2007. Frankfurt am Main, 2007, S. 65–110.

Schneider, Silvia; Margraf, Jürgen: Lehrbuch der Verhaltenstherapie. Störungen im Kindes- und Jugendalter, Bd. 3. Heidelberg, 2009.

Schnitzler, Klaus; Arens, Wolfgang (Hrsg.): Münchener Anwalts-Handbuch Familienrecht, 2. Aufl. München, 2008.

Schrapper, Christian: Kinder vor Gefahren für ihr Wohl schützen – Methodische Überlegungen zur Kinderschutzarbeit sozialpädagogischer Fachkräfte in der Kinder und Jugendhilfe, in: Hoppensack. Vernachlässigte Kinder besser schützen. München, Basel, 2008, S. 56–88.

Schumann, Eva: § 156 FamFG, in: Rauscher/Wax/Wenzel. Münchener Kommentar zur Zivilprozessordnung, 3. Aufl., Stand: 2010. München, 2007.

Schumann, Eva: Kindeswohl zwischen elterlicher und staatlicher Verantwortung, in: Behrends/Schumann. Gesetzgebung, Menschenbild und Sozialmodell im Familien- und Sozialrecht. Berlin, 2008, S. 169–226.

Schwab, Dieter; Rebmann, Kurt (Hrsg.): Münchener Kommentar zum Bürgerlichen Gesetzbuch: Familienrecht II. §§ 1589 - 1921, SGB VIII, Bd. 8, 4. Aufl. München, 2002. (zit. als Bearbeiter, in: MüKo BGB).

Schwab, Edith; Mende, Anke; Andersen, Sigrid, Das neue FamFG: Leitfaden des VAMV zur Umsetzung des neuen familienrechtlichen Verfahrens in der Beratungspraxis, 2009, veröffentlicht unter: http://www.vamv.de/index.php?id=26&type=123&tx_ttnews%5BbackPid%5D=26&tx_ttnews%5Bpointer%5D=1&tx_ttnews%5Btt_news%5D=201&cHash=316d5dd71e&attachment=1&filename=vamv.pdf (zuletzt geprüft: 19.07.2011).

Schwarzer, Christian; Pose, Norbert: Beratung., in: Krapp/Weidenmann. Pädagogische Psychologie. Weinheim u.a., 2006, S. 631–666.

Schweikart, Rudolf; Steiner, Uta: Interaktion und Intervention in der sozialarbeiterischen Praxis, Bd. 7. Berlin u.a., 2009.

Schwenzer, Ingeborg H.: Vom Status zur Realbeziehung. Familienrecht im Wandel. Baden-Baden, 1987.

Schwer, Dominic: § 1626 BGB, in: Viefhues. juris Praxiskommentar BGB, 4. Aufl., Stand: 21.7.2009, 2008.

Shorter, Edward: Die Geburt der modernen Familie. Reinbek bei Hamburg, 1977.

Siber, Paula: Die Frauenfrage und ihre Lösung durch den Nationalsozialismus. Wolfenbüttel, 1933.

Sickendiek, Ursel; Engel, Frank; Nestmann, Frank: Beratung. Eine Einführung in sozialpädagogische und psychosoziale Beratungsansätze, 3. Aufl. Weinheim, 2008.

Silwa-Schneider, Rita: Die Sozialstruktur, in: Jäger/Haas/Welz. Regierungssystem der USA. München u.a., 2007, S. 1–24.

Simitis, Spiros: Kindeswohl. Eine interdisziplinäre Untersuchung über seine Verwirklichung in der vormundschaftsgerichtlichen Praxis, Bd. 292. Frankfurt am Main, 1979.

Simitis, Spiros: Anhang, in: Goldstein, et al. Diesseits des Kindeswohls. Frankfurt am Main, 1982.

Simitis, Spiros: Kindschaftsrecht - Elemente einer Theorie des Familienrechts, in: Dieckmann/Müller-Freienfels. Festschrift für Wolfram Müller-Freienfels. Baden-Baden, 1986, S. 579–616.

Simitis, Spiros: Das Kindeswohl als Entscheidungsziel: Von der Euphorie zur Skepsis, in: Freud/Goldstein/Solnit. Das Wohl des Kindes, 1988, S. 191–206.

Smyth, Bruce M; Moloney, Lawrie: Therapeutic divorce mediation: strengths, limitations, and future directions, J. Fam. Studies (Journal of Family Studies) Jg. 9 (2003), S. 161–186.

Sorensen, Annemette: Estimat einenconomic Consequences of Separation and Divorce: A Cautionary Tale from the United States, in: Weitzman/Mavis. Economic consequences of divorce. Oxford England, 1992, S. 263–282.

Sozialpädagogisches Institut im SOS-Kinderdorf e.V. (Hrsg.): Jugendämter zwischen Hilfe und Kontrolle, Bd. 5. München, 2001.

Staatskanzlei NRW, Befürwortung des Cochemer Modells, 06. September 2010, veröffentlicht unter: http://www.ak-cochem.de/index.php?option=com_content&task=view&id=19&Itemid=41 (zuletzt geprüft: 17.07.2011).

Ständige Deputation des deutschen Juristentages (DJT) (Hrsg.): Verhandlungen des 53. Deutschen Juristentages: empfiehlt es sich, das Kindschaftsrecht neu zu regeln? Sitzungsbericht 11 (Hannover am 16. und 17.9.1992), Bd. 2. München, 1992.

Statistisches Bundesamt, Fachserie 10 Reihe 2.2, 28.07.2009, veröffentlicht unter: http://www.destatis.de/jetspeed/portal/cms/Sites/destatis/Internet/DE/Content/Publikationen/Fachveroeffentlichungen/Rechtspflege/GerichtePersonal/Familiengerichte2100220087004,property=file.pdf (zuletzt geprüft: 19.07.2011).

Statistisches Bundesamt Deutschland: Zahl der Ehescheidungen stieg 2008 wieder an, 03.05.2005, veröffentlicht unter: http://www.destatis.de/jetspeed/portal/cms/Sites/destatis/Internet/DE/Presse/pm/2009/07/PD09__251__12631,templateId=renderPrint.psml (zuletzt geprüft: 19.07.2011).

Statistisches Landesamt Rheinland-Pfalz: Bevölkerung der Gemeinden am 31.12.2008 (Kennziffer A I - hj 2/08). Gebietsstand 31.12.2008. Bad Ems, 2009.

Staudinger, Julius von; Coester, Michael; Engler, Helmut, et al. (Hrsg.): J. von Staudingers Kommentar zum Bürgerlichen Gesetzbuch mit Einführungsgesetz und Nebengesetzen. §§ 1638 - 1683 (Elterliche Sorge 2 - Vermögenssorge, Kindesschutz, Sorgerechtswechsel), Bd. 4. Berlin, 2009. (zit. als Bearbeiter, in: Staudinger BGB).

Stein, Sol: Über das Schreiben, Bd. 8. Affoltern a.A., 2009.

Steinebach, Christoph: Entwicklungspsychologie. Stuttgart, 2000.

Stein-Hilbers, Marlene: Ihr die Sorge und Ihm die Rechte?, in: Menne/Schilling/Weber. Kinder im Scheidungskonflikt, 1997, S. 95–114.

Stimson, Judith Nemeth; Ciyou, Bryan Lee: Representing the Abused Spouse in Child Custody Litigation, Am. J. Fam. L. (American Journal of Family Law) Jg. 9 (1995), S. 113–122.

Stober, Rolf: Grundpflichten als verfassungsrechtliche Dimension, NVwZ (Neue Zeitschrift für Verwaltungsrecht) 1982, S. 473–479.

Stolz, Cornelia; Strini, Manuela: Kindheit im Schatten des Elternkonfliktes von Trennung und Scheidung. Hamburg, 2009.

Stötzel, Manuela: Hinwirken auf Einvernehmen durch den Verfahrensbeistand, § 158 IV FamFG, FPR (Familie Partnerschaft Recht) 2009, S. 332–334.

Strempel, Dieter; Bastine, Reiner (Hrsg.): Mediation für die Praxis. Recht, Verfahren, Trends. Berlin, 1998.

Strobach, Susanne: Scheidungskindern helfen. Übungen und Materialien. Weinheim u.a., 2002.

Sulz, Serge K. D; Braukhaus, Christoph; Revensdorf, Dirk, et al. (Hrsg.): Paartheraphien. Von unglücklichen Verstrickungen zu befreiter Beziehung. München, 2000.

Tenorth, Heinz-Elmar: Geschichte der Erziehung. Einführung in die Grundzüge ihrer neuzeitlichen Entwicklung, 5. Aufl. Weinheim, 2010.

Teubner, Gunther: Generalklauseln als sozio-normative Modelle, in: Lüderssen. Generalklauseln als Gegenstand der Sozialwissenschaften. Baden-Baden, 1978, S. 13–35.

Theisen, Bernhard, Redebeitrag zur 8. Landeskonferenz Trennung und Scheidung, Cochem, am 09.06.2008 zum Tagesordnungspunkt: Rollenverständnis der Professionen, 16.07.2008, veröffentlicht unter: http://www.ak-cochem.de/images/stories/dokumente/achte-landeskonferenz-thielen.pdf (zuletzt geprüft: 19.07.2011).

Thiersch, Hans: Ansätze, Methoden und Felder, in: Nestmann/Engel/Sickendiek. Das Handbuch der Beratung. Tübingen, 2007, S. 699–709.

Thöne-Jäpel, Dagmar: Eure Scheidung - und was ist mit uns? Erfahrungen und Wünsche von Kindern und Jugendlichen, in: Menne/Schilling/Weber. Kinder im Scheidungskonflikt, 1997, S. 139–149.

Toman, Walter: Familienkonstellationen. Ihr Einfluß auf den Menschen, Bd. 112, 6. Aufl. München, 1996.

Trenczek, Thomas: Einvernehmliche Regelung in Familiensachen – Neue Anforderungen durch das FamFG, FPR (Familie Partnerschaft Recht), S. 335–339.

Trenczek, Thomas: § 50 SGB VIII, in: Münder/Meysen/Trenczek. Frankfurter Kommentar zum SGB VIII, 6. Aufl. Baden-Baden, 2009.

Trenczek, Thomas: vor §§ 50-52 SGB VIII, in: Münder/Meysen/Trenczek. Frankfurter Kommentar zum SGB VIII, 6. Aufl. Baden-Baden, 2009.

Ulich, Michaela: Der Risiko- und Schutzfaktoren in der Entwicklung von Kindern und Jugendlichen., Z. f. Entwicklungspsychol. & Päd. Psychol. (Zeitschrift für Entwicklungspsychologie & pädagogische Psychologie) 1988, S. 146-166.

Ulrici, Bernd: § 24 FamFG, in: Rauscher, et al. Münchener Kommentar zur Zivilprozessordnung, 3. Aufl. München, 2010.

UNICEF, Kinderarmut in reichen Ländern steigt, veröffentlicht unter: http://www.unicef.de/kinderarmut.html (zuletzt geprüft: 08.04.2010).

UNICEF Innocenti Research Centre: Child poverty in rich countries 2005. The proportion of children living in poverty has risen in a majority of the world´s developed economies (2005), veröffentlicht unter: http://www.unicef-icdc.org/publications/pdf/repcard6e.pdf (zuletzt geprüft: 19.07.2011).

VAMV Bundesverband e.V. (Verband Alleinstehender Mütter und Väter), Kritische Betrachtungen zum Arbeitskreis Trennung und Scheidung "Cochemer Weg", veröffentlicht unter: www.vamv-nrw.de/11_05%20Cochemer Weg.pdf (zuletzt geprüft: 19.07.2011).

VAMV Bundesverband e.V. (Verband Alleinstehender Mütter und Väter) (Hrsg.): Gemeinsames Sorgerecht. Amerikanische Erfahrungen – deutsche Diskussion. Münster, 1996.

VAMV Bundesverband e.V. (Verband Alleinstehender Mütter und Väter), Reform des familiengerichtlichen Verfahrens, 2007, veröffentlicht unter: http://www.vamv.de/stellungnahmen/browse/3/article/reform-des-familien gerichtlichen-verfahrens.html?tx_ttnews[backPid]=68&cHash=f027ce422c (zuletzt geprüft: 19.07.2011).

van Els, Hans: KiWoMaG. Zugleich eine Anmerkung zum Beschluss des OLG Köln vom 11.3.2008 - 4 UF 119/07, FF (Forum Familienrecht) 2009, S. 157–159.

Veit, Barbara: Einführung, in: Lipp/Schumann/Veit. Kindesschutz bei Kindeswohlgefährdung - neue Mittel und Wege? Göttingen, 2008, S. 1–4.

Veit, Barbara: § 1626 BGB. Beck'scher Online-Kommentar, 11. Aufl., Stand: 1.1.2008. München, 2011.

Vermont Law School. Dispute Resolution Project (Hrsg.): The Role of Mediation in Divorce Proceedings - A Comparative Perspective (United States, Canada and Great Britain). Vermont, 1987.

Viefhues, Wolfram (Hrsg.): juris Praxiskommentar BGB. Familienrecht, Bd. 4, 4. Aufl., 2008. (zit. als Bearbeiter, in: jurisPK-BGB).

Vitzthum, Wolfgang Graf von: Gentechnik und Menschenwürdeargument, in: Kluge/Kriele. Menschen- und Bürgerrechte, 1988, S. 119–138.

Volpert, Joachim: Vorbemerkungen, in: Horndasch/Beermann/Viefhus. Kommentar zum Familienverfahrensrecht, Stand: Januar 2009. Münster, 2009.

Wabnitz, Reinhard Joachim: Grundkurs Kinder- und Jugendhilferecht für die soziale Arbeit. München, Basel, 2007.

Wagner, Michael: Soziale Bedingungen des Ehescheidungsrisikos aus der Perspektive des Lebensverlaufs. , in: Diekmann/Weick. Der Familienzyklus als sozialer Prozess. Berlin, 1993, S. 372–393.

Waldron, Janet A.: Chapter 1. A Therapeutic Mediation Model for Child Custody Dispute Resolution, Med. Q. (Mediation Quarterly) Jg. 3 (1984), S. 5–20.

Walker, Janet: Information meetings and associated provisions within the Family Law Act 1996. Final evaluation report. Newcastle upon Tyne, 2001.

Walker, Janet A.: Divorce Mediation - Is It a Better Way?, in: Vermont Law School. Dispute Resolution Project. The Role of Mediation in Divorce Proceedings - A Comparative Perspective (United States, Canada and Great Britain). Vermont, 1987, S. 254–266.

Walker, Janet A.: Divorce Mediation - An Overview from Great Britain, in: Vermont Law School. Dispute Resolution Project. The Role of Mediation in Divorce Proceedings - A Comparative Perspective (United States, Canada and Great Britain). Vermont, 1987, S. 31–46.

Wallerstein, Judith S; Lewis, Julia M; Blakeslee, Sandra: Scheidungsfolgen - die Kinder tragen die Last. Eine Langzeitstudie über 25 Jahre. Münster, 2002.

Wallerstein, Judith; Lewis, Julia; Blakeslee, Sandra: The unexpected legacy of divorce. A 25 year landmark study. New York, 2000.

Wallerstein, Judith; Corbin, Shauna B.: The Child and the Vicissitudes of Divorce, in: Galatzer-Levy/Kraus. The scientific basis of child custody decisions. New York, 1999, S. 73–95.

Wallerstein, Judith; Kelly, Joan B.: Surviving the breakup. How Children and Parents Cope with Divorce. London, 1980.

Wallerstein, Judith; Blakeslee, Sandra: Gewinner und Verlierer. Frauen, Männer, Kinder nach der Scheidung - eine Langzeitstudie. München, 1989.

Walper, Sabine: Kontextmerkmale gelingender und misslingender Entwicklung von Kindern in Einelternfamilien, in: Fegert/Ziegenhain. Hilfen für Alleinerziehende. Weinheim, 2003, S. 148–166.

Walper, Sabine; Schwarz, Beate: Risiken und Chancen für die Entwicklung von Kindern aus Trennung- oder Stieffamilien, in: Walper/Schwarz. Was wird aus den Kindern? Weinheim, München, 2002, S. 7–22.

Walper, Sabine; Schwarz, Beate (Hrsg.): Was wird aus den Kindern? Chancen und Risiken für die Entwicklung von Kindern aus Trennungs- und Stieffamilien, 2. Aufl. Weinheim, München, 2002.

Walter, Eginhard: Hinwirken auf Einvernehmen – welche Zusatzqualifikation braucht das Gericht?, FPR (Familie Partnerschaft Recht) 2009, S. 23–27.

Warschburger, Petra: Beratungspsychologie. Mit 29 Tabellen. Heidelberg, 2009.

Weber, Mathias: Beratung in Zwangskontexten, in: Weber/Schilling. Eskalierte Elternkonflikte. Weinheim, 2006, S. 217–226.

Weber, Matthias: Zwischen Vertrauensschutz und Kooperation, in: Weber/Schilling. Eskalierte Elternkonflikte. Weinheim, 2006, S. 199–215.

Weber, Matthias; Schilling, Herbert (Hrsg.): Eskalierte Elternkonflikte. Beratungsarbeit im Interesse des Kindes bei hoch strittigen Trennungen. Weinheim, 2006.

Weitzman, Lenore J.: The divorce revolution. The unexpected social and economic consequences for women and children in America. New York NY, 1985.

Weitzman, Lenore J.: The divorce revolution. The unexpected social and economic consequences for women and children in America. New York , London, 1987.

Weitzman, Lenore J; Mavis, Maclean (Hrsg.): Economic consequences of divorce. The international perspective. Oxford England, 1992.

Wellenhofer, Marina: Familienrecht. München, 2009.

Wenninger, Gerd (Hrsg.): Lexikon der Psychologie in fünf Bänden. Heidelberg, 2002.

Wersig, Maria: § 17 SGB VIII. SGB VIII Onlinekommentar, Stand: 01.01.2011, 2011.

Wesel, Uwe: Juristische Weltkunde. Eine Einführung in das Recht, Bd. 467, 8. Aufl. Frankfurt am Main, 2000.

Westhoff, Karl; Kluck, Marie-Luise: Psychologische Gutachten schreiben und beurteilen. Entspricht deutschen und europäischen Richtlinien zur Erstellung psychologischer Gutachten, 5. Aufl. Heidelberg, 2008.

Wetzels, Peter: Die Bedeutung innerfamiliärer Gewalt für das Sozialverhalten junger Menschen, in: Kleppel/Späth. Gefährdete und gefährliche Kinder und Jugendliche. Leinfelden - Echterdingen, 2000, S. 8–28.

Wiesner, Reinhard: Das Wächteramt des Staates und die Garantenstellung der Sozialarbeiterin / des Sozialarbeiters zur Abwehr von Gefahren für das Kindeswohl, ZfJ (Zentralblatt für Jugendrecht) 2004, S. 161–172.

Wiesner, Reinhard: Kinderschutz aus der Sicht der Jugendhilfe, ZKJ (Zeitschrift für Kindschaftsrecht und Jugendhilfe) 2008, S. 143–147.

Wikipedia - Die freie Enzyklopädie, Cochemer Modell – Wikipedia, 31.08.2009, veröffentlicht unter: http://de.wikipedia.org/wiki/Cochemer_Modell (zuletzt geprüft: 14.05.2010).

Wikipedia - Die freie Enzyklopädie, Cochemer Modell – Wikipedia, 24.07.2010, veröffentlicht unter: http://de.wikipedia.org/wiki/Cochemer_Modell (zuletzt geprüft: 19.08.2010).

Winkelmann, Susanne, Elternkonflikte in der Trennungsfamilie als Risikobedingung misslingender kindlicher Anpassung nach Trennung und Scheidung, 2005, veröffentlicht unter: http://hdl.handle.net/2003/21611 (zuletzt geprüft: 02.04.2010).

Wirtschaftsfachverband europäischer Binnenmarkt e.V. (WFEB), Bundesministerin der Justiz Sabine Leutheusser-Schnarrenberger, 26.08.2010, veröffentlicht: http://www.wfeb.de/downloads/Referentenentwurf_Mediationsgesetz.pdf (zuletzt geprüft: 21.04.2011).

Wolff, Jörg: Familie und soziale Abweichung – Verhaltenskonzepte der Rechtsordnung in der Nachfolge des ALR, in: Wolff/Birtsch. Das Preußische Allgemeine Landrecht. Heidelberg, 1995, S. 215.

Wolff, Jörg; Birtsch, Günter (Hrsg.): Das Preußische Allgemeine Landrecht. Politische, rechtliche und soziale Wechsel- und Fortwirkungen, Bd. 70. Heidelberg, 1995.

Zentrum Bayern Familie und Soziales Bayrisches Landesjugendamt (ZBFS): Das neue FamFG und seine Auswirkungen auf die öffentliche Jugendhilfe. (Sonderdruck aus dem Mitteilungsblatt), BLJA Mitteilungsblatt (BLJA Mitteilungsblatt) 2009, S. 1–16.

Zenz, Gisela: Kindesmißhandlung und Kindesrechte. Erfahrungswissen, Normstruktur und Entscheidungsrationalität. Frankfurt am Main, 1981.

Zenz, Gisela: Referat: Kindschaftsrechtsreform aus sozialwissenschaftlicher Perspektive, in: Ständige Deputation des deutschen Juristentages (DJT). Verhandlungen des 53. Deutschen Juristentages: empfiehlt es sich, das Kindschaftsrecht neu zu regeln? München, 1992, S. M 9-32.

Zenz, Gisela: Zur Bedeutung der Erkenntnis von Entwicklungspsychologie und Bindungsforschung für die Arbeit mit Pflegekinder, ZfJ (Zentralblatt für Jugendrecht) 2000, S. 321–327.

Zimmermann, Peter: Grundwissen Sozialisation. Einführung zur Sozialisation im Kindes- und Jugendalter, 3. Aufl. Wiesbaden, 2007.

Zimmermann, Walter: Das neue FamFG. Verfahrensrecht, Rechtsmittel, Familiensachen, Betreuung, Unterbringung, Nachlasssachen und Kosten. München, 2009.

Zinnecker, Jürgen; Silbereisen, Rainer K: Kindheit in Deutschland. Aktueller Survey über Kinder und ihre Eltern, Bd. 8. Weinheim, 1996.

Zitelmann, Maud: Kindeswohl und Kindeswille im Spannungsfeld von Recht und Pädagogik. Münster, 2001.

Zorn, Dagmar: § 155 FamFG, in: Bork/Jacoby/Schwab. FamFG - Kommentar zum Gesetz über das Verfahren in Familiensachen und in den Angelegenheiten der freiwilligen Gerichtsbarkeit, Stand: 04.05.2011. Bielefeld, 2011.

Zorn, Dagmar: § 157 FamFG, in: Bork/Jacoby/Schwab. FamFG - Kommentar zum Gesetz über das Verfahren in Familiensachen und in den Angelegenheiten der freiwilligen Gerichtsbarkeit, Stand: 04.05.2011. Bielefeld, 2011.

Zorn, Dagmar: § 158 FamFG, in: Bork/Jacoby/Schwab. FamFG - Kommentar zum Gesetz über das Verfahren in Familiensachen und in den Angelegenheiten der freiwilligen Gerichtsbarkeit, Stand: 04.05.2011. Bielefeld, 2011.

Zorn, Dagmar: § 159 FamFG, in: Bork/Jacoby/Schwab. FamFG - Kommentar zum Gesetz über das Verfahren in Familiensachen und in den Angelegenheiten der freiwilligen Gerichtsbarkeit, Stand: 04.05.2011. Bielefeld, 2011.

Zorza, Joan: Recognizing and Protecting the Privacy and Confidentiality. Needs of Battered Women, Fam. L. Q. (Family Law Quarterly) Jg. 29 (1995), S. 273-311.

Abkürzungsverzeichnis

a.A.	andere Ansicht
a.E.	am Ende
a.F.	alte Fassung
ABl.	Amtsblatt
Abs.	Absatz
AFCC	Association of Family and Conciliation Courts
AG	Amtsgericht
ALR	Allgemeines Landrecht für die Preußischen Staaten
Alt.	Alternative
Am. J. Fam. L.	American Journal of Family Law
Anm.	Anmerkung
Art.	Artikel
ASD	Allgemeiner Sozialer Dienst
Aufl.	Auflage
Az.	Aktenzeichen
BAFM	Bundes-Arbeitsgemeinschaft für Familien-Mediation e.V.
BayObLG	Bayerisches Oberstes Landesgericht
BayObLGZ	Sammlung des Bayerischen Obersten Landesgericht in Zivilsachen
Bd.	Band
BeckOK	Beck'scher Online-Kommentar
Behav Sci Law	Behavioral Sciences and The Law
Beschl.	Beschluss
BGB	Bürgerliches Gesetzbuch
BGBl.	Bundesgesetzblatt
BGH	Bundesgerichtshof
BGHZ	Entscheidungen des Bundesgerichtshofs in Zivilsachen

BK-GG	Bonner Kommentar zum Grundgesetz.
BLJA	Bayerisches Landesjugendamt
BMFSFJ	Bundesministerium für Familie, Senioren, Frauen und Jugend
BMJ	Bundesministerium der Justiz
BRD	Bundesrepublik Deutschland
BR-Drs.	Bundesratsdrucksache
bspw.	beispielsweise
BT-Drs.	Bundestagsdrucksache
BVerfG	Bundesverfassungsgericht
BVerfGE	Entscheidungen des Bundesverfassungsgerichts
BVerwG	Bundesverwaltungsgericht
bzgl.	bezüglich
bzw.	beziehungsweise
ca.	circa
Child & Fam. L. Q.	Child and Family Law Quarterly
Child Dev.	Child Development
Conflict Res. Q.	Conflict Resolution Quarterly
d. h.	das heißt
DAVorm	Der Amtsvormund
Demography	Journal Information for Demography
Dev. Psychol.	Developmental Psychology
Diss.	Dissertation
DJI	Deutsches Jugendinstitut
DJT	Deutscher Juristentag
DÖV	Die öffentliche Verwaltung
DVBl.	Deutsches Verwaltungsblatt
e.V.	eingetragener Verein
ECHR	European Court of Human Rights
EG	Europäische Gemeinschaft

EGMR	Europäische Gerichtshof für Menschenrechte
EGZPO	Einführungsgesetz zur Zivilprozessordnung
Einl. v.	Einleitung vor
et al.	et altera
f.	folgende
Fam. Adv.	Family Advocate
Fam. Cons. Crt. Rev.	Family and Conciliation Courts Review
Fam. L. Q.	Family Law Quarterly
Fam. Law	Family Law
Fam. Proc.	Family Process
FamFG	Gesetz über das Verfahren in Familiensachen und in den Angelegenheiten der freiwilligen Gerichtsbarkeit
FamFR	Familienrecht und Familienverfahrensrecht
FamPra.ch	FamPra.ch ist die juristische Fachzeitschrift für das schweizerische Familienrecht.
FamRZ	Zeitschrift für das gesamte Familienrecht
FAZ	Frankfurter Allgemeine Zeitung
FF	Forum Familienrecht
FGG	Gesetz über die Angelegenheiten der freiwilligen Gerichtsbarkeit
FGG-RG	FGG-Reformgesetz Gesetz zur Reform des Verfahrens in Familiensachen und in den Angelegenheiten der freiwilligen Gerichtsbarkeit
FK-SGB VIII	Frankfurter Kommentar zum SGB VIII
Fn.	Fußnote
FPR	Familie Partnerschaft und Recht
FuR	Familie und Recht
Future Child.	The Future of Children
GG	Grundgesetz
GVBl.	Bayerisches Gesetz- und Verordnungsblatt
Hrsg.	Herausgeber

Hs.	Halbsatz
i.R.d.	im Rahmen des
i.V.m.	in Verbindung mit
Int. J. Law & Fam.	International Journal of Law and the Family
J. Consult. Clin. Psychol.	Journal of Consulting and Clinical Psychology
J. Divorce Remarriage	Journal of Divorce & Remarriage
J. Fam. Psychol.	Journal of Family Psychology
J. Fam. Studies	Journal of Family Studies
J. Marriage Fam.	Journal of Marriage and the Family
JAmt	Das Jugendamt
Jg.	Jahrgang
Judge's J.	The Judges' Journal
jurisPK-BGB	juris Praxiskommentar BGB
KICK	Gesetz zur Weiterentwicklung der Kinder- und Jugendhilfe
KindRG	Kindschaftsrechtsreformgesetz
KiWoMaG	Gesetz zur Erleichterung familiengerichtlicher Maßnahmen bei Gefährdung des Kindeswohls
KJHG	Gesetz zur Neuordnung des Kinder- und Jugendhilferechts
krit.	kritisch
L. & Cont. Prob.	Law and Contemporary Problems
Lfg.	Ergänzungslieferung
LG	Landgericht
lt.	laut
m.w.N.	mit weiteren Nachweisen
Marriage Fam. Rev.	Marriage and Family Review
Med.Q.	Mediation Quarterly
MediationsG	Mediationsgesetz
MediationsG-E	Referentenentwurf Mediationsgesetz
MLR	Modern Law Review

MüKo	Münchener Kommentar
Negotiation J.	Negotiation Journal
NJW	Neue juristische Wochenschrift
NJW-RR	Neue juristische Wochenschrift – Rechtsprechungs-Report Zivilrecht
Nr.	Nummer
NVwZ	Neue Zeitschrift für Verwaltungsrecht
o. Jg.	ohne Jahrgang
ÖBGBl.	Österreichisches Bundesgesetzblatt
OLG	Oberlandesgericht
OVG	Oberverwaltungsgericht
P. Med.	Perspektive Mediation
PAS	Parental Alienation Syndrome
PKK	Praxis der Kinderpsychologie und Kinderpsychatrie
Psychol. Erz. Unterr.	Psychologie in Erziehung und Unterricht
RdJB	Recht der Jugend und des Bildungswesens
Rn.	Randnummer
s.o.	siehe oben
Sachs GG	Sachs Grundgesetz Kommentar
SchiedsVZ	Die neue Zeitschrift für Schiedsverfahren
SchlHA	Schleswig-Holsteinische Anzeigen
Sci. Pub. Interest	Psychological Science in the Public Interest
sec.	Section
SGB	Sozialgesetzbuch
Soc. Sci. Quart.	Social Science Quarterly
Soc. Work	Social Work
StGB	Strafgesetzbuch
u. a.	unter anderem

U. Louisville J. Fam. L.	University of Louisville Journal of Family Law
u.U.	unter Umständen
Univ.	Universität
UN-KRK	Übereinkommen über die Rechte der Kinder der Vereinten Nationen
usw.	und so weiter
v.	vom
VAMV	Verband alleinerziehender Mütter und Väter e.V.
Vand. L. Rev.	Vanderbilt Law Review
vgl.	vergleiche
Vorbem.	Vorbemerkungen
vs.	versus
WFEB	Wirtschaftsfachverband Europäischer Binnenmarkt
Yale Law J.	The Yale Law Journal
Z. f. Entwicklungspsychol. & Päd. Psychol.	Zeitschrift für Entwicklungspsychologie und pädagogisch Psychologie
z.B.	zum Beispiel
z.T.	zum Teil
ZBFS	Zentrum Bayern Familie und Soziales
ZBlJugR	Zentralblatt für Jugendrecht und Jugendwohlfahrt
ZfJ	Zentralblatt für Jugendrecht
ZfS	Zeitschrift für Soziologie
zit. n.	zitiert nach
ZivMediat-AV	Zivilrechts-Mediations-Ausbildungsverordnung (Österreich)
ZivMediatG	Zivilrechts-Mediations-Gesetz (Österreich)
ZJJ	Zeitschrift für Jugendkriminalrecht und Jugendhilfe
ZKJ	Zeitschrift für Kindschaftsrecht und Jugendhilfe

ZKM	Zeitschrift für Konfliktmanagement
ZPO	Zivilprozessordnung
ZRP	Zeitschrift für Rechtspolitik mit rechtspolitischer Umschau

Einleitung

»Es wäre nett gewesen, wenn mich der Storch am richtigen Haus abgegeben hätte«[1]

Es wäre besser gewesen, hätte er Trennung und Scheidung der Eltern zu verhindern gewusst, mag so manches Kind denken. Im Falle einer Trennung und Scheidung ist nichts mehr so wie es war, der gemeinsame Lebensplan der Eltern »Vater-Mutter-Kind« ist gescheitert.

Mit diesem Scheitern sind zahlreiche einschneidende Veränderungen für das Kind verbunden.[2] Die bisherige Familiensituation verändert sich dramatisch. Die Kinder müssen die Trennung ihrer Eltern verkraften. Der Abschied vom gewohnten Familienleben, von Nestwärme und Geborgenheit ist eine elementare Erfahrung. Leider scheint es gerade in dieser Zeit, dass Eltern oft zu viele Probleme und Zukunftsängste haben, um ihren Kindern angemessen helfen zu können.[3]

Für ein Kind ist es nur schwer verständlich, wenn Vater oder Mutter eines Tages aus der gemeinsamen Wohnung ausziehen. Die Trennung vollzieht sich in der Regel nicht von heute auf morgen.[4] Nach einer Trennung kommen auf die Eltern neue, wichtige Aufgaben zu, die sie – trotz Trennungswunsch – gemeinsam zu bewältigen haben, um die Folgen für das Kind in Grenzen zu halten.

Hinzu kommt, dass sich die Bedürfnisse der Kinder in einer Scheidungssituation von den Bedürfnissen der Erwachsenen unterscheiden. Während eine Trennung für die Eltern oftmals die Lösung ihrer Beziehungsprobleme ist und die Perspektive auf eine neue Zukunft darstellt, entspricht dies nicht immer den Empfindungen der Kinder. Die Perspektive der Kinder auf die Scheidungssituation ist oftmals eine ganz andere. Nur selten sehen sie in der Trennung ihrer Eltern eine angemessene Lösung der familialen Probleme und hegen noch lange Zeit nach der Trennung die Hoffnung auf Wiederherstellung des familialen Zusammenlebens. So sehr der Wunsch auf Wiedervereinigung und Wiederherstellung des Zusammenlebens eine Hoffnung des Kindes bleibt, so real ist oft der Streit der Eltern. Aus Vertrauen wird Misstrauen und Wut. Aus dem konstruktiven Gespräch von einst wird Sprachlosigkeit.[5]

1 Stein 2009, S. 37, Stein, Sol, US-amerikanischer Schriftsteller und Publizist.

2 Walper, in: Fegert/Ziegenhain, 2003, S. 148 ff.

3 Wallerstein/Lewis/Blakeslee 2002, S. 185 ff., 188 f.; Mackscheidt, FamRZ 1993, 254, 255; Nowak/Gössweiner, in: Walper/Schwarz, 2002, S. 226 (m.w.N.); Proksch, in: FK-SGB VIII, 6. Aufl., § 17 SGB VIII, Rn. 1 ff. (m.w.N.).

4 Wallerstein/Lewis/Blakeslee 2002, S. 30.

5 Vgl. Mackscheidt, FamRZ 1993, 254, 257 ff.

Sofern sich die Eltern darum bemühen, die Trennungssituationen aus eigenen Kräften bewältigen zu wollen, begegnen ihnen bei der Suche nach Lösungen ihrer Probleme zahlreiche Ratgeber und Hilfsangebote. Kommerzielle und nichtkommerzielle Angebote sowie neue Berufsgruppen entwickelten sich in den letzten zwei Jahrzehnten angesichts eines wachsenden und bis heute anhaltenden öffentlichen Interesses an Belangen des Kindes.[6] Eine Professionalisierung der Beratung setzte ein. Zahlreiche populärwissenschaftliche Ratgeber rund um Erziehung, Familie und Scheidung drängten auf den Buchmarkt. Internetforen und Online-Ratgeber wurden mit der Entwicklung der neuen Medien gegründet und erklärten Rat suchenden Eltern, wie sie ihr Zusammenleben und ihre Scheidung am besten organisieren sollten. Hierdurch entsteht in Zeiten des »Informationszeitalters« eine kaum noch überschaubare Flut an Informationen zu Theorien und Methoden, die alle Erfolg versprechen. Doch welche Hilfe ist die richtige? Wie sollen sich Eltern entscheiden, wenn mitunter selbst die Fachliteratur uneins ist und die Recherche im allgegenwärtigen Internet, viele, aber nicht immer hilfreiche Antworten parat hält?

Ist es Eltern möglich eine solche Situation ohne die Hilfe Dritter zu bewältigen? Müssen sie sich zum Wohle ihres Kindes externer Hilfe bedienen? Wie hilft die staatliche Gemeinschaft Kindern, deren Eltern sich scheiden lassen?

Was zuvor ausschließlich im engeren Familienkreis thematisiert wurde, muss nun mit familienfremden Personen besprochen werden, mit Beratern der Jugendhilfe, Anwälten und Richtern. Familien- und Kindesangelegenheiten werden somit zu Rechtsangelegenheiten.

Seit den 1990er Jahren entwickelten sich in Deutschland zunehmend außergerichtliche Beratungsangebote,[7] die unabhängig von der formellen, juristischen Entscheidungsfindung versuchten, mit dem Blick auf das Kind, den Elternkonflikt zu entschärfen. Weniger der Richter sollte durch bloße Rechtsanwendung den Elternkonflikt lösen, vielmehr sollten einvernehmliche Regelungen einer gerichtlichen Sorgerechtsentscheidung präventiv zuvorkommen.

Mit der Etablierung außergerichtlicher Angebote und unterschiedlichen Beratungskonzepten wird mit »mehr oder weniger« Druck[8] auf die Eltern eingewirkt. Das vorrangige Ziel ist die Hilfe für das Kind.

---

6 Vgl. Kostka 2004, S. 31.

7 Eine abschließende Aufzählung ist kaum möglich. Zum Überblick vgl. die Studien von Fichtner 2007 und Helming, et al. 2007.

8 Vgl. z.B. Auflistung der ausgewerteten Konzepte bei Fichtner 2007, S. 73 ff. (siehe dort: Konzeptmerkmale).

Ein bekanntes Beratungskonzept ist das sog. »Cochemer Modell«.[9] Das »Cochemer Modell« ist ein seit Anfang der 1990er Jahre bestehendes Modell eines Arbeitskreises des »Cochemer Familiengerichts in Zusammenarbeit mit den Jugendämtern des Landkreises Cochem-Zell. Zentraler Ansatzpunkt des »Cochemer Modells« zur Konfliktlösung im Elternstreit ist eine zeit- und gerichtsnahe Beratung der Eltern. Kennzeichnend für das »Cochemer Modell« war, dass sich die Beratung in unmittelbarer zeitlicher Folge auf die Gerichtsverhandlung anschließt, sodass es den Eltern kaum möglich ist, sich dieser zu entziehen. Das »Cochemer Modell« wurde medienwirksam präsentiert[10] und auf politischer Ebene bundesweit empfohlen,[11] trotz kritischer Stimmen.[12]

---

9 Zur Selbstdarstellung vgl. Rudolph 2007, passim; Cochemer Modell - Arbeitskreis Trennung-Scheidung im Landkreis Cochem. (Internetdokument zuletzt geprüft am: 14.05.2010), (m.w.N.); Wikipedia - Die freie Enzyklopädie, Cochemer Modell – Wikipedia, 31.08.2009. (Internetdokument zuletzt geprüft am: 14.05.2010), (m.w.N.); Lengowski, Dokumentation einer Fachtagung - Vernetzung der Professionen: Das "Cochemer Modell" 10 Jahre Schlichtungspraxis im Familienkonflik. (Internetdokument zuletzt geprüft am: 19.07.2011), (m.w.N.); Schumann, in: Behrends/Schumann, 2008, S. 193; Füchsle-Voigt, FPR 2004, 600 ff., 602; krit. Kostka, FamPra.ch 2009, 634, 648 ff.; Knittel, in: Schnitzler/Arens, 2008, Rn. 120 (m.w.N.); zusammenfassend Fichtner 2007, S. 30 ff., 33 (Auszug aus der Studie von Fichtner siehe Anhang II).

10 Z.B. Pielen, Rhein-Zeitung 06. Oktober 2006, 15; Pfennig, Die Cochemer Praxis (Cochemer "Modell"). Was steckt dahinter? (Internetdokument zuletzt geprüft am: 19.07.2011); Meier, Rhein-Zeitung 21. Juli 2006, 17; Samary, Rhein-Zeitung 27. Mai 2006, 3; Fichtner 2007, S. 33.

11 Z.B. Staatskanzlei NRW, Befürwortung des Cochemer Modells, 06. September 2010. (Internetdokument zuletzt geprüft am: 17.07.2011); Pressestelle Ministerium für Arbeit und Soziales (Baden-Würtemberg), Landesregierung fördert Aufbau regionaler Arbeitskreise nach Cochemer Modell - Bundesweite einmalige Fortbildungsreihe, 22. September 2005.

12 Z.B. Salgo, in: Lipp/Schumann/Veit, 2009, S. 159, VAMV Bundesverband e.V. (Verband Alleinstehender Mütter und Väter), Kritische Betrachtungen zum Arbeitskreis Trennung und Scheidung "Cochemer Weg". (Internetdokument zuletzt geprüft am: 19.07.2011), S.4; Lins, FF 2007, 41 ff.

Die Entwicklung der Beratungslandschaft fand ihren Niederschlag in den Reformbestrebungen der letzten 10 Jahre. Hierzu zählen die Reformen KiWoMaG 2008[13], FamFG 2009[14] und die medienwirksame[15] Diskussion um das »Cochemer Modell«.

Die Familiengerichte können seitdem Eltern zur Teilnahme an Hilfen der Kinder und Jugendhilfe verpflichten (z. B. § 156 FamFG). Diese Regelung wirft in mehrfacher Hinsicht zahlreiche Fragen auf. Ist eine Beratung unter Zwang überhaupt Erfolg versprechend oder setzt Beratung nicht gerade Freiwilligkeit voraus? Ist eine Beratung unter Zwang zulässig, wenn den Eltern die Bereitschaft oder die Einsicht fehlen, entsprechende Hilfen in Anspruch zu nehmen?

Zwangsberatung – oder »Vernunft auf Anordnung« erscheint mitunter als ein naheliegender Ausweg aus verworrenen Scheidungskonflikten. Zunächst ist die Möglichkeit sehr verlockend, uneinsichtige Eltern im Interesse ihres Kindes, zu einer Beratung zu verpflichten. Dem soll im Folgenden nachgegangen werden:

Möglicherweise ließe sich die Scheidungssituation der Kinder dadurch verbessern, dass ihre Eltern zur Teilnahme an Beratungsangeboten verpflichtet werden können. Eine solche Pflicht zur Beratung könnte sich als Ausdruck der Elternverantwortung gemäß Art. 6 Abs. 2 S. 1 GG darstellen.Ferner könnte es der staatlichen Gemeinschaft gemäß Art. 6 Abs. 2 S. 2 GG obliegen, Eltern in Trennung und Scheidung zur Teilnahme an Hilfsangeboten zu verpflichten. In diesem Zusammenhang bedarf es einer Klärung, welche Verpflichtungen aus Art. 6 Abs. 2 S. 2 GG für die staatliche Gemeinschaft abzuleiten wären. Diesen Fragen soll in den folgenden Kapiteln nachgegangen werden.

Kapitel 1 widmet sich der Frage, welche Auswirkungen Trennung und Scheidung auf Eltern und Kind haben. Im Mittelpunkt steht hierbei, wie sich ein Elternstreit auf das Kindeswohl bei Trennung und Scheidung auswirkt. In diesem Zusammenhang soll die Scheidungsfolgenforschung dargestellt und die unmittelbaren, mittelbaren und langfristigen Folgen von Trennung und Scheidung aufgezeigt werden. Insbesondere der Blick auf mögliche langfristige Folgen, d. h. ob eine miterlebte Trennung der Eltern, das Leben des Kindes als späterer Erwachsener nachhaltig beeinflusst, kann Reichweite und Gewicht von Scheidungsfolgen näher beleuch-

---

13 KiWoMaG 2008: Gesetz zur Erleichterung familiengerichtlicher Maßnahmen bei Gefährdung des Kindeswohls vom 4.7.2008; BGBl. I 1188.

14 FamFG 2009: Gesetz über das Verfahren in Familiensachen und in den Angelegenheiten der freiwilligen Gerichtsbarkeit (FamFG) vom 17. Dezember 2008, BGBl. I S. 2586, 2587 ff. in Kraft getreten am 1. September 2009 gemäß Art. 112 Abs. 1 Gesetz vom 17. Dezember 2008.

15 Rudolph 2007, S. 54, 66.

ten. Sodann sollen die Einflussfaktoren skizziert werden, die eine Bewältigung der Scheidung für das Kind positiv oder negativ beeinflussen können.

Den bestehenden Hilfs- und Beratungsangeboten für Familien in Trennung und Scheidung soll in Kapitel 2 nachgegangen werden. Zu Beginn ist die grundsätzliche Frage zu erörtern, ob Beratung im Zwangskontext aus Sicht der beratenden Professionen möglich erscheint, oder ob die »Freiwilligkeit« ein so elementarer Bestandteil für eine erfolgreiche Beratung ist, dass jeglicher Zwang zur Beratung dem angestrebten Ziel entgegenstünde. Im Anschluss daran soll auf die Angebote der Kinder- und Jugendhilfe näher eingegangen werden, die im Falle von Trennung und Scheidung der Eltern auf freiwilliger Basis zur Verfügung stehen. Weitergehende Beratungsangebote im Bereich der Erziehungshilfen nach dem SGB VIII sollen dabei bewusst ausgeklammert werden. Die Arbeit beschränkt sich auf die Beratung im Falle von Trennung und Scheidung. Um der Interdisziplinarität der Themenstellung gerecht zu werden, sind spezifische Fachbegriffe wie Beratung, psychologische Beratung und Psychotherapie darzustellen. Im Anschluss daran widmet sich die Arbeit den außergerichtlichen Beratungsangeboten und Modellen: Dabei liegt der Schwerpunkt auf der Mediation und dem bereits zuvor erwähnten »Cochemer Modell«. Die Mediation als spezielles Verfahren zur Streitschlichtung, sowie das »Cochemer Modell« sollen dargestellt und auf bestehende Vor- und Nachteile dezidiert eingegangen werden. Eine differenzierte Betrachtung von Mediation und »Cochemer Modell« ist erforderlich, da die Mediation zum einen ausdrücklich in § 156 Abs. 1 S. 3 FamFG Einzug gehalten hat und Elemente des »Cochemer Modells« Vorlage für das FGG-Reformgesetz (FamFG) waren.[16]

Von besonderem Interesse sollen hier denkbare Kritikpunkte sein, angesichts der ansonsten positiven Darstellung des »Cochemer Modells« in der öffentlichen Wahrnehmung. Das »Cochemer Modell« soll dabei exemplarisch untersucht werden, da es Vorlage und Anregung für zahlreiche andere Modellprojekte an anderen Familiengerichten war.

Im Anschluss werden die Forderungen aus Sicht der Scheidungsfolgenforschung und der beratenden Professionen skizziert. Im Hinblick auf eine Pflichtberatung, im Sinne einer rechtsverbindlichen Pflicht der Eltern Beratungsangebote anzunehmen, soll ermittelt werden, welche Vor- und Nachteile außergerichtliche Beratungsstellen angesichts der Erkenntnisse der Scheidungsfolgenforschung aus Kapitel 1 für das Kindeswohl bieten. Um der Komplexität und Interdisziplinarität der Themenstellung gerecht zu werden, müssen rechtliche wie außerrechtliche Forschungsergebnisse herangezogen werden. In diesem Zusammenhang ist die Frage von besonderem Interesse, welche Anforderungen und Leistungen gerichtliche oder

16 Vgl. BT-Drs. 16/6308, S. 164.

außergerichtliche Beratung erbringen müssen, um den Eltern zu helfen, ihrer Elternverantwortung (wieder) gerecht zu werden.

Kapitel 3 widmet sich nun aus juristischer Sicht der Frage, ob es möglich ist oder gar geboten erscheint Eltern zur Teilnahme an Beratungsangeboten zu verpflichten. Der Ansatz, dass der Staat auf die Familie und somit auf die Gesellschaft Einfluss nimmt, ist kein Novum. Aufgrund der Erfahrungen zweier Diktaturen verbietet sich daher eine rein ahistorische Betrachtung dieser Problematik. Von daher soll zunächst einführend ein historischer Kontext hergestellt werden, wie und in welcher Weise in der Vergangenheit versucht wurde, kontrollierend auf die Familie – respektive Kinder – Einfluss zu nehmen. Es wird dargestellt, dass der Ansatz durch Pflichtberatung und durch Veränderung des Kosten- und Verfahrensrechts auf Ehe und Familie Einfluss zu nehmen, nicht neu ist.

Von besonderer Aufmerksamkeit sollen die Gesetzesreformen seit 1998 sein. Insbesondere soll die Gesetzgebung (FamFG 2009) im Hinblick auf eine Pflicht der Eltern Beratungsangebote wahrzunehmen dargestellt werden.

Im Anschluss daran wird der Frage nachgegangen, wodurch staatliche Maßnahmen, die in die Privatheit der Familie eingreifen, legitimiert werden können und welche Schlussfolgerung hieraus im Hinblick auf die Ausgestaltung einer Pflichtberatung der Eltern gezogen werden müssen. Sodann ist auf das Verhältnis von Eltern und Staat einzugehen, indem zu erörtern sein wird, inwieweit die Inanspruchnahme externer Hilfen bereits eine Pflicht der Eltern als Ausdruck ihrer Elternverantwortung gegenüber ihrem Kind (Art. 6 Abs. 2 S. 1 GG) darstellt. Korrespondierend dazu wird ebenfalls zu erörtern sein, ob und in welchem Umfang der Staat gehalten ist, Kraft seines Wächteramtes Eltern zur Aufnahme von Hilfen und Beratung zu verpflichten, wenn diese die Notwendigkeit von externer Hilfe nicht erkennen können oder wollen. Insbesondere der letzte Aspekt soll im Zusammenhang mit den gegenwärtigen sozioökonomischen Rahmenbedingungen der Familien erörtert werden. Welche Voraussetzungen muss die staatliche Gemeinschaft zur Förderung des Kindeswohls gewährleisten, damit Eltern durch eine Pflichtberatung (z. B. durch das Jugendamt) ihre Elternverantwortung (wieder) ausüben können?

Sodann wird § 156 Abs. 1 S. 4 FamFG näher untersucht. Diese Norm ermöglicht dem Familiengericht, Eltern zur Teilnahme an Beratung und Hilfsangeboten der Kinder und Jugendhilfe zu verpflichten. Ein wesentlicher Aspekt wird die Verwirklichung des Kindeswohls sein. Diesbezüglich wird untersucht, ob die bestehende Regelung des § 156 Abs. 1 FamFG ein schlüssiges Konzept bietet, um eine mögliche Kindeswohlgefährdung auszuschließen. In diesem Zusammenhang soll der bereits zu der Kindschaftsrechtsreform 1998 thematisierte Sorgeplan erörtert und über eine ggf. erforderliche Ergänzung des § 156 Abs. 1 FamFG reflektiert werden. Im Anschluss daran werden die Möglichkeiten eine angeordnete Beratung durchzusetzen erörtert.

Neben den grundsätzlich bestehenden rechtlichen Regelungen, soll über Alternativen – jenseits von klassischen Zwangsmitteln – nachgedacht werden. Eine Zusammenfassung und abschließende Betrachtung der Möglichkeiten und Grenzen von Pflichtberatung und der gegenwärtigen Rechtslage erfolgt in Kapitel 4.

Kapitel 1. Folgen von Trennung und Scheidung für Eltern und Kind

Etwa jeder fünfte Minderjährige ist vor dem Erreichen der Volljährigkeit von der Ehescheidung seiner Eltern betroffen. Im Jahre 2008 waren dies über 150.000 Kinder.[17]

Im Folgenden sollen die Auswirkungen von Trennung und Scheidung auf Eltern und Kind dargestellt werden. Dadurch soll nicht nur ein Überblick über die Ausgangslage von Kindern in Trennungs- und Scheidungssituationen gegeben werden, sondern auch erörtert werden, welche Gefahren sich möglicherweise hieraus für die Kinder in physischer und psychischer Hinsicht ergeben. Darüber hinaus soll auch die Situation der Eltern skizziert werden, da sie Adressaten von Beratungsangeboten sind. Detaillierte Kenntnisse über die Scheidungsfolgen sind für die Normierung von Beratungs- und Hilfsangeboten erforderlich. Es soll geklärt werden, was Beratungs- und Hilfsangebote für Eltern in Trennung und Scheidung leisten können und wo die Grenzen liegen.

I. Der Stellenwert des Kindes und sein Bedeutungswandel

Nach *Lloyd de Mause*[18] bemisst sich der Zivilisationsgrad einer Gesellschaft an ihrem Umgang mit ihren Kindern.[19]

Der gesellschaftliche Stellenwert und die Wertschätzung des Kindes sind einem permanenten Wandel unterworfen. Bei historischer Betrachtung scheint die Annahme gerechtfertigt, dass sich die Einstellung zum Kind zunächst in den gesellschaftlichen Schichten verändern konnte, in denen die Eltern frei von materieller Not und dem Zwang zu permanenter Arbeit waren. Dadurch war es ihnen möglich, sich auf die Kinder stärker zu konzentrieren, was sich insbesondere für das gehobene Bürgertum bereits im ausgehenden Mittelalter nachweisen lässt.[20] Eine Vorstellung davon, dass Kinder besondere Bedürfnisse haben könnten oder eine besondere

---

17 Statistisches Bundesamt Deutschland, Zahl der Ehescheidungen stieg 2008 wieder an, 03.05.2005. (Internetdokument zuletzt geprüft am: 19.07.2011).

18 Lloyd deMause amerikanischer Psychologe.

19 DeMause, in: DeMause, 2003, S. 12; Andresen/Hurrelmann, in: Hurrelmann/Andresen, 2007, S. 39; Rosenberger 2005, S. 22 ff.

20 Gestrich 1999, S. 36.

Erziehung genießen sollten, existierte noch nicht.[21] Eine Trennung zwischen Kinderwelt und Erwachsenenwelt, im Sinne einer »pädagogischen Kindheit« gab es ebenfalls nicht. Sie wurden als »kleine Erwachsene« angesehen. Weder ging man davon aus, dass Kinder besondere Bedürfnisse hätten, noch brachte man ihnen eine besondere Wertschätzung entgegen.[22] Dementsprechend wurde der Begriff »Kindheit« nicht immer als eine eigenständige Lebens- und Entwicklungsphase verstanden,[23] sondern bezeichnete in erster Linie ein Verwandtschaftsverhältnis.[24]

Seit Mitte des 18. Jahrhunderts setzte ein intensiver Diskurs über Ehe, Liebe und Familie ein. Infolgedessen orientierte sich die bürgerliche Familie zunehmend am Leitbild der ehelichen Liebe. Dies veränderte nicht nur die Vorstellung von Partnerbeziehungen, sondern beeinflusste auch die Einstellung zum Kind.[25] Auf dieser Grundlage ist ein neues Bewusstsein für kindliche Bedürfnisse entstanden, worauf erstmalig *Lloyd de Mause*[26] aufmerksam machte. Danach haben die Erwachsenen im Sinne einer »advokatorischen Ethik«[27] gleich einem kategorischen Imperativ, die Pflicht den Bedürfnissen des Kindes Rechnung zu tragen und seine physische, wie auch psychische Integrität anzuerkennen und zu schützen.[28]

Im Gegensatz zu den vorindustriellen Epochen sprechen heute nicht mehr wirtschaftliche und versorgungsbezogene Kriterien für ein Kind. Die Eltern rechnen in der Regel nicht mehr mit einer materiellen Absicherung des Lebensabends durch Kinder, wenngleich die psychosoziale und emotionale Fürsorge im Alter ein relevantes Thema darstellt. Im Vordergrund stehen heute vielmehr emotionale und auf Sinngebung des elterlichen Lebens ausgerichtete Beweggründe. Je niedriger der

---

21 Hoof 1999; Ariès/von Hentig/Neubaur 1977, S. 54 ff., 98; Hering 2008, 13 f.,15 (m.w.N.).

22 Ariès/von Hentig/Neubaur 1977, S. 118, 178; Hering 2008, 11 f.; Hoof 1999; Andresen/Hurrelmann, in: Hurrelmann/Andresen, 2007, S. 37.

23 Rosenberger 2005, S. 23 (m.w.N.) und Nachweisen für Kritik an den Thesen Aries; Göppel 2007, S. 45 ff.

24 Dollinger 2008, S. 45; Dies spiegelte sich auch im Sprachgebrauch wieder. So war der Begriff »Kindheit« der französischen Sprache bis Mitte des 18. Jahrhunderts fremd.

25 Gestrich 1999, S. 36, Im 18. Jahrhundert brachte der Genfer Philosoph Jacques Rousseau (1712 – 1778) mit seinem Erziehungsroman »Emile oder über die Erziehung« die Bestrebungen zur Vervollkommnung der Kindheit erstmalig zum Ausdruck. Mit diesem Werk begründete Rousseau die moderne Pädagogik. Er veränderte damit die Wahrnehmung und Akzeptanz der Kinder in der Gesellschaft. Rousseau 1762; Rousseau/Schmidts 2001, S. 9; Gudjons 2008, S. 81 ff.; Niemeyer 2003, S. 210 ff.

26 DeMause, 2003.

27 Brumlik 1992, S. 110; vgl. dazu Zitelmann 2001, S. 78.

28 Vgl. Zitelmann 2001, S. 81 ff., 84 (m.w.N.); Brumlik 1992, S. 168 f.; Andresen/Hurrelmann, in: Hurrelmann/Andresen, 2007, S. 39; Göppel 2007, S. 43.

technische Industrialisierungsgrad einer Gesellschaft, umso stärker werden materielle und sozial-normative Werte mit Kindern verknüpft.[29] Im Gegensatz dazu werden Kinder einer Gesellschaft mit einer höheren technischen Industrialisierung überwiegend mit immateriellen Werten besetzt, wie z. B. die Befriedigung emotionaler Bedürfnisse.[30] Unter familienhistorischer Betrachtung ergibt sich für unsere Kultur eine Verschiebung von einer materiellen zu einer immateriellen Wertschätzung des Kindes.[31]

II. Trennung und Scheidung

Bevor auf die Folgen von Trennung und Scheidung näher eingegangen wird, soll zunächst ein Überblick über die Entwicklung der bei den Amtsgerichten erledigten Umgangs- und Sorgerechtsverfahren gegeben werden. Ferner macht es eine interdisziplinäre Betrachtung der Scheidungsfolgenforschung unerlässlich, grundlegende Begriffe zu erläutern und abzugrenzen.

1. Anstieg der Verfahren in Kindschaftssachen seit 1998

Seit dem Inkrafttreten der Kindschaftsrechtsreform im Jahre 1998 hat sich die Zahl der bei den Amtsgerichten erledigten Umgangsverfahren nahezu verdoppelt.[32] Im Bundesdurchschnitt wurde im Jahr 2007 nur noch etwa in 13 % der durch Scheidung erledigten Eheverfahren, von denen auch Minderjährige betroffen waren, ein Sorgerechtsantrag gestellt. Deutlich höher als die Zahl der mit der Scheidung zusammen anhängigen Sorgerechtsverfahren ist jedoch die Zahl der *allein* anhängigen Verfahren auf Übertragung der elterlichen Sorge. Dies bedeutet erstens, dass viele Eltern, die zum Zeitpunkt der Scheidung noch keinen Sorgerechtsantrag gestellt hatten, dies später nachholen, wenn sie ihren Konflikt nicht selbstständig regeln konnten und dieser offenbar weiter eskaliert ist. Zweitens deuten die angestiegenen Verfahren im Bereich des Umgangsrechts darauf hin, dass die Elternkonflikte, die

29 Nave-Herz 2009, S.31.

30 Nave-Herz 2009, S.31.

31 Ariès/von Hentig/Neubaur 1977; Mitterauer, in: Markefka/Nave-Herz, 1989, S. 179 ff.; Shorter 1977, passim.

32 Die Zahl der bei den Amtsgerichten erledigten Umgangsverfahren ist von 22.352 im Jahr 1998 stetig auf 40.752 im Jahr 2008 angestiegen, vgl. Statistisches Bundesamt, Fachserie 10 Reihe 2.2, 28.07.2009. (Internetdokument zuletzt geprüft am: 19.07.2011), S. 18; Walter, FPR 2009, 23, 24; Salgo, in: Hofer/Schwab, 2005, 891.

vor der Kindschaftsrechtsreform 1998 im Streit um das Sorgerecht ausgefochten wurden, nun in den Bereich des Umgangs verlagert wurden.[33]

2. Begriffsbestimmung von Trennung und Scheidung

Die Begriffe Trennung und Scheidung werden in der sozialwissenschaftlichen/psychologischen und der juristischen Fachliteratur uneinheitlich verwendet. Begrifflich ist daher wie folgt zu differenzieren:

Trennung und Scheidung sind zunächst aus juristischer Sicht Begriffe des Ehe-, Kindschafts- und Unterhaltsrechts. Aus juristischer Sicht ist die Trennung, d. h. Getrenntleben der Ehegatten u.a. Voraussetzung für eine Ehescheidung (§§ 1564 ff. BGB).[34] Eine Trennung bedeutet die Aufhebung der ehelichen Lebensgemeinschaft. Das Gesetz definiert die Trennung in § 1567 Abs. 1 S. 1 BGB, wonach Ehegatten dann getrennt leben, wenn zwischen ihnen keine häusliche Gemeinschaft mehr besteht und ein Ehegatte sie erkennbar nicht wiederherstellen will, weil er die eheliche Lebensgemeinschaft ablehnt.

Während der Begriff der Trennung das Ende und die faktische Auflösung der ehelichen oder nicht ehelichen Lebensgemeinschaft beschreibt, ist der Begriff der Scheidung spezieller. Die Scheidung, als Ehescheidung im Sinne der §§ 1564 ff. BGB bezeichnet die Auflösung der Ehe durch einen gerichtlichen Beschluss (§ 38 FamFG).

Hinsichtlich der Ursachen und Folgen von Trennung und Scheidung für die Familie sind sie grundsätzlich synonym zu verstehen. Sie beschreiben einen oftmals hoch emotionalen Konflikt zwischen den Elternteilen, an dem das Kind je nach Elternverhalten partizipiert. Abgesehen von der rückläufigen Diskriminierung nicht ehelicher Lebensgemeinschaften durch die Gesellschaft, hat es für das Kind keine Bedeutung, ob seine Eltern verheiratet sind oder nicht. Maßgeblich für die Entwicklung des Kindes ist das tatsächliche Zusammenleben von Eltern und Kindern unabhängig von der Existenz eines Trauscheins.

Vor diesem Hintergrund werden die Begriffe Trennung, Scheidung und Ehescheidung im Weiteren wie folgt verwendet: Trennung und Scheidung werden synonym verwendet und bezeichnen den tatsächlichen Auflösungsprozess der Lebensgemeinschaft. Soweit die Auflösung einer Ehe im juristischen Sinne der §§ 1564 ff. BGB Bedeutung gewinnt, wird dies ausdrücklich als Ehescheidung bezeichnet.

---

33 Walter, FPR 2009, 23, 24 f., (m.w.N.).

34 Brudermüller, in: Palandt, 70. Aufl., § 1567 BGB, Rn. 1.

3. Trennung und Scheidung als Entwicklungsprozess

Wie dargestellt, ist Trennung und Scheidung das Ende bzw. die Auflösung der ehelichen oder nichtehelichen Lebensgemeinschaft in persönlicher, räumlicher und grundsätzlich auch wirtschaftlicher Hinsicht. Während die Ursachen und die Auswirkungen, Dauer und Intensität einer Trennung in der Scheidungsfolgenforschung umstritten sind, besteht jedoch Einigkeit dahingehend, dass eine Trennung der Eltern kein einmaliges Ereignis ist, sondern in der Regel ein langwieriger Entwicklungsprozess, der nicht erst mit dem Scheidungsantrag beginnt.[35] Dieser Trennungsprozess vollzieht sich nicht nur in räumlicher Hinsicht, sondern führt auch zu einer Veränderung der Beziehungen der Familienmitglieder zueinander. Insbesondere verändern sich die Elternrollen. Während gewöhnlich eine Teilfamilie (Ein-Eltern-Familie) bestehen bleibt, verändern sich grundsätzlich die Aufgaben und Anforderungen an die Eltern durch das Ausscheiden eines Elternteils aus der Lebensgemeinschaft. Zum einen ist es für den ausscheidenden Elternteil aufgrund der räumlichen Trennung nicht mehr oder nur schwer möglich, direkt oder *en passant* an der Entwicklung des Kindes teilzunehmen. Zum anderen erhöht sich dadurch je nach Rollenmodell der tagtägliche Aufwand des alleinbetreuenden Elternteils. Die Ursachen für die Trennung sind mannigfaltig und stets individuell. Die Trennung wird als oftmals langwieriger, hoch emotionaler und mitunter konfliktreicher Prozess verstanden, von dem das Kind direkt oder indirekt betroffen ist.

Nach *Wallerstein* und *Blakeslee* durchleben Eltern ihre Scheidung in drei Phasen:[36]

- Akute Trennungsphase mit Wutausbrüchen, Depressionen und Auflösung der Familie.
- In der Übergangsphase werden neue Rollen und Beziehungen innerhalb der Familie aufgebaut und neue Lebensstile ausprobiert. Diese Phase der Destabilisierung kann länger anhalten.
- In der dritten Phase nimmt die Stabilität in den Beziehungen wieder zu und bringt Klarheit in Besuchsregelungen und materieller Hinsicht.

Der oben skizzierte Entwicklungsprozess einer Trennungs- und Scheidungssituation hat sowohl eine zeitliche, als auch eine qualitative Dimension. Letztere kann von einem, mehr oder minder harmonischen Miteinander der Eltern, bis hin zu einem hochstrittigen Elternkonflikt eskalieren.

---

35 Furstenberg/Cherlin 1993, S. 101; Kostka 2004, S. 127; Walper, in: Fegert/Ziegenhain, 2003, S. 149.

36 Wallerstein/Blakeslee 1989, S. 30 ff.; Hetherington, in: Hetherington, 1999, S. 94.

4. Merkmale von hoch-strittigen Paarbeziehungen

Es kann davon ausgegangen werden, dass ein nicht zu vernachlässigender Teil der streitenden Eltern, die sich zur Regelung ihrer Konflikte an das Familiengericht wenden, als hoch-strittige Paare (High-conflict-Familien) angesehen werden müssen. Ungeachtet der wissenschaftlichen Diskussion über die Merkmale von hoch-strittigen Paarbeziehungen, ist davon auszugehen, dass in diesen Konflikten die emotionalen Probleme der Eltern im Vordergrund stehen. Insbesondere zeichnen sich High-conflict-Familien durch verbale Aggression, starke Feindseligkeit und Misstrauen aus.[37] In diesen Familien wird der Konflikt oftmals – aber nicht zwingend – durch physische Gewalt ausgetragen.[38] Hinsichtlich der häuslichen Gewalt wird vermutet, dass in Trennungsfamilien das Gewaltpotenzial besonders hoch ist.[39] Gerade High-conflict-Familien führen oft jahrelange erbitterte Sorge- und Umgangsstreitigkeiten, unter denen die Kinder zu leiden haben.[40] Dabei beschränkt sich oftmals der Konflikt einschließlich häuslicher Gewalt nicht nur auf die Eltern, sondern weitet sich auch auf das Eltern-Kind-Verhältnis aus.[41] Entsprechende Studien belegen ein sehr hohes, keinesfalls zu unterschätzendes Gefahrenpotenzial für die Kinder.[42]

---

37 Walter, FPR 2009, 23, 24 f. (m.w.N.); Paul/Dietrich 2007, S. 27, 31 ff. (m.w.N.).

38 Johnston, Future Child. 1994, 165, 169; Ayoub/Deutsch/Maraganore, Fam. Cons. Crt. Rev. 1999, 297, 309.

39 Vgl. McConaghy/Cottone, Fam. Proc. 1998, 51, 60; Stimson/Ciyou, Am. J. Fam. L. 1995, 113, 114 (m.w.N.); Kostka 2004, S. 177 (m.w.N.); Garrity/Baris, Fam. Adv. 1995, 42, 43; Zorza, Fam. L. Q. 1995, 273, 274 (m.w.N.); Hetherington/Kelly 2003, S. 57, 59; Humphreys, Fam. Law 1999, 313; Murch/Hooper 1992, S. 10; Pearson/Anhalt, Judge's J. 1994, 3, 40-41, 40 ff.; Cockett/Tripp 1996, S. 31, 46; Schmidt-Denter/Beelmann 1995, S.4; Paul/Dietrich 2007, S. 31 f.

40 Donnelly/Finkelhorn, J. Marriage Fam. 1992, 837, 843 f.; Cockett/Tripp 1996, S. 31; Kostka 2004, S. 176.

41 Donnelly/Finkelhorn, J. Marriage Fam. 1992, 837, 843 f.; Zorza, Fam. L. Q. 1995, 273, 274 f.; Magaña/Taylor, Fam. Cons. Crt. Rev. 1993, 50, 52; Stimson/Ciyou, Am. J. Fam. L. 1995, 113, 114; Saunders, Soc. Work 1998, 51, 53; Ayoub/Deutsch/Maraganore, Fam. Cons. Crt. Rev. 1999, 297, 309; Humphreys, Fam. Law 1999, 313, 314; Kostka 2004, S. 178.

42 Rabe, in: Kavemann, 2007, S. 143, mit Untersuchungsergebnissen zum Gewaltschutzgesetz S. 142 f. (m.w.N.); Metell, in: Kavemann, 2007, S. 345 ff.; Kostka 2004, S. 178 (m.w.N.); Magaña/Taylor, Fam. Cons. Crt. Rev. 1993, 50, 52; Saunders, Soc. Work 1998, 51, 53; Zorza, Fam. L. Q. 1995, 273, 274 f; Jaffe/Geffner, in: Holden/Geffner/Jouriles, 1998, S. 382 f.; Stimson/Ciyou, Am. J. Fam. L. 1995, 113, 114.

Aufgrund der unscharfen Definitionsansätze und noch unzureichender Untersuchungen schwanken die Schätzungen über die Anzahl der Eltern mit/in hochstrittigen Elternkonflikten.[43] Im Folgenden sollen die Auswirkungen aus Sicht der Scheidungsfolgenforschung dargestellt werden.

III. Scheidungsfolgen für Eltern und Kind

Die Folgen von Trennung und Scheidung für Eltern und Kinder sollen nun einer genaueren Betrachtung unterzogen werden. Dabei ist das Augenmerk sowohl auf die unmittelbaren kurzfristigen Auswirkungen als auch auf die langfristigen Folgen zu richten. Im Weiteren sollen die Einflussfaktoren dargestellt werden, die insbesondere die Situation des Kindes verbessern oder auch verschlechtern können.

1. Unmittelbare Folgen für die Eltern

Bevor auf die unmittelbaren Folgen von Trennung und Scheidung für die Kinder eingegangen wird, soll die Situation der Eltern skizziert werden:

a) Emotionale Konfliktlage der Eltern

Hintergrund von Konfliktsituationen zwischen den Elternteilen sind häufig unbewältigte Enttäuschungen, Gefühle der Angst und Kränkungen, die zu Unzufriedenheit, Wut und nicht selten zu einem Gefühl der Ohnmacht und Sprachlosigkeit führen.[44] Dabei beschränkt sich diese Krise nicht auf die bloße Paarebene, sondern vereinnahmt die gesamte Familie – in erster Linie jedoch die zwangsläufig betroffenen Kinder. Insbesondere die Unfähigkeit oder Unwilligkeit der Eltern zur Kommunikation und Kooperation birgt die Gefahr einer weiteren Eskalation, so dass Trennung und Scheidung oft als der einzige Ausweg erscheinen.[45]

Wie bereits dargestellt, ist eine Scheidung kein singuläres Ereignis, sondern ein komplexer Prozess, der nicht erst mit dem juristischen Scheidungsantrag beginnt. Aus psychologischer Sicht wird Trennung bzw. Scheidung als kritisches Lebensereignis beschrieben.[46] Die Krise beginnt bereits schon vor dem Scheidungsantrag

---

43 Bezogen auf Trennungseltern ist momentan von einem Anteil zwischen 5 % und 10 % auszugehen, Walter, FPR 2009, 23, 25.

44 Proksch, in: FK-SGB VIII, 6. Aufl., § 17 SGB VIII, Rn. 2.

45 Proksch, in: FK-SGB VIII, 6. Aufl., § 17 SGB VIII, Rn. 2 (m.w.N.).

46 Beelmann/Schmidt-Denter, in: Grau/Bierhoff, 2003, S. 506, 528; vgl. Walper, in: Fegert/Ziegenhain, 2003, S. 148 f.

und endet auch nicht abschließend mit dem Scheidungsurteil.[47] Dieser oftmals zermürbende und hoch emotionale Prozess fordert von Kindern und Eltern ein hohes Maß an Kraft, die die seelische Leistungsfähigkeit vieler Mütter und Väter bei weitem übersteigt.[48]

Feindseligkeiten und Streitigkeiten zwischen Eltern sind an der Tagesordnung und belasten nicht nur das Verhältnis der Eltern untereinander sondern beeinträchtigen auch das Verhältnis zu den Kindern. Mütter und Väter werden depressiv, wütend, feindselig, wollen Vergeltung und versuchen den anderen Elternteil zu erniedrigen.[49] Diese Verhaltensänderungen der Eltern sind für die Kinder oftmals unverständlich.[50] Die gegenseitigen Schuldzuweisungen der Eltern und die bewusste oder unbewusste Aufforderung an die Kinder sich zu beteiligen, können diese in belastende Loyalitätskonflikte stürzen.[51]

Hinzukommt, dass Kinder in der Scheidungssituation mehr und qualitativ höhere Aufmerksamkeit seitens der Eltern benötigen.[52] Diesem gesteigerten Bedürfnis nach Zuwendung und Aufmerksamkeit steht jedoch die persönliche – oftmals hoch emotionale – Situation der Eltern entgegen. Es wirkt auf die Eltern belastend, wenn die Kinder mehr Aufmerksamkeit einfordern, weinen, widersprechen oder verstärkt Regeln brechen.[53] Angesichts der eigenen emotionalen Probleme ist es vielen Eltern nicht möglich, ihre Elternrolle im erforderlichen Ausmaß wahrzunehmen. Entweder nehmen sie aufgrund ihrer eigenen Sorgen die Belange der Kinder nicht wahr, oder sie können nicht auf die Kinder eingehen und sich mit der notwendigen Geduld um deren Sorgen kümmern und den nötigen Zuspruch und Trost spenden.[54] So wurde festgestellt, dass Kinder häufig die Bemühungen ihrer Eltern als unsensibel oder ungenügend empfanden.[55]

---

47 Walper, in: Fegert/Ziegenhain, 2003, S. 149 f.

48 Cockett/Tripp 1996, S. 14 f.; Stolz/Strini 2009, S. 33, 37; Schneider/Margraf 2009, S. 256 f.; Butz/Boehnke, in: Walper/Schwarz, 2002, S. 171; Proksch, in: FK-SGB VIII, 6. Aufl., § 17 SGB VIII, Rn. 2 ff.

49 Wallerstein/Kelly 1980, 26 ff.

50 Vgl. Mackscheidt, FamRZ 1993, 254, 255 ff.; Wallerstein/Kelly 1980, S. 100 ff.

51 Figdor 1997, S. 49; Bauers, in: Menne/Schilling/Weber, 1997, S. 57; Figdor, in: Hilweg, 1997, S. 54, 72; Ettrich/Ettrich 2006, S. 29, 42, 55 f.; Fegert/Ziegenhain, 2003, S. 32, 132, 154 (m.w.N.); Mackscheidt, FamRZ 1993, 254, 257.

52 Wallerstein/Lewis/Blakeslee 2000, S. 229 ff.

53 Cockett/Tripp 1996, S. 28.

54 Kostka 2004, S. 159; Wallerstein/Kelly 1980, S. 36.

55 Wallerstein/Kelly 1980, S. 41, 42.

Mit zunehmendem zeitlichem Abstand normalisierte sich grundsätzlich, jedoch nicht bei allen, die Interaktion zwischen den getrennten Eltern und führte zu einem kontrollierten Miteinander. In der Studie von *Wallerstein et al.*[56] bezeichneten sich 2/3 der Frauen und 2/5 der Männer als einsam und hatten Probleme mit Depressionen. Für einige Eltern bedeutete die Scheidung die Chance eines Neuanfangs, wobei 15% der Männer und 20% der Frauen mehr Befriedigung aus ihrer Elternrolle zogen und diese somit auch besser erfüllten.[57]

b) Trennung von Elternrolle und Paarrolle

Die durch Trennung und Scheidung beeinträchtigte Eltern-Kind-Beziehung ist nicht nur kurzfristig, sondern auch auf lange Zeit nachhaltig gestört.[58] Da Eltern oftmals erst nach ein bis zwei Jahren in der Lage sind, sich physisch und emotional voneinander zu trennen, sind die Kinder der Konfliktlage der Eltern langfristig ausgesetzt. Diese Zeit ist auf Seiten der Eltern durch starke – oftmals negative – Emotionen gekennzeichnet. Zudem kollidieren die elterlichen Aufgaben mit den sozialen und psychologischen Aufgaben der Scheidung. In Bezug auf die Kinder müssen die Eltern lernen weiterhin zusammenzuarbeiten, sich aber gleichzeitig emotional voneinander zu trennen.[59] Die Trennung der Elternrolle von der Paarrolle ist weder für die Kinder zu verstehen noch für die Eltern leicht zu vollziehen.[60]

Allerdings werden Eltern per se als Garanten kindlicher Interessen angesehen und die Möglichkeit eines Interessenkonflikts kaum thematisiert. Dieser Grundannahme liegt die Vorstellung einer funktionierenden »Idealfamilie« zu Grunde, übersieht aber, dass in dysfunktionalen Eltern-Kind-Verhältnissen eben jene Garantenstellung der Eltern nicht (mehr) als selbstverständlich angenommen werden darf.[61] Auch das viel bemühte Argument von der »Trennung der Eltern- und Paarebene« kann über diese Risiken nicht hinwegtäuschen. Diesem Argument von der Trennung der Eltern- und Paarebene zum Wohle des Kindes liegt eine idealtypische Vorstellung zu Grunde, die von den Eltern erst noch in die Praxis umgesetzt werden muss. Inwieweit dies Eltern in einer, mitunter hoch emotionalen Trennungssituation gelingt, ist eine Frage des Einzelfalles und wird durch eine Vielzahl individueller Faktoren bedingt.[62] Kritisiert wird insoweit auch, dass ein möglicher Inte-

---

56 Wallerstein/Kelly 1980.

57 Wallerstein/Kelly 1980, S. 152.

58 Wallerstein/Kelly 1980, S. 99.

59 Furstenberg/Cherlin 1993, S. 48 ff.; Mackscheidt, FamRZ 1993, 254, 255 ff.

60 Mackscheidt, FamRZ 1993, 254, 255 ff.

61 Fegert, in: Fegert, 1999, S. 83.

62 Vgl. Kapitel 1. III. 1. a).

ressenkonflikt zwischen Eltern und ihren Kindern heruntergespielt werde und somit tendenziell unkontrollierbare und gegebenenfalls gut gemeinte aber objektiv kindeswohlschädliche, elterliche Entscheidungen als das »kleinere Übel« hingenommen werden.[63] Soweit die Konfliktlösungskompetenz primär in den Händen der »mündigen« Eltern auch im Falle von Trennung und Scheidung verbleiben soll, bedarf es adäquater (neuer) Wege, um Problemsituationen zu bewältigen, d. h. wenn die Trennung der Eltern- von der Paarebene nicht gelingt oder anderweitig das Eltern-Kind-Verhältnis gestört ist.[64] In diesem Sinne dürfe kein blindes Vertrauen in die elterliche Fähigkeit gesetzt werden, ihre Konflikte auf der Paarebene lösen zu können, ohne dass dies Auswirkungen auf ihre Elternverantwortung habe.[65]

So wünschenswert eine im Interesse des Kindeswohls erfolgreiche Trennung der Elternrolle von der Paarrolle ist, gelingt dies den wenigsten Eltern. Dies ist umso gravierender, da gerade eine zufriedenstellende Ausübung der Elternrolle sich als ein äußerst wichtiger Schutzfaktor für das Kind bei der Bewältigung der Scheidung darstellt.[66]

c) »Neues Rollenverständnis« im Eltern-Kind-Verhältnis

Aufgrund der emotional angespannten Situation der Eltern verändert sich deren Verhalten nicht nur untereinander, sondern auch direkt oder indirekt gegenüber ihren Kindern. Die ersten ein bis zwei Jahre, bis die Eltern einen physischen und emotionalen Trennungsprozess vollzogen haben, sind von starken Gefühlen wie Trauer und Verwirrung geprägt. Vor diesem Hintergrund ändert sich auch das Rollenverständnis innerhalb der Eltern-Kind-Beziehung. Viele Kinder – zumeist Mädchen[67] – werden aus ihrer Kinderrolle in eine neue Rolle gedrängt.[68] Sie werden zu »Eltern« der eigenen Eltern, zu Beratern, Helfern oder zum Ersatz für andere Erwachsene. Diese Veränderungen müssen nicht zwingend nachteilig für das Kind sein, solange sie zeitlich begrenzt auf gegenseitige Kooperation ausgerichtet sind

---

63 Simitis, in: Dieckmann/Müller-Freienfels, 1986, S. 608.

64 Fegert, in: Fegert, 1999, S. 83.

65 Furstenberg/Cherlin 1993 (Nachwort Salgo) S. 213; Dahlheimer, Sozialmagazin 1997, 12, 19; Schall, in: VAMV Bundesverband e.V. (Verband Alleinstehender Mütter und Väter), 1996, S. 106 f.; Zenz, in: Ständige Deputation des deutschen Juristentages (DJT), 1992, S. M 18, 27.

66 Hetherington, in: Hetherington, 1999, S. 94; Hetherington, Child Dev. 1989, 1, 8.

67 Hetherington, in: Hetherington, 1999, S. 113 f.

68 Wallerstein/Blakeslee 1989, S. 242; dazu Kostka 2004, S. 165, dort Fn. 466.

und das Kind nicht überfordern.[69] Problematisch ist vielmehr, wenn es zu einem langfristigen, vollständigen Rollentausch kommt und sich die Eltern in »Abhängigkeit« gegenüber ihren Kindern begeben. Folge eines solchen langwierigen Rollentausches ist eine Überforderung der Kinder, da in ihnen ein Gefühl der Alleinverantwortlichkeit für die »Rettung der Familie« erzeugt wird.[70]

2. Unmittelbare Folgen für das Kind

Welche Auswirkungen Trennung und Scheidung auf die psychische wie auch physische Gesundheit der Kinder haben, soll im Folgenden auf der Grundlage nationaler und internationaler Untersuchungsergebnisse[71] dargestellt werden. Angesichts der Erkenntnis, dass sich eine Scheidung nicht als einmaliges Ereignis darstellt, ist von besonderem Interesse, in welchem Zeitraum etwaige Belastungen für das Kind besonders gravierend sein können. Daran anschließend kann eine Aussage darüber getroffen werden zu welchem Zeitpunkt es geboten erscheint, Eltern Beratung und Hilfe zukommen zu lassen, um hierdurch die Belastungen für das Kind zu minimieren.

Studien, die sich mit gesundheitlichen Problemen und Verhaltensauffälligkeiten von Kindern in Scheidungssituationen befassten, zeigen, dass diese Kinder im Verhältnis zu solchen aus »intakten« Familien mehr gesundheitliche Probleme und Verhaltensauffälligkeiten aufweisen und damit in der klinischen Population erheblich überrepräsentiert sind. Hier ist der Anteil, der in psychiatrischer Behandlung aus getrennten Familien mit 42 % auffällig höher, als der Anteil im allgemeinen Bevölkerungsdurchschnitt (circa 30 %).[72] Weitere Erhebungen gehen davon aus, dass circa 80 % der Kinder, denen öffentliche Erziehung zukommt, aus Scheidungsfamilien stammen.[73]

Im Unterschied zu den vorherigen Analysen kamen andere Studien zu dem Ergebnis, dass Kinder aus geschiedenen Familien sich nicht *zwingend* wesentlich von denen aus »intakten Familien« unterscheiden.[74] Befragungen ergaben, dass Kinder

69 Hetherington, in: Hetherington, 1999, S. 108 ff.

70 Kostka 2004, S. 165 (m.w.N.).

71 Z.B.: Amato, in: Hetherington, 1999, 159; Furstenberg/Cherlin 1993, passim; Wallerstein/Corbin, in: Galatzer-Levy/Kraus, 1999, passim; ausführlich zu nationalen und internationalen Studien Kostka 2004, passim, mit Übersicht zu den Studien S. 531 ff.; Walper, in: Fegert/Ziegenhain, 2003, S. 150 ff., 153.

72 Wallerstein/Corbin, in: Galatzer-Levy/Kraus, 1999, S.73, (m.w.N.); Kostka 2004, S. 154 ff.

73 Münder/Mutke, in: Sozialpädagogisches Institut im SOS-Kinderdorf e.V., 2001, S. 97 f.

74 Amato, in: Hetherington, 1999, S. 159.

von geschiedenen Familien mit schlechter Ausbildung und niedrigem Einkommen, die eine hohe Scheidungsrate aufweisen, sich nicht wesentlich von Kindern »intakter« Familien unterscheiden. »Das Aufwachsen in einer intakten Familie garantiere ebenso wenig eine glückliche Zukunft, wie das Aufwachsen in einer geschiedenen Familie diese verhindere.«[75] Ferner konnten jene Studien, die vermehrt Verhaltensauffälligkeiten bei Scheidungskindern nachwiesen, bei näherer Analyse nicht bestätigen werden, weil entscheidende Drittvariablen nicht berücksichtigt wurden.[76]

Allgemein anerkannt ist jedoch die Annahme, dass eine Scheidung der Eltern die Kinder vermehrten Risiken im Sozialverhalten, im kognitiven wie im emotionalen Bereich aussetzt.[77] Somit bedeuten Trennung und Scheidung für das Kind ein einschneidendes Lebensereignis und einen gravierenden Stressfaktor.[78] Die unmittelbare Reaktion des Kindes nach einer Scheidung der Eltern ist geprägt von Angst, Schmerz, Trauer und Hilflosigkeit. Ebenso zeigen sich Loyalitätskonflikte und Verlustängste.[79]

Untersuchungen von *Wallerstein* haben ergeben, dass insbesondere jüngere Kinder stärker unter einer Scheidung leiden als ältere.[80] Dieses Ergebnis wird auch von einer Studie des österreichischen Psychoanalytikers *Figdor*[81] gestützt. Gegenstand der Untersuchung waren die belastenden Auswirkungen einer Scheidung bei Kindern. Diese Studie stellte sowohl altersabhängige als auch geschlechtsspezifische Unterschiede fest: Zum einen, dass je jünger die Kinder zum Zeitpunkt der Scheidung sind, desto negativer seien die Auswirkungen und zum anderen, dass eine Scheidung Jungen mehr belaste als Mädchen.[82]

---

75 Kostka 2004, S. 155.

76 Kostka 2004, S. 155 (m.w.N.).

77 Huss/Lehmkuhl, in: Lehmkuhl/Lehmkuhl/Boos, 1997, S. 19 (m.w.N.); Kostka 2004, S. 155.

78 Figdor, in: Hilweg, 1997, S. 72.

79 Bauers, in: Menne/Schilling/Weber, 1997, S. 57; Figdor, in: Hilweg, 1997, S. 54, 72; Ettrich/Ettrich 2006, S. 29, 42, 55 f.; Fegert/Ziegenhain, 2003, S. 32, 132, 154 (m.w.N.); Mackscheidt, FamRZ 1993, 254 ff.

80 Wallerstein/Lewis/Blakeslee 2002, S. 117 ff.

81 Figdor 1997, passim.

82 Figdor, FPR 1997, 60 ff.; so grundsätzlich auch die Studie von Schmidt-Denter, die jedoch keine geschlechtsspezifischen Unterschiede nachweisen konnte, Schmidt-Denter, FPR 1997, 57, 59.

Folgeerscheinungen von Trennung und Scheidung können ferner Wut, Aggression[83] und Delinquenz[84] sein. Weiterhin können aufgrund von Konzentrations- und Lernschwierigkeiten Probleme in Schule und Ausbildung entstehen.[85] Darüber hinaus belegen wissenschaftliche Studien bei Scheidungskindern ein gemindertes Selbstwertgefühl bis hin zu einer Suizidgefährdung.[86]

Wie bereits dargestellt wird eine Scheidung nicht als singuläres Ereignis angesehen, sondern als ein langfristiger Prozess. Dementsprechend wird vermutet, dass die familiäre Situation bereits im Vorfeld Einfluss auf die kindliche Entwicklung hat. Insoweit erscheint es fraglich, ob die vollzogene Trennung/Scheidung auch ausschließlich für negative Reaktionen des Kindes verantwortlich sein kann.

Zusammenfassend lässt sich feststellen, dass die beim Kind feststellbaren Reaktionen sowohl auf elterliches Verhalten vor der Trennung als auch auf Scheidungsfolgen zurückzuführen sind.[87] In diesem Sinne kommt die Studie von *Figdor* zu dem Ergebnis, dass sowohl die Vortrennungsphase als auch die Zeit nach der Trennung erhebliche Auswirkungen auf die Psyche der Kinder hat. Allerdings sei festzustellen, dass insbesondere die Zeit nach der Trennung, die Fähigkeit die Scheidungssituation zu verarbeiten nachhaltig beeinflusse. Das Scheidungsergebnis beeinflusst in hohem Maße die psychische Irritation. Ausschlaggebend für die Problembewältigung und weitere Entwicklung des Kindes ist die Zeit nach der Scheidung.[88] Im Ergebnis greife die Scheidung mit ihrer Dynamik in die Psyche des Kindes ein, erschüttere das Gleichgewicht, mache errungene Entwicklungen rückgängig und gestalte primäre Beziehungen um.[89] Vor diesem Hintergrund erscheint es geboten, Eltern in Trennung und Scheidung bereits während und in besonderem Maße nach einer Scheidung Beratung und Hilfe zukommen zu lassen.

---

83 Figdor, in: Hilweg, 1997, S. 72; Figdor 1998, S. 111; Amendt 2006 S. 204; Hetherington/Kelly 2003, S. 210; Wallerstein/Blakeslee 1989, S. 36; Strobach 2002, S. 19; Bauers, in: Menne/Schilling/Weber, 1997, S. 57.

84 Goldstein/Solnit 1989, S. 32; Huss/Lehmkuhl, in: Fegert, 1999, S. 33; Lehr 1973, S. 49; Toman 1996, S. 50; Wallerstein/Lewis/Blakeslee 2002, S. 249.

85 Langenmayr 1978, S. 68; Fischer, ZfJ 1997, 235, 236; Furstenberg/Cherlin 1993, S. 104; Napp-Peters 1988, S. 37; Schneider/Margraf 2009, 858 (m.w.N.); Wallerstein/Lewis/Blakeslee 2002, 27.

86 Figdor 1998, S. 77 ff., 111; Huss/Lehmkuhl, in: Fegert, 1999, S. 38; Schneider/Margraf 2009, S. 859 (m.w.N.); Gast 2008, S. 140; Walper/Schwarz, 2002, S. 174 (m.w.N.).

87 Kostka 2004, S. 134.

88 Hetherington, in: Hetherington, 1999, S. 101, 114 f.

89 Figdor, FPR 1997, 60, 67.

3. Langfristige Folgen für das Kind

Während die Eltern grundsätzlich die Trennungs- und Scheidungssituation nach einigen Jahren bewältigen und sich ihr Leben normalisiert, stellt sich die Frage nach den möglichen langfristigen Auswirkungen der erlebten Trennung für das Kind. In der Literatur wird uneinheitlich diskutiert,[90] inwieweit Trennung und Scheidung der Eltern langfristige – bis in das Erwachsenenalter der Kinder reichende – negative Auswirkungen haben.[91]

a) Kausalität von Spätfolgen und Scheidung

Ein zentrales Problem der Scheidungsfolgenforschung ist die Darstellung der Kausalität zwischen Scheidung als Ursache und der möglichen Folgen. Die Auswertung und Interpretation von Studien, die sich mit Langzeitfolgen von Trennung und Scheidung auf »erwachsene Kinder« befassen, gestalten sich insoweit schwierig, einen direkten Kausalzusammenhang zwischen Scheidung und den später eintretenden – positiven/negativen – Entwicklungen darzustellen. Da die Bandbreite möglicher Einflussfaktoren, die nicht im Scheidungskontext stehen, so umfangreich ist, kann nicht mit absoluter Sicherheit festgestellt werden, dass die Probleme der Scheidungskinder im Erwachsenenalter der Scheidung *per se* zugerechnet werden können.[92]

Wissenschaftliche Studien vertreten die Auffassung,[93] dass viele Kinder noch lange bis in das Erwachsenenalter hinein wegen der Scheidung ihrer Eltern an negativen Erinnerungen und Gefühlen leiden. Allerdings könne daraus nicht zwangsläufig gefolgert werden, dass dieser Leidensdruck auch nachhaltig negative Auswirkungen auf die Zukunft als Erwachsener haben müsse. Vielmehr sei davon auszugehen, dass langfristige Schäden nur bei einer Minderheit der Kinder auftreten.[94]

Demgegenüber sehen andere Studien aus psychoanalytischer Perspektive durchaus einen Zusammenhang zwischen Einstellungen und Gefühlen im Erwachsenenalter und der im Kindesalter erlebten Scheidungssituation.[95] Es sei jedoch ein-

---

90 Kostka 2004, S. 193.

91 Kostka 2004, S. 193 ff.

92 So auch Wallerstein/Kelly 1980, S. 181; Nowak/Gössweiner, in: Walper/Schwarz, 2002, S. 230 (m.w.N.).

93 Furstenberg/Cherlin 1993, S. 109 ff.; Hetherington, Child Dev. 1989, 1; Hetherington/Kelly 2003, S. 16.

94 Furstenberg/Cherlin 1993 S. 109 f.; Hetherington, Child Dev. 1989, 1; Hetherington/Kelly 2003, S. 16.

95 Wallerstein/Blakeslee 1989, S. 39.

schränkend zu berücksichtigen, dass aufgrund der unmittelbaren Scheidungsreaktionen der Kinder keine eindeutige Vorhersage auf die spätere Entwicklung im Erwachsenenalter getroffen werden könne.[96] Nach Auffassung dieser Studien sei das Eltern-Kind-Verhältnis ein komplexer Entwicklungsprozess und könne nicht statisch beurteilt werden. Es gäbe erhebliche, sich gegenseitig bedingende und beeinflussende Wechselwirkungen zwischen den Kindern und den Erwachsenen, die auf das Zusammenleben in der Familie Einfluss nähmen.[97]

Ein wesentlicher und viel diskutierter Ansatz hinsichtlich der langfristigen Auswirkungen einer miterlebten Trennung und Scheidung betrifft die Frage der »Vererbung des Scheidungsrisikos«.[98] Studien in den USA konnten nachweisen, dass »Scheidung sozial vererbt« wird.[99] Dieses Phänomen[100] der intergenerativen Transmission des Scheidungsrisikos wurde auch durch die Analysen im deutschsprachigen Raum von *Diekmann et al.*[101], *Wagner*[102], *Diefenbach*[103] sowie die Studie von *Hullen*[104] bestätigt.[105]

Für die Beurteilung von Studien bezüglich psychosozialer und -somatischer Auswirkungen spielt stets die Perspektive auf die wissenschaftliche Untersuchung eine entscheidende Rolle.[106] In diesem Zusammenhang ist zu berücksichtigen, *wer* über *wen* Auskunft gibt. So können die Antworten divergieren, wenn sowohl die Eltern als auch die Kinder unabhängig voneinander über ihre Wahrnehmung der Scheidung befragt werden. Soweit die gewonnenen Informationen durch Dritte vermittelt werden, muss die Möglichkeit einer subjektiven Färbung der Aussage stets berücksichtigt werden.[107] Ebenso ist der Zeitpunkt der Befragung für die an-

---

96 Hetherington/Kelly 2003, S. 309, 365; Wallerstein/Blakeslee 1989, S. 39.

97 Kaltenborn/Lempp, Int. J. Law & Fam. 1998, 74, 92; Kostka 2004, S. 194; Nowak/Gössweiner, in: Walper/Schwarz, 2002, S. 230 (m.w.N. zu Theorien und Studienergebnissen).

98 Nowak/Gössweiner, in: Walper/Schwarz, 2002, S. 230 ff.; Diefenbach, in: Rehberg, 1997, 118.

99 Nowak/Gössweiner, in: Walper/Schwarz, 2002, S. 230 (m.w.N.); Diefenbach, in: Rehberg, 1997, 118.

100 Diefenbach, in: Rehberg, 1997, 118, Diekmann/Engelhardt, ZfS 1995, 215 ff.

101 Diekmann/Engelhardt, ZfS 1995, 215, 218 ff.

102 Wagner, in: Diekmann/Weick, 1993, S. 372 ff.

103 Diefenbach, in: Rehberg, 1997, 119 f.

104 Hullen, Zeitschrift für Bevölkerungswissenschaft 1998, 19 ff.

105 Nowak/Gössweiner, in: Walper/Schwarz, 2002, S. 230 (m.w.N.).

106 Furstenberg/Cherlin 1993, S. 109 f.

107 Kostka 2004, S. 132 (m.w.N.).

schließende Auswertung der Studienergebnisse von Bedeutung. Je nachdem wann die Studie im zeitlichen Abstand zur Scheidung durchgeführt wurde, ändert sich die Sichtweise der jeweils Befragten. Darüber hinaus ist hinsichtlich der Wahrnehmungsfähigkeit stets zu berücksichtigen, dass unsere Wahrnehmung ein subjektiver und selektiver Aneignungsprozess ist.[108]

Zusammenfassend kann festgehalten werden: Methode und Intention einer jeden Studie müssen kritisch hinterfragt werden. Dennoch können keine allgemein verbindlichen Aussagen im Sinne gesicherter Erkenntnisse über die langfristigen Auswirkungen der Scheidung auf Kinder getroffen werden. Dazu sind die Methoden, die Herangehensweisen und die konkreten Untersuchungsgegenstände zu verschieden. Um die Komplexität einer Trennungs- und Scheidungssituation annähernd richtig zu erfassen, kann nur eine Kombination unterschiedlicher wissenschaftlicher Ansätze erfolgreich sein.[109]

Mit Hinblick auf Studienergebnisse ist davon auszugehen, dass das Miterleben einer Trennung und Scheidung das Risiko im Erwachsenenalter ebenfalls von Trennung und Scheidung betroffen zu sein (intergenerationale Transmission), erhöht.

b) Erwachsene »Kinder«

Die meisten Studien über Langzeitfolgen befassen sich mit den Auswirkungen der Scheidung auf jüngere Erwachsene, während Studien, die sich mit älteren Erwachsenen befassen kaum existieren. Die bedeutendste[110] Langzeitstudie wurde von *Wallerstein et al.*[111] über einen Zeitraum von 25 Jahren erhoben. Diese Studie ergab, dass die Scheidung der Eltern ihren größten Einfluss im Erwachsenenalter

---

108 »Die Neuro- und Kognitionswissenschaft geht heute davon aus, dass die Fähigkeit zur Wahrnehmung auf der Fähigkeit basiert, die gesamte Erfahrung so zu organisieren, dass sie für die Person Sinn macht. Es ist die Fähigkeit des Menschen, seine vergangene Erfahrung kontinuierlich mit den gegenwärtigen Sinnesreizen synthetisch zu verbinden, was wir erwarten, erinnern, also schon in uns haben, prägt unsere Wahrnehmung. Wahrnehmung ist also ein aktiver Prozess und nicht nur eine passive Verarbeitung von Umweltreizen durch die Sinnesorgane. Nie können wir die Wirklichkeit »an sich« erleben. Immer vermischen sich die Perzeption von Sinnesreiz und Informationsverarbeitung. Wahrnehmung ist somit gleichzeitig immer auch subjektiv und selektiv, ist immer Interpretation und Konstruktion. Wir konstruieren unsere eigene Wirklichkeit, das gilt für Eltern im Konflikt gleichermaßen wie für die Richter und Fachkräfte der Jugendämter«, Trenczek, FPR, 335; Lindemann 1998, S. 46.

109 Kostka 2004, S. 132.

110 Vgl. Kostka 2004, S. 200.

111 Wallerstein/Kelly 1980, passim; Wallerstein/Lewis/Blakeslee 2000, passim.

und nicht in der Kindheit oder Jugend hatte.[112] Die Erwachsenen (Scheidungskinder) lebten in der Angst, das Schicksal ihrer Eltern zu teilen und ihre Geschichte zu wiederholen. Auf der einen Seite stünde die Angst vor dem Alleinsein und auf der anderen Seite die Angst vor dem Verlust des (potentiellen) Partners. Vor diesem Hintergrund zeigten sich erhebliche Probleme bei der Partnerwahl und der Gründung einer eigenen Familie.[113] Auch zeigten sich Verzögerungen in der Persönlichkeitsentwicklung und dem Eintritt ins Erwachsenenleben.[114]

Ferner konnte die weit verbreitete Annahme[115] bestätigt werden, dass Scheidungskinder dazu neigen, sich eher scheiden zu lassen, bzw. Probleme haben, glückliche und langwährende Beziehungen zu führen.[116] Danach scheint die Scheidungsrate bei Scheidungskindern durchgängig (geringfügig) höher zu sein, als bei Kindern aus »intakten« Familien.[117] Wie es zu dieser festgestellten intergenerationalen Transmission kommt, ist noch nicht abschließend wissenschaftlich geklärt. Die bestehenden theoretischen Erklärungsmodelle sind noch nicht hinreichend empirisch verifiziert worden.[118] Es konnte bislang lediglich eine intergenerative Transmission des Scheidungsrisikos als Phänomen übereinstimmend in Studien aus den USA und dem deutschsprachigen Raum belegt werden.[119]

Die umfassende und vielbeachtete Studie von *Wallerstein et al.* wurde allerdings auch kritisch betrachtet. Mitunter wurde der Vorwurf erhoben, dass positive Folgen nicht ausreichend gewürdigt und die negativen Folgen im Sinne einer *»self-fullfilling prophecy«* überbetont würden. Insbesondere habe eine »objektive« Beurteilung der gesamten Lebenssituation der nun »erwachsenen Kinder« nicht stattgefunden. Man sei vielmehr von der subjektiven Einschätzung der Befragten ausgegangen, die sich in der Studie als dauerhaft »verletzt« beschrieben hätten. Zahlreiche der »erwachsenen Kinder« hätten die Scheidung ihrer Eltern als ein »bequemes Alibi« für ihre gegenwärtigen Schwierigkeiten herangezogen, wobei nicht ausge-

---

112 Wallerstein/Lewis/Blakeslee 2000, S. xxix, 31 ff.; Hurrelmann 2007, S. 112.

113 Wallerstein/Lewis/Blakeslee 2000, S. xxix, 31 ff.

114 Wallerstein/Lewis/Blakeslee 2000, S. 37 f.

115 Kostka 2004, S. 200 f. (m.w.N.). Nowak/Gössweiner, in: Walper/Schwarz, 2002, S. 230 (m.w.N.).

116 Wallerstein/Lewis/Blakeslee 2000, S. 29, 58, 191 f., 194.

117 Huss/Lehmkuhl, in: Lehmkuhl/Lehmkuhl/Boos, 1997, S. 21 (m.w.N.); Fthenakis, Familiendynamik 1995, 127, 144 f.; Kostka 2004, S. 200 (m.w.N.).

118 Kostka 2004, S. 200 f. (m.w.N.); krit. zu der Studie von Wallerstein: Arditti, Marriage Fam. Rev. 1999, 35 ff., 43 f.; so auch wohl krit. Hetherington/Kelly 2003, S. 16, 371.

119 Siehe oben Kapitel 1. III. 3. a); siehe auch Nowak/Gössweiner, in: Walper/Schwarz, 2002, S. 230 (m.w.N.).

schlossen werden kann, dass diese Selbsteinschätzung als »Scheidungsopfer« durch populärwissenschaftliche Medien beeinflusst wurde. Bei einer objektivierten Betrachtung der Forschungsergebnisse zeige sich ein weitaus moderateres Bild.[120] Wenngleich diese Studien zu einem langfristig positiveren Bild der Scheidungsfolgen[121] kamen und sich kritisch gegenüber der Studie von *Wallenstein et al.* zeigten, stimmten sie grundsätzlich zu, dass die Trennung der Eltern das Risiko der Scheidungskinder erhöhe, später selbst in eine Scheidungssituation zu geraten. Dieses Risiko stieg abermals, wenn beide Partner aus geschiedenen Familien kamen.[122]

Abschließend kann festgehalten werden, dass das Miterleben einer (konfliktreichen) Scheidungssituation das Risiko erhöht, im Erwachsenenalter mit sozialen Schwierigkeiten konfrontiert zu werden, die sich über alle Lebensbereiche erstrecken.

4. Einflussfaktoren auf die Scheidungssituation

Nachdem die Reaktionen der Kinder auf Trennung und Scheidung geschildert wurden, soll nunmehr der Fokus darauf gerichtet werden, welche Faktoren zu einer Verbesserung oder Verschlechterung der Scheidungsfolgen führen können. Anschließend sind die Faktoren, die das Kind im Laufe eines Scheidungsprozesses beeinflussen und prägen, darzustellen.[123] Danach soll der Blick auf die für eine Beratungssituation besonders relevanten Aspekte von elterlicher Kooperation und Konfliktpotenzial des Elternstreits gerichtet werden.

Die Scheidung ist ein komplexer Prozess, in dem eine Vielzahl von unterschiedlichen Faktoren zusammenwirkt, die sich gegenseitig potenzieren oder auch abschwächen können. Monokausale Erklärungsansätze, die der Trennung der Eltern *per se* die »Schuld« an der Entwicklung ihres Kindes geben, sind angesichts

---

120 Hetherington/Kelly 2003, S. 19, 304 f., 320.

121 20 Jahre nach der Scheidung führten 80 % der befragten Kinder ein Leben als mehr oder weniger ausgeglichene Individuen; nur 20 % – in »intakten« Familien 10 % – zeigten ein sozial auffälliges Verhalten oder litten unter Depressionen. Sie hatten Probleme im Beruf, mit ihrem Liebesleben und generell damit, in ihrem Leben Halt zu finden, Hetherington/Kelly 2003, S. 304 f.

122 Hetherington/Kelly 2003, S. 320 ff.

123 In der sozialwissenschaftlichen Literatur werden folgende Aspekte als relevante Einflussgrößen auf die Reaktionen und das Erleben der Kinder angesehen: Die Einbeziehung und Informierung des Kindes über die Trennung der Eltern, der Verlust eines Elternteils, die ökonomischen Folgen der Scheidung, häusliche Gewalt und der Konflikt der Eltern, die Kooperationsfähigkeit der Eltern sowie Wiederheirat und neue Partnerschaften. Vgl. dazu ausführlich Kostka 2004, S. 154 ff.

der Komplexität nicht möglich und widersprächen zahlreichen Studien.[124] Angesichts der komplexen Dynamik einer Scheidungssituation kann mit der folgenden Darstellung kein Anspruch auf Vollständigkeit erhoben werden. In diesem Zusammenhang sollen ausschließlich die wesentlichen Einflussfaktoren skizziert werden, auf die durch Beratung gegebenenfalls positiv gestaltend Einfluss genommen werden kann.

a) Begriffsklärung

In Anbetracht des interdisziplinären Ansatzes dieser Arbeit ist es erforderlich, grundlegende sozialwissenschaftliche Begriffe zu klären, um sich die Erkenntnisse der Scheidungsfolgenforschung nutzbar zu machen und die Einflussfaktoren näher zu erläutern.

aa) Einteilung der Einflussfaktoren

Die Einflussfaktoren, welche die Entwicklung des Kindes beeinflussen, werden in interne und externe Faktoren differenziert:[125]

- Individuelle Aspekte des Kindes (z.B. Temperament, genetische Anlagen, Geschlecht).
- Soziokulturelle oder demographische Faktoren (z.B. Armut, instabiles Heim, unsichere Nachbarschaft, Anzahl der Stress ausübenden Vorkommnisse, elterlicher Stress, soziale Isolation).
- Häuslicher Stress (z.B. häusliche Gewalt, schwierige Geschwisterbeziehungen, elterliche Psychopathologie).

bb) Risikofaktoren

In der sozialwissenschaftlichen Literatur versteht man unter Risikofaktoren solche, die mit einer schlechteren sozial-emotionalen Entwicklung in Verbindung gebracht werden. Besonders gravierend wirken sich die Faktoren aus, auf die das Kind selbst keinen Einfluss nehmen kann und somit zu einem erhöhten Leidensdruck führen.[126]

---

124 Kostka 2004, S. 168 (m.w.N.).

125 Einteilung und Beispiele nach Kostka 2004, S. 156, Alle Faktoren, die die Stressoren verstärken können, werden Vulnerabilitätsfaktoren genannt. Wenn diese Faktoren die Auswirkungen der Stressoren minimieren, bezeichnet man sie als sog. protektive Faktoren.; Paul/Dietrich 2007, S. 59 ff. (m.w.N.).

126 Kostka 2004, S. 155.

cc) Resilienz

Unter Resilienz[127] wird die Fähigkeit verstanden, auf die Anforderungen wechselnder Situationen flexibel zu reagieren und erschöpfende, enttäuschende oder schwierige Lebenssituationen (Risiken) zu bewältigen. Resilienz beim Kind entwickelt sich durch Stressbewältigung und nicht durch Stressvermeidung. Für die Bewältigung sind sowohl der geeignete Zeitpunkt als auch die Art der Anforderung eine wesentliche Voraussetzung. Diese Bewältigungsarbeit steigert das Selbstbewusstsein und erhöht die soziale Kompetenz.[128] Neben den emotionalen Aspekten,[129] wie Trauer, Hilflosigkeit und Wut über das Auseinanderbrechen der Familie sind noch weitergehende erschwerende Risikofaktoren zu berücksichtigen, mit denen Scheidungskinder konfrontiert sind. In der Regel wird davon ausgegangen, dass ein Risikofaktor allein noch nicht die Wahrscheinlichkeit für das Auftreten von Entwicklungsstörungen erhöht. Vielmehr müssen grundsätzlich mehrere Risikofaktoren zusammentreffen, um einen negativen Effekt hervorzurufen. In diesem Fall geht man jedoch von einer exponentiellen Steigerung der Wahrscheinlichkeit für das Auftreten von Entwicklungsstörungen aus.[130] Soweit es zu einem Zusammentreffen von mehreren stressigen Lebensereignissen kommt, führt dies nicht nur zu einer monokausalen Auswirkung, sondern wirkt sich auf die Entwicklung des Kindes umfassend aus. Die individuellen Folgen können das Verhalten und das Selbstbewusstsein des Kindes im Allgemeinen negativ beeinträchtigen und somit auch auf das gesamte soziale Umfeld (z. B. Freundeskreis, Kindergarten, Schule etc.) ausdehnen.[131] Dabei ist jedoch nicht nur das kumulative Auftreten mehrerer Risikofaktoren erheblich, sondern vor allen Dingen der Inhalt des Risikofaktors. Ferner wurde festgestellt, dass die mittelbaren negativen Begleiterscheinungen (sog. Stressoren) einer Scheidung weitaus größeren Einfluss haben, als die Scheidung *per se*.[132]

Es bedarf einer komplexen und einheitlichen Betrachtung der Faktoren, die Einfluss auf die Entwicklung nehmen können. Als solche kommen zum einen die individuellen Aspekte des Kindes (z.B. Temperament, genetische Anlagen, Geschlecht etc.) in Betracht. Zum anderen sowohl die familialen, soziokulturellen oder demographischen Faktoren (z.B. Armut, Elternstreit, soziale Isolation, Kon-

127 lat. *resilire*: zurückspringen, abprallen; hier sinngemäß: Widerstandsfähigkeit.

128 Douglas, et al., MLR 2000, 177 ff.; Kostka 2004, S. 157.

129 Vgl. Kapitel 1.III.

130 Sind zwei Risikofaktoren gegeben erhöht sich die Wahrscheinlichkeit für das Auftreten von Entwicklungsstörungen um das Vierfache, Kostka 2004, S. 157.

131 Grych/Fincham, in: Galatzer-Levy/Kraus, 1999, S. 101 f. Amato, Future Child. 1994, 143, 151; Figdor 1998, S. 77 ff., 111; Huss/Lehmkuhl, in: Fegert, 1999, S. 38; Schneider/Margraf 2009, S. 859 (m.w.N.); Gast 2008, S. 140.

132 Kostka 2004, S. 157 (m.w.N.).

flikt/Gewalt zwischen den Eltern etc.). Dabei können sich diese Aspekte sowohl positiv als auch negativ auf die Entwicklung des Kindes auswirken. Sie können entweder als protektive Faktoren (Ressourcen) stressige Ereignisse (Risiken) minimieren oder auch potenzieren. Entscheidend ist jedoch nicht, ob das Kind über solche Ressourcen verfügt, sondern, ob bzw. wie diese in welcher Situation genutzt werden (können).[133]

dd) Coping-Verhalten

Die unterschiedlichen Verhaltensmuster des Kindes auf Scheidungssituationen werden als *Coping* bezeichnet. *Coping* bezeichnet die Bewältigung von Stress oder kritischen Lebensereignissen.[134]

Die wenigen Studien zum *Coping*-Verhalten von Kindern in Scheidungssituationen zeigen zwei Tendenzen:[135] Kinder mit aktiven Bewältigungsmustern und Kinder mit passiven/vermeidenden Strategien. Die Studien belegen, dass sich Scheidungskinder häufiger vermeidender Bewältigungsmuster bedienen, als Kinder aus »intakten« Familien.[136] Ein aktives *Coping*-Verhalten werde durch ein stabiles und unterstützendes Familienklima in hohem Maß gefördert (protektiver Faktor), während ein belastendes Familienklima ein vermeidendes *Coping*-Verhalten fördere, was seinerseits zu einer weiteren Belastung des Familienklimas führen kann.[137] Kinder mit einem aktiven Bewältigungsmuster können sich in schwierigen Situationen Rat und Unterstützung suchen oder sind besser in der Lage, Trauer und Wut zu zeigen und ihre Gefühle damit zu regulieren.[138]

Im Gegensatz dazu, neigen Kinder mit vermeidenden Strategien eher ihre Situation zu leugnen und ihre Gefühle zu verdrängen. Die Verdrängung der Gefühle kann zwar kurzfristig die emotionale Notlage lindern, vermag diese aber langfristig nicht zu beseitigen. Daraus folgt, dass durch aktive *Coping*-Methoden eine gute Anpassung verstärkt wird und die Scheidungsfolgen dadurch gemindert werden können, während ein passives Verhalten einer langfristigen positiven Entwicklung grundsätzlich entgegensteht.[139]

---

133 Kostka 2004, S.156 f. (m.w.N.).Hetherington, Child Dev. 1989, 1, 2.

134 Kostka 2004, S. 161; Ulich, Z. f. Entwicklungspsychol. & Päd. Psychol. 1988, 146, 148.

135 Kostka 2004, S. 161 ff., (m.w.N.).

136 Huss/Lehmkuhl, in: Fegert, 1999, S. 41.

137 Huss/Lehmkuhl, in: Lehmkuhl/Lehmkuhl/Boos, 1997, S. 31.

138 Kostka 2004, S. 161 ff., (m.w.N.).

139 Kostka 2004, S. 161 f.

b) Ökonomische Situation der Familie nach Trennung und Scheidung

Von besonderer Bedeutung sind im Scheidungszusammenhang die ökonomischen Konsequenzen.[140] Wie wichtig die finanzielle Situation der Familie für die Entwicklung des Kindes ist, soll im Folgenden dargestellt werden. Hierbei ist auf Kinderarmut und insbesondere die Situation alleinerziehender Eltern einzugehen. Ferner werden die sich daraus ergebenden Konsequenzen für die Entwicklungschancen der Kinder in Armut dargestellt.

Eine Scheidung bedeutet in aller Regel ein Absinken des Lebensstandards. Studien belegen, dass jede dritte Scheidungsfamilie langfristig von Armut bedroht sei.[141] Dabei sind Mutter und Kind insbesondere von den finanziellen Folgen der Scheidung betroffen.[142] Diese Feststellung lässt sich nicht auf alle Alleinerziehenden verallgemeinern, sondern betrifft vor allem alleinerziehende Mütter.[143] Ihr Pro-Kopf-Einkommen sinkt nach der Scheidung durchschnittlich um 44 %, hingegen das der Männer nur um 7 %.[144]

---

140 Hurrelmann 2007, S. 114 ff.

141 Napp-Peters 1995, S. 20.

142 Furstenberg/Cherlin 1993, S. 76, 86 f.; Maccoby/Mnookin 1994, S. 128 ff., 257 ff.; Weitzman 1987, S. 323 ff. Sorensen, in: Weitzman/Mavis, 1992, S. 281; Cockett/Tripp 1996, S. 548; Wallerstein/Kelly 1980, 22f.; 110, 151 f., 185 f.; Kostka 2004, S. 172 ff.;

143 Diese Ergebnisse bestätigen sich auch in einem internationalen Vergleich für Großbritannien und die USA. In den USA wird der Lebensstandart alleinerziehender Frauen, den sie vor der Scheidung innehatten, erst nach fünf Jahren wieder erreicht. Cockett/Tripp 1996, S. 56; Kostka 2004, S. 172 In einer Studie von Maccoby/Mnookin wird hervorgehoben, dass das Durchschnittseinkommen bei ganztagsarbeitenden Müttern nach ca. drei Jahren nach der Trennung nur 60 % des Jahresdurchschnittseinkommens der Väter beträgt. Vergleicht man die finanzielle Situation von alleinerziehenden Müttern in den USA und Deutschland, so fallen die finanziellen Einbußen in den USA weniger gravierend aus, als bei Frauen in Deutschland. Burkhauser/Duncan, Soc. Sci. Quart. 1989, 3ff.; Furstenberg/Cherlin 1993, S. 86 f., 97; Maccoby/Mnookin 1994, S. 259; Burkhauser, et al., Demography 1991, 353ff.; Walper/Schwarz, in: Walper/Schwarz, 2002, S. 10 (m.w.N.); Hurrelmann 2007, S.112.

144 Furstenberg/Cherlin 1993, S. 76; Wallerstein/Kelly 1980, S. 20 f.; Maccoby/Mnookin 1994, S. 128 ff., 257 ff; Kostka 2004, S. 172 f. (m.w.N.); Sorensen, in: Weitzman/Mavis, 1992, S. 281.

Somit gestaltet sich die ökonomische Situation alleinerziehender Mütter meistens angesichts der Doppelbelastung von Kindesbetreuung und Arbeit prekär.[145] Die scheidungsbedingten ökonomischen Einbußen wirken sich umfassend auf das Leben der Familie aus. So sind aufgrund der verschlechterten finanziellen Situation viele Familien gezwungen in eine preiswertere und meistens »schlechte« Wohngegend umzuziehen. Daraus ergibt sich auch häufig ein Schul- oder Kindergartenwechsel.[146] Dies führt somit nicht nur zu einer Veränderung des sozialen Umfeldes, dem Verlust von Freundschaften und Bekannten (»soziales Netzwerk«), sondern auch zu einer Verschlechterung der sozialen Milieus, in denen Kinder, die für sie bedeutsamen Netzwerke knüpfen können. Kinder aus armen Familien leben daher häufig in beengten Wohnverhältnissen, in vernachlässigten Stadtteilen, besuchen Schulen in sozialen Brennpunkten und verfügen über unzureichende soziale Angebote.[147] Gerade diese Rahmenbedingungen sind sowohl für eine positive Entwicklung des Kindes als auch seine Fähigkeit die Belastungen einer Scheidung zu bewältigen (Resilienz[148] und aktives Coping[149]) von herausragender Bedeutung.[150]

Die finanziellen Belastungen wirken sich jedoch nicht nur auf die Wahl des sozialen Umfeldes aus, sondern können auch zu Kinderarmut und im Vergleich zu anderen Kindern (z.B. im Kindergarten und in der Schule) zu einer ökonomischen Ungleichheit führen. Als nachgewiesen gilt, dass ein sozio-ökonomischer Mangel im Zusammenhang mit Schulverweigerung, Schulversagen, Arbeitslosigkeit, Delinquenz und physischen und psychosozialen Beeinträchtigungen steht.[151] Darüber

---

145 Von bundesdeutschen Haushalten haben 1999 ca. 3,9 % Sozialhilfe bezogen, während 27,1 % davon auf alleinerziehende Frauen entfiel, betraf dies nur 6,3 % alleinerziehende Männer. Damit weisen alleinerziehende Frauen die höchste Sozialhilfequote auf. Eine entsprechende Untersuchung über Kinderarmut in Deutschland belegt, dass hier vor allem Alleinerziehende betroffen sind, Bundesministerium für Familie Senioren Frauen Jugend, 2002, S. 141.

146 Andreß, et al. 2003, S. 86 ff., 89; Hurrelmann 2007, S. 112.

147 Lauff, in: Kreft, 2005, 241 (m.w.N.); Andresen/Hurrelmann, in: Hurrelmann/Andresen, 2007, 47, 86 ff.

148 Vgl. Kapitel 1. III. 4. a) cc).

149 Vgl. Kapitel 1. III. 4. a) dd).

150 Peuckert 2008, S. 121, 200 (m.w.N.); Andresen/Hurrelmann, in: Hurrelmann/Andresen, 2007, S. 40; Krüger/Grunert 2002, S. 253 (m.w.N.); Zinnecker/Silbereisen 1996, S. 81; Liebenwein 2008, S. 49, 51, 272 (m.w.N.); vgl. Kapitel 1.III.4. c).

151 Cockett/Tripp 1996, S. 13, 31; Kostka 2004, S. 156 (m.w.N.); Bundesministerium für Familie Senioren Frauen Jugend, 2002, S. 147.

hinaus weisen Kinder aus armen Familien haben häufiger gesundheitliche Probleme auf.[152]

Sowohl im UNICEF-Bericht (2007) zur Situation der Kinder in Industrieländern als auch im Bericht zur Lage der Kinder in Deutschland 2010[153] nimmt Deutschland im internationalen Vergleich hinsichtlich des Wohlbefindens[154] der Kinder einen Mittelplatz ein.[155] In 2010 wurde in dem Untersuchungsbereich »materielles Wohlbefinden« eine Verschlechterung verzeichnet.[156] Die materielle Situation von Kindern wurde an der Häufigkeit relativer Einkommensarmut der Familie, Arbeitslosigkeit der Eltern und finanzieller Mangelsituationen bemessen.[157] Auch für den Bereich der Gesundheit lagen die Ergebnisse unter dem Durchschnitt.[158]

Sowohl der UNICEF Bericht 2007 als auch eine Hintergrundanalyse von *Bertram* ergaben,[159] dass es Eltern gerade in hochentwickelten Dienstleistungsgesellschaften nicht mehr möglich ist, für ihre Kinder einen verlässlichen Kontext zu schaffen. Hierdurch werden die Entfaltungsmöglichkeiten der Kinder auf ihre soziale Herkunft beschränkt.[160] Insbesondere Kinder aus armen Familien werden zunehmend benachteiligt und ausgegrenzt. Dabei ist nicht nur die materielle Versorgung defizitär, sondern – vor allen Dingen – mangelt es an Zuwendung, Erziehung

---

152 Mangelsdorff, in: Herz, 2008, S. 111 ff.; Kötten, in: Herz, 2008, S. 125 ff.

153 Deutsches Komitee für UNICEF e.V., 2010.

154 Das Wohlbefinden der Kinder wurde anhand folgender Kriterien ermittelt und ausgewertet: materielle Situation der Kinder, Gesundheit, Bildung, Beziehung zu Eltern und Gleichaltrigen, ihre Lebensweise und Risikobereitschaft, die subjektive Einschätzung der Kinder, Andresen/Hurrelmann, in: Hurrelmann/Andresen, 2007, 46 f.

155 Andresen/Hurrelmann, in: Hurrelmann/Andresen, 2007, 47; Bertram/Kohl, in: Deutsches Komitee für UNICEF e.V., 2010, 11, (vgl. dort Abb.1).

156 Bertram/Kohl, in: Deutsches Komitee für UNICEF e.V., 2010, 11.

157 Andresen/Hurrelmann, in: Hurrelmann/Andresen, 2007, 46 f.

158 Deutsches Komitee für UNICEF e.V., 2010, S. 12; Andresen/Hurrelmann, in: Hurrelmann/Andresen, 2007, 47, der diese Platzierung für ein wohlhabendes Land, wie Deutschland für unbefriedigend hält.

159 Deutsches Komitee für UNICEF e.V., 2010; Bertram, Zur Lage der Kinder in Deutschland: Politik für Kinder als Zukunftsgestaltung. Innocenti Working Paper No. 2006-02, 2006. (Internetdokument zuletzt geprüft am: 17.07.2011).

160 Bertram, Zur Lage der Kinder in Deutschland: Politik für Kinder als Zukunftsgestaltung. Innocenti Working Paper No. 2006-02, 2006. (Internetdokument zuletzt geprüft am: 17.07.2011), S. 38; Andresen/Hurrelmann, in: Hurrelmann/Andresen, 2007, S. 48, 73, 111 ff. (m.w.N.).

und Bildung.[161] Diese defizitäre soziale Ausgangslage hat nicht nur negative Auswirkungen auf die schulischen Leistungen, sondern führt oftmals auch zu einer mangelhaften Ausbildung und folglich zu schlechten Berufschancen.[162] Diese schlechten Voraussetzungen führen zu transgenerativer Armut und verfestigen somit Armutsbiografien.[163] Kinderarmut ist nicht nur eine Frage des Einkommens, sondern vielmehr auch unmittelbare Folge von Trennung und Scheidung. Es bestätigte sich, dass 40 %[164] der Kinder Alleinerziehender unter Armut leiden.[165]

Bereits seit den 1990er Jahren ist die Armutsproblematik in Deutschland für kinderreiche Familien und Alleinerziehende bekannt und dennoch weiter angewachsen.[166] In diesem Zeitraum ist die Kinderarmut in Deutschland stärker gestiegen als in den meisten anderen Industrienationen. Deutschland lag 2005 im internationalen Vergleich auf Platz 18 von 24 berücksichtigten Industriestaaten.[167] Mit einer neuen internationalen Vergleichsstudie (2010) zur Situation der Kinder in Industrieländern zeigte UNICEF für Deutschland leichte Verbesserungen, aber auch erhebliche Probleme auf. Deutschland liegt mit Platz acht im oberen Mittelfeld von 21 Industrienationen, wenn es darum geht, eine gute Lebensumwelt für Kinder und Jugendliche zu schaffen.

---

161 Lauff, in: Kreft, 2005, 241 (m.w.N.); Andresen/Hurrelmann, in: Hurrelmann/Andresen, 2007, 47, 86 ff., Diese grundsätzliche defizitäre Situation von Kindern aus armen Familien verstärkt sich noch zunehmend für Kinder ausländischer Eltern, da hier oft Sprachprobleme hinzukommen.

162 Vgl. Dietz 1997, S. 163; Silwa-Schneider, in: Jäger/Haas/Welz, 2007, S. 15, 16.

163 Vgl. Chassé 2010, S. 14 (m.w.N.); Gillich 2000, S. 41 ff.; FOCUS - online, Teenager-Schwangerschaften: Mit Babybauch in die Schule - Teenager-Schwangerschaften - FOCUS Online, 01.01.2008. (Internetdokument zuletzt geprüft am: 08.04.2010) (m.w.N.); für die USA: Silwa-Schneider, in: Jäger/Haas/Welz, 2007, S. 13 ff.

164 UNICEF, Kinderarmut in reichen Ländern steigt. (Internetdokument zuletzt geprüft am: 08.04.2010); Schneekloth/Ulrich/Leven, in: Hurrelmann/Andresen, 2007, S. 78.

165 Vgl. Chassé 2010, S. 14 (m.w.N.); Kötten, in: Herz, 2008, S. 128; Dietz 1997, S. 156; Silwa-Schneider, in: Jäger/Haas/Welz, 2007, S. 15 f.

166 Vgl. Bundesministerium für Arbeit und Soziales, Lebenslagen in Deutschland, April 2005. (Internetdokument zuletzt geprüft am: 19.07.2011), S. 79 ff., 204; Bundesministerium für Familie Senioren Frauen Jugend, 2002, S. 13; UNICEF Innocenti Research Centre (2005), Bd. 6, S. 4, 14, 25; Deutsches Komitee für UNICEF e.V. (1. März 2005), S.1; Hübenthal 2009, S. 8 ff; 31 f.; Fertig/Tamm, in: Bertram, 2008, S. 152 ff., 155; Jurczyk/Wahl, in: Kreft, 2005, 284; Schneekloth/Ulrich/Leven, in: Hurrelmann/Andresen, 2007, 73 (m.w.N.).

167 Schneekloth/Ulrich/Leven, in: Hurrelmann/Andresen, 2007, S. 73.

»Der Blick auf die aktuellen empirischen Befunde verdeutlicht folgendes: Kinderarmut stellt in Deutschland seit Jahren ein nicht wegzudiskutierendes soziales Problem dar«[168]

Das Ergebnis von UNICEF macht deutlich, dass im Rahmen der staatlichen Förderung die einseitige Fixierung auf Eltern und Familie ein strukturelles Risiko für das Wohlergehen der Kinder darstellt. Im Zentrum der Kritik steht,[169] dass in Deutschland im Vergleich zu den europäischen Nachbarländern mehr direkt in die Familie (z.B. Kindergeld) und weniger in die Infrastruktur außerhalb der Familien investiert wird. Daraus folgt vor allen Dingen die Notwendigkeit einer systematischen Einbeziehung und gezielten Förderung der kindlichen Lebensumwelt, wie z.B. frühkindliche Förderung im Kindergarten und ganztägige Betreuung in der Schule.[170]

c) Bedeutung »sozialer Netzwerke«

Soziale Netzwerke haben heute einen großen Stellenwert und Einfluss auf die Kindheit.[171] Die sozialen und kulturellen Ressourcen der Familie sind nach wie vor prägend für die individuellen Lebenswege der Kinder. Hiermit wird zu einem frühen Zeitpunkt entschieden in welchem Ausmaß Kinder ihre Potenziale, z.B. in der Schule tatsächlich entwickeln können. Dabei hat sich in zahlreichen Studien gezeigt, dass je reichhaltiger und umfassender das soziale Netzwerk sowohl innerhalb als auch außerhalb der Familie ausgestaltet ist, desto besser sind die individuellen Entwicklungschancen der Kinder in der Gesellschaft.[172] Die neuere sozialanthropologisch orientierte Familienforschung bezieht die Verwandtschaft deshalb intensiv mit in die Untersuchung der Familie ein und sieht diese als Teil eines größeren Netzwerkes von Beziehungen. Eltern, Großeltern oder andere Verwandte in unmittelbarer Nachbarschaft bilden ein enges Netzwerk, das sich gegenseitig bei der Bewältigung der Probleme des Alltags unterstützt.[173]

---

168 Hübenthal 2009, S. 31.

169 Andresen/Hurrelmann, in: Hurrelmann/Andresen, 2007, S. 47.

170 Andresen/Hurrelmann, in: Hurrelmann/Andresen, 2007, S. 47.

171 Peuckert 2008, S. 121, 200 (m.w.N.); Andresen/Hurrelmann, in: Hurrelmann/Andresen, 2007, S. 40; Krüger/Grunert 2002, S. 253 (m.w.N.) ; Zinnecker/Silbereisen 1996, S. 81; Liebenwein 2008, S. 49, 51, 272 (m.w.N.).

172 Andresen/Hurrelmann, in: Hurrelmann/Andresen, 2007, S. 45 f. (m.w.N. zu Studien).

173 Gestrich 1999, S. 68

Zu sozialen Netzwerken zählen nicht nur die Familie, sondern auch der Freundeskreis, die Schule und der Einfluss der Medien.[174]

Ebenso zeigt sich, dass soziale Netzwerke nicht nur als bedeutsame Sozialisationsinstanz neben der Familie fungieren, vielmehr besteht ihre Bedeutung darin, Scheidungsfolgen zu mindern. Aufgrund der unmittelbaren und mittelbaren ökonomischen Folgen[175] einer Scheidung stehen soziale Netzwerke nur unzureichend den Kindern zur Verfügung.[176] Gerade in Scheidungssituationen, wenn Kinder die meiste Unterstützung benötigen, ist diese oftmals nicht verfügbar. Dies gilt sowohl für die Hilfe durch Eltern als auch durch Verwandte und Dritte. So wurde beobachtet, dass überwiegend nur jene Kinder, die bereits über ein soziales Netzwerk[177] in Form von Freunden, Geschwistern oder Verwandten etc. verfügen, dieses auch erfolgreich in Anspruch nehmen können. Insbesondere legen entsprechende Untersuchungen nahe, dass nur Kinder, die Unterstützung erhalten, auch fähig sind, diese wiederum von anderen einzufordern.[178] Für viele Kinder ist es schwer bis unmöglich mit Eltern, Geschwistern oder Freunden über die Trennung der eigenen Eltern und den damit verbundenen Ängsten und Sorgen zu sprechen. Dadurch potenziert sich das Gefühl der Hilflosigkeit und Ohnmacht angesichts der auseinanderfallenden elterlichen Beziehung.[179]

Im Ergebnis kann festgehalten werden, dass das soziale Netzwerk bei der Bewältigung schwieriger Lebenssituationen für das Kind eine große Bedeutung besitzt. Insoweit kann das soziale Netzwerk – sofern vorhanden – als ein protektiver Faktor gewertet werden.

---

174 Joas 2007, S. 151, 157, mit Bezügen zu der Bedeutung von Schule, dem Umfeld und den Medien als neue »Sozialisationsinstanz«; Schäffer, in: Ecarius, 2007, S. 456 ff; Zu Medien und Medienkompetenz vgl. Andresen/Hurrelmann, in: Hurrelmann/Andresen, 2007, S. 52 ff. (m.w.N.).

175 Vgl. Kapitel 1. III. 4. b).

176 Wallerstein/Kelly 1980, S. 309.

177 Vgl. Kapitel 1.III.4. c)

178 Kostka 2004, S. 161.

179 Thöne-Jäpel, in: Menne/Schilling/Weber, 1997, S. 142; Hetherington, Child Dev. 1989, 1, 10.

d) Auswirkungen des elterlichen Konflikts auf das Kind

Ein wesentlicher, wenn nicht der wichtigste[180] Einflussfaktor auf das Kind ist der elterliche Konflikt.[181] Dabei wird zwischen dem »normalen« kontinuierlichen Konflikt und einem hohen Konfliktaufkommen (in sog. High-conflict-Familien) sowie häuslicher Gewalt differenziert.[182] Dabei sind die Unterschiede und Übergänge fließend und schließen sich gegenseitig nicht aus.[183] In der Forschung besteht soweit Einigkeit darüber, dass eine konfliktbelastete Situation – unabhängig von Art und Ausmaß – sich nachteilig auswirkt und ein starkes Indiz für mögliche psychische Probleme der Kinder darstellt.[184] Umgekehrt wird davon ausgegangen, dass eine Reduzierung des elterlichen Konfliktes positive Auswirkungen auf das Kind hat.[185] Daher ist ein entsprechend niedriges elterliches Konfliktniveau vor, während und nach der Scheidung *der* wichtigste Faktor für das Wohlergehen des Kindes.[186]

Studien über High-conflict-Familien zeigen, dass primär der anhaltende Elternstreit maßgeblich für die Probleme der Kinder verantwortlich ist.[187] Allerdings lassen sich die Reaktionen des Kindes auf den Elternstreit nicht nur mit der »objektiven« Stärke des Konflikts erklären, vielmehr ist für das Kind der individuelle Kontext in dem der Elternstreit entstanden ist, entscheidend. Die Interpretation des Elternstreits durch das Kind kann je nach Entwicklungsstand des Kindes variieren und von der Eigenwahrnehmung der Eltern abweichen. Ein von den Eltern als harmlos wahrgenommener Streit kann indes von dem Kind als ein existenzbedrohender Konflikt gedeutet werden.[188]

Teilweise wird im Schrifttum befürchtet, dass mit der Trennung der Eltern dem Kind vermittelt würde, dass die Folgen von Konflikten stets mit dem Verlust eines Elternteils einhergehen. Ferner bestünde die Gefahr, dass nach einer Scheidung das

---

180 Kostka 2004, S. 178.

181 Vgl. Schmidt-Denter/Beelmann, Z. f. Entwicklungspsychol. & Päd. Psychol. 1997, 26ff.; Paul/Dietrich 2007, S. 53 (m.w.N.); Walper, in: Fegert/Ziegenhain, 2003, S. 154 ff, 160.

182 Vgl. Kapitel 1. II. 4. .

183 Kostka 2004, S. 178.

184 Johnston, Future Child. 1994, 165, 172, 175 (m.w.N.).

185 Huss/Lehmkuhl, in: Lehmkuhl/Lehmkuhl/Boos, 1997, S. 20; Fthenakis, Familiendynamik 1995, 127, 134 f. (m.w.N.).

186 de Man, in: Brauns-Hermann/Baer/Dinse, 1997, S. 144 f.; Schmidt-Denter/Beelmann, Z. f. Entwicklungspsychol. & Päd. Psychol. 1997, 26; Neugebauer, J. Divorce Remarriage 1989, 153, 158; Kostka 2004, S. 175; Paul/Dietrich 2007, S. 53 (m.w.N.).

187 Ayoub/Deutsch/Maraganore, Fam. Cons. Crt. Rev. 1999, 297, 299; Hetherington, in: Hetherington, 1999, S. 93.

188 Niesel, Familiendynamik 1995, 155, 159 ff.; Hetherington, in: Hetherington, 1999, S. 95 f.

Kind stärker in den elterlichen Konflikt hineingezogen würde und der Streit sogar weiter eskaliere.[189] Damit bestehe die Gefahr der Instrumentalisierung des Kindes durch die Eltern und damit einhergehender Loyalitätskonflikte.[190]

Diesen Bedenken wird jedoch entgegengehalten, dass daraus nicht geschlossen werden dürfe, dass das familiale Zusammenleben um jeden Preis aufrechtzuerhalten sei. Vielmehr müsse angesichts der Gefahr für das Kind, selber Opfer oder Zeuge von physischer und psychischer Gewalt zu werden,[191] der Familie verstärkt externe Hilfe und Unterstützung zukommen.[192] Es wurde festgestellt, dass eine Trennung mit einer harmonischen Nachscheidungssituation sich deutlich positiver auf das Wohlergehen des Kindes auswirkt, als ein Aufrechterhalten einer konfliktreichen Ehe/Beziehung.[193]

In Anbetracht der Gefährdungslage in High-conflict-Familien wird zum Schutze des Kindes zum einen eine adäquate Sorgerechts- und Umgangsregelung gefordert. Dabei bleibt umstritten und ungeklärt, ob eine Sorgerechts- oder Umgangsregelung überhaupt von Einfluss auf das kindliche Befinden ist. Zum anderen müsse der zwischenelterliche Konflikt minimiert werden.[194] Als ein probates Mittel dies umzusetzen, wird ein expliziter Sorgeplan angesehen. Dadurch würde vermieden, dass die Eltern in der konkreten Konfliktsituation keine gemeinsame Entscheidung treffen, sondern sich an die vorweggenommenen Regelungen des Sorgeplans halten müssten.[195]

---

189 Cockett/Tripp 1996, S 58.

190 Vgl. Kapitel 1. III. 2. ; Bauers, in: Menne/Schilling/Weber, 1997, S. 57; Figdor, in: Hilweg, 1997, S. 54, 72; Ettrich/Ettrich 2006, S. 29, 42, 55 f.; Fegert/Ziegenhain, 2003, S. 32, 132, 154 (m.w.N.).

191 Untersuchungen haben gezeigt, dass Kinder, die Opfer oder Zeuge von häuslicher Gewalt wurden oft selbst gewalttätig wurden. Dabei machte es keinen Unterschied, ob das Kind selber Opfer oder »nur« Zeuge der Gewalt wurde. Es wird davon Ausgegangen, dass ca. 80-90 % der Kinder die Gewalt zwischen den Eltern mitbekommen, Kostka 2004, S. 180 f.; Wallerstein/Kelly 1980, S. 16, 112, 253 ff. (m.w.N.); Wallerstein/Blakeslee 1989, S. 154 (m.w.N.); Stimson/Ciyou, Am. J. Fam. L. 1995, 113, 118 (m.w.N.); Wetzels, in: Kleppel/Späth, 2000, S.8.

192 Kostka 2004, S. 179.

193 Hetherington, in: Hetherington, 1999, S. 101, 114 f.

194 Crosbie-Burnett, Behav. Sci. Law 1991, 439, 448; Furstenberg/Cherlin 1993, S. 113; Kline, et al., Dev. Psychol. 1989, 430, 437; Weitzman 1985, S. 248, 254; Isaacs/Leon/Kline, Fam. Proc. 1987, 101, 109; Kostka 2004, S. 184.

195 Johnston, Future Child. 1994, 165, 179; Ayoub/Deutsch/Maraganore, Fam. Cons. Crt. Rev. 1999, 297, 311; Dolto 1990, S.99.

In diesem Kontext wird auch darauf hingewiesen, dass sich sowohl die Eltern als auch das Kind vor dem Umgang einer Beratung unterziehen sollten.[196] Insbesondere sei erforderlich, dass das Gericht im Falle von häuslicher Gewalt, diese thematisiere und im Interesse des Kindes eingreife. Andernfalls erhalte das Kind den Eindruck, dass Gewalt akzeptiert würde.[197]

Die Trennung der Eltern bedeutet für das Kind ein einschneidendes Lebensereignis und gilt als gravierender Stressfaktor. Eine konfliktbelastete familiäre Situation ist ein starkes Indiz für mögliche psychische Folgeprobleme des Kindes. Umgekehrt stellt eine Reduzierung des elterlichen Konfliktpotenzials positive Auswirkungen auf das Kind dar.

e) Kooperationsfähigkeit der Eltern untereinander

Auf die Bedeutung der Kooperationsfähigkeit der Eltern und ihre Fähigkeit, zwischen Paar- und Elternebene im Interesse des Kindes nach einer Scheidung zu differenzieren, wird in der Literatur besonders hingewiesen.[198] Die Kooperationsfähigkeit der Eltern ist für den Fall einer Beratung zum Wohle des Kindes von Bedeutung.

Wie oben dargestellt, ist ein niedriges Konfliktniveau der Eltern der wichtigste Einflussfaktor, um die Scheidungsfolgen für das Kind zu reduzieren.[199] Es ist daher zu fragen, welchen Einfluss die generelle Kooperationsfähigkeit der Eltern auf das Konfliktniveau hat und inwieweit durch das Herstellen von Kooperationsfähigkeit das Streitpotenzial/Konfliktniveau zum Wohle des Kindes minimiert werden kann.

Der Zusammenhang zwischen der Kooperationsbereitschaft und einer Konfliktlösung durch die Eltern wird in der Literatur inzwischen differenziert gesehen:[200] Kooperationsfähigkeit bedeutet nicht automatisch Konfliktlosigkeit. Umgekehrt kann aus der Unfähigkeit zur Kooperation nicht zwingend auf einen elterlichen Konflikt geschlossen werden. Insbesondere kann ein Konflikt auch erst dadurch entstehen, weil Eltern kooperieren müssen.[201]

---

196 Wallerstein/Lewis/Blakeslee 2000, S. 113.

197 Wallerstein/Lewis/Blakeslee 2000, S. 313; Kostka 2004, S. 184.

198 Figdor 1997, S. 154 f.; Grych/Fincham, in: Galatzer-Levy/Kraus, 1999, S. 98; Kostka 2004, S. 184.

199 Vgl. Walper, in: Fegert/Ziegenhain, 2003, S. 154 f. (m.w.N.); Beelmann/Schmidt-Denter, in: Grau/Bierhoff, 2003, 527 (m.w.N.).

200 Figdor 1997, S. 154 f.; Grych/Fincham, in: Galatzer-Levy/Kraus, 1999, S. 98.

201 Kostka 2004, S. 184.

Da »Kooperation« im allgemeinen Sprachgebrauch positiv besetzt ist, kann der Eindruck entstehen, dass »Kooperation« der Eltern im Konfliktfall ein stets zu begrüßender Umstand sei. Diese positive Konnotation des Begriffs darf aber nicht den Blick darauf versperren, dass »kooperieren« im Sinne von »gemeinsamem Handeln« nicht zwingend auch eine ziel- und zweckgerichtete »Zusammenarbeit« bedeuten muss (z. B. Minderung der Scheidungsfolgen für das gemeinsame Kind). Die Kooperation der Eltern nach einer Scheidung kann hinsichtlich ihrer Ausgestaltung und Konfliktlage in dreierlei Hinsicht differenziert werden:[202]

- Von einer parallelen Elternschaft spricht man, wenn eine Konfliktreduzierung durch »Aus-dem-Weg-gehen« vorliegt und kaum oder keine Koordination in der Kindererziehung erfolgt.[203]
- Die aktive Kooperation und
- Beibehaltung des Kontaktes bei aktivem Konfliktverhalten, das sich auch auf das Eltern-Kind-Verhältnis überträgt.[204]

Innerhalb der ersten Jahre nach der Scheidung ist es nur wenigen Eltern möglich,[205] ihre Konflikte zu minimieren und miteinander über die Belange ihres Kindes zu sprechen.[206] Dabei gelingt es ihnen oft nicht, zwischen ihrer gestörten Partnerbeziehung und dem Eltern-Kind-Verhältnis (Elternrolle) zu differenzieren.[207] Elterliches Handeln ist insbesondere von unbewussten Prozessen bestimmt, so dass es Eltern oft nicht möglich ist, Einstellungen und Erkenntnisse zum Wohle des Kindes umzusetzen, indem sie ihre Persönlichkeit auf die bloße Vater- oder Mutter-

---

202 Differenzierung nach Maccoby/Mnookin 1994.

203 Peuckert 2008, S. 202; Harnach 2007, S. 272 Fn.7 (m.w.N.); Weber/Schilling, 2006, S. 77, Fn. 1 (m.w.N.); Bröning 2009, S. 137 f.

204 Maccoby/Mnookin 1994, S. 233 f.

205 40 % bei Cockett/Tripp 1996, S. 42 f.; Hetherington/Kelly 2003, S. 188; Kostka 2004, S. 184 (m.w.N.).

206 Vgl. Fthenakis, 1999, S. 234; Napp-Peters 1988, S. 35; Cockett/Tripp 1996, S. 42 f. (Interviews fanden 4-5 Jahre nach der Scheidung statt); Hetherington/Kelly 2003, S. 188 (Interviews fanden 6 Jahre der Scheidung statt).

207 Schmidt-Denter/Beelmann 1995, S. 8.

rolle reduzieren.[208] Zum Teil führt auch die Unfähigkeit der Eltern miteinander über das gemeinsame Kind zu reden zu einer stärkeren Involvierung des Kindes. So könnte sich dieses z.B. verpflichtet fühlen die Umgangsvereinbarung selbst zu treffen.[209]

Zusammenfassend lässt sich feststellen, dass Kooperation nicht automatisch zu einer Minimierung der Konfliktsituation beitragen muss. Vor diesem Hintergrund scheint weniger die Notwendigkeit einer tatsächlichen Kooperation, als vielmehr die Konfliktfreiheit der Beziehung entscheidend für das Wohlergehen des Kindes zu sein, d. h. die Art und Weise wie die Eltern untereinander und mit dem Kind umgehen.[210] Aufgrund der Ressentiments und dem Vertrauensverlust zwischen den Elternteilen sind viele Eltern auch Jahre nach der Scheidung – zum Teil bis zu sechs Jahren[211] und länger –, nicht in der Lage gemeinsam zusammenzuarbeiten.[212] Nur einer Minderheit gelingt es die Elternschaft kooperativ auszuüben.[213] Bestenfalls läuft es auf eine sogenannte »parallele« Elternschaft hinaus:[214] Mutter und Vater haben zu den Kindern jeweils separate und abgegrenzte Beziehungen aufgebaut und mischen sich nicht in das Leben des jeweils anderen Partners ein.[215] So wird bezweifelt, dass Eltern in hoch konfliktreichen Familien – weder durch externe Hilfe noch selbst – in der Lage sind ihre bisherigen Verhaltensmuster (Konflikte) zu Gunsten eines kooperativen Verhaltens aufzugeben und ihre Differenzen beizulegen.[216] Darüber hinaus wurde beobachtet, dass Eltern grundsätzlich bestrebt sind, den Kontakt zueinander zu reduzieren.[217] Es erscheint nur ein geringer Prozentsatz der Eltern nach einer Trennung (langfristig) in der Lage zu sein, eine konfliktfreie

---

208 Figdor 1997, S. 156.

209 Vgl. so z. B.: Cockett/Tripp 1996, S. 43.

210 Vgl. Salgo, in: Fegert/Ziegenhain/Goldbeck, 2010, S. 128.

211 Hetherington/Kelly 2003, S. 188.

212 Kostka 2004, S. 185 (m.w.N.).

213 Schmidt-Denter/Beelmann, Z. f. Entwicklungspsychol. & Päd. Psychol. 1997, 26, 305; Furstenberg/Cherlin 1993, S. 113; Fthenakis, 1999, S. 260.

214 Peuckert 2008, S. 202; Harnach 2007, S. 272 Fn.7 (m.w.N.); Weber/Schilling, 2006, S. 77, Fn. 1 (m.w.N.); Bröning 2009, S. 137 f.

215 Furstenberg/Cherlin 1993, S. 66 ff.; Maccoby/Mnookin 1994, S. 37 f.

216 Vgl. Furstenberg/Cherlin 1993, S. 72 ff. aber: Harnach 2007, S. 272 Fn. 7 (m.w.N.); Weber/Schilling, 2006, S. 77, Fn. 1 (m.w.N.); Walper, in: Fegert/Ziegenhain, 2003, S. 154, 162.

217 Maccoby/Mnookin 1994, S. 217 ff.; Walper, in: Fegert/Ziegenhain, 2003, S. 154.

Kooperation zum Wohle ihres Kindes auszuüben.[218] Somit erscheinen Bestrebungen zwischen Elternpaaren nach einer Trennung, Kooperation herzustellen, schwierig. Realistischer und erstrebenswerter wird die Ausübung einer parallelen Elternschaft angesehen, um (auch) in besonders konfliktreichen Familien das Streitpotenzial langfristig zu minimieren.[219] Es konnte nicht nachgewiesen werden, dass allein die Bemühungen der Eltern, friedlich miteinander auszukommen, die Kinder davor schützten weniger Probleme zu bekommen. Die Kinder zeigten im Erwachsenenalter dieselben Probleme wie andere Scheidungskinder auch, während ein niedriges Konfliktniveau in der Familie positive Auswirkungen auf das Kindeswohl hat.[220] Nach *Wallerstein et. al.* könnten Kooperationsbemühungen der Eltern ihre Kinder nicht davor schützen, später mit vergleichbaren Problemen wie andere Scheidungskinder belastet zu sein.[221] Auch bei einem guten Verhältnis der Eltern zueinander ist die Fortführung der kooperativen Elternschaft, wie sie zuvor in der Ehe/Beziehung bestand, nicht wiederholbar. Aufgrund der räumlichen Auflösung der Familie fehlt es an den alltäglichen familialen Interaktionen.[222]

Dementsprechend wird gefolgert, dass eine »parallele Elternschaft« zur Minimierung der Scheidungsfolgen grundsätzlich erstrebenswert ist. Dies entspricht auch der Bestrebung der Eltern, nach einer Trennung (zunächst) auf Distanz zu gehen. Eine im Gegensatz dazu oftmals geforderte und gewünschte elterliche Kooperation ist daher in der Praxis nicht immer möglich. Dies liegt grundsätzlich nicht an der fehlenden Einsicht oder dem mangelnden Willen der Eltern, sondern an ihrem Wunsch auf »Distanz« zu gehen und der Tatsache, dass sich »Elternebene« und »Paarebene« angesichts der hoch emotionalen Konfliktlage nicht immer eindeutig trennen lassen. Viele Eltern gehen daher langfristig in eine »parallele Elternschaft« über, was sich jedoch nicht zwingend negativ auf das Kind auswirken muss.[223]

---

218 Maccoby/Mnookin 1994, S. 217 ff.; Schmidt-Denter/Schmitz, in: Walper/Schwarz, 2002, S. 73 ff.; Vgl. geänderte Einschätzung: Wallerstein/Blakeslee 1989, S. 217; 25 Jahre später: Wallerstein/Lewis/Blakeslee 2000, S. xxv; Fthenakis, 1999, S. 234 (m.w.N.); Kostka 2004, S. 187 (m.w.N.); Schmidt-Denter/Beelmann, Z. f. Entwicklungspsychol. & Päd. Psychol. 1997, 26, 305; Furstenberg/Cherlin 1993, S. 113; Fthenakis, 1999, S. 260.

219 Diese Annahme wurde bislang durch die Forschung noch nicht eindeutig bestätigt, Fthenakis, 1999, S. 260; Kostka 2004, S. 187 (m.w.N.).

220 Beelmann/Schmidt-Denter, in: Grau/Bierhoff, 2003, 527 (m.w.N.).

221 Wallerstein/Lewis/Blakeslee 2000, S. 281.

222 Wallerstein/Lewis/Blakeslee 2000, S. 24 f.; Kostka 2004, S. 187.

223 Kostka 2004, S. 188.

IV. Zwischenergebnis

Es hat sich gezeigt, dass die Folgen von Trennung und Scheidung ein äußerst komplexes Gefüge darstellen, das sich nicht auf ein monokausales Ursache-Wirkung-Konzept zurückführen lässt. Die Probleme der Kinder und der Eltern untereinander stehen in engem Zusammenhang und beeinflussen sich gegenseitig. Eltern wie Kinder sind durch die Scheidungssituation einem Leidensdruck ausgesetzt, der rationale Entscheidungen erschwert. Insbesondere für die Kinder bedeutet das Miterleben des Elternkonflikts eine große Belastung, die sowohl kurzfristige als auch langfristige Probleme nach sich ziehen kann. Auch wenn es grundsätzlich schwierig ist, einen Ursachenzusammenhang zwischen Scheidungssituation und den individuellen Problemen der Kinder herzustellen, kann insoweit festgehalten werden, dass das Miterleben einer Scheidungssituation das Risiko psychische wie psychosomatische Probleme zu bekommen, erhöht. Allerdings muss ebenso festgestellt werde, dass angesichts der bestehenden Untersuchungen »pauschale Aussagen über Scheidungskinder unangemessen«[224] sind und es stets einer individuellen Betrachtung möglicher – scheidungsbedingter – Einflussfaktoren bedarf.

Die Idee, die Elternrolle von der Paarrolle zu trennen, ist in der Praxis nur schwer umzusetzen. Den Eltern ist es, angesichts ihrer eigenen Konflikte nicht immer möglich die Bedürfnisse des Kindes ausreichend zu berücksichtigen. In der sozialwissenschaftlichen Literatur werden darüber hinaus zahlreiche Einflussgrößen diskutiert,[225] die die Reaktionen und das Erleben des Kindes in der Scheidungssituation betreffen. Von herausragender Bedeutung ist die ökonomische Situation der Familie nach einer Trennung, da insbesondere die alleinerziehenden Mütter mit eklatanten finanziellen Einbußen konfrontiert sind. Dieser Aspekt ist insoweit von großer Bedeutung, da er sich auf alle Lebensbereiche der Familie erstreckt und nachhaltig negativen Einfluss auf die Entwicklungschancen des Kindes hat. Im Ergebnis kann festgehalten werden, dass eine schlechte finanzielle Situation einen erheblichen Risikofaktor darstellt, da er protektive Faktoren, wie z.B. das soziale Netzwerk beeinträchtigt und andere Risiken potenziert.

Das Ausmaß des elterlichen Konfliktes und die Kooperationsfähigkeit der Eltern sind weitere Einflussgrößen von erheblicher Bedeutung. Fest steht, dass ein niedriges Konfliktaufkommen einen positiven Einfluss auf das Kind hat, um die Scheidungssituation zu bewältigen. Die Minimierung des zwischenelterlichen Konfliktes ist *der* entscheidende Faktor, um die negativen Konsequenzen und Risiken für das Kind so gering wie möglich zu halten. Eine zentrale Erkenntnis hinsichtlich des elterlichen Konfliktes und der Kooperationsfähigkeit der Eltern ist, dass Kooperation nicht zwangsläufig den elterlichen Konflikt minimieren muss. Kooperati-

224 Walper, in: Fegert/Ziegenhain, 2003, S. 162.

225 Siehe oben Fn.123.

onsfähigkeit bedeutet nicht automatisch Konfliktlosigkeit. Umgekehrt kann aus der Unfähigkeit zur Kooperation nicht zwingend auf einen elterlichen Konflikt geschlossen werden. Insbesondere kann ein Konflikt auch erst dadurch entstehen, dass Eltern kooperieren müssen. In diesem Zusammenhang wird auch die Einführung eines Sorgeplanes[226] befürwortet, um die Konfliktsituation zu minimieren, da vorab verbindliche Regelungen getroffen werden können.

Im Hinblick auf eine Verpflichtung der Eltern bei Trennung und Scheidung sich Beratung und Hilfe einzuholen, können folgende Schlussfolgerungen gezogen werden:

Wie gezeigt wurde, ist die Trennung und Scheidungssituation ein langfristiger Entwicklungsprozess, der aber in der Nachscheidungsphase für die Kinder am schwierigsten zu bewältigen ist. Einer Beratung nach Trennung und Scheidung der Eltern kommt in der Vorscheidungsphase und in besonderem Maße in der Nachscheidungsphase besondere Bedeutung zu.

> »Je höher die psychosozialen Belastungen und je geringer die persönlichen und sozialen Ressourcen der Familie sind, umso höher sind die Risiken für das Kind.«[227]

Dem muss auch bei der Anordnung von Beratung Rechnung getragen werden. Die Beratungs- und Hilfsangebote müssen vor allem eine mögliche Gefahr von häuslicher Gewalt berücksichtigen, d. h. es darf keine gemeinsame Beratung der Eltern angeordnet werden, wenn eine Gefährdung des Kindes (und des betroffenen Elternteils) besteht. Ferner muss die Kooperationsfähigkeit der Eltern im Blick behalten werden. Erklärtes Ziel einer Beratung muss – zum Wohle des Kindes – die Minimierung des Elternkonfliktes sein. Erzwungene Kooperation kann hier kontraproduktiv sein.

---

226 Kostka 2004, S. 364 ff. 377 ff. (m.w.N.).

227 Helming, et al. 2007, S. 73 f.

Kapitel 2. Bewältigungshilfen für Familien in Trennung

Im Folgenden sollen die bestehenden Beratungs- und Hilfsangebote für Familien in Trennung und Scheidung dargestellt werden. Das qualitative Spektrum einer Beratung sowie die Möglichkeiten und Grenzen der bestehenden Beratungs- und Hilfsangebote stehen im Mittelpunkt des Interesses und sollen anschließend im Lichte der Scheidungsfolgenforschung betrachtet werden.

In den letzten Jahrzehnten hat sich ein breites Angebot von Ratgebern und außergerichtlichen Hilfsangeboten für Familien in Trennung und Scheidung entwickelt. Aufgrund der Vielzahl von Angeboten und Methoden kann keine abschließende Darstellung erfolgen.[228] Die Auswahl orientierte sich an der Diskussion im Schrifttum[229] unter besonderer Berücksichtigung der Beratung, der Mediation und des »Cochemer Modells«[230].

I. Begriffsbestimmung von Beratung und Pflichtberatung

In der juristischen wie auch in der sozialwissenschaftlichen Literatur werden die Begriffe der »Pflichtberatung«, »Zwangsberatung« und »außergerichtliche Streitschlichtung« verwendet. Daher ist es angezeigt im Folgenden die Begriffe zu untersuchen und abzugrenzen.

1. Beratung

Beratung kann angesichts eines großen Spektrums von Techniken und Methoden zusammenfassend als Ermutigung, dem Erteilen von Ratschlägen und die Beschaffung von Informationen (Orientierungs- und Entscheidungshilfen) charakterisiert werden.[231] Ähnlich wie die Beratung, aber in ihrer Reichweite spezieller und weiter, ist die Scheidungsmediation oder Scheidungsvermittlung. Diese Ansätze sind konkret auf die Scheidung und deren Folgen ausgerichtet, um insbesondere eine

---

228 Zum Überblick vgl. z.B. die Studien von Fichtner 2007 und Helming, et al. 2007.

229 Z.B. Bröning 2009, passim; Kostka 2004, passim; eine umfassende Darstellung früher Hilfen findet sich z.B. bei Helming, et al. 2007, S.87 ff.; Lengning/Zimmermann 2009, S. 19 ff.

230 Rudolph 2007, passim.

231 Engel/Nestmann, 2008, S. 16; Paul/Dietrich 2007, S. 72 ff.

Konfliktminderung herbeizuführen und gemeinsam eigenständige und tragfähige Kompromisse und Lösungen zu erarbeiten.[232]

a) Allgemeine Definition von Beratung

Beraten ist zunächst eine genuine und alltägliche Form sozialer Interaktion. Beratung ist »schon immer ein genuiner und wichtiger Bestandteil menschlichen Handelns und zwischenmenschlicher Kommunikation im Alltag und in seinen Krisen«.[233] Beratung findet zwischen Bekannten, Familienangehörige oder Kollegen statt, die sich gegenseitig über Alltagssituationen, über lebenspraktische Fragen und Schwierigkeiten austauschen.[234] In der Literatur wird diese Beratung als »Laienhilfe« von professioneller Beratung abgegrenzt und als Wurzel der jeglicher Beratung angesehen.[235]

Im deutschsprachigen Raum wird der Begriff der (professionellen) Beratung primär als Oberbegriff für eine Vielzahl unterschiedlicher Beratungsangebote verwendet. Die Ausgestaltung der Beratungsangebote ist wesentlich davon abhängig, in welchem Kontext und mit welcher Klientel die Beratung durchgeführt wird. Darüber hinaus sind Ausbildung und theoretische Orientierung der professionelle Berater für die Qualität der Beratung von Bedeutung.[236] Aufgrund der großen Bandreite möglicher Einsatzbereiche von Beratung, mit stark divergierenden Aufgaben und Zielsetzungen, entzieht sich der Begriff – Beratung – grundsätzlich einer allgemeingültigen Definition.[237]

In der Literatur werden jedoch verschiedene Ansätze zur Definition von Beratung vertreten, die je nach theoretischer Orientierung und inhaltlichen Präferenzen des Autors unterschiedliche Gewichtungen aufweisen. Die folgenden Definitionsansätze verdeutlichen diese Vielfalt:[238]

> »Beratung ist eine freiwillige, kurzfristige, oft nur situative, soziale Interaktion zwischen Ratsuchenden (Klienten) und Berater mit dem Ziel, im Beratungsprozess eine Entscheidungshilfe zur Bewältigung eines vom Klienten vorgegebenen aktuellen Prob-

---

232 Balloff/Walter, ZfJ 1993, 65, 68; ausführlich und differenzierend Engel/Nestmann, 2008, S. 15 ff.

233 Nestmann, in: Nestmann/Engel/Sickendiek, 2007, S. 547.

234 Bürgi/Eberhart 2006, S. 29 ff.; Sickendiek/Engel/Nestmann 2008, S. 13 ff., 22.

235 Nestmann 2007 #6361}, S. 548; Elbing, in: Wenninger, 2002, S. 200; Schäfter 2010, S. 15 (m.w.N.).

236 Vgl. Schäfter 2010, S. 19; Warschburger 2009,S. 19.

237 Vgl. Schäfter 2010, S. 19 f., 22.

238 Warschburger 2009, S. 19 (m.w.N.); Krause/Fittkau 2003, S. 22 f.; Steinebach 2000, S. 62.

lems durch Vermittlung von Informationen und/oder Einüben von Fertigkeiten gemeinsam zu erarbeiten.«[239]

Einen weitergehenden, stärker lerntheoretisch orientierten Definitionsansatz vertritt *Dietrich*:

»Beratung ist in ihrem Kern jene Form einer interventiven und präventiven helfenden Beziehung, in der ein Berater mittels sprachlicher Kommunikation und auf der Grundlage anregender und stützender Methoden innerhalb eines vergleichsweise kurzen Zeitraums versucht, bei einem desorientierten, inadäquat belasteten oder entlasteten Klienten einen auf kognitiv-emotionale Einsicht fundierten aktiven Lernprozess in Gang zu bringen, in dessen Verlauf seine Selbsthilfebereitschaft, seine Selbststeuerungsfahigkeit und seine Handlungskompetenz verbessert werden können.«[240]

Ergänzend zu den vorherigen Auffassungen legt *Brem-Gräser* den Schwerpunkt auf das besondere Verhältnis von Berater und Klient:

»Beratung ist eine professionelle, wissenschaftlich fundierte Hilfe, welche rat- und hilfesuchenden Einzelnen und Gruppen auf der Basis des kommunikativen Miteinander vorbeugend, in Krisensituationen sowie in sonstigen Konfliktlagen aktuell und nachbetreuend, dient. Somit darf Beratung keinesfalls bestimmte Entscheidungen dem Ratsuchenden aufdrängen bzw. diese durch offenen oder verdeckten Machtmissbrauch erzwingen. Kennzeichnend [...] ist, dass die Probleme des Ratsuchenden den Mittelpunkt bilden.«[241]

Den unterschiedlichen Definitionen ist gemeinsam, den Rat- und Hilfesuchenden durch die Vermittlung von Informationen langfristig Kompetenzen zu vermitteln, d. h. die Bereitschaft, die Fähigkeit und die Fertigkeit zu fördern, um gegenwärtige oder zukünftige Konflikte und Probleme lösen zu können.[242] Es kann insoweit festgehalten werden, dass Beratung die Aktivierung und die Stärkung der personalen (z.B. Problemlösungskompetenz) und sozialen Ressourcen (z.B. soziales Netzwerk) ermöglichen soll (»Hilfe zur Selbsthilfe«).[243] Dieses weite Verständnis von Beratung bildet im Folgenden die Grundlage für die vorliegende Arbeit.

---

239 Schwarzer/Pose, in: Krapp/Weidenmann, 2006, S. 634; vgl. auch Thiersch, in: Nestmann/Engel/Sickendiek, 2007, S. 115.

240 Dietrich, 1983, S. 2, zit. nach Warschburger 2009 , S. 19 (m.w.N.); Nestmann, in: Hörmann, 1988, S. 101 ff.

241 Brem-Gräser 1993, S. 15.

242 Krause/Fittkau 2003, S: 28.

243 Warschburger 2009,S. 18 f.; Krause/Fittkau 2003, S. 23 f., 28; Steinebach 2000, S. 64; Belardi 2011, S. 33 ff., 39 f.; Sickendiek/Engel/Nestmann 2008, S. 140.

b) Soziale Beratung

Der methodische Ansatz der sozialen Beratung ist das Erkennen von Schwierigkeiten als Voraussetzung zur Klärung und Erstellung eines Entwurfs von Eingriffsmöglichkeiten. Dies führt zu Unterstützung und Hilfe in der Erschließung der persönlichen Ressourcen.[244] Die soziale Beratung ist ein Spezialfall neben zahlreichen anderen Varianten.[245] Die soziale Beratung ist ein breit gefasster Begriff. Sie umfasst alle beratenden Hilfen in Problembereichen, die sich auf Schwierigkeiten von Individuen oder Gruppen mit ihrer sozialen Umwelt beziehen. Unter sozialer Umwelt sind nähere soziale Kontexte wie Familie, Verwandtschaft, und Freundeskreis sowie berufliches oder schulisches Umfeld zu verstehen.

c) Beratung bei familialen Problemen

Eine auf familiale Probleme zugeschnittene Beratung ist die so genannte Familienberatung.

aa) Familienberatung

Die Familienberatung[246] umfasst ein breites Spektrum an Beratungsmethoden und Techniken bis hin zu psychotherapeutisch orientierten Ansätzen. Die Familienberatung ist nicht ausschließlich auf bestimmte Problemfelder festgelegt, die als Schwierigkeiten oder Konflikte *der* Familie oder *des* jeweiligen familialen Subsystems aufgefasst werden (z.B. streitendes Elternpaar, Trennung oder Scheidung der Eltern, Erziehungsprobleme, konflikthafte Geschwisterbeziehungen etc.). Ebenso können auch individuelle Probleme und Konflikte einzelner Familienmitglieder thematisiert werden.

---

244 Engel/Nestmann, 2008, S. 17; Belardi 2011, S. 39 f.; Sickendiek/Engel/Nestmann 2008, 31 ff.

245 Engel/Nestmann, 2008, S. 15 ff. z.B. psychosoziale oder pädagogische Beratung; Sickendiek/Engel/Nestmann 2008, S. 93 ff.

246 Sickendiek/Engel/Nestmann 2008, S. 100 ff.

bb) *Familienberatung und Familientherapie*

Familienberatung und Familientherapie[247] unterscheiden sich primär durch ihre Zielrichtung. Die Familienberatung soll – insbesondere präventiv – der Verbesserung innerfamiliärer Entwicklungen dienen. Die Familientherapie hingegen konzentriert sich auf die Symptombehandlung oder der Wiederherstellung des familialen Gleichgewichts.[248]

cc) *Präventive Familienberatung*

Ein weiterer Ansatz in der psychologischen Wissenschaft ist die präventive[249] Familienberatung. Im Mittelpunkt steht dabei ein familienentwicklungsorientierter Ansatz, um die Familie und ihr Bewältigungspotenzial in Krisensituationen zu stärken, z.B. bei Trennung und Scheidung. Im Gegensatz zur Therapie ist eine Beratung in den meisten Fällen für »normal« angepasste Klienten indiziert. Diese Klientel zeichnet sich dadurch aus, dass sie durch äußere Umstände veranlasst wurden, Probleme, wie z.B. Trennung und Scheidung, psychisch zu verarbeiten.[250]

d) Psychologische Beratung

Psychologische Beratung will Menschen bei persönlichen Anpassungsproblemen präventiv und bewältigend unterstützen. In einer psychologischen Beratung geht es im Unterschied zur Psychotherapie maßgeblich darum, den Klienten im Verständnis und der Bewältigung von Problemen zu unterstützen, die einen bestimmten klar umrissenen Lebensbereich betreffen. Unter psychologischer Beratung wurde zunächst vor allem die psychologische Behandlung individueller emotionaler Verhaltensprobleme oder psychischer Störungen verstanden. Nach heutigem Verständnis ist psychologische Beratung eine »zusammenfassende Bezeichnung für die Erteilung von Entscheidungs- und Orientierungshilfen durch ausgebildete Fachkräfte (z.B. Ärzte, Psychologen, Pädagogen, Sozialarbeiter) in Einzel- oder Gruppengesprächen. [...] Zu den allgemeinen Kennzeichen der psychologischen Beratung ge-

---

247 Familientherapie unter Einbeziehung beider Eltern ist mangels gesetzlicher Grundlage nicht zulässig. Ebenfalls unzulässig ist die an einen Elternteil gerichtete Anordnung, sich im Verlauf eines Sorge- oder Umgangsrechtsverfahrens körperlich oder psychiatrisch/psychologisch untersuchen zu lassen BGH FamRZ 2010, 720; BGH FamRZ 1994, 158, 160; OLG Karlsruhe FamRZ 2004, 56, 57; BVerfG FamRZ 2004, 523 f.; Schumann, in: MüKo ZPO, 3. Aufl., § 156 FamFG, Rn. 10 dort Nachweis 29.

248 Balloff/Walter, ZfJ 1993, 65, 68.

249 Engel/Nestmann, 2008, S. 51 ff., zum präventiven Ansatz etwaige Konfliktsituationen zu antizipieren.

250 Balloff/Walter, ZfJ 1993, 65, 68; Engel/Nestmann, 2008, S. 16.

hört ihre nicht – direktive, d. h. nicht direkt auf eine Verhaltensmodifikation abzielende Art […]«.[251]

e) Psychotherapie und Beratung

Die Bezeichnung Psychotherapie[252] steht als Oberbegriff für alle Formen psychologischer Verfahren, die ohne Einsatz medikamentöser Mittel auf die Behandlung psychischer und psychosomatischer Krankheiten, Leidenszustände oder Verhaltensstörungen zielen. Die Psychotherapie erfasst zahlreiche psychologische Methoden, die dazu geeignet sind, seelische Störungen oder Verhaltensstörungen zu beseitigen. Sie können in verschiedenen Konstellationen auftreten. So zum Beispiel in der psychoanalytischen Behandlung, in der Verhaltenstherapie oder in der Arbeit mit mehreren Personen. Im Rahmen der Psychotherapie können je nach Orientierung und Methodik verschiedene Ziele und Ansätze verfolgt werden:[253]

- Neuorientierung von Erlebnis- und Auffassungsweisen durch Veränderungen von Einstellungen durch Einsicht,
- Veränderung emotionaler Zustände,
- Verhaltensmodifikationen
- Änderung der Interaktion und Kommunikation.

Im Einzelfall können sich Therapie und Beratung bis in Kernbereiche inhaltlich überschneiden.

f) Außergerichtliche Streitschlichtung

Die Beratung ist von der außergerichtlichen Streitschlichtung abzugrenzen. Die außergerichtliche Streitschlichtung ist ein Verfahren außerhalb des Gerichtsverfahrens, in dem die Parteien versuchen ihren Konflikt durch die Vermittlung eines unparteiischen Dritten zu bewältigen. Zu der außergerichtlichen Streitschlichtung gehören die Schlichtungsverfahren (i. S. d. § 15 a EGZPO*)* oder die Mediation. Kennzeichnend für diese Verfahren ist, dass sie nicht auf eine Streitentscheidung durch einen Dritten abzielen sondern bestrebt sind einen Konsens zwischen den

---

251 Fröhlich, 2005 siehe dort: Beratung; Engel/Nestmann, 2008, S. 16.

252 Eine Verpflichtung zur Teilnahme an einer Psychotherapie ist mangels Rechtsgrundlage unzulässig, vgl. BGH FamRZ 2010, 720; BGH FamRZ 1994, 158, 160; OLG Karlsruhe FamRZ 2004, 56, 57; BVerfG FamRZ 2004, 523 f.; Schumann, in: MüKo ZPO, 3. Aufl., § 156 FamFG, Rn. 10 dort Nachweis 29.

253 Balloff/Walter, ZfJ 1993, 65, 68; Engel/Nestmann, 2008, S. 51 ff., 53 f.

Parteien herzustellen. Ferner sind Schlichtungsverfahren nicht zu verwechseln mit einem schiedsgerichtlichen Verfahren (§§ 1025 ff. ZPO), bei dem die Parteien sich freiwillig einem Schiedsrichterspruch unterwerfen.

2. Pflichtberatung

Die Begriffe der »Pflichtberatung« und »Zwangsberatung« werden zum Teil synonym verwendet. Begrifflich ist »Pflicht« jedoch nicht gleich »Zwang«. Wenngleich eine Pflicht auch individuell als Zwang, diese zu befolgen empfunden werden kann, lassen sich unter juristischen Gesichtspunkten die Begriffe »Pflichtberatung« und »Zwangsberatung« unterscheiden:

Pflichtberatung der Eltern bei Trennung und Scheidung bedeutet eine gesetzliche Pflicht an Beratungs- und Hilfsangeboten teilzunehmen, d. h. Anordnung der Teilnahme durch Gesetz bzw. durch richterliche Anordnung aufgrund eines Gesetzes.

Zwangsberatung bedeutet hingegen diese Pflicht zur Teilnahme an der Beratung mit Zwangsmitteln (z. B. Zwangsgeld, Zwangshaft) durchzusetzen.

Beratung auf Anordnung, d. h. Hilfe, Erkenntnisgewinn und Einsicht auf Anordnung, erscheint zunächst ein unauflösbarer Widerspruch zu sein. Insoweit soll nun der Frage nachgegangen werden, inwieweit es überhaupt möglich ist, Eltern in einem solchen Kontext Informationen zu vermitteln und Erkenntnisse nahe zu bringen, die es ihnen ermöglichen mit bestehenden Konflikten und Problemen konstruktiv[254] umzugehen und diese zum Wohle ihres Kindes zu lösen.

In der Fachwelt wird die Möglichkeit einer Beratung und/oder Therapie im Zwangskontext, d. h. »Zwangsberatung«[255] kritisch betrachtet.[256] Eine professionelle Beratung, Therapie oder Mediation wird grundsätzlich[257] – unabhängig von der inhaltlichen Ausrichtung[258] vor dem Hintergrund von Freiwilligkeit gesehen.[259]

---

254 Hier sei auf die Erkenntnisse der Scheidungsfolgenforschung in Kapitel 1 hingewiesen. Insbesondere Kapitel 1.III.1. und Kapitel 1.III.4. e).

255 Balloff, in: Menne/Schilling/Weber, 1997, S. 129.

256 Vgl. Conen, ZJJ 2007, 370, 372 f. mit Verweis auf den Deutschen Anwaltsverein.

257 Jopt, Psychol. Erz. Unterr. 1992, 57, passim.

258 Balloff, in: Menne/Schilling/Weber, 1997, S. 129 (m.w.N.). vgl. Schwenzer, der zwischen einer therapeutisch orientierten Zwangsberatung mit dem Ziel der Aussöhnung der Ehegatten und Fortführung der Ehe und einer Beratung der Eltern mit dem Ziel einer einvernehmlichen Regelung der kindbezogenen Scheidungsfolgen differenziert, Schwenzer 1987, S. 133.

So wurde zum Beispiel im Zusammenhang mit dem Regensburger Modell der Frage nachgegangen, inwieweit eine zunächst unfreiwillige Beratung zu einem dennoch erfolgreichen Beratungsabschluss führen könne.[260] Es stellte sich heraus, dass ein Teil der von den Richtern motivierten oder mit Nachdruck überredeten Personen die Beratung subjektiv als Zwang erlebt haben. Insgesamt schätzten diejenigen Eltern, die auf Druck des Gerichts die Beratung aufsuchten, diese Beratung im Nachhinein nicht weniger erfolgreich ein, als die Eltern, die freiwillig zur Beratung gekommen waren.[261] Ein Nutzen solcher Beratung kann daher grundsätzlich nicht ausgeschlossen werden, da auch zunächst beratungsresistente Eltern ihren Widerstand ablegen und die Möglichkeit ergreifen können, Rat und Hilfe anzunehmen. Es ist jedoch zu differenzieren zwischen dem Zwang erstmalig zu einer Beratung zu gehen und der reinen Durchführung der Beratung. Letztere kann nur Erfolg versprechend sein, wenn die Eltern ihren inneren Widerstand aufgeben und freiwillig teilnehmen.[262]

Es ist jedoch schwierig festzustellen, wann eine gerichtlich angeordnete Beratung als »nützlich« oder »erfolgreich« bezeichnet werden kann. Die Schwierigkeit den »Erfolg« einer Pflichtberatung im Kontext von Trennung und Scheidung zu evaluieren, beginnt bereits mit dem Versuch den »Erfolg der Beratung« zu definieren. Unklar ist, wann eine Familienberatung als erfolgreich zu bewerten ist. Kann eine Beratung als erfolgreich gewertet werden, wenn die Eltern:

- an der Beratung aktiv teilnehmen?
- die vorgesehenen Beratungsstunden nur »absitzen«?
- im Wege der Beratung eine Einigung erzielen? Wobei die weitere Frage nach Umsetzung, Nachhaltigkeit und Qualität der Einigung ebenso ungeklärt wäre.

Eine abschließende Beantwortung dieser Fragen ist aufgrund der Komplexität der Sachverhalte und einer noch unzureichenden Evaluierung[263] der Scheidungsfolgenforschung im deutschsprachigen Raum nicht möglich.

---

259 Vgl. Balloff, in: Menne/Schilling/Weber, 1997, S. 128 f.; Weber, in: Weber/Schilling, 2006, S. 217 f.; Schwenzer 1987, S. 138; Coester, FuR 1991, 70, 73; Lenz, in: Becker-Lenz, 2009, 171; Engel/Nestmann, 2008, S. 17, 18.

260 Buchholz-Graf, PKK 2001, 293 ff.

261 Buchholz-Graf, PKK 2001, 293ff.; Weber, in: Weber/Schilling, 2006, S. 221.

262 Weber, in: Weber/Schilling, 2006, S. 222 (m.w.N.),

263 Vgl. Salgo, Öffentliche Anhörung Teil II, Rechtsausschuss BT-Drs. 16/6308 Protokoll Nr. 88, S. 26 f. ; Salgo, in: Lipp/Schumann/Veit, 2009, S. 156.

3. Zwischenergebnis

Zusammenfassend kann festgehalten werden, dass Beratung das Ziel hat, eine Verbesserung bzw. Veränderung der persönlichen Situation des Klienten zu bewirken, indem ihm Ermutigung, Ratschläge und weitergehende Informationen vermittelt werden. Eine abschließende Trennung zwischen einzelnen Beratungsansätzen ist kaum möglich, da die Übergänge fließend sind.

Die gängige Beratungspraxis weist ein breites Spektrum an Methoden auf, da keine verbindlichen Richtlinien existieren. Je nach Qualifikation der Fachkraft und des Beratungssettings kommen Elemente aus Mediation[264], Psychotherapie, Erziehungsberatung und Psychoedukation in Sachen Trennung, Erziehung, Krisen- und Konfliktbewältigung zur Anwendung.[265]

Pflichtberatung ist die gerichtliche Anordnung der Teilnahme an Beratungs- und Hilfsangeboten. Inwieweit eine nachhaltige Vermittlung von Informationen auf Anordnung grundsätzlich erfolgversprechend ist, kann mangels aussagekräftiger Evaluationen nicht eindeutig beantwortet werden. Jedoch kann eine Anordnung zur Teilnahme an Beratung den Zugang zu Eltern in Trennung und Scheidung ermöglichen.

---

264 Winkelmann, Elternkonflikte in der Trennungsfamilie als Risikobedingung misslingender kindlicher Anpassung nach Trennung und Scheidung, 2005. (Internetdokument zuletzt geprüft am: 02.04.2010), S. 51 f., 53 ff.

265 Winkelmann, Elternkonflikte in der Trennungsfamilie als Risikobedingung misslingender kindlicher Anpassung nach Trennung und Scheidung, 2005. (Internetdokument zuletzt geprüft am: 02.04.2010), S. 51 f. (m.w.N.), S. 168; Bröning 2009, S. 136.

II. Beratung von Eltern in Trennung

Im Folgenden soll die Entwicklung bestehender Beratungs- und Hilfsangebote skizziert werden und sodann auf die in Deutschland bestehenden Beratungsangebote nach dem Kinder- und Jugendhilfegesetz eingegangen werden.

1. Entwicklung von außergerichtlichen Beratungs- und Hilfsangeboten

Wie in Kapitel 1.II.1. ausgeführt, stieg in den letzten Jahrzehnten die Zahl der Gerichtsverfahren in Kindschaftssachen deutlich an. Nicht nur die gestiegene Anzahl der Fälle, sondern auch die inhaltlichen Anforderungen an die Entscheidungen führten zu neuen Herausforderungen an die Familiengerichte. Die Familienrichter hatten nun mehr Entscheidungen mit familienpsychologischem Hintergrund zu treffen, um dem »Kindeswohl« gerecht zu werden.[266]

Ein weiterer Aspekt, der zu der Entwicklung außergerichtlicher Hilfsangebote führte, beruhte auf der Ausrichtung des gerichtlichen Verfahrens. Diese Ausrichtung schien nicht für alle Verfahren ein adäquates *Procedere* darzustellen. Das Gericht prüft grundsätzlich vergangenheitsorientiert die Faktenlage.[267] Diese strukturelle Ausrichtung des gerichtlichen Verfahrens führt oft zu einer zusätzlichen Eskalation in Trennungskonflikten.[268] In Folge dessen wurden alternative Interventionsmöglichkeiten für Familien in Trennung entwickelt. Hierbei wurde z. B. auf entsprechende Mediationsangebote zurückgegriffen. Neben der Mediation entwickelten sich zunächst in den USA weitere Hilfsangebote für Familien in Trennung.[269]

Hier wurden präventive Hilfsangebote entwickelt, um möglichst frühzeitig kindlichen Entwicklungsschwierigkeiten präventiv entgegenzuwirken und den Eltern eine umfassende Beratung zukommen zu lassen. So wurden Gruppenprogramme für Eltern und Kinder und zusätzliche Interventionen für hoch strittige Familien entwickelt.[270] Hierbei kamen verstärkt therapeutische Ansätze zur Anwendung und/oder größere Reglementierungen für die Familien.[271] Einige dieser in den USA entwickelten Ansätze wurden den deutschen Gegebenheiten angepasst

266 Bröning 2009, S. 134; Murch/Hooper 1992, S. 85.

267 Murch/Hooper 1992, S. 85.

268 Bröning 2009, S. 134.

269 Kostka 2004, S. 379 ff.

270 Bröning 2009, S. 134.

271 Bröning 2009, S. 135.

und eingeführt (z.B. begleiteter Umgang, Begutachtung, Scheidungsgruppen für Kinder). Demgegenüber sind andere Interventionsmöglichkeiten, z.B. Case Manager[272]/Parent Coordinator[273] oder strukturierte Elterntrainings in Deutschland noch unbekannt.[274]

2. Beratung nach dem Kinder- Jugendhilfegesetz

In Deutschland wird die Beratung von Eltern in Trennung von den Fachkräften der Jugendhilfe durchgeführt (Sozialpädagogen, Psychologen, Pädagogen). Diese Hilfe wird von öffentlichen und freien Trägern erbracht. Im Folgenden sollen aus juristischer Sicht die Grundlagen für diese Beratung dargestellt werden und anschließend eine Abgrenzung von Beratung zu anderen Hilfsangeboten vorgenommen werden.

Die »Kinder- und Jugendhilfe« umfasst die Gesamtheit der öffentlichen Sozialisationshilfen.[275] Das Kinder- Jugendhilfegesetz (KJHG) beinhaltet in Art. 1 KJHG

---

272 Das Case Management hat seinen Ursprung in den USA. Im Jahr 2004 brachte die neu gegründete »Task Force on Parenting Coordination« der Association of Family and Conciliation Courts (AFCC) Richtlinien für die Arbeit dieser neuen Berufsgruppe heraus. Es unterscheidet sich von der reinen Begutachtung und dem Verfahrensbeistand in Deutschland durch eine tiefgreifende Intervention in die Familie. Im Gegensatz zur Begutachtung in Deutschland ist das Case Management in den USA auf langfristige Betreuung ausgelegt. Dabei soll das Case Management nur als »ultima ratio« eingesetzt werden, wenn keine anderen Möglichkeiten mehr bestehen auf die Konfliktparteien einzuwirken und andere Interventionsmöglichkeiten erfolglos waren. Auf Anordnung des Gerichts wird ein »Case Manager« mit psychologischem oder juristischem Hintergrund eingesetzt. Ihm kommt die Aufgabe zu, Elternkonflikte einvernehmlich zu lösen. Gelingt dies nicht, ist er befugt eigenständig Entscheidungen auch gegen den Willen der Eltern zu treffen. Eine weitere Aufgabe ist die Minimierung des Konfliktniveaus in der Familie und den Eltern entsprechende Kommunikationsstrategien zu vermitteln. Ferner übernimmt er die Koordination der am Fall zu beteiligenden Institutionen. Das Tätigkeitsfeld des »Parent Coordinator« (»Case Manager«) ist nicht nur auf Einzelfallentscheidungen beschränkt, sondern umfasst grundsätzlich auch psychoedukative, therapeutische und konfliktschlichtende Komponenten, Blaisure/Geasler, in: Fine/Harvey, 2006, S. 575 ff. 577 ff., 589 f , 589 f.; Boyan/Termini 2005, S. 29 ff., 40 f.; Bröning 2009, S. 146 f. (m.w.N.)

273 Je nach US-Bundesstaat wird dieser auch Parent Coordinator, Wiseperson, Special Master, Co-Parenting counsellor oder Custody Commissioner genannt, Boyan/Termini 2005, S. 29 ff., 40 f.

274 Neuffer 2009, S. 11 ff., 221; Bröning 2009, S. 135.

275 Die wesentlichen allgemeinen Regelungen für die freie und öffentliche Jugendhilfe sind in den §§ 3 und 4 SGB VIII enthalten, die in den §§ 69-81 SGB VIII weiter konkretisiert werden, Wabnitz 2007, S. 22 f.

Regelungen der Kinder- und Jugendhilfe (SGB VIII).[276] Das SGB VIII beinhaltet grundsätzlich freiwillige Leistungen, die in Anspruch genommen werden können, aber nicht in Anspruch genommen werden müssen,[277] d. h. das SGB VIII beinhaltet keine Ermächtigungsgrundlage des Staates, Eltern zur Teilnahme an Beratungs- und Hilfsangeboten zu verpflichten. Das SGB VIII steht unter dem zentralen Leitmotiv der »Prävention vor Intervention«. Daher hat der Gesetzgeber in den §§ 16 bis 21 SGB VIII insbesondere »präventive Leistungen« zugunsten der Familien geregelt.[278]

a) Beratung in Fragen der Partnerschaft, Trennung und Scheidung gemäß § 17 SGB VIII

§ 17 SGB VIII ist die entsprechenden Rechtsgrundlage für Beratungsleistungen in Fragen der Partnerschaft, Trennung und Scheidung. § 17 SGB VIII gewährt den Eltern einen Rechtsanspruch auf Beratung im Falle einer Trennung oder Scheidung.

Die Beratung soll »Bedingungen für eine dem Wohl des Kindes oder des Jugendlichen förderliche Wahrnehmung der Elternverantwortung« schaffen. § 17 SGB VIII statuiert jedoch keine Beratungspflicht für die Eltern. Die Inanspruchnahme der Hilfe ist freiwillig.[279] Die Ausgestaltung der Hilfsangebote nach § 17 SGB VIII als »bloßes« Angebot an die Eltern sich beraten zu lassen, ist umstritten.[280] Auf der einen Seite steht die elterliche Autonomie im Vordergrund auf der anderen Seite das Wohl des Kindes, dessen Eltern die Hilfe nicht annehmen, obwohl sie gegebenenfalls Beratung benötigen.[281]

Die von § 17 SGB VIII angebotene Beratungspalette entspricht den »Eskalationsstufen«[282], die in einer Familie auftreten können: Das Beratungsziel ist zunächst

---

276 Das KJHG ist die weithin übliche Kurzbezeichnung des Gesetzes zur Neuordnung des Kinder und Jugendhilferecht des vom 26.6.1990 (BGBl. I S. 1163). Es ist ein »Artikelgesetz«, gleichsam ein »Mantelgesetz« mit zahlreichen Teilen. Der wichtigste Teil ist dessen Art. 1, mit dem das neu formulierte Sozialgesetzbuch VIII (SGB VIII – Kinder- und Jugendhilfe) als Teil des Sozialgesetzbuches in dieses eingefügt worden ist.

277 Wabnitz 2007, S. 22.

278 Wabnitz 2007, S. 46; Proksch, in: FK-SGB VIII, 6. Aufl., vor §§ 16-21 SGB VIII, Rn. 1 ff.; Proksch, in: FK-SGB VIII, 6. Aufl., § 17 SGB VIII, Rn. 4.

279 Wersig, in: Goerdeler/Wapler SGB VIII-Onlinekommentar, § 17 SGB VIII, Rn. 8; Proksch, in: FK-SGB VIII, 6. Aufl., § 17 SGB VIII, Rn. 20.

280 So sieht Proksch in dem Rechtsanspruch der Eltern auf Beratung gemäß § 17 SGB VIII ein »Pflichtrecht« der Eltern, die Beratung zum Wohl des Kindes anzunehmen, Proksch, in: FK-SGB VIII, 6. Aufl., § 17 SGB VIII, Rn. 19.

281 Buchholz-Graf/Vergho 2000, passim; Bröning 2009, S.136; vgl. Kapitel 1.III.4. e).

282 Wabnitz 2007, S. 48.

die präventive Konfliktminderung im Eltern-Kind-Verhältnis.[283] Dazu soll ein partnerschaftliches Zusammenleben in der Familie aufgebaut (Nr. 1) und bestehende Konflikte und Krisen in der Familie bewältigt werden (Nr. 2). Im Falle von Trennung oder Scheidung sollen die Bedingungen für eine dem Wohle des Kindes oder des Jugendlichen förderliche Wahrnehmung der Elternverantwortung geschaffen werden (Nr. 3). Bei Trennung oder Scheidung ist ein frühzeitiges einvernehmliches Sorgerechtskonzept (vgl. § 17 Abs. 2 Hs. 2 SGB VIII) erforderlich.[284] Um ein solches Konzept zu erarbeiten, haben die Familiengerichte im Falle eines Antrags auf Ehescheidung gemäß § 17 Abs. 3 SGB VIII dem Jugendamt mitzuteilen, ob minderjährige Kinder betroffen sind. So dann hat das Jugendamt die Eltern über das Leistungsangebot nach § 17 Abs. 2 SGB VIII zu informieren.

Durch fachliche Unterstützung sollen die Eltern bei der Wahrnehmung ihrer Elternverantwortung gegenüber dem Kind unterstützt werden. Es soll ein einvernehmliches alltagstaugliches Konzept erarbeitet werden ohne den Eltern ein konkretes, bereits vordefiniertes Konzept aufzuerlegen, z. B. die elterliche Sorge um jeden Preis gemeinsam ausüben zu müssen.[285] Wesentliches Ziel ist es den Eltern zu vermitteln, dass es zum Wohle ihres Kindes essentiell ist, ihre Paarebene von der Elternebene zu trennen. Dadurch soll die Fähigkeit der Eltern zur Kommunikation und Kooperation auf der Elternebene gefördert und gestärkt werden.[286]

Bezüglich der Ausgestaltung der Beratung und des Konzeptes wird gefordert, dass im Wege der Beratung Gemeinsamkeiten gesucht und ein alltagstauglicher Konsens im Erziehungsstil und den Erziehungszielen erarbeitet werden soll. In diesem Zusammenhang sollte ein konkreter Leitfaden für die zukünftige Wahrnehmung der Elternverantwortung aufgestellt und schriftlich fixiert werden.[287]

Gemäß § 17 Abs. 2, 1. Hs. SGB VIII ist das Kind in die Beratung einzubeziehen. Hinsichtlich der Ausgestaltung der Beratung ist daher zum einen von grundlegender Bedeutung, dass das Kind nicht zum Spielball der Interessen der Eltern und zum anderen dennoch adäquat am Beratungsprozess beteiligt wird. Dadurch wird

---

283 Vgl. Diederichsen, NJW 1998, 1977, 1982; Wabnitz 2007, S. 48; Finger, in: MüKo BGB, 4. Aufl., § 1684 BGB, Rn. 19; Hammer, FamRZ 2005, 1209f.; Wersig, in: Goerdeler/Wapler SGB VIII-Onlinekommentar, § 17 SGB VIII, Rn. 2.

284 Wabnitz 2007, S. 49; Wersig, in: Goerdeler/Wapler SGB VIII-Onlinekommentar, § 17 SGB VIII, Rn. 4 f.

285 Wersig, in: Goerdeler/Wapler SGB VIII-Onlinekommentar, § 17 SGB VIII, Rn. 4.; Proksch, in: FK-SGB VIII, 6. Aufl., § 17 SGB VIII, Rn. 22.

286 Wersig, in: Goerdeler/Wapler SGB VIII-Onlinekommentar, § 17 SGB VIII, Rn. 4.; Proksch, in: FK-SGB VIII, 6. Aufl., § 17 SGB VIII, Rn. 3, 22 ff.

287 Wersig, in: Goerdeler/Wapler SGB VIII-Onlinekommentar, § 17 SGB VIII, Rn. 5; Proksch, in: FK-SGB VIII, 6. Aufl., § 17 SGB VIII, Rn. 33 ff.

der Beteiligungsanspruch des Kindes aus § 8 Abs. 1 SGB VIII umgesetzt.[288] Diese Beteiligung hat altersgerecht durch qualifiziertes Fachpersonal zu erfolgen. Unter Beteiligung versteht man mehr als bloße Anhörung der Meinung des Kindes. Beteiligung bedeutet, dass den Interessen, Wünschen und der Meinung des Kindes ausreichendes Gewicht beigemessen wird.[289]

b) Beratung und Unterstützung bei der Ausübung der Personensorge und des Umgangsrechts - § 18 SGB VIII

Die in den letzten Jahrzehnten stetig steigende Zahl von Trennungen und Scheidungen führte ebenso zu einer anwachsenden Zahl an allein erziehenden Elternteilen. Angesichts dieser Entwicklung gewinnen präventive Maßnahmen und Beratungsangebote des Staates bei der Ausübung der Personensorge und des Umgangsrechts zunehmend an Bedeutung.[290]

Rechtsansprüche auf Beratung und Unterstützung bietet § 18 SGB VIII. § 18 SGB VIII sichert – wie auch § 17 SGB VIII – die Vorschriften des Kindschaftsrechts durch Beratungs- und Unterstützungsleistungen ab. In diesem Sinne gewährt § 18 SGB VIII u.a. Alleinerziehenden umfangreiche Beratungs- und Unterstützungsansprüche. Neben Alleinerziehenden stehen die Leistungen des § 18 SGB VIII bezüglich Geltendmachung von Unterhalts- und Unterhaltsersatzansprüchen auch jungen Volljährigen bis zur Vollendung des 21. Lebensjahres zu. Aber auch Kinder und Jugendliche haben gemäß § 18 Abs. 3 SGB VIII einen eigenen Anspruch auf Beratung und Unterstützung hinsichtlich der Ausübung ihres Umgangsrechts. Dieser Anspruch steht sowohl den Eltern als auch anderen Umgangsberechtigten, sowie Personen zu, in deren Obhut sich das Kind befindet.[291] Mit § 18 SGB VIII soll den allgemein als besonders schutzbedürftig angesehenen allein erziehenden Elternteilen Hilfestellung bei der Erziehung ihres Kindes angeboten werden, indem ihm Unterstützung in den rechtlich und tatsächlich schwierigen und existenziellen Fragen des Unterhalts- und Umgangsrechts sowie dem Recht der sozialen Unterhaltsleistungen gewährt wird.[292]

Der Anspruch aus § 18 SGB VIII steht ausschließlich Müttern und Vätern zu, die alleine für ein Kind sorgen. Dies kann zum einen darauf beruhen, dass der je-

---

288 Proksch, in: FK-SGB VIII, 6. Aufl., § 17 SGB VIII, Rn. 27.

289 Wersig, in: Goerdeler/Wapler SGB VIII-Onlinekommentar, § 17 SGB VIII, Rn. 6; Proksch, in: FK-SGB VIII, 6. Aufl., § 17 SGB VIII, Rn. 28 ff.

290 Grube, in: Hauck/Noftz SGB VIII, § 18 SGB VIII, Rn. 4.

291 Grube, in: Hauck/Noftz SGB VIII, § 18 SGB VIII, Rn. 1;Proksch, in: FK-SGB VIII, 6. Aufl., § 18 SGB VIII, Rn. 1 ff.

292 Grube, in: Hauck/Noftz SGB VIII, § 18 SGB VIII, Rn. 2

weilige Elternteil die alleinige elterliche Sorge trägt oder zum andern trotz gemeinsamer elterliche Sorge in tatsächlicher Hinsicht alleine für das Kind/den Jugendlichen sorgt.[293] Während der Begriff des »tatsächlichen Sorgens« im Rahmen des § 17 SGB VIII weit auszulegen ist, um den Eltern einen Beratungsanspruch zu sichern, ist hingegen im Rahmen des § 18 Abs. 1 SGB VIII eine enge Auslegung vorzunehmen, um auch Eltern, die sich für eine gemeinsame elterliche Sorge entschieden haben, einen Beratungs- und Unterstützungsanspruch zu erhalten.[294]

Der Beratungs- und Unterstützungsanspruch gemäß § 18 Abs. 1 Nr. 1 SGB VIII umfasst die Ausübung der Personensorge, die Geltendmachung von Unterhaltsansprüchen (§§ 1601 ff. BGB) und Unterhaltsersatzansprüchen des Kindes oder Jugendlichen. Als Unterhaltsersatzleistungen gelten unter anderem die öffentlich-rechtlichen Leistungen, die Waisenrenten und Leistungen nach dem Unterhaltsvorschussgesetz, Fürsorgeleistungen zur Sicherung des Lebensunterhalts nach dem SGB II und dem SGB XII sowie das Kindergeld.[295]

Müttern stehen gemäß § 18 Abs. 1 Nr. 2 SGB VIII Beratungs- und Unterstützungsansprüche bei der Geltendmachung von Unterhaltsansprüchen aus Anlass der Geburt gemäß § 1615 Abs. 1 BGB zu.

Ebenso stehen Müttern und Vätern gemäß § 18 Abs. 2 SGB VIII hinsichtlich der Abgabe von Sorgeerklärungen nach den § 1626a Abs. 1 Nr. 1, §§ 1626b ff. BGB Beratung und Unterstützung zu.

Einer Beratung erfolgt meistens in der Form eines Gesprächs zwischen der Fachkraft und den Eltern, was aber nicht andere Formen der Beratung ausschließt. In diesem Sinne können auch Gruppenberatungen oder auch Rundschreiben erfolgen. Die Beratung kann auch in konkrete Maßnahmen münden, wie z. B. juristische Hilfe bei der Geltendmachung von Unterhaltsansprüchen.[296]

§ 18 Abs. 3 SGB VIII regelt die Ansprüche auf Beratung und Unterstützung bei der Ausübung des Umgangsrechts derjenigen, die zum Umgangsrecht miteinander berechtigt und verpflichtet sind.[297] Nach § 18 Abs. 3 S. 1, 2 SGB VIII haben Kinder und Jugendliche bei der Ausübung von Umgangsrecht i. S. d. §§ 1684, 1685 BGB einen Anspruch auf Unterstützung und Beratung. Gemäß § 18 Abs. 3 S. 3 SGB VIII stehen Eltern und anderen Umgangsberechtigten bei der Ausübung ihres

293 Grube, in: Hauck/Noftz SGB VIII, § 18 SGB VIII, Rn. 12; Proksch, in: FK-SGB VIII, 6. Aufl., § 18 SGB VIII, Rn. 6 ff., 10 ff.

294 Grube, in: Hauck/Noftz SGB VIII, § 18 SGB VIII, Rn. 13.

295 Grube, in: Hauck/Noftz SGB VIII, § 18 SGB VIII, Rn. 19.

296 Grube, in: Hauck/Noftz SGB VIII, § 18 SGB VIII, Rn. 17.

297 Grube, in: Hauck/Noftz SGB VIII, § 18 SGB VIII, Rn. 23; Proksch, in: FK-SGB VIII, 6. Aufl., § 18 SGB VIII, Rn. 23 ff.

Umgangsrechts ebenso eine entsprechende Beratung zu. Der eigenständige Anspruch auf Beratung und Unterstützung des Kindes gemäß § 18 Abs. 3 SGB VIII besteht spiegelbildlich zu dem eigenständigen Anspruch auf Umgang mit seinen Eltern.[298]

3. Beratung als Eingriff in das allgemeine Persönlichkeitsrecht

Nach der Grundkonzeption des SGB VIII sind die dort angebotenen Beratungshilfen auf freiwilliger Basis. Eine auf freiwilliger Basis aufgesuchte oder angenommene Hilfs- und Beratungsmaßnahme ist hinsichtlich möglicher Eingriffe in Grundrechte anders zu beurteilen, wie Maßnahmen, die angeordnet werden. Während ersterer Fall grundsätzlich aufgrund der Freiwilligkeit keinen Eingriff darstellt, ist eine angeordnete Beratung zumindest ein Eingriff in das allgemeine Persönlichkeitsrecht des zu Beratenden (Art. 1 Abs. 1 GG i.V.m. Art. 2 GG). Die Reichweite eines Eingriffs richtet sich nach den angewendeten Methoden und Konzepten der angeordneten Beratung. Die angebotenen Beratungsmaßnahmen weisen jedoch ein weites Spektrum an Methoden, Konzepten und Techniken auf, die von der bloßen Informationsweitergabe bis hin zu einer auf Verhaltensänderung ausgerichteten Methodik reichen.

Die Beratung im engeren Sinne als bloße Informationsweitergabe stellt nach der Rechtsprechung keine Belastung für den Adressaten dieses staatlichen Handelns dar. Ein Eingriff in das allgemeine Persönlichkeitsrecht und/oder die allgemeine Handlungsfreiheit (Art. 2 Abs. 1, Art. 1 Abs. 1 GG) liegt hingegen dann vor, wenn eine bestimmte Eingriffsschwelle überschritten wird. Dies ist der Fall wenn die Maßnahme, nicht nur im Anwendungsbereich eines Grundrechts stattfindet, sondern unmittelbar in den Schutzbereich eines Grundrechts eingreift.[299]

Ob und inwieweit ein solcher Eingriff in den Schutzbereich eines Grundrechts vorliegt, ist angesichts der Vielzahl an Methoden und Techniken im Einzelfall zu überprüfen. Insoweit kann jedoch festgehalten werden, dass eine Angleichung und Vereinheitlichung von Methoden und Techniken erforderlich ist. Evaluierung und eine genaue Kontrolle hinsichtlich möglicher Grundrechtsverletzungen müssen gewährleistet werden.

---

298 BGH, JAmt 2006, 45; OLG Hamm FamRZ 2004, 1116; Grube, in: Hauck/Noftz SGB VIII, § 18 SGB VIII, Rn. 24 (m.w.N.).

299 OVG Lüneburg, NJW 2006, 391, 392.

4. Exkurs: Teil II Family Law Act 1996 in England und Wales

Im internationalen Vergleich zeigt sich, dass die Idee einer verpflichtenden Beratung für Eltern in Trennung und Scheidung nicht neu ist.

So wurden in England mit dem Teil II *Family Law Act 1996 in England und Wales* der Versuch unternommen, durch Informationstreffen (»*information meetings*«) auf Eltern zum Wohle ihres Kindes einzuwirken. Geplant war, dass diese Informationstreffen zumindest für einen Elternteil obligatorisch sein sollten. Der Elternteil, der das »*statement of marital breakdown*« erklärte, sollte verpflichtet werden einmalig an einem Informationstreffen teilzunehmen. Im Rahmen der durchgeführten Pilotstudie und Evaluation war jedoch die Teilnahme an Informationstreffen freiwillig. Es zeigte sich, dass weniger als 10 % der sich trennenden Eltern auf freiwilliger Basis die Möglichkeit der Informationstreffen wahrnahm.[300] Vor diesem Hintergrund kann keine stichhaltige Aussage darüber getroffen werden, wie die Eltern reagieren würden, die zur Teilnahme gesetzlich verpflichtet gewesen wären. Obwohl der zur Rede stehende Teil II des britischen *Family Law Act 1996* aufgrund der unbefriedigenden Resultate nicht implementiert wurde,[301] werden die hierzu vorliegenden Studienergebnisse kurz skizziert.

Ziel war es, Eltern für die Belange und Interessen ihrer Kinder zu sensibilisieren und diese in den Mittelpunkt ihrer Überlegungen zu stellen. Die Eltern sollten im Interesse ihres Kindes vernünftig und verantwortungsbewusst kooperieren.[302] Ihnen wurden daher sehr genaue Handlungsanweisungen bezüglich der Bedürfnisse und Probleme der Kinder gegeben. Durch diese Informationstreffen (*sec. 8 Family Law Act 1996*) sollte den Eltern zum einen die Bedeutung kindlicher Wünsche, Gefühle und Wohlergehen vermittelt werden. Darüber hinaus sollten die Eltern befähigt werden ihren Kindern zu helfen.[303] Insbesondere wurde die Bedeutung klarer und altersangemessener Informationen für die Kinder hervorgehoben. Eine unmittelbare Einbeziehung der Kinder fand nicht statt, sondern lediglich mittelbar durch die Eltern. Diesbezüglich wurden die Eltern zum einen über die Möglichkeiten einer Mediation, Beratungs- und Hilfsangeboten informiert und mit Informationsbroschüren für die Kinder versorgt. Die Beratung bezog sich jedoch inhaltlich nicht nur auf das Eltern-Kind-Verhältnis, sondern auch auf das Verhältnis der Eltern zueinander. Den Eltern sollte vermittelt werden, dass für das Kindeswohl eine gemeinsame Elternschaft stets die beste Wahl sei und die getroffenen Regelungen

---

300 Kostka 2004, S. 395 (m.w.N.).

301 Kostka 2004, S. 399 (m.w.N.); Studie: Walker 2001, passim.

302 Kostka 2004, S. 359.

303 Kostka 2004, S. 295 (m.w.N.).

untereinander und mit den Kindern besprochen werden müssten. Auf diese Weise könnten die Eltern ihre Kinder informieren und ihre Gefühle und Wünsche adäquat in ihre Entscheidung einbeziehen.

Darüber hinaus wurde die Beratung nicht nur bezüglich der Hilfsangebote für Kinder erörtert, sondern auch mit dem Ziel, gegebenenfalls die Ehe zu erhalten. Man erhoffte sich die Eltern hinreichend zu beeinflussen, um für die Kinder die Belastungen einer Scheidungssituation zu minimieren

Eine Auswertung dieser Verfahrenspraxis (*Family Law Act 1996 in England und Wales*) zeigte, dass einerseits über 80 % der Eltern die Informationen über die Kinder hilfreich fanden, andererseits aber nur 16 % der Eltern ihre Kinder – wie empfohlen – informierten.[304] Demnach wollten viele Eltern ihre Kinder beschützen oder fühlten sich überfordert mit den Kindern über die Trennung und Scheidung zu sprechen. Ferner wurde festgestellt, dass in hoch konfliktreichen Elternstreitigkeiten diese Informationstreffen nur einen sehr begrenzten Nutzen aufwiesen.[305]

Auch im Hinblick auf eine Verbesserung der Kommunikation zwischen den Eltern können nur geringe Erwartungen an die Verhaltensänderungen der Eltern durch Informationstreffen gestellt werden. Bei einer realistischen Betrachtung zeigte die Evaluation[306] der Pilotstudie, dass eine Verbesserung der Kommunikation – wenn überhaupt – nur von kurzer Dauer war. Der Nutzen solcher Informationstreffen für die betroffenen Kinder blieb ebenso ungeklärt.[307] Für die einmaligen Informationstreffen im Sinne des *Family Law Act 1996 in England und Wales* zeigte sich, dass hierdurch keine Verbesserung der elterlichen Kooperation hergestellt werden konnte. Angesichts dieser unbefriedigenden Ergebnisse wurde der entsprechende Teil des *Family Law Act 1996* nicht umgesetzt.[308]

Im Ergebnis kann festgehalten werden, dass sich die Eltern zwar durchaus besser informiert fühlten, aber dadurch noch nicht sichergestellt war, dass sie in der Lage waren dieses Wissen auch umzusetzen.[309]

---

304 Kostka 2004, S. 397 (m.w.N.).

305 Kostka 2004, S. 398 (m.w.N.).

306 Walker 2001, passim.

307 Kostka 2004, S. 399.

308 Kostka 2004, S. 398 (m.w.N.).

309 Kostka, FamPra.ch 2009, 634, 635.

III. Mediation

Eine weitere viel diskutierte Möglichkeit zur Lösung von Elternstreitigkeiten ist die Mediation. Im wörtlichen Sinne bedeutet Mediation »Vermittlung«. Der Begriff Mediation beschreibt jedoch heute ein Verfahren mit Regeln und Prinzipien, die in den Richtlinien der jeweiligen Verbände festgelegt sind.

Zunächst ist auf die Entwicklung der Mediation in Deutschland einzugehen. Vor dem Hintergrund der EU-Mediationsrichtlinie (Richtlinie 2008/52/EG)[310] ist in diesem Zusammenhang das Augenmerk auf den Gesetzesentwurf für ein Mediationsgesetz[311] (MediationsG-E) zu richten. Ferner sollen die Möglichkeiten und Grenzen einer Mediation aufgezeigt werden. Abschließend wird der Frage nachgegangen, inwieweit die spezifischen Möglichkeiten der Mediation vor dem Hintergrund der Erkenntnisse der Scheidungsfolgenforschung ein taugliches Mittel darstellen, um Elternstreitigkeiten zu lösen, das Streitpotenzial zu minimieren und gegebenenfalls eine Kooperation der Eltern (wieder) herzustellen.

1. Historische Entwicklung der Trennungs- und Scheidungsmediation

Die Mediation gewann zunächst in den USA und in Großbritannien und anschließend auch in Deutschland an Popularität.[312] Seit den 1980er Jahren hat sich die Trennungs- und Scheidungsmediation in den USA zu einem integrativen Teil des familiengerichtlichen Verfahrens entwickelt.[313] In Deutschland bildete sich erst 1992 aus selbstständigen Arbeitskreisen die »Bundesarbeitsgemeinschaft für Familien-Mediation« (BAFM)[314].

Die Mediation fand ursprünglich Anwendung in Bereichen der Wirtschaft und bei Nachbarschaftsstreitigkeiten. In den letzten Jahrzehnten wurde sie auch im Zusammenhang mit Familienstreitigkeiten angeboten. Eine 2005 in Deutschland

---

310 ABl. L 136 vom 24.5.2008, S. 3, Richtlinie 2008/52/EG des Europäischen Parlaments und des Rates vom 21.5.2008 über bestimmte Aspekte der Mediation im Zivil- und Handelssachen.

311 BT-Drs. 17/5335, Die Bundesregierung legte auf der Grundlage des Referentenentwurfs des Bundesministeriums der Justiz (BMJ) am 12.1.2011 einen Gesetzesentwurf zur Förderung der Mediation und anderer Verfahren der außergerichtlichen Beteiligung vor.

312 Kelly, Conflict Res. Q. 2004, 3; Kostka 2004, S. 380.

313 Mann 2004, S. 33; Bernhardt/Winograd, P. Med. 2004, 67ff.; Mecke/Weinmann-Lutz, in: Fthenakis/Eckert/Block, 1999, S. 175.

314 Bundes-Arbeitsgemeinschaft für Familen-Mediation e.V., BAFM-Mediation. (Internetdokument zuletzt geprüft am: 27.08.2010)

durchgeführte Umfrage unter 726 Beratungsstellen zeigte, dass bereits ein Drittel der Beratungsstellen Mediation anbietet.[315] Mehr noch als die Mediation als kohärentes Verfahren sind mediative Strategien und Techniken verbreitet.[316] Auch die Jugendämter bieten verstärkt Mediation an.[317]

An der Diskussion um die Kindschaftsrechtsreform 1998 beteiligte sich die mittlerweile auch in Deutschland etablierte Berufsgruppe der Mediatoren. In diesem Zusammenhang wurde beanstandet, dass diese die Erfolgsaussichten ihrer Konzepte überaus positiv und mitunter zu einseitig darstellen. Profitieren sie doch von der Stärkung eigenständiger Elternvereinbarung, da sie einer Berufsgruppe angehören, die Eltern helfen Lösungskonzepte für ihre Konflikte zu entwickeln, ohne einer staatlichen Kontrolle zu unterliegen.[318] Angesichts dieser zum Teil überschwänglich angepriesenen Vorzüge der Mediation würden Fragen der wissenschaftlichen Seriosität sowie der tatsächlichen Effektivität des angebotenen Konzepts unberücksichtigt bleiben.[319]

Während sich die Mediation in den USA und Großbritannien – nach langjährigen Erfahrungen – wachsender Kritik über ihren Nutzen ausgesetzt sieht, wird diese in Deutschland noch weitgehend unkritisch gesehen.[320] Die Berufsbezeichnung Mediator ist in Deutschland gesetzlich nicht geschützt; ebenso gibt es keine gesetzliche Regelung einer Mediatorenausbildung.[321] Insoweit bestehen sowohl in qualitativer wie auch in quantitativer Hinsicht erhebliche Unterschiede zwischen den einzelnen Konzepten der Mediationsangebote.

---

315 Bastine, et al., PKK 2006, 584, 585.

316 Bastine/Weinmann-Lutz/Wetzel 1999, zit. n. Bröning 2009, S.136.

317 Buchholz-Graf, PKK 2001, 293, 293 ff.; Bröning 2009, S.136.

318 Huber, U. Louisville J. Fam. L. 1993-94, 33, 61; Kostka 2004, S. 379.

319 Zenz, ZfJ 2000, 321, 327.

320 Kostka 2004, S. 379 ff., 394.

321 Allgemein verbindliche und einheitliche Standards existieren insoweit (noch) nicht. Zwar haben sich einige private Mediatorenverbände der Aufgabe verschrieben einheitliche Ausbildungsstandards aufzustellen. Jedoch divergieren bislang die Anforderungen an die Ausbildungsstandards innerhalb der unterschiedlichen Mediationsverbände. Im Bereich der Rechtsanwälte werden die Ausbildungsstandards von den Rechtsanwaltskammern bestimmt. Diese prüfen, ob sie eine Ausbildung gem. § 7a BORA als geeignet ansehen, um als Anwalt den Zusatz Mediator/Mediatorin zu tragen, Fthenakis/Niesel/Griebel, in: Menne/Schilling/Weber, 1997, S. 268; Kostka 2004, S. 380 (m.w.N.).

2. Inhalt und Gegenstand der Mediation als alternative Konfliktlösungsmethode

a) Definition von Mediation

Eine einheitliche, allgemeinverbindliche Definition von Mediation besteht nicht. Es existiert eine Vielzahl an unterschiedlichen Methoden und Konzepten zur Durchführung der Mediation. Allgemein lässt sie sich wie folgt skizzieren: die Mediation ist der Versuch, der Parteien (Medianten) durch Austausch in Gegenwart einer neutralen dritten Person (Mediator) über die wichtigsten Streitpunkte einen Konsens zu erlangen. Man kann unter einer Mediation ein außergerichtliches Verfahren zur Bearbeitung von Konflikten verstehen, indem der Mediator die Konfliktparteien darin unterstützt, »miteinander (wieder) ins Gespräch zu kommen, interessenbezogen zu verhandeln und faire Vereinbarungen zu entwickeln, die auf dem wachsenden Verständnis von sich selbst, den anderen und der jeweiligen Sicht der Realität aufbauen«.[322] Die Mediation soll gegenüber den kontradiktorischen juristischen Verfahrensweisen folgende Vorteile haben:[323]

- Autonomie der Parteien beim Lösen ihrer Konflikte,
- Orientierung an Interessen anstatt an Positionen,[324]
- kreative Lösungsfindung[325] sowie
- Beziehungs- und Zukunftsausrichtung des Verfahrens,[326]

Insbesondere die Beziehungs- und Zukunftsausrichtung des Mediationsverfahrens wird von den Befürwortern der Mediation hervorgehoben. Aufgrund dieser Zukunftsorientierung der Mediation sei diese für familiäre Konflikte besonders geeignet. Im Gegensatz dazu wird kritisiert, dass bei einer solchen zukunftsorientierten Betrachtungsweise relevante Aspekte der Vergangenheit (z. B. häusliche Gewalt) unberücksichtigt bleiben.[327]

---

322 Mähler/Mählre, in: Sulz, et al., 2000, S. 305 (Zitat); vgl. auch Bröning 2009, S. 139.

323 Fisher/Ury/Patton, 1991, passim.

324 Schlieffen/Torsten Harms 2006, S. 46; Fisher/Ury/Patton, 1991, S. 40 ff.

325 Schlieffen/Torsten Harms 2006, S. 42; Fisher/Ury/Patton, 1991, S. 56 ff.

326 Schlieffen/Torsten Harms 2006, S. 26; Fisher/Ury/Patton, 1991, S. 20.

327 Bruch, Int. J. Law & Fam. 1988, 106, 119; Grillo, Yale Law J. 1991, 1545, 1555, 1563 ff.; Mason 1994, S. 182; Wallerstein/Lewis/Blakeslee 2000, S. 206; Kostka 2004, S. 382 (m.w.N.).

In dem Gesetzesentwurf der Bundesregierung vom 12.1.2011 zu einem geplanten Mediationsgesetz[328] ist in § 1 MediationsG-E eine Begriffsbestimmung von Mediator und Mediation vorgesehen. § 1 Abs. 1 MediationsG-E: »Mediation ist ein vertrauliches und strukturiertes Verfahren, bei dem Parteien mit Hilfe eines oder mehrerer Mediatoren freiwillig und eigenverantwortlich eine einvernehmliche Beilegung ihres Konflikts anstreben«. § 1 Abs. 2 MediationsG-E: »Ein Mediator ist eine unabhängige und neutrale Person ohne Entscheidungsbefugnis, die die Parteien durch die Mediation führt«.

Eine Legaldefinition von Mediation existiert bereits in Österreich: Mediation ist eine auf Freiwilligkeit der Parteien beruhende Tätigkeit, bei der ein fachlich ausgebildeter, neutraler Vermittler (Mediator) mit anerkannten Methoden die Kommunikation zwischen den Parteien systematisch mit dem Ziel verfolgt, eine von den Parteien selbst verantwortete Lösung ihres Konfliktes zu ermöglichen.[329]

Ebenso existiert bereits auf europäischer Ebene eine Definition von Mediation und Mediator in der Richtlinie 2008/52/EG[330]: Gemäß Art. 3 a) Richtlinie 2008/52/EG beschreibt der Begriff »Mediation ein strukturiertes Verfahren unabhängig von seiner Bezeichnung, indem zwei oder mehr Streitparteien mit Hilfe eines Mediators auf freiwilliger Basis selbst versuchen, eine Vereinbarung über die Beilegung ihrer Streitigkeiten zu erzielen«. Als Mediator gilt gemäß Art. 3 b) Richtlinie 2008/52/EG »eine dritte Person, die ersucht wird, eine Mediation auf wirksame, unparteiische und sachkundige Weise durchzuführen, unabhängig von ihrer Bezeichnung oder ihrem Beruf in dem betreffenden Mitgliedstaat und der Art und Weise, in der sie für die Durchführung der Mediation benannt oder mit dieser betraut wurde.« Ein Vergleich dieser Definitionen zeigt Übereinstimmung in folgenden Merkmalen:

- Die Mediation muss einem strukturierten/systematischen Verfahren folgen.
- Die Teilnahme an der Mediation ist freiwillig.
- Die Konfliktlösung erfolgt eigenverantwortlich und einvernehmlich.
- Der Mediator muss eine unabhängige und neutrale dritte Person sein.

---

328 BT-Drs. 17/5335, Die Bundesregierung legte auf der Grundlage des Referentenentwurfs des Bundesministeriums der Justiz (BMJ) am 12.1.2011 einen Gesetzesentwurf zur Förderung der Mediation und anderer Verfahren der außergerichtlichen Beteiligung vor.

329 § 1 Abs. 1 des österreichischen Zivilrechts-Mediations-Gesetzes (ZivMediatG).

330 Richtlinie 2008/52/EG des Europäischen Parlaments und des Rates vom 21. Mai 2008 über bestimmte Aspekte der Mediation in Zivil- und Handelssachen: ABl. Nr. L 136 vom 24/05/2008 S. 3-8.

Im Gegensatz zu den Begriffsbestimmungen des Art. 3 Richtlinie 2008/52/EG und des § 1 Abs. 1 ZivMediatG (Österreich) sind Vertraulichkeit und Sachkunde des Mediators nicht integraler Bestandteil des Definitionsentwurfs in § 1 MediationsG-E der Bundesregierung vom 12.1.2011. Die Verschwiegenheitspflicht des Mediators sowie seine Aus- und Fortbildung wurden jedoch in den §§ 4, 5 MediationsG-E berücksichtigt.[331]

b) Exkurs: »EU-Mediationsrichtlinie« und das österreichische Bundesgesetz über Mediation in Zivilrechtssachen

aa) »EU-Mediationsrichtlinie«

Auch auf europäischer Ebene hat sich der europäische Gesetzgeber mit dem Instrument der Mediation als Mittel der außergerichtlichen Streitschlichtung auseinandergesetzt und die Richtlinie 2008/52/EG (»EU-Mediationsrichtlinie«)[332] erlassen.

Allerdings sollen die Bestimmungen dieser Richtlinie nur für die Mediation bei grenzüberschreitenden Streitigkeiten gelten. Dessen ungeachtet soll es den Mitgliedstaaten möglich sein, diese Bestimmungen auch auf interne Mediationsverfahren anzuwenden.[333] Sie sollte jedoch nicht für Rechte und Pflichten gelten, über die die Parteien nach dem einschlägigen anwendbaren Recht nicht selbst verfügen können, wie sie sich insbesondere häufig im Familienrecht finden. Insoweit ist die Anwendbarkeit dieser Richtlinie auf Bestimmungen des Familienrechts nur eingeschränkt möglich.[334]

Für Mediationen in grenzüberschreitenden Streitigkeiten innerhalb der EU besteht künftig ein rechtlicher Rahmen. Maßgeblich hierfür sind die Vorgaben der Richtlinie 2008/52/EG vom 21.5.2008.

Ziel dieser Richtlinie ist es, den Zugang zu alternativen außergerichtlichen Streitbeilegungsverfahren zu erleichtern und die gütliche Beilegung von Streitigkeiten zu fördern. Zum einen sieht die Richtlinie eine Förderung der Mediation durch die Mitgliedstaaten vor. Zum anderen statuiert sie bestimmte Rechtswirkungen, welche die Mitgliedstaaten umzusetzen haben: hierzu zählen insbesondere die

---

331 Die Verschwiegenheitspflicht des Mediators wird in § 4 MediationsG-E und die Aus- und Fortbildung des Mediators in § 5 MediationsG-E. Ausführlich dazu siehe Kapitel 2. III. 2. d) dd), ee).

332 Richtlinie 2008/52/EG des Europäischen Parlaments und des Rates vom 21. Mai 2008 über bestimmte Aspekte der Mediation in Zivil- und Handelssachen: ABl. Nr. L 136 vom 24/05/2008 S. 3-8.

333 ABl. Nr. L 136 vom 24/05/2008 S. 3-8, Erwägungen (9).

334 ABl. Nr. L 136 vom 24/05/2008 S. 3-8, Erwägungen (10).

Ausbildung von Mediatoren sowie die Entwicklung von freiwilligen Verhaltenscodices. Darüber hinaus sind wirksame Verfahren zur Qualitätskontrolle der Mediationsdienstleistungen einzurichten. Insbesondere die Gewährleistung von Aus- und Fortbildung der Mediatoren ist sicherzustellen, so dass die Mediation für die Parteien wirksam, unparteiisch und sachkundig durchgeführt wird (Art. 4 Abs. 2. RiLi 2008/52/EG).

Nach Art. 5 RiLi 2008/52/EG soll es im Ermessen des Gerichts stehen unter Berücksichtigung des Einzelfalls, die Parteien aufzufordern die Mediation als Mittel der Streitbeilegung in Anspruch zu nehmen. Soweit Informationsveranstaltungen über die Nutzung der Mediation angeboten werden und leicht zugänglich sind, soll das Gericht die Parteien auffordern können daran teilzunehmen. Gemäß Art.6 RiLi 2008/52/EG soll der Inhalt einer im Rahmen des Mediationsverfahrens erzielten Vereinbarung vollstreckbar gemacht werden können, wenn dies dem ausdrücklichen Willen beider Parteien entspricht. Die Mitgliedstaaten sind gehalten die Vorgaben der Richtlinie bis zum 20. Mai 2011 umzusetzen.[335]

bb) Das österreichische Bundesgesetz über Mediation in Zivilrechtssachen

Während in Deutschland (noch)[336] keine einheitliche, verbindliche gesetzliche Regelung der Mediation und Ausbildung für Mediatoren existiert, besteht in Österreich eine entsprechende Regelung. Eine erschöpfende Würdigung der österreichischen Rechtslage und eine vergleichende Gegenüberstellung mit der deutschen Mediationspraxis sind nicht intendiert und würden den Rahmen dieser Arbeit übersteigen. Demzufolge können hier nur die wesentlichen gesetzlichen Regelungen[337] angeführt werden.

In Österreich wurde 2004 mit dem Bundesgesetz über Mediation in Zivilrechtssachen[338] ein rechtlicher Rahmen gegeben. Das österreichische Bundesgesetz über Mediation in Zivilrechtssachen beinhaltet sowohl eine Begriffsdefinition in § 1 Abs. 1 ZivMediatG (Österreich) als auch eine Ermächtigungsgrundlage und Konkretisierung hinsichtlich der Ausbildungsziele und Anforderungen in § 10 i.V.m. § 29 ZivMediatG (Österreich).

---

335 Die EU-Kommission weist in diesem Zusammenhang in einer Mitteilung vom 23. August 2010 darauf hin, dass bislang nur 4 Staaten die Richtlinie umgesetzt hätten - Estland, Frankreich, Italien und Portugal, EU Kommission, Mediation in Zivil- und Handelssachen gewinnt an Bedeutung: Europäisches Parlament nimmt Mediationsrichtlinie an, 23. April 2008. (Internetdokument zuletzt geprüft am: 08. September 2010).

336 Kapitel 2.III.2. b) - Richtlinie 2008/52/EG (»EU-Mediationsrichtlinie«).

337 Vgl. Anhang I (Auszug aus dem österreichischen Bundesgesetz über Mediation in Zivilrechtssachen – §§ 1, 10 und 29 ZivMediatG).

338 ÖBGBl. I 29/2003 – Ausgegeben am 6. Juni 2003 – Nr. 29 (Stand der Gesetzgebung: 1. Februar 2010); im Folgenden ZivMediatG. Siehe Anlage I.

Im Gegensatz zur deutschen Rechtslage wurde in Österreich für die Mediation in Zivilrechtssachen der Zugang zur Tätigkeit als Mediator seit 2004 im Bundesgesetz über Mediation in Zivilrechtssachen geregelt.[339] Die auf der Grundlage des österreichischen Mediationsgesetzes erlassene Ausbildungsverordnung (ZivMediat-AV Österreich) fordert für eingetragene Mediatoren in Zivilrechtssachen eine Mediationsausbildung.

Es fällt auf, dass mit § 1 Abs. 1 ZivMediatG (Österreich) eine Legaldefinition zum Begriff der Mediation vorliegt. Hierdurch wird ein rechtlicher Rahmen geschaffen, an den weitere rechtliche – z.B. qualitätssichernde – Maßnahmen anknüpfen können. Weiterhin kann man feststellen, dass unter den Begriff der Mediation nur jene Verfahren fallen, die auf »anerkannten Methoden« beruhen. Diese Aspekte erscheinen insbesondere bedeutsam angesichts des breiten Spektrums der z.T. kommerzialisierten Beratungsangebote für Familien in Trennung.

In § 10 Abs. 1 und Abs. 2 ZivMediatG i.V.m. § 29 ZivMediatG (Österreich) werden klare Vorgaben für die fachliche Qualifikation des Mediators normiert, wodurch eine Qualitätssicherung der Mediationsangebote gewährleistet wird.[340] Auffällig ist die interdisziplinäre Ausbildung der Mediatoren in Theorie und Praxis an Universitäten und anderen Ausbildungseinrichtungen, die der Registrierung durch das österreichische Bundesministerium für Justiz bedürfen, § 15 ZivMediatG (Österreich).[341]

c) BVerfG zur außergerichtlichen Streitschlichtung (Beschluss vom 14.2.2007)

Die außergerichtliche Streitschlichtung insbesondere die Mediation ist/war rechtlich nicht einheitlich geregelt,[342] wenngleich die Mediation bzw. außergerichtliche Streitschlichtung bereits in zahlreichen Normen erwähnt wird, z. B.: § 15 a EG-ZPO, §§ 135, 156 FamFG.[343] Zur außergerichtlichen Streitschlichtung, nahm das

339 ÖBGBl. I 29/2003 – Ausgegeben am 6. Juni 2003 – Nr. 29 (Stand der Gesetzgebung: 1. Februar 2010).

340 Mit § 29 Abs. 1 ZivMediatG (Österreich) wird der Bundesminister ermächtigt, nach Anhörung des Beirats für Mediation die Mediatorenausbildung näher zu regeln. Diese Ermächtigungsgrundlage macht mit § 29 Abs. 2 ZivMediatG dezidierte Vorgaben hinsichtlich Ausbildungsdauer und der konkret aufgelisteten Lehrinhalte.

341 Mediatorenliste des österreichischen Bundesministeriums für Justiz: http://www.mediatorenliste.justiz.gv.at/mediatoren/mediatorenliste.nsf/docs/home (zuletzt Geprüft: 19.07.2011).

342 Stand: 14. Juli 2011.

343 BT-Drs. 17/5335, S. 13.

BVerfG in einem Beschluss[344] vom 14.2.2007 Stellung. Es ist zu untersuchen welche maßgeblichen Eckpunkte das BVerfG aufgestellt hat, die bei der Ausgestaltung einer außergerichtlichen Streitschichtung zu berücksichtigen sind.

> »Der möglichen Beeinträchtigung [der Betroffenen durch eine außergerichtliche Schlichtung] stehen hinreichende Vorteile für die Rechtsuchenden gegenüber. Im Erfolgsfalle führt die außergerichtliche Streitschlichtung dazu, dass eine Inanspruchnahme der staatlichen Gerichte wegen der schon erreichten Einigung entfällt, so dass die Streitschlichtung für die Betroffenen kostengünstiger und vielfach wohl auch schneller erfolgen kann als eine gerichtliche Auseinandersetzung. Führt sie zu Lösungen, die in der Rechtsordnung so nicht vorgesehen sind, die von den Betroffenen aber - wie ihr Konsens zeigt - als gerecht empfunden werden, dann deutet auch dies auf eine befriedende Bewältigung des Konflikts hin. Eine zunächst streitige Problemlage durch eine einverständliche Lösung zu bewältigen, ist auch in einem Rechtsstaat grundsätzlich vorzugswürdig gegenüber einer richterlichen Streitentscheidung.«[345]

> »Der allgemeine Justizgewährungsanspruch gewährleistet zum einen, dass überhaupt ein Rechtsweg zu den Gerichten eröffnet ist. Darüber hinaus garantiert er die Effektivität des Rechtsschutzes.[346] Die Rechtsschutzgewährung durch die Gerichte bedarf der normativen Ausgestaltung durch eine Verfahrensordnung. Deren Regelungen können für ein Rechtsschutzbegehren besondere formelle Voraussetzungen aufstellen und sich dadurch für den Rechtsuchenden einschränkend auswirken.[347] Der Gesetzgeber ist nicht gehalten, nur kontradiktorische Verfahren vorzusehen. Er kann auch Anreize für eine einverständliche Streitbewältigung schaffen, etwa um die Konfliktlösung zu beschleunigen, den Rechtsfrieden zu fördern oder die staatlichen Gerichte zu entlasten. Ergänzend muss allerdings der Weg zu einer Streitentscheidung durch die staatlichen Gerichte eröffnet bleiben.«[348]

Das BVerfG hält die Ausgestaltung einer außergerichtlichen Streitschlichtung für möglich und sogar grundsätzlich für vorzugswürdig, da der befriedende Konsens der Betroffenen einer richterlichen Entscheidung vorzuziehen sei. Auf diese Weise kann kostengünstiger, schneller und mitunter effektiver – so die Einschätzung des BVerfG – eine Lösung für die Konfliktlage gefunden werden.[349]

---

344 BVerfG, Beschl. v. 14.2.2007 – Az. 1 BvR 1351/01.

345 BVerfG, Beschl. v. 14.2.2007 – Az. 1 BvR 1351/01, Absatz-Nr. (35).

346 Vgl. BVerfGE 88, 118, 123.

347 Vgl. BVerfGE 10, 264, 268; 60, 253, 268 f.; 77, 275, 284; 88, 118, 123 f.; 93, 99, 107 f.

348 BVerfG, Beschl. v. 14.2.2007 – Az. 1 BvR 1351/01, Absatz-Nr. (26).

349 Diese Einschätzung wiederspricht der Studie von Greger: Die Dauer der Mediationsverfahren variiert sehr stark, laut Studie zwischen 1 Woche und ca. 3 Jahren. Der Mittelwert beläuft sich auf ca. 7,5 Monate, die Hälfte der Mediationen ist aber innerhalb von 5 Monaten abgeschlossen. Auf den ersten Blick bietet die Mediation somit in puncto Verfahrensdauer keine Vorteile gegenüber dem Gerichtsverfahren.

Das BVerfG befürwortet die Möglichkeit einverständliche Lösungswege der außergerichtlichen Schlichtung. Es sieht insoweit grundsätzlich keinen Vorrang einer richterlichen Streitentscheidung. Die durch Konsens hergestellte Problemlösung ist Ausdruck des Gerechtigkeitsempfnden der Betroffenen und dient damit dem Rechtsfrieden und der Effektivität des Rechtsschutzes. Wenngleich das BVerfG auch konsensgetragene Lösungsansätze der Betroffenen akzeptiert, »die in der Rechtsordnung so nicht vorgesehen sind«, kann dies nicht bedeuten, dass außergerichtliche Schlichtung respektive Mediation einen »rechtsfreien Raum« darstellt. Die Rechtsordnung insbesondere das Verfahrensrecht muss daher zur Wahrung des allgemeinen Justizgewährungsanspruchs, trotz der Möglichkeit einer außergerichtlichen Schlichtung den Weg zu einer gerichtlichen Entscheidung sicherstellen. Es darf insoweit keinen Zwang zur Einigung im Wege einer außergerichtlichen Schlichtung geben.

Das Kindeswohl und eine Beteiligung des Kindes als faktisch Betroffener einer Elternstreitigkeit war nicht Gegenstand des dem Beschluss zugrundeliegenden Sachverhalts. Ungeklärt bleibt in welchem Umfang der Konsens der Beteiligten (Eltern) als Grundlage für Gerechtigkeit und mithin Rechtsfrieden auch Aspekte des Kindeswohls gewährleistet.

d) Gesetzesentwurf (BRD) für ein Mediationsgesetz (MediationsG-E)

Die Bundesregierung beabsichtigt für die außergerichtliche Streitschlichtung, insbesondere der Mediation eine ausdrückliche rechtliche Grundlage zu schaffen. Damit soll die Vorgabe der Richtlinie 2008/52/EG (EU-Mediationsrichtlinie)[350] des Europäischen Parlaments und des Rates vom 21.5.2008 bis zum 20.5.2011 in deutsches Recht umzusetzen, erfüllt werden.[351] Die Bundesregierung legte dementsprechend am 12.1.2011 einen Gesetzesentwurf zur Förderung der Mediation und anderer Verfahren der außergerichtlichen Beteiligung vor.[352]

---

350 ABl. L 136 vom 24.5.2008, S. 3.

351 BT-Drs. 17/5335, S. 1.

352 BT-Drs. 17/5335.

Mit diesem Gesetz sollen die verschiedenen Formen der Mediation und anderer Verfahren der außergerichtlichen Beteiligung gefördert werden und damit eine gemeinsame Rechtsgrundlage für Mediationsverfahren geschaffen werden. Der Gesetzgeber beabsichtigt damit den »Rechtsfrieden und die Eigenverantwortung«[353] zu stärken.[354]

aa) Legaldefinition von Mediation und Mediator

In § 1 MediationsG-E soll eine Legaldefinition von Mediation (Abs. 1) und Mediator (Abs. 2) erfolgen. Danach ist die Mediation ein vertrauliches und strukturiertes Verfahren, bei dem Parteien mit Hilfe eines oder mehrerer Mediatoren freiwillig und eigenverantwortlich eine einvernehmliche Beilegung ihres Konflikts anstreben (§ 1 Abs. 1 MediationsG-E). Die Mediation kann durchgeführt werden:

1. Unabhängig von einem Gerichtsverfahren (außergerichtliche Mediation),
2. während eines Gerichtsverfahrens außerhalb des Gerichts (gerichtsnahe Mediation) oder
3. während eines Gerichtsverfahrens von einem nicht entscheidungsbefugten Richter (gerichtsinterne Mediation).

Gemäß § 1 Abs. 2 MediationsG-E ist ein Mediator eine unabhängige und neutrale Person ohne Entscheidungsbefugnis, die die Parteien durch die Mediation führt.

bb) Verfahren und Aufgaben des Mediators

Gemäß § 2 Abs. 1 MediationsG-E wählen die Parteien den Mediator aus. Dieser hat gemäß § 2 Abs. 2 MediationsG-E sich zu vergewissern, dass die Parteien die Grundsätze und den Ablauf der Mediation verstanden haben und freiwillig an der Mediation teilnehmen.

Der Mediator ist ferner gemäß § 2 Abs. 3 MediationsG-E allen Parteien gleichermaßen verpflichtet. Dieser hat die Kommunikation der Parteien zu fördern und zu gewährleisten, dass die Parteien in angemessener und fairer Weise in die Mediation eingebunden werden. Dritte – zum Beispiel Rechtsanwälte[355] – können gemäß § 2

353 Leutheusser-Schnarrenberger, Rede: Amtseinführung der ersten Schlichterin der Rechtsanwaltschaft, Frau Dr. Renate Jaeger, 2011. (Internetdokument zuletzt geprüft am: 21.04.2011).

354 Wirtschaftsfachverband europäischer Binnenmarkt e.V. (WFEB), Bundesministerin der Justiz Sabine Leutheusser-Schnarrenberger, 26.08.2010. (Internetdokument zuletzt geprüft am: 21.04.2011), S. 1.

355 BT-Drs. 17/5335, S. 23.

Abs. 4 MediationsG-E nur mit Zustimmung aller Parteien in die Mediation einbezogen werden. Gemäß § 2 Abs. 5 MediationsG-E steht es den Parteien frei die Mediation jederzeit zu beenden.

Gemäß § 2 Abs. 6 S. 1 u. 2 MediationsG-E hat der Mediator im Falle einer Einigung darauf hinzuwirken, dass die Parteien die Vereinbarung in Kenntnis der Sachlage treffen und ihren Inhalt verstanden haben. Er soll die Parteien, die ohne fachliche Beratung an der Mediation teilnehmen, auf die Möglichkeit hinweisen, die Vereinbarung bei Bedarf durch externe Berater überprüfen zu lassen. Ferner kann mit Zustimmung der Parteien gemäß § 2 Abs. 6 S. 3 MediationsG-E die erzielte Einigung in einer Abschlussvereinbarung dokumentiert werden.

cc) Neutralität und Qualifikationen

§ 3 MediationsG-E soll die „Allparteilichkeit" des Mediators gegenüber den Parteien sicherstellen, indem er diese mit den erforderlichen Informationen versorgen muss. Dies betrifft sowohl die Umstände, die seine Neutralität betreffen (Abs. 1) als auch seine Qualifikationen (Abs.5). Ferner darf nicht als Mediator auftreten, wer zuvor für eine der Parteien in derselben Sache tätig war (Abs. 2).

dd) Verschwiegenheit

Gemäß § 4 MediationsG-E besteht nur eine Verschwiegenheitspflicht des Mediators. Diese Verschwiegenheitspflicht besteht nicht für Dritte, wie z. B. für Sachverständige oder Familienangehörige der Parteien. Diese Verschwiegenheitspflicht gilt gemäß § 4 Nr. 1 bis 3 MediationsG-E nicht:

1. soweit die Offenlegung des Inhalts der im Mediationsverfahren erzielten Vereinbarung zur Umsetzung oder Vollstreckung dieser Vereinbarung erforderlich ist,
2. die Offenlegung aus vorrangigen Gründen der öffentlichen Ordnung (ordre public) geboten ist, insbesondere um eine Gefährdung des Kindeswohls oder eine schwerwiegende Beeinträchtigung der physischen oder psychischen Integrität einer Person abzuwenden, oder
3. es sich um Tatsachen handelt, die offenkundig sind oder ihrer Bedeutung nach keiner Geheimhaltung bedürfen.

ee) Fort- und Ausbildung

Gemäß § 5 MediationsG-E hat der Mediator in eigener Verantwortung durch eine geeignete Ausbildung und eine regelmäßige Fortbildung sicherzustellen, dass er über die theoretischen Kenntnisse sowie über die praktischen Erfahrungen verfügt, um die Parteien in sachkundiger Weise durch die Mediation führen zu können.

ff) Keine obligatorische Beteiligung des Kindes

Im vorliegenden Entwurf des Mediationsgesetzes ist eine obligatorische Beteiligung des Kindes nicht vorgesehen und die Einsicht in die Notwendigkeit der Kindesanhörung oder eine Interessenvertretung mittels Verfahrensbeistand findet in der Fachdiskussion der Mediatoren nach wie vor mehrheitlich wenig Beachtung.[356] Die Mediation ist primär elternzentriert und berücksichtigt die Aspekte des Kindeswohls nur in unzureichendem Ausmaß. Dem liegt die Annahme zu Grunde, dass es Aufgabe der Eltern sei, die Interessen des Kindes in das Mediationsverfahren einzubringen; eine unmittelbare Einbeziehung des Kindes sei daher entbehrlich.[357]

Gegen eine solche Vorgehensweise sprechen zunächst die Erkenntnisse der Scheidungsfolgenforschung, wonach die (altersgerechte) Beteiligung des Kindes als ein protektiver Faktor angesehen wird, um die Scheidungssituation zu bewältigen. Ungeachtet dessen spricht ferner Art. 12 UN-KRK für eine Beteiligung des Kindes im Mediationsverfahren. Nach Ansicht des UN-Ausschusses für die Rechte des Kindes (Art 43 UN-KRK) ist sowohl die Kindesanhörung als auch eine Interessenvertretung durch einen Verfahrensbeistand das Mittel der Wahl, um die Interessen und Rechte des Kindes in Verfahren – insbesondere der Mediation – zu wahren.[358]

Es kann insoweit festgehalten werden dass das geplante Mediationsgesetz im Gegensatz zum FamFG keine obligatorische Kindesanhörung (§ 159 FamFG) oder die Bestellung eines Verfahrensbeistandes (§ 158 FamFG) vorsieht. Im Hinblick auf Art. 12 UN-KRK einerseits und dem Gedanken der Einheit der Rechtsordnung andererseits steht das geplante Mediationsgesetz hinsichtlich der Einbeziehung des Kindes hinter dem FamFG und dem SGB VIII zurück. Gemäß § 159 FamFG ist das Kind persönlich anzuhören und aus § 8 Abs. 1 SGB VIII ergibt sich ein Beteiligungsanspruch[359] des Kindes.

356 Salgo, FPR 2010, 456, 457.

357 Salgo, FPR 2010, 456, 457 (m.w.N.).

358 COMMITTEE ON THE RIGHTS OF THE CHILD 20 July 2009, Nr. 51 und Nr. 52.

359 Wersig, in: Goerdeler/Wapler SGB VIII-Onlinekommentar, § 17 SGB VIII, Rn. 6; Jugendliche, die das 14. Lebensjahr vollendet haben, können gemäß § 1671 Abs. 2 Nr. 1 BGB, der Übertragung der Alleinsorge auf ein Elternteil widersprechen, auch wenn beide Eltern diese Lösung befürworten.

Die fehlende Beteiligung des Kindes in der Mediation nach dem derzeitigen[360] Entwurf des MediationsG erscheint insoweit bedenklich, als gemäß § 156 Abs. 1 S. 3 FamFG das Familiengericht »in geeigneten Fällen« auf die Möglichkeit der Mediation oder der sonstigen außergerichtlichen Streitbeilegung hinweisen soll. Mithin ist eine Einbeziehung des Kindes in die Mediation durch unmittelbare Beteiligung und die Möglichkeit durch einen Verfahrensbeistand vertreten zu werden, zwingend erforderlich.

3. Mediationsmodelle bei Familienkonflikten

In Fällen von hoch eskalierten Familienstreitigkeiten ist die Atmosphäre zwischen den Eltern hochgradig belastet, und die Erfolgsaussichten einer Mediation sind erheblich infrage gestellt.[361]

Voraussetzung für eine erfolgreiche Mediation ist ein mittleres Konfliktniveau. Bei diesem kann ein gewisses Maß an Selbsthilfepotenzial und konstruktiver Zusammenarbeit erwartet werden, die die Grundlage für einen positiven Verlauf der Mediation darstellt.[362] Aufgrund der Erkenntnis, dass Mediation für hoch strittige Familienkonflikte kein probates Mittel darstellt, wurde die Mediation in den USA erweitert und speziell auf hoch strittige Situationen zugeschnitten.[363]

Nach *Johnston*[364] besteht ein Zusammenhang zwischen gescheiterten Mediationen und hoch eskaliertem Trennungsstreit.[365] In hoch strittigen Fällen ist es dem Mediator nicht möglich, die Emotionen zu kanalisieren, um ein ergebnisorientiertes Verhandeln sicherzustellen. *Johnston und Campbell* entwickelten speziell für hoch strittige Trennungskonflikte ein therapeutisches Mediationsmodell (»impasse-directed mediation«).[366] Die Besonderheiten dieses speziellen Mediationsmodells

---

360 Stand: 14. Juli 2011

361 Rubin, Negotiation J. 1985, 269, 169 ff.; Bickerdike/Littlefield, Med. Q. 2000, 181, 181.

362 Alberstötter, in: Weber/Schilling, 2006, S. 38.

363 Zur anhaltenden Diskussion, inwieweit Mediationsverfahren nicht ohnehin therapeutische Komponenten enthalten, indem sie auch die Bearbeitung von Emotionen und »inneren Gründen« für den Konflikt zu lassen, und zusätzlich eine Verbesserung der Beziehung der Kontrahenten zum Ziel haben, bieten Smyth/Moloney einen Überblick, Smyth/Moloney, J. Fam. Studies 2003, 161.

364 Johnston, Future Child. 1994, 165, 176.

365 »The failures have been described as enmeshed and highly conflicted couples who are ambivalent about their separation and who have psychopathology or personality disorders.«, Johnston, Future Child. 1994, 165, 176.

366 Engl.: Impasse = ausweglose Situation, Sackgasse, Pattsituation; Johnston/Campbell 1988, passim; Johnston/Campbell/Wallerstein 1999, S. 198 ff.; Gould/Martindale 2009, S. 306 ff.; Johnston/Roseby/Kuehnle 2009, S. 236 f.; Johnston, Future Child. 1994, 165, 177.

nach *Johnston und Campbell* zeichnen sich insbesondere durch eine intensive Vor- und Nachbereitung der Mediation aus und unterscheiden sich damit vom bisherigen Verfahren:

- Zunächst erfolgt eine separate Betrachtung jedes Elternteils und jedes Kindes. Eine solche Betrachtungsweise gewährt einen Überblick über den gegenwärtigen Streit, den Verlauf der Ehe sowie der Trennung und den Entwicklungsstand des Kindes. Auf diese Weise lassen sich Erkenntnisse hinsichtlich der Reaktionen des Kindes auf die Scheidung und den Elternstreit gewinnen.[367] In einem ausführlichen Eingangsgespräch werden in Einzelsitzungen mit Eltern und Kindern[368] die Ursachen für chronische Konflikte analysiert und evaluiert.[369] Gegenstand der Analyse sind Konfliktsituation, Konfliktgeschichte, persönliche Vulnerabilität und dysfunktionale Beziehungsmuster.[370] *Johnston* und *Campbell* betonen die Kindzentrierung im Mediationsverfahren und die Sensibilisierung der Eltern für die besonderen Bedürfnisse des Kindes in der Trennungs- und Scheidungsphase seiner Eltern.[371]

---

367 Johnston und Campbell: »Each parent and child is then seen separately to obtain an account of the present dispute, a history of the marriage and separation, and a developmental sketch of the child with special attention to the child's response to the divorce and dispute«, Johnston/Campbell/Wallerstein 1999, S. 199.

368 Die Beteiligung der Kinder, d. h. Einbeziehung in das Mediationsverfahren ist auch in den USA nicht die Regel. Die Einbeziehung der Kinder ist hingegen in einigen Bundesstaaten (USA) explizit geregelt. Eine Befragung der Academy of Family Mediators (1995) ergab, dass 77 % der 268 befragten Mediatoren die Kinder in das Verfahren einbezogen. Eine Studie zu gerichtlich angeordneter Mediation ergab, dass Kinder in Connecticut zu 13 %, in Minneapolis zu 66 % und in Los Angeles zu 28 % am Mediationsverfahren beteiligt wurden, Bruch, Int. J. Law & Fam. 1988, 106, 107, 118 (m.w.N.); Kostka, FamPra.ch 2009, 634, 646 (m.w.N.).

369 Bröning 2009, S.142; Johnston/Campbell/Wallerstein 1999, S. 199.

370 »In einer ersten Evaluationsphase werden Konfliktsituation, Konfliktgeschichte, persönliche Vulnerabilitäten und dysfunktionale Beziehungsmuster in Einzelsitzungen mit Eltern und Kindern eingehend analysiert, um Erkenntnisse darüber zu gewinnen, warum es in diesem Fall zu chronischen Konflikten kommt.«, Bröning 2009, S.142; Johnston/Campbell/Wallerstein 1999, S. 199.

371 Johnston/Campbell/Wallerstein 1999, S. 198: »Hence, the mediation effort is essentially child focused. The completion of a custody-visitation agreement is seen as secondary to, and an outward symbol of, the family's restructuring. The content and format of the agreement nonetheless are important as they must not only stabilize and anchor the parents' present transactions but also provide guidelines for that coparenting necessary to change family arrangements in the future.«.

- In Einzelgesprächen erfolgt eine Vorbereitung der Eltern auf die Mediation (»pre-negotiation phase«).[372]
- Die eigentliche Mediationsphase hat das Ziel, einen strukturierten Elternplan zu entwickeln und den persönlichen Kontakt der Eltern untereinander zu entflechten und zu minimieren.[373]
- Im Anschluss daran erhalten die Eltern Unterstützung bei der Umsetzung der getroffenen Vereinbarungen und können im Rahmen einer Nachsorge weitere Beratung durch die Therapeuten in Anspruch nehmen.[374]

Der Erfolg[375] dieses erweiterten Mediationsmodells wird auf die Kombination therapeutischer Intervention in Verbindung mit rechtlichen Maßnahmen und gerichtlichen Anordnungen zurückgeführt.[376]

4. Begleitforschung zur Mediation in den USA

Im Zuge der Institutionalisierung der Familienmediation entwickelte sich in den USA auch die Begleitforschung zur Effektivität der Mediation. Einen Überblick gibt *Kelly* (2004) und resümiert, dass Mediation sich im Vergleich zum üblichen »Rechtsweg« bei Trennung und Scheidung grundsätzlich als effektiv hinsichtlich Zeit, Kosten und Zufriedenheit der Teilnehmer erwiesen hat. Eine Studie im deutschsprachigen Raum wies ebenfalls eine hohe Zufriedenheit der Medianten auf.[377] Trotz der fehlenden Vergleichbarkeit der Studien hinsichtlich demographischer Merkmale der Klienten, Anzahl der Sitzungen und Qualifikation der Mediatoren,[378] sowie der verwendeten Methodik/Mediationsmodelle,[379] zeichnen sich im angloamerikanischen Raum einige stabile Befunde ab:

---

372 Johnston/Campbell/Wallerstein 1999, S. 199; Bröning 2009, S. 142.

373 Johnston/Campbell/Wallerstein 1999, S. 199; Bröning 2009, S. 142.

374 Bröning 2009, S. 142.

375 In Zweidrittel der untersuchten Fälle wurden die Vereinbarungen von den Eltern eingehalten und waren auch nach 2-4 Jahren nicht erneut vor Gericht gezogen, Johnston/Roseby/Kuehnle 2009, S. 246.

376 Johnston/Roseby/Kuehnle 2009, S. 246, 352; Siehe auch: Waldron, Med. Q. 1984, 5, 7; Benjamin/Irving, Med. Q. 1995, 53ff. sowie Lebow, J. Fam. Psychol. 2003, 181, 182 f. legen ähnliche Ansätze vor.

377 Bastine/Weinmann-Lutz/Wetzel 1999; Bastine, in: Hörmann/Körner, 2008, S. 137.

378 Bastine/Weinmann-Lutz, in: Strempel/Bastine, 1998, S. 57; Proksch, in: Strempel/Bastine, 1998, S. 75; Bastine, in: Hörmann/Körner, 2008, S. 137.

379 Kelly, Conflict Res. Q. 2004, 3, 30.

- Vereinbarungen: der Anteil erfolgreich mit einer Vereinbarung abgeschlossener Mediationen beträgt 50-90 % je nach Schweregrad der Fallgestaltung.[380] Die Wahrscheinlichkeit einer freiwilligen Vereinbarung ist bei der Mediation höher als bei Gericht. Lösungen sind schneller erreicht und meistens umfassender z.B. hinsichtlich des Umgangsrechts.[381]
- Zufriedenheit der Klienten: der Befund bisheriger Forschungen ist die sehr hohe Zufriedenheitsrate (60-80 %).[382] Wenn eine Vereinbarung getroffen wurde, war die Zufriedenheitsrate besonders hoch. Jedoch fanden z.B. *Kressel et al.*[383], dass auch bei fehlender Vereinbarung die Zufriedenheitsrate 75 % betrug. *Kelly* und *Gigy* (1989)[384] erklären die hohe Zufriedenheit trotz fehlender Vereinbarung in ihrer Untersuchung mit den Angaben der Klienten, die Mediation habe andere positive Effekte im Bereich verbesserter Kommunikation gehabt.[385] Auch in den wenigen Längsschnittstudien[386] zeigten sich die Klienten zufriedener als die Vergleichsgruppen, die nicht am Mediationsverfahren teilgenommen hatten.[387]
- Gender-Effekte: Die anfänglichen Befürchtungen, Mediation könne sich für Frauen als nachteilig herausstellen, da sich diese sowohl ökonomisch als auch sozialisationsbedingt in der schwächeren Verhandlungsposition befinden, bestätigten sich weder im Bereich der Zufriedenheit[388] noch bei Prozessanalysen der Mediationssitzungen[389]. Nur in einer Studie wurde bei Männern und Frauen ein unterschiedlicher Diskussionsstil (Frauen argumentieren emotionaler, Männer sachorientierter) gefunden.[390]

---

380 Bastine, in: Hörmann/Körner, 2008, S. 137.

381 Benjamin/Irving, Med. Q. 1995, 53, 68; Emery, in: Grych/Fincham, 2001, S. 417 ff., 424

382 Irving/Benjamin, Med. Q. 1992, 35, 50; Übersicht der Studien bei Benjamin/Irving, Med. Q. 1995, 53, 59 ff.; Bröning 2009, S.139; Emery, in: Grych/Fincham, 2001, S. 422; Irving/Benjamin, Med. Q. 1992, 35, 50.

383 Kressel/Pruitt, 1989.

384 Kelly/Gigy, in: Kressel/Pruitt, 1989

385 Bröning 2009, S.139 f.; so auch Emery, Family Relations 1995, 377, 379.

386 Irving/Benjamin, Med. Q. 1992, 35, passim; Kelly/Gigy, in: Kressel/Pruitt, 1989, passim; Pearson/Thoennes, Negotiation J. 1985, 235, passim.

387 z.B.: Irving/Benjamin, Med. Q. 1992, 35, 35 ff.; Bröning 2009, S. 140; Emery, in: Grych/Fincham, 2001, S. 422.

388 Irving/Benjamin, Med. Q. 1992, 35, 50; Kelly/Gigy, in: Kressel/Pruitt, 1989, S. 263 ff.

389 Dingwall/Greatbatch/Ruggerone, Med. Q. 1998, 277, 284.

390 Pines/Gat/Tal, Conflict Res. Q. 2002, 23, 26, 42; Bröning 2009, S.140.

Im deutschsprachigen Raum wurde die Methode der Familienmediation bislang kaum systematisch untersucht. Eine Ausnahme hierzu stellt die Studie »Unterstützung von Familienscheidung durch Familienmediation«[391] dar. *Bastine* und seine Mitarbeiter konnten die dargestellten US-amerikanischen Befunde im Wesentlichen replizieren.[392] Auch *Proksch*[393] zeigte, dass Mediation bei Scheidungskonflikten für viele Paare erfolgreich war.[394]

Wenngleich die Ergebnisse hinsichtlich der Effektivität und der Wirkung von Familienmediationen vielversprechend waren, konnte bislang die präventive Bedeutung von Mediation im Sinne einer Langzeitwirkung auf das psychische Wohlbefinden von Eltern und Kindern nicht nachgewiesen werden. Obwohl eine Verbesserung des Wohlbefindens der Kinder nach der Teilnahme der Eltern an einer Mediation zu erwarten gewesen wäre, konnte dies bislang nicht gezeigt werden. Eine Längsschnittstudie[395] belegt, dass nur wenige Unterschiede im Konfliktniveau zu Familien bestanden, die nicht an einer Mediation teilgenommen haben.[396] Die Befunde bezüglich elterlicher Kooperation (»Co-Parenting«) hingegen sind gemischt: manche Studien demonstrieren Veränderungen in der gemeinsamen Wahrnehmung der elterlichen Verantwortung und Zusammenarbeit,[397] andere nicht.[398]

---

391 Bastine/Weinmann-Lutz/Wetzel 1999, passim.

392 In einer Stichprobe von 26 Mediatoren und 54 Familienmediationen, die im Schnitt fünf Sitzungen dauerten, ergab sich eine Einigungsrate von 50 % (komplette Einigung) bis 80 % (inklusive partielle Einigung).392 Es ergab sich eine Zufriedenheit von circa 95 % der Teilnehmer hinsichtlich der erzielten Ergebnisse, sowie eine große Zufriedenheit in der 14 Monate später stattfindenden Nachbefragung. In der Beurteilung der Mediation zeigten sich keine Geschlechtereffekte, und teilweise von den Mediatoren wahrgenommenen Ungleichgewichte wirkten sich nicht auf die Politik der Vereinbarung aus, Bastine, in: Hörmann/Körner, 2008, S. 137.

393 Proksch, ZKM 2003, 66 ff.; krit. Kostka 2004, S. 379 ff., 384 ff.

394 Greger 2010, S. 106 (m.w.N.).

395 Kitzmann/Emery, J. Fam. Psychol. 1994, 150, passim.

396 Bröning 2009, S. 140.

397 Irving/Benjamin, Med. Q. 1992, 35, passim, 43 f.; Pearson/Thoennes, Negotiation J. 1985, 235, passim; Emery, et al., J. Consult. Clin. Psychol. 2001, 323, 324, 330.

398 Mathis/Yingling, Med. Q. 1990, 3, 12; Bröning 2009, S. 141.

5. Zusammenfassung der Argumente in der Diskussion um die Familienmediation

Im Weiteren sollen nun die wesentlichen Argumente der Befürworter und Kritiker der Familienmediationen differenziert dargestellt werden und soweit möglich in Bezug zu den Erkenntnissen aus der Scheidungsfolgenforschung gesetzt werden. Darüber hinaus soll der Frage nachgegangen werden, ob Mediation ein probates Mittel bzw. Alternative zu anderen Beratungs- und Hilfsangeboten der Jugendhilfe darstellt.

a) Die »Win-Win-Situation«

Von Seiten der Befürworter der Mediation in Familienkonflikten wird vorgebracht, dass die Mediation für alle Beteiligten ausschließlich Vorteile mit sich brächte. Im Folgenden werden diese Gesichtspunkte skizziert und anschließend kritisch betrachtet.

Die Befürworter der Familienmediation sehen in der Mediation die Möglichkeit – im Gegensatz zu den gerichtlichen Verfahren – eine auf die individuellen Bedürfnisse zugeschnittene Lösung zu erarbeiten. Die Mediation konzentriere sich primär auf die Zukunftsgestaltung und nicht auf die Vergangenheit.[399] Dadurch könnten für alle Seiten befriedigende und faire Vereinbarungen getroffen werden. Im Gegensatz zum Gerichtsverfahren ermögliche die Mediation dadurch eine »Win-Win-Situation«, in der es keine »verurteilten« Verlierer gäbe.[400] Durch die Mediation werde ein Gleichgewicht der Kräfte zwischen den Eltern hergestellt[401], wodurch unter anderem die Kommunikation und Kooperation der Eltern verstärkt werde, und somit Feindseligkeiten und Konflikte abgebaut würden.[402] Dies ermögliche beiden Elternteilen auch nach der Trennung aktiv am Leben ihrer Kinder teilzuhaben.[403]

Der Auffassung, eine Mediation würde eine »Win-Win-Situation« insbesondere auch ein Gleichgewicht der Kräfte zwischen Eltern herstellen, wird widersprochen. In der Mediation werde häufig die bereits ungleiche Machtverteilung der

---

399 Pearson/Thoennes, Behav. Sci. Law 1986, 203, 204 f.

400 Haynes, in: Krabbe, 1993, S. 132 f.; Neumann 1989, S. 53.

401 Bruch, Int. J. Law & Fam. 1988, 106, 119 ff.; Neumann 1989, S. 10, 18, 58, 152; Kostka 2004, S. 381 (m.w.N.).

402 Neumann 1989, S. 10, 18, 58, 152; Douglas, et al. 1999, S. 18.

403 Douglas, et al. 1999, S. 18; Kostka 2004, S. 381 (m.w.N.).

Partner verkannt, so dass diese auch weiterhin fortbestehe.[404] Angesichts der oft faktischen Ungleichheit der Eltern kommt der Unparteilichkeit des Mediators eine essentielle Bedeutung zu, da keine weitere Kontrollinstanz vorhanden ist. In diesem Zusammenhang wird bemängelt, dass durch den Mediator diese erforderliche Neutralität nicht immer gewährleistet sei.[405] Die Annahme einer formalen – aber faktisch nicht immer gegebenen – Gleichheit der Eltern führe oft dazu, dass die Bedenken der Hauptbezugsperson des Kindes (in der Regel die Mutter) vernachlässigt werden. Die Hauptbezugsperson gelte somit meist als unkooperativ und irrational, da man von ihr rationales und ruhiges Verhalten erwarte.[406] Auch die zukunftsorientierte Konzeption des Mediationsverfahrens gebiete es, die Vergangenheit ruhen zu lassen und versperre somit den Blick auf gegebenenfalls berechtigte Bedenken (z.B. bei häuslicher Gewalt), die auf dem Verhalten des anderen Elternteils beruhen.[407] Ein pauschales Ausblenden vergangener Ereignisse birgt die ernstzunehmende Gefahr, dass häusliche Gewalt nicht oder nicht in ausreichendem Maße thematisiert wird.

b) Die Gewährleistung der Elternautonomie

Die Mediation gewährleiste am ehesten die Elternautonomie, da die Eltern, entsprechend ihrer Verantwortung, selbstständig Vereinbarungen erarbeiten können. Dadurch sollen die Eltern größere Kontrolle über ihre eigenen Angelegenheiten erhalten und würden nicht der Entscheidungsgewalt (staatlicher) Entscheidungsträger ausgesetzt. Die Möglichkeit selbstständig Vereinbarungen zu treffen, entspräche am weitesten dem Prinzip der elterlichen Verantwortung.[408] Der Erfolg der Mediation als Konfliktlösungsstrategie ergäbe sich unter anderem daraus, dass die Elternteile die Regelungen gemeinsam erarbeiten und somit im Laufe der Mediation die Fähigkeit erlangen, auch zukünftig ihre Konflikte konstruktiv zu lösen.[409] Unklar bleibt jedoch, inwieweit Eltern angesichts der oftmals hoch emotionalen Konfliktlage – wie die Scheidungsfolgenforschung gezeigt hat – überhaupt in der Lage sind die Belange des Kindes adäquat und selbstständig in das Mediationsver-

---

404 Murch/Hooper 1992, S. 88; Mason 1999, S. 182; O'Quigley, Listening to children's views, 2000. (Internetdokument zuletzt geprüft am: 19.07.2011) , S. v., 6 (m.w.N.).

405 Wallerstein/Lewis/Blakeslee 2000, S. 206.

406 Kostka 2004, S. 382.

407 Mason 1994, S. 182; Bruch, Int. J. Law & Fam. 1988, 106, 119.

408 James, Int. J. Law & Fam. 1995, 256, 271; Pearson/Thoennes, Behav. Sci. Law 1986, 203, 204 f.; Walker, in: Vermont Law School. Dispute Resolution Project, 1987, 35; Walker, in: Vermont Law School. Dispute Resolution Project, 1987, 256; Kostka 2004, S. 381 (m.w.N.).

409 Neumann 1989, S. 18 f.

fahren einzubringen.[410] Dies erscheint ferner problematisch, da eine Beteiligung des Kindes im Mediationsverfahren nicht gegeben und bis dato nicht vorgesehen ist.[411]

c) Vorzüge des Gerichtsverfahrens

Im Gegensatz zu den Befürwortern des Mediationsverfahrens sehen kritische Stimmen auch Vorteile in der gerichtlichen Aufarbeitung des Elternkonfliktes.

Das Gerichtsverfahren biete die Möglichkeit auf einer inhaltlichen Ebene, emotionalen Aspekten Ausdruck zu verleihen. Darüber hinaus vermittle ein Gerichtsverfahren die Vorstellung von Recht und Gerechtigkeit. Die Autorität des Gerichts vermittle in hoch eskalierten emotionalen Konfliktlagen Stabilität, da die Parteien meistens nicht in der Lage sind ihre Positionen rational darzustellen. Vergleichbare Rahmenbedingungen könne eine Mediation nicht gewährleisten.[412] Darüber hinaus wird kritisch angemerkt,[413] dass eine Verlagerung der Konfliktlösung über die Grenzen des Gerichtssaals hinaus zu einer Delegierung von Verantwortung führe.[414] Dadurch würde die Familie grundsätzlich in zunehmendem Maße dem Einfluss staatlich nicht legitimierter Dritter ausgesetzt.

d) Keine Langzeitwirkung der Mediation

Während die Befürworter der Mediation insbesondere auf die Nachhaltigkeit und Langzeitwirkung hinweisen, wird dies kritisch gesehen, da ein offensichtlicher Mangel an empirischen Untersuchungen zu Effektivität und Langzeitwirkung der Mediation zu verzeichnen ist.[415] Dementsprechend wird auch die Langzeitwirkung der Mediation auf die Kooperationsbereitschaft der Eltern infrage gestellt[416]. Insoweit fehle ihr das Potential zur endgültigen Konfliktbereinigung.[417] Die positiven Auswirkungen der Mediation seien nach spätestens zwei Jahren nicht mehr fest-

---

410 Vgl. Kapitel 1. III. 1. a) und b).

411 Vgl. Kapitel 2. III. 2. d) ff).

412 Walker, in: Vermont Law School. Dispute Resolution Project, 1987, S. 261 f.

413 Kostka 2004, S. 383 (m.w.N.).

414 James, Int. J. Law & Fam. 1995, 256, 272; Kostka 2004, S. 383.

415 Kostka 2004, S. 382.

416 Siehe Kapitel 2. III. 4..

417 Furstenberg/Cherlin 1993, S. 180 f.; Depner/Cannata/Ricci, Fam. Cons. Crt. Rev. 1995, 87, 100 ff.

stellbar.[418] Die Möglichkeiten der Mediation seien begrenzt, insbesondere ersetze sie keine Therapie, um adäquate Lösungen für tiefgreifende scheidungsbedingte Probleme zu finden.[419]

e) Vor- und Nachteile der Mediation für das Kindeswohl

Von zentraler Bedeutung ist die Frage, ob die Mediation im Unterschied zu einem Gerichtsverfahren Vorteile für das Kindeswohl bietet.[420] Im Folgenden sollen zunächst die von den Befürwortern angeführten Vorteile der Mediation dargestellt und anschließend kritisch bewertet werden.

Es wird angeführt, dass im Gegensatz zu einem Gerichtsverfahren die Mediation am ehesten das Kindeswohl berücksichtige. Denn die Interessen des Kindes im Mediationsverfahren würden stärker einbezogen, was ihm die Anpassung an die Scheidungssituation erleichtere.[421] Die Mediation helfe den Eltern, ihren Fokus (wieder) auf die Bedürfnisse ihres Kindes auszurichten. Auf diese Weise können sie lernen im Interesse des Kindes zu kooperieren.[422] Dadurch könne die emotionale Notlage des Kindes minimiert werden. Zwar könne die Mediation den Leidensdruck nicht ungeschehen machen, aber eine Verbesserung dennoch einleiten. Die Befürworter der Mediation argumentieren, dass die Mediation die Kommunikation zwischen den Eltern verbessere, was positive Auswirkungen auf das Kind habe. Durch die verbesserte Kommunikation würde der Elternstreit reduziert.[423] Mediation sei weniger zeitintensiv, bewirke eine kooperative Grundhaltung der Eltern und biete die Möglichkeit, flexible, zukunftsorientierte[424] Regelungen zu treffen.[425] Zudem bliebe dem Kind die konfrontative Atmosphäre eines Gerichtsverfahrens er-

---

418 Maccoby/Mnookin 1994, S. 281; Bruch, Int. J. Law & Fam. 1991, 82, 83.; Kostka, FamPra.ch 2009, 634, 643 (m.w.N.); a. A. Greger 2010, S. 118.

419 Pearson/Thoennes, Behav. Sci. Law 1986, 203, 214.

420 Neumann 1989, S. 146 f.

421 Murch/Hooper 1992, S. 85; Pearson/Thoennes, Behav. Sci. Law 1986, 203, 205; Walker, in: Vermont Law School. Dispute Resolution Project, 1987, S. 35; Walker, in: Vermont Law School. Dispute Resolution Project, 1987, S. 256.

422 Cockett/Tripp 1996, S. 63; Kostka 2004, S. 381 (m.w.N.).

423 Kostka 2004, S. 391 (m.w.N.); Fthenakis/Niesel/Griebel, in: Menne/Schilling/Weber, 1997, S. 270: Niesel ist gegenüber den zu Erwartenden Ergebnissen der Mediation skeptisch: »Erste Zwischenergebnisse zur Auswirkung von Mediation auf die anschließende praktizierte elterlichen Kooperation sprechen allerdings eher gegen hochgesteckte Erwartungen«.

424 Zur Evaluation von Langzeitwirkung aber: s.o. (4) und Kapitel 2. III. 4.

425 Neumann 1989, S. 152 f.

spart, in dem sich seine Eltern als »Antragssteller und Antragsgegner« gegenüberstehen.[426]

Der in der Mediation gemeinsam erarbeitete Konsens habe sowohl positive Auswirkungen auf die Umsetzung der vereinbarten Sorgerechtsform als auch auf die Bereitschaft Unterhalt zu zahlen.[427] Im Laufe der Mediation würden die meisten Eltern von sich aus das gemeinsame Sorgerecht wählen, was grundsätzlich dem Kindeswohl zuträglich sei.[428]

Die Auswirkungen der Mediation auf das Kindeswohl werden jedoch auch kritisch betrachtet. Es sei fraglich, ob die Mediation tatsächlich positive Auswirkungen auf das Kindeswohl habe. In diesem Zusammenhang bestehen Zweifel, ob die Mediation die Gefühle, die Wünsche und das Wohl des Kindes ausreichend berücksichtigen könne.[429] Insbesondere wird bezweifelt, ob es den Mediatoren in ausreichendem Maße gelinge, die Kindeswohlaspekte im Mediationsverfahren zu thematisieren und den Eltern die negativen Auswirkungen der Scheidung auf das Kind zu vermitteln. Die Durchschnittliche Mediationsverfahrensdauer beträgt ca. 7,5 Monate bei durchschnittlich sieben Sitzungen.[430] Zudem könne allein aus der von den Befürwortern hervorgehobenen hohen Einigungsrate keine Aussage über Qualität und Nachhaltigkeit der Vereinbarungen für das Kindeswohl getroffen werden.[431] Diesbezüglich kann auf die vergleichbare Problematik in Kapitel 2. I. 2. hingewiesen werden: Wann kann eine gerichtlich angeordnete Beratung als »nützlich« oder »erfolgreich« bezeichnet werden? Ebenso schwierig ist es evaluierbare Maßstäbe festzulegen unter denen die Mediation als »erfolgreich« zum Wohle des Kindes angesehen werden kann. Der bloße Hinweis auf eine hohe Einigungsrate genügt indes hierfür nicht. Das Argument, eine Einigung erzielt zu haben, lässt noch keinen Schluss hinsichtlich Inhalt und Qualität zu, d. h. die Art und Weise wie Eltern diese Einigung umsetzen (wollen).[432]

---

426 Murch/Hooper 1992, S. 85; Pearson/Thoennes, Behav. Sci. Law 1986, 203, 205; Walker, in: Vermont Law School. Dispute Resolution Project, 1987, S. 35; Walker, in: Vermont Law School. Dispute Resolution Project, 1987, S. 256.

427 Neumann 1989, S. 162 ff.

428 Neumann 1989, S. 10.

429 Vgl. Kostka 2004, S. 382 (m.w.N.).

430 Greger 2010, S. 117.

431 Vgl. Kapitel 2. III. 5. d); Walker, in: Vermont Law School. Dispute Resolution Project, 1987, S. 258; Kostka 2004, S. 379 ff., 383.

432 Vgl. dazu auch Kapitel 2. I. 2. und Kapitel 2. III. 5. d).

In diesem Zusammenhang erscheint es fraglich, ob in den durchschnittlich sieben[433] Sitzungen des Mediationsverfahrens eine grundlegende Verhaltensänderung im Sinne einer kooperativen Grundhaltung und Konfliktminimierung bei den Eltern herbeigeführt werden kann.

Dem Argument, die Mediation habe einen positiven Einfluss auf die Verwirklichung des Kindeswohls, wird ferner entgegengehalten, dass selbst Eltern, die sich für eine Mediation entscheiden, tendenziell über die Interessen des Kindes hinwegsetzen und ausschließlich ihre eigenen Belange in den Vordergrund stellen.[434] Vor diesem Hintergrund wird befürchtet, dass das Kindeswohl zunehmend in den Hintergrund gedrängt wird, wenn immer mehr Elternstreitigkeiten im Wege der Mediation außergerichtlich geregelt würden und somit wichtige Belange des Kindes (Sorgerechts- und Umgangsregelungen) der Kontrolle des Staates entzogen würden.[435] Die Frage, ob sich Mediation positiv auf die Kooperation und Kommunikation der Eltern auswirkt, sei nicht zweifelsfrei zu beantworten. Eltern, die mit dem Mediationsverfahren und der erzielten Einigung einverstanden waren, vertraten die Auffassung, dass die Mediation weder zu einer besseren Kooperation noch zu einer Reduktion des Konfliktpotenzials geführt habe.[436] Auch Studien aus den USA machen keine eindeutige Aussage darüber, ob Mediation für die Kinder von Nutzen ist. So konnten grundsätzlich keine Unterschiede für Kinder zwischen Mediation und traditionellen gerichtlichen Verfahren nachgewiesen werden.[437] Die Konzeption des Mediationsverfahrens sei daher nicht unbesehen auf Familienstreitigkeiten übertragbar. Die Mediation sei immer nur von begrenztem Nutzen, wenn es um die Konfliktbewältigung eines konkreten weitestgehend emotionsfreien Anliegens geht, z.B. in Wirtschaftsstreitigkeiten.[438] Hier spielen Emotionen, wie Wut oder Ärger eine untergeordnete Rolle, während bei einer Scheidung intensive Gefühle aufgrund enger Beziehungen *die* zentrale Rolle spielen. Von der Mediation kann nicht erwartet werden, dass sie in intime Beziehungen »erzieherisch« auf das Verhalten ehemals nahestehender Personen langfristig einwirkt und diese nachhaltig positiv beeinflusst.[439]

---

433 In der Analyse von Greger 2010 fanden im Minimum 2, im Maximum 15 Sitzungen statt. Mittelwert: 7, Greger 2010, S. 93.

434 Kostka 2004, S. 391 (m.w.N.); Douglas/Murch/Perry, Child & Fam. L. Q. 1996, 121, 130 (m.w.N.).

435 Kostka 2004, S. 391 (m.w.N.).

436 Depner/Cannata/Ricci, Fam. Cons. Crt. Rev. 1995, 87.

437 Kostka 2004, S. 390 f., 392 (m.w.N.); Pearson/Thoennes, Behav. Sci. Law 1986, 203, 212 f.

438 Kostka 2004, S: 394.

439 Kostka 2004, S. 394.

Auch das Argument einer schnelleren Verfahrensabwicklung durch die Mediation und damit einer in zeitlicher Hinsicht geringeren Belastung der Kinder, muss kritisch betrachtet werden. Nach der Studie von *Greger* (2010)[440] ergaben sich hinsichtlich der Verfahrensdauer keine Vorteile der Mediation gegenüber dem Gerichtsverfahren.[441] Die mittlere Verfahrensdauer eines Gerichtsverfahrens in Trennungs- und Scheidungskonflikten beträgt ca. 6 Monate. Allerdings wurden auch Verfahren von bis zu zwei Jahren und länger festgestellt.[442] Die durchschnittliche Dauer der Mediationsverfahren beträgt ca. 7,5 Monate, wobei 50 % der Mediationen innerhalb von fünf Monaten abgeschlossen sind. Die Mediation bietet somit in puncto Verfahrensdauer grundsätzlich keine Vorteile gegenüber dem Gerichtsverfahren.[443] Mithin bietet die Mediation hinsichtlich der Verfahrensdauer auch keine entscheidenden Vorteile für das Kindeswohl.

Soweit von den Befürwortern der Mediation vorgetragen wird, dass im Mediationsverfahren die Interessen und Bedürfnisse des Kindes stärker Berücksichtigung fänden, bedarf dies einer kritischen Betrachtung: Zum einen ist es fraglich, ob die Mediatoren die notwendige Aus- und Fortbildung besitzen, um die Interessen und Belange des Kindes adäquat im Verfahren zu berücksichtigen. Es fehlt insoweit an einer entsprechenden einheitlichen Ausbildung und Berufsbildes für Familienmediatoren. Zum anderen werden die Kinder im Mediationsverfahren in unzureichendem Maße kindgerecht einbezogen. Die Einbeziehung erfolgt primär mittelbar über die Eltern. Dies spiegelt sich auch in dem Mediationsgesetzesentwurf (MediationsG-E)[444] wider. Mit dem Hinweis in der Gesetzesbegründung (Entwurf), dass die Mediation noch ein in Entwicklung befindliches Verfahren sei, habe man von einer Normierung der Ausbildungsstandards abgesehen.[445] Ferner fehlt im MediationsG-E[446] Die direkte Beteiligung des Kindes am Mediationsverfahren.[447] Die unmittelbare Berücksichtigung des Kindeswohls im Mediationsverfahren obliegt nach dem MediationsG-E somit dem individuellen Selbstverständnis und der Qualifizierung des Mediators (vgl. § 5 MediationsG-E).[448]

---

440 Greger 2010.

441 Greger 2010, S. 117.

442 Greger 2010, S. 116.

443 Greger 2010, S. 117.

444 BT-Drs. 17/5335; vgl. auch Kapitel 2. III. 2. d).

445 BT-Drs. 17/5335, S. 17.

446 BT-Drs. 17/5335.

447 Vgl. Kapitel 2. III. 2. d) ff).

448 Vgl. Kapitel 2. III. 2. d) ee).

f) Methodologische Defizite von Studien

Den Studien im Rahmen der Mediationsforschung werden mitunter methodologische Defizite vorgeworfen.[449] Für das Verständnis und die Einschätzung der Aussagekraft einer Studie ist es notwendig, dass alle erheblichen Variablen vollständig angegeben werden. Zu diesen gehören insbesondere die Charakteristika der untersuchten Population, die Anzahl und Dauer der Mediationssitzungen, die zugrundeliegende Rechtslage, sowie Angaben darüber, ob eine Vorauswahl potentieller Teilnehmer (sog. Pre-screening) stattgefunden hat.[450] So kann beispielsweise durch gezieltes Pre-screening die Einigungsrate und damit die »Erfolgsquote« erhöht werden, indem man hoch strittige Elternteile oder Fälle von häuslicher Gewalt von vorneherein ausschließt.[451]

Auch die im Zusammenhang mit der Mediation betonte »Erfolgsquote« des Mediationsverfahrens im Gegensatz zum Gerichtsverfahren bedarf einer kritischen Betrachtung. Bei dem Vergleich der Gerichtsverfahren mit Mediationsverfahren ist zu berücksichtigen, dass es sich bei den Fällen der Mediation »in doppelter Hinsicht um eine Positivauswahl handelt«: An einem Mediationsverfahren nehmen erstens nur Eltern teil, die sich bereits eigenständig auf ein solches konsensuales Verfahren einigen konnten. Zweitens gelten nur die Fälle, in denen eine Einigung tatsächlich zu Stande kam als »Erfolg«. Im Gegensatz dazu betreuen die Gerichte jene Fälle, bei denen die Eltern sich nicht im Vorfeld auf die Teilnahme an einer Mediation verständigen konnten und daher eine Entscheidung des Gerichts erforderlich war.[452]

Die von den Befürwortern der Mediation angeführten hohen Einigungsraten der Mediationsverfahren im Vergleich zu den Gerichtsverfahren sind in ihrer Aussagekraft, angesichts ihrer prozentualen Schwankungen kritisch zu beurteilen. So variieren in den angeführten Studien die Einigungsraten zwischen 20-80%[453], 40-60%[454] und 50-85%[455]. Wenn die Ergebnisse einer statistischen Untersuchung so weit auseinander liegen, ist die Aussagekraft infrage zu stellen. Darüber hinaus ist

449 Kostka 2004, S. 384.

450 Kressel, in: Vermont Law School. Dispute Resolution Project, 1987, S. 221; Kostka 2004, S. 384.

451 Kostka 2004, S. 384 (m.w.N.).

452 Greger 2010, S. 118.

453 Emery 1994, S. 179 f.

454 Kressel, in: Vermont Law School. Dispute Resolution Project, 1987, S. 220.

455 Kostka 2004, S. 384 (m.w.N.).

weiter ungeklärt, ab welchem Zeitrahmen die getroffenen Vereinbarungen als langfristig erfolgreich eingestuft werden können.[456]

g) Mediation bei häuslicher Gewalt

Ob im Falle von häuslicher Gewalt Mediation überhaupt anzuwenden sei, wird unterschiedlich beurteilt. Prinzipiell wird bei häuslicher Gewalt die Anwendbarkeit von Mediation äußerst kritisch betrachtet.[457] Regelmäßig sei angesichts der Tat und Gefährdungslage ein gerichtliches Verfahren das Mittel der Wahl.[458] Es wird jedoch teilweise die Auffassung vertreten, dass Mediation in einigen Fällen der häuslichen Gewalt anwendbar sei. Auf diese Weise hat das Opfer die Möglichkeit, seine Ohnmacht und Opferrolle zu überwinden und den Täter direkt mit seiner Tat und deren Folgen zu konfrontieren.[459]

Entgegen dieser Auffassung, wird das Mittel der Mediation im Falle von häuslicher Gewalt als unangebracht angesehen und durchweg kritisch beurteilt.[460] Die Mediation vermag bereits von ihrer Grundkonzeption her nicht der besonderen Situation der häuslichen Gewalt gerecht zu werden. Angesichts der vorangegangenen häuslichen Gewalt wirkt die Atmosphäre der Mediation äußerst bedrohlich. Sie bietet nicht den Raum, um angstfrei über die erlebte Gewalt zu berichten.[461] Vor allen Dingen besteht im Rahmen des Mediationstreffens eine größere Gefahr erneuter Gewalthandlungen, da in Mediationsverfahren grundsätzlich keine schützenden Vorkehrungen vorgesehen sind.

Wenn sich der von körperlicher Gewalt bedrohte Elternteil in der Atmosphäre der Mediation nicht zu offenbaren vermag, dann besteht die Gefahr, dass durch Unkenntnis des Mediators die Verhandlungen eine Entwicklung nehmen, die dem Kindeswohl (und dem der Mutter) zuwiderläuft.[462]

---

456 Walker, in: Vermont Law School. Dispute Resolution Project, 1987, S. 257.

457 Mason 1994, S. 183; Kostka 2004, S. 384 (m.w.N.).

458 Bruch, Family Court Review 1993, 101, 104 f.; Newmark/Harrell/Salem, Family Court Review 1995, 30, 58.

459 Greatbatch/Dingwall, Int'l J. L. Pol'y & Fam. 1999, 174, 175.

460 Bruch, Family Court Review 1993, 101, 102 ff.; Cahn, Van. L. Rev. 1991, 1041, 1083; Grillo, Yale Law J. 1991, 1545, 1605; Mason 1994, S. 183; Newmark/Harrell/Salem, Family Court Review 1995, 30, 31 f., 59; Kostka 2004, S. 384 (m.w.N.).

461 Mason 1994, S. 183.

462 Magaña/Taylor, Fam. Cons. Crt. Rev. 1993, 50, 51; Kostka 2004, S. 384.

h) Beeinflussung durch den Mediator

Im Zusammenhang mit den zuvor geäußerten Bedenken steht darüber hinaus die Unparteilichkeit des Mediators in Frage. Viele gesetzlich unverbindliche Leitlinien für Mediatoren tendieren zu einer »gemeinsamen Elternschaft«, indem sie eine Präsumtion beinhalten, dass die gemeinsame Sorge in der Regel die beste Lösung sei.[463] Vor diesem Hintergrund erscheint es fraglich, wie eine adäquate, individuelle und faire Lösung für die Familie erarbeitet werden könne, wenn der Mediator bereits eine vorgefasste Meinung über den Ausgang des Verfahrens habe.[464] Diese antizipierende Einstellung des Mediators und der Wunsch der Parteien nach Einigung, können zu einer bewussten oder unbewussten Beeinflussung des betreuenden Elternteils durch den Mediator führen.[465] Insbesondere werde hierdurch vorschnell eine Einigung im Sinne der »gemeinsamen Sorge« forciert.[466]

6. Diskussion

In Deutschland existieren bis dato[467], im Unterschied zu anderen Ländern,[468] weder eine einheitliche Definition von Mediation noch gesetzlich verankerte Ausbildungsstandards für Mediatoren.[469]

Ebenso ist unklar, inwieweit die Mediation den besonderen Anforderungen von Trennungs- und Scheidungskonflikten gerecht werden kann. Hierbei sind insbesondere der Aspekt der häuslichen Gewalt und die Beteiligung der Kinder unter besonderer Berücksichtigung des MediationsG-E anzusprechen.

Ziel einer Mediation ist, dass die Parteien konstruktiv und freiwillig unter Anleitung eine zukunftsorientierte Lösung gemeinsam erarbeiten. Insbesondere die grundsätzlich zukunftsorientierte und weniger vergangenheitsorientierte Ausrichtung einer Mediation sowie die Möglichkeit Kooperation und Kommunikation wieder herzustellen, spricht zunächst dem Grunde nach für die Anwendung von Mediation in Familienstreitigkeiten, sofern relevante Aspekte der Vergangenheit, z. B.

463 Kostka 2004, S. 382 (m.w.N.).

464 Mason 1994, S. 179 ff.

465 Bruch, Int. J. Law & Fam. 1988, 106, 121; Kostka 2004, S. 382 (m.w.N.).

466 Depner/Cannata/Ricci, Fam. Cons. Crt. Rev. 1995, 87, 87 ff.; Kostka 2004, S. 342 ff., 382 (m.w.N.).

467 Stand: 14. Juli 2011

468 Vgl. zuvor Kapitel 2.III.2. b)bb) und b) Umsetzung der EU Mediationsrichtlinie, Fn.335; Becker/Horn, SchiedsVZ 2006, 270, 271.

469 BT-Drs. 17/5335, S. 18; Becker/Horn, SchiedsVZ 2006, 270, 270.

häusliche Gewalt, berücksichtigt werden (können). Insoweit scheint die Mediation ein begrüßenswertes Mittel zur Klärung von Familienstreitigkeiten darzustellen, da insbesondere im Hinblick auf die Zukunft des Kindes eine tragfähige Lösung erarbeitet werden sollte.

Jedoch kann die Mediation nicht unbesehen auf alle Familienstreitigkeiten angewendet werden. Es ist hierbei zwingend notwendig, hinsichtlich des jeweiligen Eskalationsgrades individuell zu differenzieren. Die Grenzen der Mediation sind insbesondere bei hoch strittigen Elternkonflikten sowie bei häuslicher Gewalt erreicht. In hoch eskalierten Elternstreitigkeiten bedarf es der Erweiterung der klassischen Mediation um therapeutische Ansätze.[470] Ferner ist die Mediation kein probates Mittel bei häuslicher Gewalt. In diesem Fall kann nur ein Gerichtsverfahren die notwendige Sicherheit bieten, um den Familienkonflikt adäquat aufzuarbeiten. Das Gerichtsverfahren bietet durch mögliche Sicherheitsvorkehrungen, die Autorität des Richters und klaren Verfahrensregeln den Beteiligten sichere Rahmenbedingungen.

Zwar gibt es auf internationaler Ebene Studien zur Effektivität von Mediation, jedoch sind diese Studien zum Teil in methodologischer Hinsicht angreifbar. Dies betrifft insbesondere Erkenntnisse über die langfristige Effektivität von Mediation. Während auf internationaler Ebene die Mediation nach jahrelanger Praxis zum Teil kritisch betrachtet wird, fehlt es in Deutschland noch an entsprechenden Evaluationen.

Von zentraler Bedeutung ist die Frage inwieweit die Mediation dem Kindeswohl dient, um die in Kapitel 1. III dargestellten negativen Scheidungsfolgen für das Kind zu mindern. Aus dem Blickwinkel der Scheidungsfolgenforschung und der oben dargestellten Erkenntnisse, sind für das Kind unter bestimmten Bedingungen für die Bewältigung der Scheidungssituation neben der Erhaltung des sozialen Netzwerkes[471], die Verbesserung der ökonomischen Situation[472] und eine Minimierung des Konfliktniveaus[473] von Bedeutung. Im Hinblick auf die primär finanziellen und organisatorischen Aspekte kann die Mediation von ihrer Grundkonzeption her durchaus positive Auswirkungen haben, um zu adäquaten Regelungen zu kommen. Dagegen erscheint es fraglich, ob die Mediation im Bereich hoch emotionaler Streitigkeiten das Potenzial besitzt, den Elternstreit zu minimieren. Wie oben[474] dargestellt, ist Kooperationsfähigkeit der Eltern nicht zwangsläufig gleich-

---

470 Vgl. Bröning 2009, S. 141 f. (m.w.N.).

471 Vgl. Kapitel 1.III.4. b).

472 Vgl. Kapitel 1.III.4. c).

473 Vgl. Kapitel 1.III.4. d) und Kapitel 1.III.4. e).

474 Vgl. Kapitel 1.III.4. d) und e).

zusetzen mit Konfliktlosigkeit. Umgekehrt kann aus der Unfähigkeit zur Kooperation nicht zwingend auf einen elterlichen Konflikt geschlossen werden. Insbesondere kann ein Konflikt auch erst dadurch entstehen, dass Eltern kooperieren (müssen). Da jedoch die Mediation auf kooperatives Verhalten angelegt ist, erscheint es fraglich, ob sie auch den Elternstreit minimieren kann.

Es erscheint ferner bedenklich, wenn im Wege der Mediation Absprachen getroffen werden, die nachhaltigen Einfluss auf die Entwicklung des Kindes haben. Insoweit besteht die Besorgnis, dass angesichts fehlender Ausbildungsstandards und unklarer Definitionen wissenschaftlich nicht anerkannte Methoden zur Anwendung kommen.

Diese beiden Aspekte sind jedoch gerade im Hinblick auf die komplexe Materie der Familienmediation von besonderer Bedeutung. Gerade in der Familienmediation beschränken sich die Auswirkungen einer möglichen Einigung nicht nur auf die Eltern, sondern erstrecken sich zwangsläufig auch auf das Kind.

Gegen eine »Verrechtlichung der Mediation« insbesondere der Normierung von Ausbildungsstandards werden von Seiten der Mediatoren Bedenken geäußert. Zwar wird grundsätzlich anerkannt, dass »einige wenige Normen die Mediation betreffend zu mehr Akzeptanz in der Gesellschaft führen. Hier ist an die Qualitätssicherung der Mediatoren zur Vermeidung von Irreführungen beim Verbraucher genauso zu denken wie an Vorschriften, die die Mediation für die Parteien attraktiv machen«.[475] Jedoch wird befürchtet, dass in einem umfassenden Mediationsgesetz »das System Recht versuchen [würde], sich über das System Mediation zu stülpen, [um] dort seine eigenen Kriterien zur Wirkung zu bringen und es sozusagen in sein System zurück[zu]führen, anstatt es zu akzeptieren«.[476]

In diesem Zusammenhang wird von Seiten der Mediatoren grundsätzlich jede Art einer gesetzlich normierten Ausbildung für Mediatoren abgelehnt.[477] In diesem Sinne beschränkt sich der Gesetzesentwurf der Bundesregierung[478] darauf, grundlegende Verhaltenspflichten, Aufgaben (§ 2 MediationsG-E), Tätigkeitsbeschränkungen (§ 3 MediationsG-E) sowie eine allgemeine eigenverantwortliche Aus- und Fortbildungsverpflichtung (§ 5 MediationsG-E) der Mediatoren zu regeln, da die Mediation ein noch stark in der Entwicklung begriffenes Verfahren sei und daher noch kein klares Berufsbild existiere.[479]

475 Becker/Horn, SchiedsVZ 2006, 270.

476 Becker/Horn, SchiedsVZ 2006, 270 (m.w.N.).

477 Becker/Horn, SchiedsVZ 2006, 270 (m.w.N.).

478 Vgl. BT-Drs. 17/5335.

479 Vgl. BT-Drs. 17/5335, S. 14.

Es wird von Seiten der Mediatoren die Befürchtung geäußert, dass die Mediation als kreative und alternative Konfliktlösungsmethode sich durch ein staatlich reguliertes Ausbildungssystem nicht (mehr) frei entwickeln könne. Ferner sei die Konkurrenz der Ausbildungsinstitute für die Sicherung der Ausbildungsqualität förderlich. Im Übrigen würde eine solche Regulierung »zu einer nicht gerechtfertigten Abschottung der Ausgebildeten gegenüber dem nicht Ausgebildeten führe[n]«.[480] Angesichts der Freiwilligkeit einer Mediation, müsse es den Parteien grundsätzlich möglich sein, jede ihnen als geeignet erscheinende Person als Mediator auszuwählen.[481]

Dieser Auffassung kann im Hinblick auf die besonderen Anforderungen an die Mediation in Trennungs- und Scheidungskonflikten[482] nicht zugestimmt werden. Gerade im Bereich der Familienmediation sind umfassende interdisziplinäre Kenntnisse und eine profunde Ausbildung erforderlich, die nicht nur auf freiwilliger Selbstkontrolle (vgl. § 5 MediationsG-E) basiert sondern staatlich verifiziert werden sollte. Durch eine einheitliche Kontrolle der Ausbildungsstandards kann gewährleistet werden, dass bundeseinheitlich gleiche Schlichtungschancen den Familien geboten werden. Zumal eine uneinheitliche und unkontrollierte Ausbildung der Mediatoren die Gefahr in sich birgt, dass die Belange der betroffenen Kinder in der Familienmediation nicht ausreichend berücksichtigt werden. Dies gewinnt insbesondere an Bedeutung, da in dem MediationsG-E bis dato eine obligatorische Beteiligung des Kindes (i. S. d. Art. 12 UN-KRK) nicht vorgesehen ist.

Zwar ist darin zuzustimmen, dass die Mediation – auch nach der Einschätzung des BVerfG[483] – schnellere, kostengünstigere und effektivere Lösungsmöglichkeiten bieten kann. Dies wird vom BVerfG auch akzeptiert und grundsätzlich als »vorzugswürdig«[484] vor einer gerichtlichen Streitentscheidung angesehen.[485] Dies bedeutet aber nicht, dass das Mediationsverfahren außerhalb des Rechtssystems stünde. Die »kreativen« Lösungsmöglichkeiten der Mediation, »die in der Rechtsordnung so nicht vorgesehen sind«[486], setzen stets den Konsens der Parteien voraus.[487] Der Mediation kann daher nur insoweit ein »kreativer Spielraum« zur Lösungsfindung eingeräumt werden, wie konsensorientierte Lösungen, z. B. im Rah-

---

480 Becker/Horn, SchiedsVZ 2006, 270, 271 (m.w.N.).

481 Becker/Horn, SchiedsVZ 2006, 270, 271 (m.w.N.).

482 Vgl. Kapitel 1. II, III und IV.

483 Vgl. BVerfG, Beschl. v. 14.2.2007 – Az. 1 BvR 1351/01, Absatz-Nr. (35).

484 BVerfG, Beschl. v. 14.2.2007 – Az. 1 BvR 1351/01, Absatz-Nr. (35).

485 Vgl. Kapitel 2.III.2. c).

486 BVerfG, Beschl. v. 14.2.2007 – Az. 1 BvR 1351/01, Absatz-Nr. (35).

487 Vgl. BVerfG, Beschl. v. 14.2.2007 – Az. 1 BvR 1351/01, Absatz-Nr. (35).

men der allgemeinen Vertragsfreiheit, grundsätzlich gesetzlichen Regelungen vorgehen. Diese gilt jedoch nicht uneingeschränkt, wenn schutzwürdige Interessen Dritter, insbesondere der Kinder betroffen sind. Inwieweit ein Konsens der Eltern diese schutzwürdigen Interessen des Kindes automatisch mitumfasst, ist angesichts der hoch emotionalen Trennungs- und Scheidungssituation fraglich und im Einzelfall zu klären.

7. Zwischenergebnis

Im Ergebnis bleibt festzuhalten, dass die Mediation für bestimmte Konstellationen der Familienstreitigkeiten ein probates Mittel darstellt, um Konflikte zu lösen. Dies betrifft primär finanzielle und organisatorische Aspekte. Hinsichtlich emotionaler Streitigkeiten insbesondere bei hoch strittigen Familienkonflikten kann Mediation keine adäquate Lösung bieten. Ein wesentlicher Kritikpunkt ist die (noch)[488] fehlende rechtliche Ausgestaltung der Mediation in Inhalt und Methodik. Diesbezüglich ist mit Hinblick auf die EU-Mediationsrichtlinie[489] jedoch zu fordern, dass den Erkenntnissen der Scheidungsfolgenforschung Rechnung getragen wird.

Insoweit muss festgehalten werden, dass das MediationsG-E den besonderen Anforderungen einer Mediation bei Trennung- und Scheidungskonflikten nicht ausreichend gerecht wird. Weder werden einheitliche Ausbildungsstandards statuiert noch wird das Kind an dem Mediationsverfahren beteiligt. Der Gesetzentwurf der Bundesregierung zum Mediationsgesetz muss die besonderen Anforderungen an die Mediation bei Trennung und Scheidung stärker berücksichtigen:

- Normierung von Ausbildungsstandards (vgl. so z. B. in Österreich: § 10 i.V.m. § 29 ZivMediatG (Österreich), ZivMediat-AV Österreich)[490].
- Ausschluss der Mediation bei häuslicher Gewalt.
- Einbeziehung des Kindes in das Mediationsverfahren (i. S. d. Art. 12 UN-KRK).[491]

488 Vgl. Kapitel 2. III. 2. d) zum MediationsG-E.

489 Vgl. Kapitel 2. III. 2. b).

490 Vgl. Kapitel 2. III. 2. b) bb).

491 Vgl. Kapitel 2. III. 3. . zu erweiterten Mediationsmodellen in den USA.

IV. Das »Cochemer Modell«

Das »Cochemer Modell«[492] ist ein seit Anfang der 1990er Jahre bestehendes Modell« eines Arbeitskreises des »Cochemer Familiengerichts in Zusammenarbeit mit den Jugendämtern des Landkreises Cochem-Zell. Zentraler Ansatzpunkt des »Cochemer Modells« zur Konfliktlösung im Elternstreit ist eine zeit- und gerichtsnahe Beratung der Eltern.[493]

Im Folgenden soll das »Cochemer Modell« zunächst beschrieben werden. Dazu ist das dem »Cochemer Modell« zugrundeliegende Konzept darzustellen. Dabei soll der Fokus auf die Arbeitsweise, das Selbstverständnis der beteiligten Professionen und den Umgang mit den Eltern gelegt werden. Im Anschluss daran sollen die Ergebnisse zum »Cochemer Modell« einer kritischen Betrachtung unterzogen werden.

Eine Gegenüberstellung inwieweit Bestandteile des »Cochemer Modells« in das 2009 eingeführte FamFG[494] übernommen wurden, erfolgt sodann in Kapitel 3. V. 2. e).

1. Das Konzept des »Cochemer Modells«

a) »Cochemer Praxis«

Die Bezeichnung »Cochemer Modell«, wie sie im Schrifttum und in den Medien vielfach verwendet wird,[495] vermittelt den Eindruck, es handele sich hierbei um einen statischen, einheitlichen – scheinbar einfachen – Lösungsansatz zur Bewältigung von Familienkonflikten.

Solch ein statisches Verständnis, wie es der Begriff »Modell« impliziert, ist jedoch nicht beabsichtigt. Nach dem Selbstverständnis der beteiligten Professionen

---

492 Zur Selbstdarstellung vgl. Cochemer Modell - Arbeitskreis Trennung-Scheidung im Landkreis Cochem. (Internetdokument zuletzt geprüft am: 14.05.2010), (m.w.N.); Wikipedia - Die freie Enzyklopädie, Cochemer Modell – Wikipedia, 31.08.2009. (Internetdokument zuletzt geprüft am: 14.05.2010), (m.w.N.); Rudolph 2007, passim; Lengowski, Dokumentation einer Fachtagung - Vernetzung der Professionen: Das "Cochemer Modell" 10 Jahre Schlichtungspraxis im Familienkonflik. (Internetdokument zuletzt geprüft am: 19.07.2011), (m.w.N.); Schumann, in: Behrends/Schumann, 2008, S. 193; Füchsle-Voigt, FPR 2004, 600 ff., 602; krit. Knittel, in: Schnitzler/Arens, 2008, Rn. 120 (m.w.N.); Fichtner 2007, S. 30 ff., 33; Kostka, FamPra.ch 2009, 634, 648 ff. (m.w.N.).

493 Rudolph 2007, passim.

494 Gesetz vom 17. Dezember 2008, BGBl. I S. 2586, 2587 ff. Inkraftgetreten am 1. September 2009 gemäß Art. 112 Abs. 1 Gesetz vom 17. Dezember 2008.

495 Vgl. Rudolph 2007, S. 66.

handelt es sich bei dem »Cochemer Modell« um einen dynamischen, permanenten und offenen Entwicklungsprozess. Die beteiligten Professionen bezeichnen daher ihre interdisziplinäre Zusammenarbeit, in Abgrenzung zu einem statischen Verständnis des Begriffs »Modell«, als »Cochemer Praxis«. In dieser spiegelt sich – nach dem Verständnis der beteiligten Professionen – der gegenwärtig vorherrschende gesellschaftliche Prozess der Auflösung familialer Strukturen wider.[496] Daher kann nicht von *einem* »Cochemer Modell« mit einem spezifischen Beratungskonzept für Eltern gesprochen werden.[497] Somit wird im weiteren Verlauf der Arbeit der Begriff »Cochemer Praxis« verwendet.

b) Das Drei-Phasen-Konzept

Durch die Kooperation der beteiligten Professionen werden die Eltern mit einer Allianz konfrontiert, die nur ein vorgefertigtes Verhandlungsergebnis zulässt: die gemeinsame Ausübung der elterlichen Sorge.[498] Das konkrete Vorgehen gestaltet sich in drei Phasen:[499]

Am Beginn (Phase 1) steht eine gerichtliche Anhörung innerhalb von 14 Tagen nach Antragstellung, bei der auch Mitarbeiter des Sozialen Dienstes anwesend sind. Es werden nur kurze Anträge ohne persönliche Angriffe gestellt. Eine Kindesanhörung findet in diesem Rahmen nicht statt. Zunächst wird den oftmals hochgradig zerstrittenen Paaren ein Forum gegeben, sich ungehindert die »Meinung zu sagen« und ihren Gefühlen freien Lauf zu lassen.[500] An dieser Auseinandersetzung beteiligen sich die Anwälte, Richter, Gutachter, Psychologen und Jugendhilfe nicht und hören lediglich zu. Sie sind bereits durch ihre monatlichen Arbeitstreffen über den Fall in Kenntnis gesetzt und leiten nach dem »emotionalen Teil« der Verhandlung in ein Gespräch über. In diesem Gespräch verhalten sie sich neutral, so dass die Parteien niemanden finden, der sich auf ihre jeweilige Position kritiklos einlässt. Dieses Vorgehen führe in rund 50-75 % der Fälle zu einer Einigung der Eltern.[501]

---

496 Rudolph 2007, S. 50.

497 Vgl. Fichtner 2007, S. 32.

498 Vgl. Cochemer Modell - Arbeitskreis Trennung-Scheidung im Landkreis Cochem. (Internetdokument zuletzt geprüft am: 14.05.2010); Fritz, FAZ 23. Dezember 2004, 10; Rudolph 2007, S. 41, 51.

499 Cochemer Modell - Arbeitskreis Trennung-Scheidung im Landkreis Cochem. (Internetdokument zuletzt geprüft am: 14.05.2010); Fritz, FAZ 23. Dezember 2004, 10; Fichtner 2007, S. 32 f.

500 Rudolph 2007, S. 48.

501 Fritz, FAZ 23. Dezember 2004, 10; Fichtner 2007, S. 32.

Kommt eine Einigung nicht sofort zustande, werden die Eltern in eine Beratung geschickt (Phase 2), ggf. auch zu einer Mediation, einem begleiteten Umgang oder an einen psychologischen Sachverständigen verwiesen. Diese Maßnahme erfolgt entweder im unmittelbaren Anschluss an die Verhandlung oder die Eltern müssen innerhalb von zwei Wochen in der Beratungsstelle erscheinen. Für die Dauer der Beratung bleibt das Verfahren rechtshängig. Soweit sich Elternteile der Beratung mit dem Psychologen widersetzen, wird ihnen vom Gericht verdeutlicht, dass dieses Verhalten den Verlust des Sorgerechts nach sich ziehen könne. Weiterer Druck wird gegenüber den Eltern durch eine zügige Terminierung – stets binnen dreier Monate – aufgebaut und von ihnen Rechenschaft über ihre Einigungsbemühungen abverlangt (Phase 3). Insbesondere werde auf die Gefahr einer möglichen Instrumentalisierung oder Entfremdung des Kindes durch einen Elternteil geachtet.[502]

c) Die interdisziplinäre Zusammenarbeit

Erklärtes Ziel der »Cochemer Praxis« ist es, Eltern zur gemeinsamen Ausübung ihrer elterlichen Sorge zum Wohle des Kindes zu bewegen. Um Eltern zu einem außergerichtlichen Einvernehmen zu veranlassen, suchte das Familiengericht Cochem, den Konsens (»Cochemer Konvention«[503]) mit dem Jugendamt, der Rechtsanwaltschaft, den Beratungsstellen und den Sachverständigen. Die beteiligten Professionen/Institutionen verständigten sich darauf, den Eltern geschlossen gegenüber zutreten, um ihnen ihre Elternverantwortung zu verdeutlichen.[504]

Dem Familiengericht kommt die Aufgabe zu in Kindschaftsstreitigkeiten gleich welcher Art, innerhalb von zwei Wochen einen ersten Gerichtstermin festzusetzen, an dem Eltern, Anwälte und die zuständigen Mitarbeiter des Jugendamtes teilnehmen.[505] Die Jugendämter verpflichten sich dahingehend, trotz einer kurzfristig anberaumten Gerichtsverhandlung intensiv mit allen Beteiligten Kontakt aufzunehmen und an allen mündlichen Verhandlungen teilzunehmen.[506] Diesbezüglich soll das Jugendamt stets über die aktuelle Familiensituation in Kenntnis gesetzt werden, und die betroffenen Familien erhalten einen kurzfristigen Beratungstermin.[507] Es erfolgen detaillierte Auftragsgespräche, z.B. zwischen Jugendamt und

---

502 Fritz, FAZ 23. Dezember 2004, 10.

503 Rudolph 2007, S. 42 ff.

504 Vgl. Rudolph 2007, S. 50 f.

505 Rudolph 2007, S. 47.

506 Rudolph 2007, S. 48.

507 Rudolph 2007, S. 45 ff., 47; Cochemer Modell - Arbeitskreis Trennung-Scheidung im Landkreis Cochem. (Internetdokument zuletzt geprüft am: 14.05.2010); Fritz, FAZ 23. Dezember 2004, 10, Füchsle-Voigt, FPR 2004, 600ff.

Beratern, in denen die bisherigen Informationen erörtert, sowie Ziele, Zeitpläne und Modalitäten des Informationsaustausches erarbeitet werden.[508]

Die Anwälte verpflichteten sich, nur Anträge ohne persönliche Angriffe zu stellen und die gegnerischen Anwälte ohne schriftliche Erwiderung zum Verhandlungstermin zu kommen.[509]

Sofern Sachverständige an dem Verfahren zu beteiligen sind, sollen diese während der Begutachtung Lösungsvorschläge unterbreiten und über die Begutachtung hinaus gemeinsam mit den Eltern eine Lösung erarbeiten.[510]

Die Entwicklung von gerichtsnahen Beratungsmodellen basiert auf einer professionsübergreifenden, interdisziplinären Zusammenarbeit.[511] Bei regelmäßigen Treffen werden aktuelle Fälle kindzentriert besprochen. Danach werden gemeinsame Entscheidungen in Sorge- und Umgangsstreitigkeiten getroffen und anschließend im jeweiligen Arbeitsfeld umgesetzt. Um eine solche gemeinsame Entscheidung zu ermöglichen, werden wechselseitige Kompetenzüberschreitungen akzeptiert.[512] Diese Form der Kooperation wird als Leitidee für den Arbeitskreis beschrieben. Alle beteiligten Professionen sind einem gemeinsamen Ziel verpflichtet. Der Grundgedanke ist der kooperative Umgang in familienrechtlichen Gerichtsverfahren, wodurch das Kindeswohl in den Vordergrund gestellt werden soll.[513] In der Folgezeit griffen vermehrt Familiengerichte auf das Konzept der »Cochemer Praxis« zurück,[514] ohne dass eine bundeseinheitliche Regelung bestanden hätte.

d) Eilbedürftigkeit und Verfahrensdauer

Der »Cochemer Praxis« liegt die Erkenntnis zu Grunde, dass Kindschaftssachen von besonderer Eilbedürftigkeit sind. Aus diesem Grund werden Verhandlungen innerhalb der ersten zwei Wochen anberaumt, was andernorts bis zu einem halben

508 Alberstötter, in: Weber/Schilling, 2006, S. 177 ff.; Bröning 2009, S.168.

509 Rudolph 2007, S. 45 f.; Fritz, FAZ 23. Dezember 2004, 10, Füchsle-Voigt, FPR 2004, 600, ff.; Fichtner 2007, S: 32.

510 Rudolph 2007, S. 49 f.

511 Rudolph 2007, S. 38 ff., 52 f.

512 Rudolph 2007, S: 44 f., 45.

513 Vgl. Theisen, Redebeitrag zur 8. Landeskonferenz Trennung und Scheidung, Cochem, am 09.06.2008 zum Tagesordnungspunkt: Rollenverständnis der Professionen, 16.07.2008. (Internetdokument zuletzt geprüft am: 19.07.2011), S.1, 8.; Cochemer Modell - Arbeitskreis Trennung-Scheidung im Landkreis Cochem. (Internetdokument zuletzt geprüft am: 14.05.2010), siehe dort: Professionen.

514 Fichtner 2007, S. 30, mit weiteren Beispielen für Projekte im Sinne der »Cochemer Praxis« (S. 20 ff.).

Jahr oder länger dauern kann. Die besondere Eilbedürftigkeit resultiert aus der Befürchtung, dass lange Wartezeiten, bzw. Verhandlungszeiträume ohne Umgang mit beiden Elternteilen zu einer Entfremdung des Kindes von dem nicht betreuenden Elternteil führen würden. Der nicht betreuende Elternteil seinerseits könnte durch die lange Zeit der Trennung von dem Kind Persönlichkeitsstörungen entwickeln und in Resignation verfallen. Insbesondere führe eine Trennung bei Müttern, die zwar seltener betroffen sind, mitunter zu schweren psychischen Erkrankungen.[515]

Darüber hinaus berücksichtige die »Cochemer Praxis« die psychologischen Auswirkungen eines Urteilsspruchs in hochstrittigen Konfliktlagen. So wird davon ausgegangen, dass ein streitiges Urteil grundsätzlich suggeriere, dass es einen »Verlierer« und einen »Gewinner« gebe. Diese – wenn auch nur scheinbare – »Machtverteilung« zwischen den Elternteilen schade langfristig dem Kindeswohl, da dadurch die Fronten verhärtet würden und weiterer Streit vorprogrammiert sei.

Ein weiterer Vorteil – so die Vertreter der »Cochemer Praxis« – bestünde darin, dass das Verfahren durch eine Einigung der Eltern abgeschlossen werde und nicht durch einen Beschluss. Letzteres eröffne den Weg durch die Instanzen, so dass die Kinder wegen der langen Verfahrensdauer praktisch ohne den anderen Elternteil aufwüchsen. Im Gegensatz dazu werde durch die »Cochemer Praxis« der »Zug durch die Instanzen« verhindert und ein langwieriger Rechtsstreit vermieden. Dementsprechend sehen sich die Vertreter des »Cochemer Modells« durch Urteile[516] auf europäischer Ebene bestätigt, da die Bundesrepublik Deutschland bereits wegen Missachtung des Menschenrechts auf ein Familienleben (Art. 8 EMRK) zu Schmerzensgeld verurteilt wurde, u.a. wegen zu langer Verfahrensdauer.[517] Der Gerichtshof hat im Zeitraum von 1959 bis 2009 in mehr als 40 Verfahren gegen Deutschland EMRK-Verstöße aufgrund von überlangen Zivilverfahren festgestellt.

---

515 Pfennig, Die Cochemer Praxis (Cochemer "Modell"). Was steckt dahinter? (Internetdokument zuletzt geprüft am: 19.07.2011); Wikipedia - Die freie Enzyklopädie, Cochemer Modell – Wikipedia, 24.07.2010. (Internetdokument zuletzt geprüft am: 19.08.2010).

516 Vgl. z.B. EGMR Kammerurteil (Piloturteil) vom 2.9.2010 Rumpf gegen Deutschland (Beschwerde-Nr. 46344/06): Rüge Art. 6 Abs.1 der Konvention wegen überlanger Verfahrensdauer; Urteil vom 10.5.2007 Skugor gegen Deutschland (Beschwerde-Nr. 76680/01): Der Beschwerdeführer rügte insbesondere eine Verletzung des Art. 8 (zeitweiliger Ausschluss des Umgangsrechts) und des Art. 6 Abs.1 der Konvention (Verfahrensdauer); Urteil vom 4.12.2008 Adam gegen Deutschland (Beschwerde-Nr. 44036/02).

517 Pfennig, Die Cochemer Praxis (Cochemer "Modell"). Was steckt dahinter? (Internetdokument zuletzt geprüft am: 19.07.2011).

Allein 2009 lagen 13 solcher Verstöße gegen das Gebot der »Angemessenen Frist« nach Art. 6 Abs. 1 EMRK vor.[518]

e) Die Gespräche mit den Eltern – Hinwirken auf Einvernehmen

In dem – wie oben dargestellt – unverzüglich anberaumten ersten Termin werden mit den Eltern und den Jugendamtsmitarbeitern Gespräche geführt. Dabei werden zunächst Gespräche über die elementarsten Belange des Kindes als ausreichend erachtet.[519] Diese Gespräche sollen die Grundlage für eine gemeinsame Elternverantwortung bilden.

Kennzeichnend für die »Cochemer Praxis« ist, dass sich grundsätzlich eine Beratung in unmittelbarer zeitlicher Folge an die Gerichtsverhandlung anschließt, so dass es den Eltern kaum möglich ist, sich dieser Beratung zu entziehen.[520] Die Überzeugungskraft, die Eltern zur Teilnahme an der Beratung zu motivieren, stützt das Familiengericht aus einem »Angebot, das die streitenden Eltern nicht ablehnen können: die Erkenntnis, dass Eltern im Trennungskontext ihren Kindern, jedenfalls was deren minimalste Belange betrifft, aus ihrer Verantwortung heraus ein ebensolches Minimum an Einigung schulden, begründet ihre Verpflichtung, entsprechende Möglichkeiten wahrzunehmen. In Abwägung der Belange der Kinder im Verhältnis zu ihren Eltern genügt es nicht, wenn die am Elternkonflikt beteiligten Institutionen sozusagen mit dem moralischen Zeigefinger diese Verpflichtung beschwören; sie ist vielmehr konkret umzusetzen. Verweigern sich die Eltern dieser Verpflichtung, verweigern sie sich insoweit gleichzeitig auch ihrer Verantwortung. Damit indessen setzt ein Elternteil das Sorgerecht aufs Spiel, das er im hoch streitigen Elternkonflikt gerade nicht verlieren möchte.«[521]

Aufgrund dieses Ansatzes verfolgen die an dem Verfahren beteiligten Professionen gegenüber den Eltern eine einheitliche Linie, um anstelle einer Fremdbestimmung durch eine Gerichtsentscheidung die Eltern zur Wahrnehmung ihrer gemeinsamen Elternautonomie wieder zu befähigen. Diese interdisziplinäre Begleitung der Eltern wird so lange fortgesetzt, bis sich die Eltern auf ein gemeinsames Konzept im Sinne einer gemeinsamen Sorge verständigt haben.[522]

---

518 Europäische Gerichtshof für Menschenrechte, Pressemitteilung des Kanzlers (619 02.09.2010) - Kammerurteil Rumpf gegen Deutschland (Beschwerde-Nr. 46344/06), 2010. (Internetdokument zuletzt geprüft am: 02.09.2010): Die überlange Verfahrensdauer vor deutschen Gerichten stellt ein strukturelles Problem dar.

519 Rudolph 2007, S. 50.

520 Vgl. Füchsle-Voigt, FPR 2004, 600.

521 Rudolph 2007, S. 50 f.

522 Rudolph 2007, S. 51.

2. Zur Kritik an der »Cochemer Praxis«

Das »Cochemer Praxis« wurde medienwirksam präsentiert[523], auf politischer Ebene bundesweit empfohlen,[524] und fand in den Medien weitestgehend eine positive und unkritische Resonanz. Aufgrund und gerade wegen dieser »Faszination der umfassenden Kooperation«[525] soll im Folgenden der Fokus auf die Kritik[526] gerichtet werden.

a) Eilbedürftigkeit - Beschleunigungsgebot § 155 FamFG

Im Sinne des Kindeswohls ist das Argument der Eilbedürftigkeit ein stets zu berücksichtigender Aspekt.[527] Allerdings kann das Argument der Eilbedürftigkeit nur deshalb zu Gunsten der »Cochemer Praxis« durchschlagen, weil die bisherige Familiengerichtspraxis[528] – wie die Urteile auf europäischer Ebene[529] belegen – dieser Eilbedürftigkeit nur unzureichend gerecht wird. Dies bedeutet, dass bei entsprechender fachlicher und personeller Ausstattung von Familiengerichten und Jugendhilfe eine unangemessene Verfahrensdauer gleichwohl vermieden werden könnte.

---

523 Z.B. Pielen, Rhein-Zeitung 06. Oktober 2006, 15; Pfennig, Die Cochemer Praxis (Cochemer "Modell"). Was steckt dahinter? (Internetdokument zuletzt geprüft am: 19.07.2011); Meier, Rhein-Zeitung 21. Juli 2006, 17; Samary, Rhein-Zeitung 27. Mai 2006, 3; Fichtner 2007, S. 33.

524 Z.B. Staatskanzlei NRW, Befürwortung des Cochemer Modells, 06. September 2010. (Internetdokument zuletzt geprüft am: 17.07.2011); Pressestelle Ministerium für Arbeit und Soziales (Baden-Würtemberg), Landesregierung fördert Aufbau regionaler Arbeitskreise nach Cochemer Modell - Bundesweite einmalige Fortbildungsreihe, 22. September 2005.

525 Fichtner 2007, S. 30.

526 Krit. z.B. Salgo, in: Lipp/Schumann/Veit, 2009, S. 159, VAMV Bundesverband e.V. (Verband Alleinstehender Mütter und Väter), Kritische Betrachtungen zum Arbeitskreis Trennung und Scheidung "Cochemer Weg". (Internetdokument zuletzt geprüft am: 19.07.2011), S.4; Lins, FF 2007, 41, 41 ff.; Kölner Fachkreis Familie, FF 2006, 215, 215 ff; Kostka, FamPra.ch 2009, 634, 649 ff.

527 Vgl. BVerfGE 88, 118, 124, schon aus dem Rechtsstaatsprinzip folgt, dass strittige Rechtsverhältnisse in »angemessener Zeit« geklärt werden müssen.

528 Vgl dazu auch oben Kapitel 1.II.1..

529 Vgl. z.B. EGMR Kammerurteil (Piloturteil) vom 2.9.2010 Rumpf gegen Deutschland (Beschwerde-Nr. 46344/06): Rüge Art. 6 Abs.1 der Konvention wegen überlanger Verfahrensdauer; Urteil vom 10.5.2007 Skugor gegen Deutschland (Beschwerde-Nr. 76680/01): Der Beschwerdeführer rügte insbesondere eine Verletzung des Art. 8 (zeitweiliger Ausschluss des Umgangsrechts) und des Art. 6 Abs.1 der Konvention (Verfahrensdauer); Urteil vom 4.12.2008 Adam gegen Deutschland (Beschwerde-Nr. 44036/02).

Allerdings wurden einzelne Elemente, wie Beschleunigung des Verfahrens und das Bestreben Einvernehmen herzustellen dem Grunde nach positiv bewertet. Es wird darauf hingewiesen, dass grundsätzlich alle Bestrebungen zügig ein Einvernehmen zwischen den Eltern herzustellen, begrüßenswert sind. Jedoch bedarf es stets einer differenzierten Betrachtung des Einzelfalles, um dem Kindeswohl und möglichen Sicherheitsfragen gerecht zu werden (z.B. bei häuslicher Gewalt).[530]

Die Notwendigkeit der Eilbedürftigkeit von Familienverfahren wurde nunmehr mit § 155 FamFG normiert. Das Beschleunigungsgebot (§ 155 FamFG) gilt für solche Verfahren, die den Aufenthalt eines Kindes, das Umgangsrecht, die Herausgabe, sowie die Gefährdung des Kindeswohls betreffen. Dabei soll das Gericht spätestens innerhalb eines Monats einen Termin anberaumen, an dem alle Beteiligten teilnehmen. Das persönliche Erscheinen der Beteiligten ist anzuordnen und das Jugendamt anzuhören. Aus der Praxis[531] werden aufgrund der kurzen Fristsetzung organisatorische Schwierigkeiten berichtet. So nimmt der Informationsweg innerhalb und zwischen den Organisationen zu viel Zeit in Anspruch. Ebenso bemängelt wird, dass der Gerichtstermin häufig mit denen der Fachkräfte kollidiert; dadurch bleibt mitunter zu wenig Zeit für die fachliche Vorbereitung.[532]

b) Datenschutz und freiwilliges Engagement der Professionen

Aus datenschutzrechtlicher Sicht ist fraglich, ob die interdisziplinäre Zusammenarbeit im Rahmen der »Cochemer Praxis« rechtmäßig ist. Die interdisziplinäre Zusammenarbeit zwischen unterschiedlichen Professionen setzt zwangsläufig den Austausch von (höchst) persönlichen Informationen voraus. Eine solche Informati onsweitergabe im laufenden Prozess und eine transparente Informationskultur werden von Teilen der Literatur gefordert.[533] Hierzu sei in hoch strittigen Familienkonflikten das »Konstrukt der Schweigepflicht«[534] revisionsbedürftig, um eine effekti-

530 Salgo (11.02.2008). Stellungnahme zum FGG-RG - BT-Drucks. 16/6308, S. 4.; Salgo (11.02.2008). Stellungnahme zum FGG-RG - BT-Drucks. 16/6308, S. 23.

531 Zentrum Bayern Familie und Soziales Bayrisches Landesjugendamt (ZBFS), BLJA Mitteilungsblatt 2009, 1, 14 f.

532 Zentrum Bayern Familie und Soziales Bayrisches Landesjugendamt (ZBFS), BLJA Mitteilungsblatt 2009, 1, 15.

533 Vgl. Alberstötter, in: Weber/Schilling, 2006, S. 193 (m.w.N.), Weber, in: Weber/Schilling, 2006, S. 202 ff., 214.

534 Alberstötter, in: Weber/Schilling, 2006, S. 194.

ve Kooperation der beteiligten Professionen sicherzustellen.[535] Eine solche Informationsweitergabe wird jedoch kritisch betrachtet.[536]

Diese Zusammenarbeit findet in datenschutzrechtlicher Hinsicht zum einen ihre Grenze in § 203 StGB und zum anderen im SGB VIII selbst (§§ 61 ff. SGB VIII). Trotz bestehender Schweigepflicht gemäß § 203 StGB dürfen Informationen weitergegeben werden, wenn die Offenbarung nicht »unbefugt« erfolgt ist. Befugnisse können sich aus der Einwilligung der Klienten und aus anderen gesetzlichen Vorschriften (§§ 67 ff. SGB X und § 61 ff. SGB VIII, § 35 StGB analog) ergeben. Besonders augenfällig erscheinen in diesem Zusammenhang zwei grundsätzliche Probleme:

Zum einen erfolgen viele Kooperationen (Interdisziplinäre Zusammenarbeit der Arbeitskreise) auf freiwilliger Basis und finden über den normalen »Aufgabenbereich« hinaus statt. Dazu führte *Häußermann* aus: »Bei uns funktioniert das ›Cochemer Modell‹ an drei Amtsgerichten sehr gut, allerdings machen die Richter das in ihrer Freizeit. Und wir haben den Runden Tisch, unser Runder Tisch in Tübingen, Reutlingen und Calw umfasst Kinderärzte, Psychologen und Jugendstrafrichter. Aber das ist freiwillig«.[537]

Zum anderen ist die »Cochemer Praxis« kein einheitliches »Verfahren«. Zwar wurde die Grundidee in verschiedenen Städten (Familiengerichten) übernommen, aber jeweils den regionalen Gegebenheiten angepasst,[538] d. h. insbesondere den örtlichen Ressourcen von Jugendhilfe und Gericht.

Dies führt im Ergebnis nicht nur mangels einheitlicher Standards zu einer Rechtsunsicherheit, sondern wirft auch in datenschutzrechtlicher Hinsicht komplexe Fragen auf, die eine Vereinheitlichung des Datenschutzes erfordern.

c) Vernachlässigung von Aufgaben und Kompetenzen

In der »Cochemer Praxis« werden die Aufgaben und Kompetenzen eigenständig – je nach Selbstverständnis des Arbeitskreises – definiert. Das Überschreiten von gesetzlich klar definierten Kompetenz- und Aufgabenzuweisungen wird toleriert. Dies wird hinsichtlich der Qualifikationen, der Qualität der Leistung sowie der

---

535 Vgl. Alberstötter, in: Weber/Schilling, 2006, S. 193 f.; Bröning 2009, S.168 f. (m.w.N.); Weber, in: Weber/Schilling, 2006, S. 202 ff., 214.

536 Salgo, in: Lipp/Schumann/Veit, 2009, S. 155 f. ff.

537 Häußermann, Öffentliche Anhörung Teil II, Rechtsausschuss BT-Drs. 16/6308 Protokoll Nr. 88, S. 47.

538 Vgl. Häußermann, Öffentliche Anhörung Teil II, Rechtsausschuss BT-Drs. 16/6308 Protokoll Nr. 88, S. 47; Bergschneider Öffentliche Anhörung Teil II, Rechtsausschuss BT-Drs. 16/6308 Protokoll Nr. 88, S. 61.

rechtlichen Zulässigkeit äußerst kritisch gesehen.[539] Die Vertreter der »Cochemer Praxis« behaupten, sie würden (müssten) keine Entscheidungen mehr in der Sache treffen, da die Beteiligten aufgrund der »Cochemer Praxis«[540] stets zu einer einvernehmlichen Regelung kämen.[541] Völlig ungeklärt und offen ist die Nachhaltigkeit dieser Lösungen.[542] In diesem Zusammenhang wird vorgebracht, dass die »Cochemer Praxis« gegen elementare Grundsätze des Rechtsstaatsprinzip, des Datenschutzes, sowie der Schutzaufträge aus Art. 2 und Art. 6 Abs. 2 S. 2 GG verstößt.[543]

Angesichts der interdisziplinären Kooperation erscheint es fraglich, ob die unterschiedlichen Professionen im Einzelfall ihren Aufgaben gerecht werden (können). Zur Umsetzung dieser Kooperation ist die regelmäßige Durchführung von umfassenden Arbeitstreffen unerlässlich.[544] Insoweit besteht weitergehender Entwicklungsbedarf von effektiven Beratungsangeboten und Konzepten. Probleme, wie etwa Informationsweitergabe, organisatorische Schwierigkeiten oder auftretende Missverständnisse bedürfen der Klärung.[545] Dies gilt nicht nur im Hinblick auf den Beschleunigungsgrundsatz (§ 155 FamFG), sondern auch auf die tolerierten Kompetenzüberschreitungen zwischen den einzelnen Professionen in den jeweiligen »Cochemer Arbeitskreisen«. Zum einen werden dadurch die Grenzen der gesetzlichen Kompetenzen und Aufgaben (z.B. § 8a SGB VIII »Schutzauftrag«; § 20 SGB X »Ermittlungsauftrag«) verwischt. Zum anderen besteht die Gefahr, dass durch diese spezielle interdisziplinäre Zusammenarbeit auch Nachteile für die Kinder entstehen. Es besteht die Gefahr, dass die vom Gesetzgeber definierten Aufgaben nicht mehr als »Gesetz« angewendet, sondern zu Leitlinien, bzw. Empfehlungen uminterpretiert werden. Es obliegt somit dem Selbstverständnis des jeweiligen Arbeitskreises, wie die jeweiligen Kompetenzzuweisungen – im Einzelfall – gewichtet und wahrzunehmen sind.[546]

---

539 Kostka, FamPra.ch 2009, 634, 649 f.; Kölner Fachkreis Familie, FF 2006, 215, S. 215 ff.

540 Siehe oben Kapitel 2.IV.1..

541 Vgl. auch oben Kapitel 2.III.5. e).

542 Rakete-Dombek, Öffentliche Anhörung Teil II, Rechtsausschuss BT-Drs. 16/6308 Protokoll Nr. 88, S. 41.

543 Salgo, in: Lipp/Schumann/Veit, 2009, S. 155 f. ff.

544 Vgl. so die Jugendamtsbezirke München, Ebersberg, Fürstenfeldbruck, Augsburg, Regensburg, Landshut, Rosenheim; Zentrum Bayern Familie und Soziales Bayrisches Landesjugendamt (ZBFS), BLJA Mitteilungsblatt 2009, 1, 8.

545 Zentrum Bayern Familie und Soziales Bayrisches Landesjugendamt (ZBFS), BLJA Mitteilungsblatt 2009, 1.

546 Vgl. Klinkhammer, Öffentliche Anhörung Teil II, Rechtsausschuss BT-Drs. 16/6308 Protokoll Nr. 88, S. 16 f.

Wie bereits oben dargestellt,[547] basiert die Arbeit in den Arbeitskreisen der »Cochemer Praxis« vorwiegend auf freiwilliger Mitarbeit und auch in der Freizeit der beteiligten Professionen.[548] Dieses auf Freiwilligkeit und persönlichem Idealismus basierende Konzept ist bereits aufgrund der Defizite in der strukturellen Konzeption nicht bundesweit als »Modell« übertragbar. Darüber hinaus ist bislang die Frage ungeklärt, ob externe Beratungsstellen, welche die tatsächliche Beratung in den Familien leisten, ebenfalls Gerichtstermine wahrnehmen können und dürfen, da es sich hierbei um eine originäre Aufgabe des Jugendamtes handelt.[549]

d) Gerichtliche Entscheidung

Es ist fraglich, ob für das Kindeswohl in jedem Fall eine gerichtliche Entscheidung (Beschluss) nachteiliger ist als ein Vergleich zwischen den Eltern. Hinsichtlich dieser Problematik kann auf die bereits zur Mediation gemachten Ausführungen in Kapitel 2. III. 5. c) verwiesen werden. Eine klare und eindeutige gerichtliche Entscheidung ist vor allen Dingen dann eine bessere Alternative für das Kind – im Gegensatz zu einem unter Druck herbeigeführten Vergleich der Eltern –, wenn die Bereitschaft zur Vereinbarung gegeben ist. Um einen Vergleich dauerhaft erfolgreich umzusetzen, muss dieser darüber hinaus nicht nur dem tatsächlichen Willen der Vergleichsschließenden entsprechen, sondern die Eltern müssen die getroffenen Vereinbarungen in die Praxis umsetzen, d. h. auch leben wollen. Besteht die berechtigte Annahme, dass dieser Wille nicht vorhanden ist, so ist einer klaren gerichtlichen Entscheidung zum Wohle des Kindes der Vorzug zu geben.[550]

e) Berücksichtigung von häuslicher Gewalt

Ein weiterer mehrfach vorgebrachter Kritikpunkt ist die unzureichende Berücksichtigung und adäquate Handhabung von Fällen häuslicher Gewalt. Kritisiert wird, dass eine pauschale Anwendung der »Cochemer Praxis« nicht allen Trennungssituationen, z.B. hoch eskalierten Familienkonflikten, gerecht würde. Insbesondere wurde bemängelt, dass die »Cochemer Praxis« nicht ausreichend die Fälle von häuslicher Gewalt zum Nachteil des Opfers berücksichtige. Die »Cochemer Praxis« differenziere nicht zwischen Elternkonflikten, in denen Gewalt von einem Eltern-

---

547 Siehe oben Kapitel 2. IV. 2. b).

548 Beschreibung bei Fichtner 2007, S. 33. »Finanzierung: Beratung nach KJHG; Mediation muss selbst getragen werden; aber auch im Rahmen der Beratung; Umgangsbegleitungen auch durch private Dritte (kostenlos); Koordinationszeit für Soziale Dienste als Arbeitszeit, für Übrige ehrenamtlich«

549 Zentrum Bayern Familie und Soziales Bayrisches Landesjugendamt (ZBFS), BLJA Mitteilungsblatt 2009, 1, 15.

550 Lins, FF 2007, 41, 42.

teil gegen den anderen Elternteil oder gegen das Kind verübt würde und jenen Trennungs- und Scheidungskonflikten, in denen keine Gewalthandlungen stattfänden.[551]

Insbesondere bleibe zu befürchten, dass aufgrund eines falsch verstandenen Beschleunigungsgebotes,[552] Gewalt innerhalb der Familie nicht oder nicht ausreichend erkannt werde. Vielfach sind Opfer häuslicher Gewalt nicht in der Lage, insbesondere vor Dritten, ihre – mitunter langjährigen – physischen, wie psychischen Gewalterfahrungen zu offenbaren.[553] Wird solchen Situationen nicht ausreichend Beachtung geschenkt, besteht die Gefahr, dass das Kindeswohl letzten Endes darunter leidet.[554] Eine schnelle Scheidung und räumliche Trennung hoch-strittiger Parteien wird in Fällen von häuslicher Gewalt nicht ausreichend in Betracht gezogen. Aus der Scheidungs- und Gewaltforschung ist bekannt, dass das Streitniveau und die Bedrohung durch Ex-Partner unmittelbar nach der Trennung besonders hoch sind. In diesen Situationen kann eine schnelle friedliche Beilegung der Konflikte selten durch Einsatz sozialpädagogischer Beratungsangebote herbeigeführt werden.[555] Dem Schutz des durch physische und psychische Gewalt bedrohten Partners wird noch unzureichend Bedeutung beigemessen.[556] Im Falle von häuslicher Gewalt kann nicht davon ausgegangen werden, dass der Umgang mit dem Täter dem Kindeswohl dient. Alle Konzepte, die Einigung und Versöhnung über den Schutz des Kindes und seiner Bezugsperson stellen, dürfen in Fällen von häuslicher

---

551 Reinschmidt, Cochemer Modell, 01.12.2007. (Internetdokument zuletzt geprüft am: 19.07.2011)

552 Nothhafft, Öffentliche Anhörung Teil II, Rechtsausschuss BT-Drs. 16/6308 Protokoll Nr. 88, S. 47.

553 Vgl. zur häuslichen Gewalt z.B. Kapitel 2.III.5. g) und Kapitel 2.IV.2. e).

554 Nothhafft, Öffentliche Anhörung Teil II, Rechtsausschuss BT-Drs. 16/6308 Protokoll Nr. 88, S. 47; Salgo (11.02.2008). Stellungnahme zum FGG-RG - BT-Drucks. 16/6308, S. 23.

555 Vgl. Schwab/Mende/Andersen, Das neue FamFG: Leitfaden des VAMV zur Umsetzung des neuen familienrechtlichen Verfahrens in der Beratungspraxis, 2009. (Internetdokument zuletzt geprüft am: 19.07.2011), S. 8.

556 »In vielen anderen Staaten steht bei häuslicher Gewalt die Sicherheit des Kindes und des betreuenden Elternteils an erster Stelle und danach erst und an zweiter Stelle – und nur bei Bereitschaft des gewaltausübenden Elternteils zur Verantwortungsübernahme – die Regelung des Umgangs. Vergeblich sucht man im Regierungsentwurf [zum FamFG] nach entsprechenden Differenzierungen der Konfliktkonstellationen: Weder bei den Änderungen im materiellrechtlichen noch im verfahrensrechtlichen Teil finden sich die notwendigen Differenzierungen« Salgo (11.02.2008). Stellungnahme zum FGG-RG - BT-Drucks. 16/6308 (5); VAMV Bundesverband e.V. (Verband Alleinstehender Mütter und Väter), Reform des familiengerichtlichen Verfahrens, 2007. (Internetdokument zuletzt geprüft am: 19.07.2011).

Gewalt nicht angewendet werden.[557] Trotz der intensiven Bestrebungen eine Einigung herbeizuführen, darf die Gefahr von häuslicher Gewalt nicht vernachlässigt werden, sondern muss frühzeitig – z. B. durch eine getrennte Anhörung – berücksichtigt werden, wie sie für Verfahren nach den §§ 1666, 1666 a BGB gemäß § 157 Abs. 2 FamFG vorgesehen sind.

f) Präjudiz der gemeinsamen Sorge

Kritisiert wird, dass die »Cochemer Praxis« faktisch stets die gemeinsame Sorge zum Ergebnis hat und damit eine Alleinsorge als Lösungsansatz von vorneherein ausschließt.[558] Diese Einseitigkeit entbehrt jeder Rechtsgrundlage, was von Literatur und Rechtsprechung gleichermaßen kritisiert wird. Nach Ausführung des BGH von 1999 besteht für die gemeinsame Sorge weder eine gesetzliche Vermutung, noch eine Priorität durch die Kindschaftsrechtsreform.[559] Danach besteht kein Vorrang der gemeinsamen Sorge gegenüber der Alleinsorge. Vielmehr ist in solchen Fällen, in denen die gemeinsame Sorge versagt, weil die Eltern nicht zufriedenstellend im Interesse des Kindes kooperieren, die Alleinsorge zum Wohle des Kindes vorzugswürdig.[560]

In diesem Zusammenhang verweisen das BVerfG und die Oberlandesgerichte auf Bedingungen, welche für die Beibehaltung der gemeinsamen Sorge als notwendig erachtet werden. Hierzu hat das BVerfG mehrfach die Voraussetzung einer tragfähigen, sozialen Beziehung zwischen den Elternteilen hervorgehoben. Die gemeinsame Ausübung der Elternverantwortung muss ein Mindestmaß an Übereinstimmung der Eltern aufweisen und am Kindeswohl orientiert sein.[561] Voraussetzung für die Beibehaltung der gemeinsamen Sorge ist der Wille, und die Fähigkeit der Eltern miteinander über die Belange des Kindes zu kommunizieren und zu einvernehmlichen Entscheidungen zu kommen. Da die Ursachen für eine gestörte Kommunikation mannigfaltig sein können, ist zu bezweifeln, ob eine Beratung ausreichend ist, um die Kommunikationsfähigkeit (wieder) herzustellen.[562]

---

557 Schwab/Mende/Andersen, Das neue FamFG: Leitfaden des VAMV zur Umsetzung des neuen familienrechtlichen Verfahrens in der Beratungspraxis, 2009. (Internetdokument zuletzt geprüft am: 19.07.2011), S. 8 (m.w.N.).

558 Vgl. Fichtner 2007, S. 30 ff., 33; Bröning 2009, S.168.

559 BGH, FamRZ 1999, 1646 f.

560 OLG Stuttgart, 15 UF 181/03.

561 BVerfGE 92, 158, 178f OLG Hamm, Streit 2005, 74.

562 VAMV Bundesverband e.V. (Verband Alleinstehender Mütter und Väter), Kritische Betrachtungen zum Arbeitskreis Trennung und Scheidung "Cochemer Weg". (Internetdokument zuletzt geprüft am: 19.07.2011).

Die voreingenommene Sichtweise bezüglich der gemeinsamen Sorge führt die »Cochemer Praxis« zu einer starren Zielsetzung. Somit impliziert die Gleichsetzung von Elternverantwortung mit gemeinsamer Sorge bereits einen Mangel an Verantwortung bei *dem* Elternteil, der die alleinige Sorge beantragt. Gleichermaßen verkennt die »Cochemer Praxis«, dass gelebte Elternverantwortung sowohl im Umgangsrecht wie auch im Sorgerecht zum Ausdruck kommt. Auffällig in diesem Zusammenhang ist ein rapider Anstieg von Umgangsstreitigkeiten bei einer annähernd hundertprozentigen Beibehaltung der gemeinsamen elterlichen Sorge.[563]

g) Keine Evaluation der »Cochemer Praxis«

Im Mittelpunkt der Kritik steht die fehlende wissenschaftliche Untersuchung und Evaluierung der bisherigen Vorgehensweise der »Cochemer Praxis«.[564] Obwohl die »Cochemer Praxis« seit 1992/93 praktiziert wird, bestehen bis dato keine wissenschaftlich fundierten Evaluationen.[565] Dringend erforderlich wären wissenschaftlich fundierte Untersuchungen zur Nachhaltigkeit und Qualität der Elternvereinbarungen.[566] Zur »Cochemer Praxis« stehen zurzeit nur Selbsteinschätzungen[567] der Richter und der Beteiligten zur Verfügung.

563 VAMV Bundesverband e.V. (Verband Alleinstehender Mütter und Väter), Reform des familiengerichtlichen Verfahrens, 2007. (Internetdokument zuletzt geprüft am: 19.07.2011).

564 VAMV Bundesverband e.V. (Verband Alleinstehender Mütter und Väter), Reform des familiengerichtlichen Verfahrens, 2007. (Internetdokument zuletzt geprüft am: 19.07.2011); Salgo, in: Lipp/Schumann/Veit, 2009, 155; siehe Rudolph 2007, S. 57; allgemein zur unzureichenden Evaluation der Scheidungsfolgenforschung vgl. Salgo, Öffentliche Anhörung Teil II, Rechtsausschuss BT-Drs. 16/6308 Protokoll Nr. 88, S. 26 f.

565 Fichtner 2007, S. 31 ff.

566 Salgo, in: Lipp/Schumann/Veit, 2009, S. 155 (m.w.N.); Büchler/Cantieni/Simoni, FamPra.ch 2007, 207, 212: mit dem Hinweis, dass auch einvernehmlich getroffene Regelungen bzgl. der Kinderbelange nicht immer zum Vorteil des Kindes sind; Kostka, FamPra.ch 2009, 634, 655 ff.

567 Rudolph 2007, S. 55 ff., mit dem Hinweis auf Untersuchungen im Rahmen von Diplomarbeiten. Vgl. aber die Kritik von Fichtner im Rahmen seiner Untersuchung, Fichtner 2007, S. 31.

Ferner wird die plakative Präsentation des »Erfolgskonzeptes Cochemer Modell« einerseits, so wie die deutliche Diskrepanz zu Erkenntnissen aus vergleichbaren Projekten (z.B. »Regensburger Modell«[568]) andererseits, beanstandet.[569] Ebenso bleibt die Frage zu klären, warum sich die Erkenntnisse der statistischen Erhebungen zur Häufigkeit von häuslicher Gewalt in Deutschland nicht in den Selbstaussagen zur »Cochemer Praxis« widerspiegeln.[570]

Hinsichtlich der Erfolgsergebnisse von gerichtsnaher Beratung ist ein Blick auf das so genannte »Regensburger Modell«[571] von Interesse. Das Regensburger Modell« kann bei historischer Betrachtung als Prototyp der gerichtsnahen Beratung in Deutschland angesehen werden. Denn hier fand eine Evaluation der unfreiwillig in die Beratung geführten Eltern statt. Die Richter in Regensburg übten argumentativen Druck auf die Eltern aus, an einer Beratung teilzunehmen.[572] Stimmten die Eltern zu, wurde unmittelbar im Anschluss an die Anhörung ein Beratungstermin vereinbart oder gleich wahrgenommen. Die Auswertung ergab: 26 % beurteilten die Beratung als erfolgreich, 26 % als teilweise erfolgreich und 48 % als nicht erfolgreich.[573]

Abschließend kann darauf hingewiesen werden, dass Anträge auf alleinige Sorge kaum Aussicht auf Erfolg haben, wenn nach der »Cochemer Praxis« verfahren wird. Als Reaktion darauf werden z.T. Anträge auf alleinige Sorge erst gar nicht mehr gestellt, obwohl diese an der einen oder anderen Stelle durchaus geboten wären. Dieser Umstand ist möglicherweise verantwortlich für die Unzufriedenheit der Betroffenen mit der »Cochemer Praxis«.[574]

---

568 Lossen/Vergho, FamRZ 1993, 768, 771 ff.; Lossen/Vergho, FamRZ 1995, 781ff.

569 Klinkhammer, Öffentliche Anhörung Teil II, Rechtsausschuss BT-Drs. 16/6308 Protokoll Nr. 88, S. 17; Nothhafft, Öffentliche Anhörung Teil II, Rechtsausschuss BT-Drs. 16/6308 Protokoll Nr. 88, S. 45 f; Rakete-Dombek, Öffentliche Anhörung Teil II, Rechtsausschuss BT-Drs. 16/6308 Protokoll Nr. 88, S. 41.; Salgo, Öffentliche Anhörung Teil II, Rechtsausschuss BT-Drs. 16/6308 Protokoll Nr. 88, S. 27.

570 Nothhafft, Öffentliche Anhörung Teil II, Rechtsausschuss BT-Drs. 16/6308 Protokoll Nr. 88, S. 46.

571 Vgl. Lossen/Vergho, FamRZ 1993, 768 ff.; Lossen/Vergho, FamRZ 1995, 781 ff.

572 Bröning 2009, S. 137; Fichtner 2007, S. 32.

573 Buchholz-Graf, PKK 2001, 293, 294 ff.; Bröning 2009, S. 137.

574 Fichtner 2007, passim, Kritisch zum Konzept des »Cochemer Modells«; Bröning 2009, S. 168 (m.w.N.).

Darüber hinaus wurde kritisiert, dass im Laufe des Gesetzgebungsverfahrens zu der FGG-Reform (ca. 2003 bis 2009)[575] keinerlei Begleitforschung vonseiten des Bundesministeriums der Justiz in Auftrag gegeben wurde. Darüber hinaus wird allgemein Kritik geäußert, dass es in Deutschland – im internationalen Vergleich – keine ausreichend repräsentative Scheidungsfolgenforschung gegeben hat.[576]

h) Bundesweite Übertragbarkeit

In Hinblick auf eine bundesweite Übertragbarkeit der »Cochemer Praxis« wird kritisiert, dass die »Cochemer Praxis«, so wie es für Cochem[577] praktikabel ist, nicht auf andere Städte – insbesondere Ballungszentren – übertragbar ist. Die bisherige Praxis zeigt bei genauer Betrachtung, dass jene Familiengerichte, die sich in der Nachfolge der »Cochemer Praxis« sehen, diese Praxis nicht eins zu eins umsetzen (können), da die unterschiedlichen regionalen Voraussetzungen und Ressourcen von Gerichten und Jugendhilfe dies nicht zulassen.

> »Wir können nur spekulieren, dass die Übertragung, z. B. von einem kleinstädtischen Bereich auf den großstädtischen Bereich sehr schwer sein wird. In Cochem, das wird auch plastisch beschrieben, geht dann einer aus dem Gericht in die zwei Beratungsstellen vor Ort und macht da unmittelbar Termine aus. Das geht in so großen Städten wie Berlin oder München oder Köln einfach nicht. Es gibt auch solide Stellungnahmen, z. B. vom Kölner Arbeitskreis Familienrecht, der auch interdisziplinär zusammengesetzt ist, die gesagt haben, wir wissen nicht, wie wir so etwas engmaschiges in unseren Strukturen vorhalten sollen.«[578]

Vor diesem Hintergrund, wurde darauf hingewiesen, dass die derzeit praktizierte »Cochemer Praxis« aus rechtlichen, ökonomischen und strukturellen Gesichtspunkten nicht bundesweit übertragbar ist.[579] Es besteht insoweit noch Klärungsbedarf, welche Anpassungen und Veränderungen an den Beratungsangeboten für Familien

---

575 Im Jahr 2003 beauftragte das Bundesjustizministerium zunächst eine Expertengruppe mit der Erörterung einer Reform des Familienverfahrensrechts. Diese legte im Juni 2005 den »Referentenentwurf eines Gesetzes über das Verfahren in Familiensachen und in den Angelegenheiten der Freiwilligen Gerichtsbarkeit (FamFG)« vor, Bundestag. Referentenentwurf zum FGG-Reformgesetz . Am 1. September 2009 trat das FamFG in Kraft (BGBl. I S. 2586, 2587 ff.).

576 Salgo, Öffentliche Anhörung Teil II, Rechtsausschuss BT-Drs. 16/6308 Protokoll Nr. 88, S. 27.

577 Einwohnerzahl: 4998 Stand: 31.12.2008, Statistisches Landesamt Rheinland-Pfalz 2009, S. 19.

578 Nothhafft, Öffentliche Anhörung Teil II, Rechtsausschuss BT-Drs. 16/6308 Protokoll Nr. 88, S. 46.

579 Vgl. Löbbert, SchlHA April 2008, 105 ff., der grundsätzlich das »Cochemer Modell« begrüßt, aber auf »Abstimmungsbedarf« hinweist.

in Scheidung und Trennung vorgenommen werden müssen, um den rechtlichen, ökonomischen und strukturellen Gesichtspunkten gerecht zu werden.

3. Zwischenergebnis

Die »Cochemer Praxis« ist aus dem Bedürfnis heraus entstanden, beratend auf streitende Eltern Einfluss zu nehmen. Hierbei bediente man sich zahlreicher Methoden und Techniken verschiedener Professionen. Die »Cochemer Praxis« basiert auf einer professionsübergreifenden, interdisziplinären Zusammenarbeit. Hierzu gehören Richter, Rechtsanwälte, Berater, Jugendamtsmitarbeiter und Sachverständige.

Sowohl die »Cochemer Praxis« als auch die Mediation (vgl. Kapitel 2. III) sehen sich vergleichbarer Kritik ausgesetzt. Dies betrifft zunächst die Fälle von häuslicher Gewalt und/oder hoch strittiger Elternkonflikte. Im Falle von häuslicher Gewalt sind weder die Mediation noch die Vorgehensweise der »Cochemer Praxis« ein probates Mittel, um die Konfliktlage zu bewältigen. In Fällen von häuslicher Gewalt oder hoch strittigen Elternkonflikten erscheint die Durchführung eines Gerichtsverfahrens angezeigt.

An der »Cochemer Praxis« sind drei grundlegende Kritikpunkte hervorzuheben: Zum einen, dass seit 1992 keine repräsentativen Evaluationen beziehungsweise wissenschaftliche Begleitstudien zur »Cochemer Praxis« durchgeführt wurden und zum anderen, eine bundesweite Übertragbarkeit auf andere Familiengerichtsbezirke fraglich erscheint. Die jeweils vorhandenen Ressourcen der Jugendhilfe und der Familiengerichte divergieren je nach regionalen Besonderheiten erheblich. Dies führt dazu, dass die »Cochemer Praxis« jeweils den regionalen Gegebenheiten angepasst wird, was letztlich Auswirkungen auf die Qualität der Beratung, der getroffenen Vereinbarung und mithin auch auf die Rechtssicherheit hat.[580] Je nach personeller, qualitativer und quantitativer Ausstattung der Beratungsstellen werden Elternstreitigkeiten zu unterschiedlichen Ergebnissen kommen. Ein weiterer Kritikpunkt ist das faktisch präjudizielle Hinwirken auf eine gemeinsame Sorge der Eltern.

Aufgrund der fehlenden Evaluationen sowie der überaus affirmativen Selbstdarstellung könnte der Eindruck entstehen, dass bei der »Cochemer Praxis« es sich ausschließlich um eine Klientel handele, das aufgrund seiner Reflektiertheit und Strukturiertheit stets in der Lage ist – trotz des festen Willens sich scheiden zu lassen, – kooperativ und konstruktiv die Belange des Kindes in den Mittelpunkt seines Denkens und Handelns zu stellen.[581]

---

580 Vgl. zur allgemeinen Problematik von Erreichbarkeit, Verfügbarkeit und Qualität der Beratung nach § 17 SGB VIII, Proksch, in: FK-SGB VIII, 6. Aufl., § 17 SGB VIII, Rn. 19.

581 Vgl. Lins, FF 2007, 41, 42.

V. Rechtsprechung des BVerfG zur elterlichen Sorge

Im Hinblick auf eine Pflichtberatung im Falle von Trennung und Scheidung soll nun zunächst die Rechtsprechung des BVerfG zur elterlichen Sorge dargestellt und untersucht werden.

Eine Reihe von Entscheidungen des BVerfG stellte die Verfassungswidrigkeit wesentlicher Teile des Kindschaftsrechts fest und leitete zahlreiche Reformen des Kindschaftsrechts ein (z. B. KindRG[582]).

Außergerichtliche Streitschlichtung, wie z. B. Mediation,[583] erweiterte Mediation[584] oder die »Cochemer Praxis«[585] thematisieren regelmäßig Fragen zum Sorgerecht. Gerade daher ist die Rechtsprechung des BVerfG zu Regelungen der elterlichen Sorge von besonderem Interesse. Es soll dementsprechend untersucht werden, welche Aussagen das BVerfG zum Verhältnis von Kindeswohl und gemeinsamer Sorge trifft sowie zu einem Zwang zur gemeinsamen Sorge. Dies gewinnt insbesondere hinsichtlich der »Cochemer Praxis« an Bedeutung, die sich dem Vorwurf ausgesetzt sieht, dass sie ein Präjudiz zur gemeinsamen Sorge beinhalte und in diesem Sinne eine Einigung der Eltern zur gemeinsamen Sorge »erzwinge«.[586]

1. BVerfG 1982 - 1995

Bereits mit Urteil vom 3.11.1982 hatte das BVerfG entschieden, dass die Regelung des § 1671 Abs.4 S.1 BGB a.F. [587], wonach die elterliche Sorge im Falle einer Trennung oder Scheidung der Eltern einem Elternteil allein zu übertragen war, das Grundrecht aus Art. 6 Abs.2 S.1 GG verletzt.[588] Die zweite Entscheidung des BVerfG vom 7.5.1991 erklärte die bisherige Rechtslage für verfassungswidrig, wonach nicht miteinander verheiratete Eltern keine gemeinsame Sorge über nichteheliche Kinder ausüben konnten, auch wenn sie mit den Eltern zusammenlebten.[589]

582 Kindschaftsrechtsreformgesetz vom 16.12.1997, BGBl. I. S. 2942.

583 Vgl. Kapitel 2. III ff.

584 Vgl. oben 3. . und 4. .

585 Vgl. Kapitel 2. IV. 1. .

586 Vgl. Kapitel 2. IV. 3. .

587 § 1671 Abs. 4 S.1 BGB a.F. lautete: »Die elterliche Sorge ist einem Elternteil allein zu übertragen.«

588 BVerfGE 61, 358.

589 BVerfGE 84, 186.

Schließlich entschied das BVerfG am 7.5.1995, dass die Väter nichtehelicher Kinder grundsätzlich Träger des verfassungsrechtlich geschützten Elternrechts sind, und die Zurücksetzung des nichtehelichen Vaters nicht mit dem Grundgesetz vereinbar ist.[590]

Das BVerfG hatte darüber zu entscheiden[591], ob geschiedene Eltern ein gemeinsames Sorgerecht vereinbaren können, wenn sie beide Willens und in der Lage sind, die Elternverantwortung zum Wohle des Kindes auch weiterhin auszuüben. Nach alter Rechtslage war es gemäß § 1671 Abs. 4 S. 1 BGB a.F. ausgeschlossen, dass nach einer Ehescheidung ein gemeinsames Sorgerecht fortbesteht. Diese Rechtslage wurde vom BVerfG als unvereinbar mit dem Elternrecht aus Art. 6 Abs. 2 S. 1 GG erklärt.[592] Dazu führt das BVerfG folgendes aus: Das verfassungsrechtlich gewährleistete Elternrecht gilt in erster Linie dem Schutz des Kindes. Dazu erklärte das BVerfG, dass in der Regel den Eltern das Wohl des Kindes mehr am Herzen liegt als irgendeiner anderen Person oder Institution.[593] Damit sind die Eltern als erste – »zuvörderst« im Sinne des Art. 6 Abs. 2 S. 1 GG – gehalten, zum Wohle ihres Kindes zu handeln. Der Staat ist erst dann gehalten einzugreifen, wenn ihm das Wächteramt dies gebiete. Das staatliche Wächteramt ist dementsprechend subsidiär.[594]

Im Falle einer Ehescheidung hat die Aufhebung der familialen Lebensgemeinschaft, selbst bei großzügigster Ausgestaltung des Umgangsrechts, unweigerlich Auswirkungen auf das Eltern-Kind-Verhältnis. Das Kind lebt fortan nur noch mit einem, dem betreuenden Elternteil zusammen, während sich der Kontakt zu dem anderen Elternteil auf die jeweiligen Umgangsregelungen beschränkt. Aufgrund dieser faktischen Veränderungen des Eltern-Kind-Verhältnisses erachtet das BVerfG eine familiengerichtliche Entscheidung über das Sorgerecht im Scheidungsverbund für verfassungsrechtlich unbedenklich. Es sei angesichts dieser Folgen verfassungsrechtlich nicht zu beanstanden, dass eine familiengerichtliche Entscheidung über das Sorgerecht im Scheidungsverbund ausnahmslos – und nicht im Konfliktfall – zu erfolgen habe. Aber auch hier habe das Gericht grundsätzlich den Vorrang des Elternrechts zu beachten, wonach diesen zunächst das Recht zusteht, eine einverständliche Regelung zu treffen, solange diese dem Wohle des Kindes entspreche.[595]

---

590 BVerfGE 92, 158.

591 BVerfGE 61, 371 ff.

592 BVerfGE 61, 358.

593 BVerfGE 59, 360 376; Badura, in: Maunz/Dürig GG, Lfg. 41, Art. 6 GG, Rn. 96 f.

594 BVerfGE 59, 360, 376; Badura, in: Maunz/Dürig GG, Lfg. 41, Art. 6 GG, Rn. 96 f.

595 BVerfGE 61, 371 ff.

Das BVerfG betonte, dass es im Interesse des Kindeswohls von erheblicher Bedeutung sei, angesichts der Gefahr einer manipulierten Vereinbarung der Eltern, diese gerichtlich zu überprüfen. Es müsse vermieden werden, dass Vereinbarungen zur Beschleunigung des Scheidungsverfahrens oder zur Streitvermeidung vorgetäuscht würden oder eine Einigung zulasten des wirtschaftlich, geistig oder seelisch unterlegenen Elternteils unbesehen erfolge. Dies müsse im Interesse des Kindeswohls in Erfüllung des staatlichen Wächteramtes familiengerichtlich geprüft und hinterfragt werden.[596] Demzufolge ging das BVerfG in seiner Entscheidung nicht davon aus, dass Eltern während oder nach einer Trennung ohne weiteres in der Lage seien, ihrer Elternverantwortung gegenüber dem Kind gerecht zu werden. In diesem Zusammenhang sei noch auf zwei Aussagen des BVerfG besonders hingewiesen: Das seinerzeit nicht *ipso iure* fortbestehende gemeinsame Sorgerecht im Falle einer Scheidung (vgl. § 1671 BGB n.F. und § 1671 Abs.4 S.1 BGB a.F.) sollte nur auf übereinstimmenden Antrag der Eltern erteilt werden, wenn der Richter überzeugt sei, dass die Eltern ihre elterliche Sorge auch weiterhin gemeinsam wahrnehmen können. Das Familiengericht soll im Falle einer Ehescheidung stets eine eingehende Einzelfallprüfung vornehmen und eine Sorgerechtsentscheidung treffen.[597]

2. BVerfG 2003 (Az. 1 BvL 20/99 vom 29.1.2003)

Das Bundesverfassungsgericht überprüfte im Jahr 2003 die Verfassungsmäßigkeit der gesetzlichen Sorgerechtsregelungen hinsichtlich nichtehelicher Kinder.[598] Gegenstand der Überprüfung war die Vereinbarkeit der §§ 1626 a, 1672 Abs. 1 BGB, die das Sorgerecht des Vaters von der Zustimmung der Mutter abhängig machen, mit dem Elternrecht des Vaters aus Art. 6 Abs. 2 GG.[599] In der Entscheidung aus dem Jahr 2003 kam das BVerfG[600] noch zu dem Ergebnis, dass die Bestimmungen über die gemeinsame Sorge nicht miteinander verheirateter Eltern verfassungsgemäß sind.[601]

Die Begründung einer gemeinsamen Sorge erfordere ein Mindestmaß an Konsens und eine tragfähige soziale Beziehung zwischen den Eltern. Nur so könne die Berücksichtigung des Kindeswohls sichergestellt werden.[602] Das Bundesverfas-

596 BVerfGE 61, 378.

597 BVerfGE 61, 378; Kostka 2004, S.9 ff. (m.w.N.).

598 BVerfG, 1 BvL 20/99 vom 29.1.2003.

599 Altrogge, FPR 2008, 154, ff.; rechtsvergleichend: Humphrey, FPR 2003, 578 ff.; Groß, FPR 2002, 176, ff.

600 BVerfG, 1 BvL 20/99 vom 29.1.2003.

601 BVerfG, 1 BvL 20/99 vom 29.1.2003.

602 BVerfG, 1 BvL 20/99 vom 29.1.2003, Absatz-Nr. 47.

sungsgericht kam zu der Überzeugung, dass Eltern, die nicht in der Lage sind sich über das gemeinsame Sorgerecht zu verständigen, auch später nicht diese Verantwortung gemeinsam ausüben können. Das BVerfG kam, wie auch schon der Gesetzgeber[603] (KindRG[604]) zu der Überzeugung, dass »eine gegen den Willen eines Elternteils erzwungene gemeinsame Sorge regelmäßig mit mehr Nachteilen als Vorteilen für das Kind verbunden ist«[605]. Ein erzwungenes gemeinsames Sorgerecht – gegen den Willen eines Elternteils – hätte lediglich eine – für das Kind nachteilige[606] – Streitverlagerung von der Paarebene auf die Elternebene zur Folge und birgt die Gefahr in sich, dass dann die Konflikte der Eltern auf dem Rücken des Kindes ausgetragen werden.[607] Demnach ist davon auszugehen, dass eine erzwungene gemeinsame Sorge, wenn auch nur gegen den Willen eines Elternteils, zu Lasten des Kindes geht.[608]

Vor diesem Hintergrund beurteilte das BVerfG die gesetzliche Regelung des Sorgerechts verheirateter und unverheirateter Eltern wie folgt:

Bei miteinander verheirateten Eltern sieht der Gesetzgeber die Grundlage für die gemeinsame Sorge in einer zuvor abgegebenen unbedingten und übereinstimmenden Erklärung, für das Kind Verantwortung zu übernehmen. Diese Erklärung sieht der Gesetzgeber in dem Eheversprechen der Eltern und spricht ihnen daher auf dieser Grundlage das gemeinsame Sorgerecht für ihr Kind zu.[609]

Bei nicht miteinander verheirateten Eltern, die zusammenleben und die gemeinsame Sorge tatsächlich ausüben, könne der Gesetzgeber davon ausgehen, dass die Eltern ihre gemeinsame Sorge nicht nur tatsächlich gemeinsam wahrnehmen, sondern auch die Bereitschaft besteht eine entsprechende rechtliche Absicherung in Form einer Sorgeerklärung (§ 1626a Abs. 1 Nr. 1 BGB) abzugeben. Fehlt jedoch bei der Mutter die Bereitschaft zur gemeinsamen Sorge, müsse davon ausgegangen werden, dass sie schwerwiegende Gründe für ihre ablehnende Haltung habe, die mit der Wahrung des Kindeswohls zusammenhängen. Diese Gründe der Mutter werden als Indiz für einen bestehenden Elternkonflikt gesehen, der das geforderte Mindestmaß an Konsens und Tragfähigkeit der sozialen Beziehung zwischen den

603 Vgl. BT-Drs. 13/4899, S. 58 ff.; BT-Drs. 13/8511, S. 66.

604 Kindschaftsrechtsreformgesetz vom 16.12.1997, BGBl. I. S. 2942.

605 BVerfG, 1 BvL 20/99 v. 29.1.2003, Absatz-Nr. 61.

606 Kapitel 1. III. 1. b).

607 Vgl. BVerfG, 1 BvL 20/99 vom 29.1.2003, Absatz-Nr. 60, (m.w.N.); Wallerstein/Lewis/Blakeslee 2002, S. 228; Balloff/Walter, FamRZ 1990, 445, 454;Furstenberg/Cherlin 1993, S. 112 ff.

608 BVerfG, 1 BvL 20/99 vom 29.1.2003, Absatz-Nr. 61.

609 Vgl. BVerfG, 1 BvL 20/99 vom 29.1.2003, Absatz-Nr. 48.

Eltern in Frage stellt. Dieser Konflikt würde sich bei der Wahrnehmung der gemeinsamen Sorge nachteilig auf das Kind auswirken.

Das BVerfG war 2003 der Auffassung, dass es mit Art. 6 Abs. 2 GG vereinbar wäre, wenn der Gesetzgeber bei einem Nichtzustandekommen einer übereinstimmenden Sorgeerklärung keine gerichtliche Einzelfallprüfung zulässt. Es sei zu erwarten, dass die Gerichte einer gemeinsamen Sorge nicht zustimmen würden, wenn sich die Eltern nicht selbstständig auf eine gemeinsame Sorgeerklärung verständigen können. Der Umstand, dass die Eltern keinen Konsens herstellen konnten, lässt den Schluss zu, dass schwerwiegende Gründe (Elternkonflikt) vorliegen, die dem Kindeswohl und damit einer gemeinsamen Sorge entgegenstehen. Bereits die gerichtliche Auseinandersetzung um die gemeinsame Sorge könnte sich für das Kind als zusätzliche Belastung zu den übrigen Konflikten darstellen.[610]

3. Entscheidung des Europäischen Gerichtshofes für Menschenrechte 2009 (Zaunegger vs. Deutschland)

In seiner Entscheidung[611] vom 3.12.2009 rügte der Europäische Gerichtshof für Menschenrechte – im Gegensatz zum BVerfG[612] – eine Diskriminierung nichtehelicher Väter hinsichtlich des Zugangs zu einer gemeinsamen elterlichen Sorge.

In der deutschen Sorgerechtsregelung des § 1626 a BGB sah der Europäische Gerichtshof für Menschenrechte einen Verstoß gegen Art. 14 EMRK in Verbindung mit Art. 8 EMRK. Es läge eine Ungleichbehandlung von nichtehelichen Vätern im Vergleich zu Müttern und geschiedenen Vätern vor, die nicht durch sachliche und vernünftige Unterschiede[613] zu rechtfertigen sei.

Die fehlende Möglichkeit einer gerichtlichen Überprüfung der Alleinsorge der Mutter (§ 1626 a Abs. 2 BGB) gab Anlass zu der Entscheidung des Europäischen Gerichtshofs für Menschenrechte. Dieser generelle Ausschluss einer gerichtlichen Überprüfung der ursprünglichen Zuweisung der Alleinsorge an die Mutter stehe in keinem angemessenen Verhältnis zu dem verfolgten Ziel, d. h. dem Schutz des Kindeswohls. § 1626 a BGB verfolge zwar mit dem Schutz des Kindeswohls nichtehelicher Kinder ein legitimes Ziel, allerdings sei diese Regelung unverhältnismäßig. Einem Vater, der aufgrund einer Sorgeerklärung oder Ehe sorgeberechtigt war

---

610 Vgl. BVerfG, 1 BvL 20/99 vom 29.1.2003, Absatz-Nr. 70.

611 EGMR, Zaunegger gegen Deutschland, Nr. 22028/04, Urteil v. 3. 12.2009, veröffentlicht in FamRZ 2010, S. 103.

612 BVerfG, 1 BvL 20/99 v. 29.1.2003.

613 Vgl. EGMR, Inze gegen Österreich, Nr. 8695/79, Urteil v. 28.10.1987, § 41, Series A no. 126; Mazurek gegen Frankreich, Nr. 34406/97, Urteil v. 1.5.2000, § 48, ECHR 2000-II.

und nun von der Mutter getrennt lebt, ist es möglich eine umfassende gerichtliche Überprüfung der gemeinsamen elterlichen Sorge gemäß § 1671 BGB herbeizuführen. Im Gegensatz dazu kann ein Vater, der niemals ein Sorgerecht besaß die Alleinsorge der Mutter (§ 1626 a Abs. 2 BGB) nicht gerichtlich überprüfen lassen. Der Europäische Gerichtshof für Menschenrechte sah keine hinreichend sachlichen und vernünftigen Unterschiede[614], die eine solche Ungleichbehandlung rechtfertigen könnten. Es sei nicht nachvollziehbar, warum einem Vater eines nichtehelichen Kindes, der sowohl die Vaterschaft anerkannt als auch die Vaterrolle übernommen hat, ein geringerer Rechtsschutz zukommt als einem Vater, der zunächst die elterliche Sorge inne gehabt und sich später von der Mutter getrennt habe oder sich habe scheiden lassen.[615]

Die Argumente des BVerfG aus seiner Entscheidung 2003, dass eine Weigerungshaltung der allein erziehungsberechtigten Mutter zur gemeinsamen Sorgeerklärung stets kindeswohlorientiert sei und eine gerichtliche Überprüfung der Sorgerechtsverteilung eine unangemessene Belastung für das Kind darstelle,[616] teilte der europäische Gerichtshof für Menschenrechte nicht. Der Europäische Gerichtshof für Menschenrechte erachtete die Einschätzung des Gesetzgebers und des BVerfG als wenig überzeugend, dass, wenn die Eltern des nichtehelichen Kindes zusammenleben, und die Mutter sich jedoch weigere eine gemeinsame Sorgeerklärung abzugeben, diese Weigerungshaltung in der Regel auf schwerwiegenden kindeswohlorientierten Gründen beruhe und nicht aus Eigeninteresse der Mutter motiviert sei.[617]

4. BVerfG 2010 (Az. 1 BvR 420/09 vom 21.7.2010)

Im Jahr 2010 entschied das BVerfG, dass die aktuellen gesetzlichen Regelungen § 1626a Abs. 1 Nr. 1 BGB und § 1672 Abs. 1 BGB über die elterliche Sorge nicht miteinander verheirateter Eltern gegen das Elternrecht des Vaters aus Art. 6 Abs. 2 GG verstoßen.[618]

---

614 Vgl. EGMR, Inze gegen Österreich, Nr. 8695/79, Urteil v. 28.10.1987, § 41, Series A no. 126; Mazurek gegen Frankreich, Nr. 34406/97, Urteil v. 1.5.2000, § 48, ECHR 2000-II.

615 Vgl. EGMR, Zaunegger gegen Deutschland, Nr. 22028/04, Urteil v. 3. 12.2009, Ziffer 61 f.

616 Vgl. Kapitel 2. V. 2. .

617 Vgl. EGMR, Zaunegger gegen Deutschland, Nr. 22028/04, Urteil v. 3. 12.2009, Ziffer 56 ff.

618 BVerfG, 1 BvR 420/09 vom 21.7.2010, (BGBl. I S. 1173).

Das BVerfG sah in seiner Entscheidung das Elternrecht des Vaters dadurch verletzt, dass er ohne Zustimmung der alleinsorgeberechtigten Mutter (§ 1626 a Abs. 2 BGB) generell von der Sorgetragung für sein Kind ausgeschlossen ist, ohne dies gerichtlich überprüfen lassen zu können. Hierdurch ist es nicht möglich zu überprüfen, ob es aus Gründen des Kindeswohls geboten erscheint, dem Vater zusammen mit der Mutter die Sorge für das gemeinsame Kind einzuräumen oder ihm die Alleinsorge für das Kind zu übertragen.[619]

Das BVerfG ging in seiner Entscheidung aus dem Jahr 2003 davon aus, dass sich Mütter bei einer Zustimmungsverweigerung zu einer Sorgeerklärung (§ 1626 a Abs. 1 Nr. 1 BGB) ausschließlich aus Gründen zur Wahrung des Kindeswohls leiten lassen.[620] Diese Grundannahme sah das BVerfG (2010) aufgrund neuerer empirischer Erkenntnisse[621] als nicht bestätigt an.[622] Das Fehlen einer Möglichkeit, die Sorgerechtsverteilung am Maßstab des Kindeswohls gerichtlich überprüfen zu lassen, stellt mithin einen Verstoß gegen das Elternrecht des unverheirateten Vaters dar. Im Ergebnis erklärte das BVerfG (2010) die gesetzlichen Regelungen § 1626a Abs. 1 Nr. 1 BGB und § 1672 Abs. 1 BGB über die elterliche Sorge nicht miteinander verheirateter Eltern für verfassungswidrig.

Das BVerfG hat Normen, die nicht im Einklang mit dem Grundgesetz stehen grundsätzlich für nichtig zu erklären (§ 95 Abs. 3 S. 1 und 2 BVerfGG), es sei denn, dass durch die Nichtigkeit der Normen ein Zustand geschaffen würde, der von der verfassungsmäßigen Ordnung noch weiter abweicht als der bestehende.[623] Letzteren Fall hat das BVerfG angenommen und folgende Übergangsregelung getroffen:[624]

> »Bis zum Inkrafttreten einer gesetzlichen Neuregelung ist § 1626a des Bürgerlichen Gesetzbuches mit der Maßgabe anzuwenden, dass das Familiengericht den Eltern auf An-

---

619 BVerfG, 1 BvR 420/09 vom 21.7.2010, Absatz-Nr. 47.

620 BVerfG, 1 BvR 420/09 vom 21.7.2010, Absatz-Nr. 36.

621 »Da der Gesetzgeber Regelungen getroffen hat, die nur bei Richtigkeit seiner prognostischen Annahmen das Elternrecht des Vaters eines nichtehelichen Kindes aus Art. 6 Abs. 2 GG wahren, ist er verpflichtet, die tatsächliche Entwicklung zu beobachten und zu prüfen, ob seine Prämissen auch vor der Wirklichkeit Bestand haben« (BVerfGE 107, 150 ff., 179 f.). Angesichts des Prüfauftrags des BVerfG (2003) wird u.a. die Begründung der gemeinsamen elterlichen Sorge durch Sorgeerklärung seit dem Jahr 2004 statistisch erfasst. Die erfassten Informationen zu den Motiven der Mütter eine Sorgeerklärung zu verweigern wurden überwiegend durch die betroffenen Väter erhoben und sind daher in ihrer Aussagekraft kritisch zu beurteilen vgl. BT-Drs. 16/10047, S. 12 ff., 13.

622 BVerfG, 1 BvR 420/09 vom 21.7.2010, Absatz-Nr. 59.

623 BVerfGE 119, 331, 382 f.

624 BVerfG, 1 BvR 420/09 vom 21.7.2010, Absatz-Nr. 71.

trag eines Elternteils die elterliche Sorge oder einen Teil der elterlichen Sorge gemeinsam überträgt, soweit zu erwarten ist, dass dies dem Kindeswohl entspricht.

Bis zum Inkrafttreten einer gesetzlichen Neuregelung ist § 1672 des Bürgerlichen Gesetzbuches mit der Maßgabe anzuwenden, dass das Familiengericht dem Vater auf Antrag eines Elternteils die elterliche Sorge oder einen Teil der elterlichen Sorge überträgt, soweit eine gemeinsame elterliche Sorge nicht in Betracht kommt und zu erwarten ist, dass dies dem Kindeswohl am besten entspricht«.[625]

Kommt es zu einer gerichtlichen Einzelfallüberprüfung der Sorgerechtsentscheidung, ist sowohl das Elternrecht des Vaters als auch das der Mutter des nichtehelichen Kindes hinreichend zu berücksichtigen. Der Mutter das Sorgerecht zu entziehen ist nur unter zwei Voraussetzungen gerechtfertigt: zum einen darf es keine andere Möglichkeit geben, die weniger in das Elternrecht der Mutter eingreift, um das väterliche Elternrecht zu wahren und zum anderen müssen gewichtige Kindeswohlgründe vorliegen, die einen Sorgerechtsentzug auch nahelegen.

Nach Auffassung des BVerfG stelle die gemeinsame Sorgetragung der Eltern einen weniger schwerwiegenden Eingriff in das Elternrecht der Mutter dar, als der Entzug ihres Sorgerechts. Daher ist in einem Verfahren auf Übertragung der Alleinsorge von der Mutter auf den Vater eines nichtehelichen Kindes vorrangig zu untersuchen, »ob nicht eine gemeinsame Sorgetragung der Eltern angezeigt sein könnte, die dem Kindeswohl nicht abträglich ist«.[626] Sofern eine solche gemeinsame Sorgetragung der Eltern unter Berücksichtigung des Kindeswohls möglich ist, kommt nur eine Übertragung der Alleinsorge auf den Vater nicht in Betracht. Im Übrigen kann ein Wechsel der Alleinsorge auf den Vater nur durch gewichtige Belange des Kindes und seines Wohls begründet werden.[627]

5. Zwischenergebnis

Insoweit kann festgehalten werden, dass das BVerfG davon ausgeht, dass bei einem faktischen Auseinanderfallen der Lebensgemeinschaft »Familie«, d. h. insbesondere eine räumliche Trennung der Elternteile mit der Folge, dass kein gemeinsamer Alltag mehr besteht, Auswirkungen auf das Eltern-Kind-Verhältnis vorliegen. Dies könne eine Intervention des Staates Kraft seines Wächteramtes (Art. 6 Abs. 2 S. 2 GG) rechtfertigen. Insbesondere betont das BVerfG, dass es im Interesse des Kindes notwendig sei, dass etwaige Vereinbarungen der Eltern – die durchaus gewünscht und vorrangig zu beachten sind – einer gerichtlichen am Kindeswohl orientierten Überprüfung bedürfen.

625 BVerfG, 1 BvR 420/09 vom 21.7.2010, Tenor zu 2. und 3.

626 BVerfG, 1 BvR 420/09 vom 21.7.2010, Absatz-Nr. 68.

627 BVerfG, 1 BvR 420/09 vom 21.7.2010, Absatz-Nr. 68.

Die Grundannahme, dass Eltern stets diejenigen seien, die das Kindeswohl am ehesten im Blick hätten, ist im Konfliktfall (Elternstreit) kritisch zu beurteilen. Diese skeptische Haltung gegenüber den Fähigkeiten der Eltern im Konfliktfall das Kindeswohl zu wahren, zeigt sich auch in der Entscheidung des BVerfG 2010. Das Bundesverfassungsgericht geht nunmehr zusammen mit dem Europäischen Gerichtshof für Menschenrechte davon aus, dass Mütter sich nicht primär von kindeswohlorientierten Gründen leiten lassen, wenn es um die Zustimmung zur gemeinsamen Sorge (Sorgeerklärung gemäß § 1626 a Abs. 1 Nr. 1 BGB) geht. Diese Einschätzung stützt das BVerfG auf die empirischen Erhebungen seit 2004 sowie auf eine Umfrage des Bundesministeriums der Justiz im Jahr 2006.[628] Jedoch wird kritisch angemerkt, dass die Angaben überwiegend von den nichtsorgeberechtigten Vätern stammen und daher »mit äußerster Vorsicht zu interpretieren« seien.[629]

Nach Auffassung des BVerfG setzt eine gemeinsame Sorge der Eltern voraus, dass sie einen unbedingten Konsens herstellen und für ihr Kind gemeinsam Verantwortung übernehmen. Diesen Konsens sieht das Bundesverfassungsgericht im Falle von verheirateten Eltern in ihrem Eheversprechen. Die bloße Anerkennung der Vaterschaft eines nichtehelichen Vaters genügt indes nicht. Darin sei lediglich eine rechtliche Zuordnung zu sehen und nicht bereits die Übernahme seiner Verantwortung für das Kind tatsächlich Sorge zu tragen. Die Alleinsorge der Mutter eines nichtehelichen Kindes begründet das BVerfG zum einen mit der im Laufe der Schwangerschaft gewachsenen Beziehung zu dem Kind und zum anderen der natürlichen Notwendigkeit, dem Kind unmittelbar nach der Geburt eine sorgeberechtigte und insbesondere -verpflichtete Bezugsperson an die Seite zu stellen. Das BVerfG fordert für die Übernahme der gemeinsamen Sorge einen Konsens, der über das bloße Anerkennen der Vaterschaft hinausgeht. Vor diesem Hintergrund sieht das BVerfG einen »erzwungenen« Konsens zur gemeinsamen Sorge für nicht tragfähig, um der Elternverantwortung gegenüber dem Kind gerecht zu werden. Eine solche erzwungene gemeinsame Sorge würde mehr Nachteile als Vorteile für das Kind (Kindeswohl) erbringen.

---

628 Vgl. BT-Drs. 16/10047, S. 8 ff.

629 »Diese Ergebnisse sind jedoch mit äußerster Vorsicht zu interpretieren. Die Angaben der befragten Teilnehmer beruhen in aller Regel ausschließlich auf Informationen, die diese von den beratenen Vätern erhalten haben, und konnten von den Teilnehmern nicht verifiziert werden. Viele Teilnehmer der Umfrage haben besonders darauf hingewiesen, dass ein Kontakt mit den Müttern nicht bestand. Es ist daher möglich, dass der – hier wiedergegebene – Eindruck der Beratungsperson [Jugendamtsmitarbeiter und Rechtsanwälte] mit den tatsächlichen Motiven der Mütter nicht übereinstimmt.«, BT-Drs. 16/10047, S. 13.

Im Hinblick auf eine außergerichtliche Streitschlichtung – insbesondere die »Cochemer Praxis«[630] – ist somit festzuhalten, dass eine erzwungene gemeinsame Sorge als nachteilig für das Kindeswohl vom BVerfG abgelehnt wird.

Die Frage nach dem Sorgerecht bedarf einer am Kindeswohl orientierten Einzelfallentscheidung. Dabei ist festzustellen, ob die gemeinsame Sorge tatsächlich dem Kindeswohl am besten dient. Ein Präjudiz dahingehend, dass die gemeinsame Sorge automatisch ein Garant für das Kindeswohl sei, findet sich nicht in der Rechtsprechung des BVerfG. Auch in der Entscheidung des BVerfG 2010 wird die Kindeswohlorientierung einer Sorgerechtsentscheidung betont, auch wenn den nichtehelichen Vätern eine Überprüfung der Sorgerechtsverteilung eröffnet und die gemeinsame Sorge als milderes Mittel gegenüber dem Entzug des Sorgerechts der Mutter angesehen wird.

VI. Weiterentwicklung der Beratungsangebote

Eine Studie von *Helming et al.* (2007)[631] untersuchte 19 Projekte zu Hilfs- und Beratungsangeboten für Familien in Konfliktlagen. Angesichts der Beratungslage[632] in Deutschland wurden im Ergebnis folgende Forderungen zur Weiterentwicklung und Verbesserung der Beratungsangebote (»Früher Hilfen und soziale Frühwarnsysteme«) gestellt:[633]

- Die dem allgemeinen Sozialdienst zur Verfügung stehenden Ressourcen müssen überprüft und der bestehenden Bedarfslage angepasst werden.
- Ausbau der systematischen Zugänge der Familien über das medizinische System.
- Einheitliche und praxistaugliche Verfahren müssen entwickelt werden, um Risiken und Gefährdung des Kindeswohls besser einzuschätzen.
- Es müssen Ansätze (weiter-) entwickelt werden, die Eltern bei der Wahrnehmung ihrer Verantwortung gegenüber dem Kind unterstützen.

---

630 Vgl. Kapitel 2. IV. 1. .

631 Helming, et al. 2007.

632 Übersicht zur Beratungslage von Programmen zu Frühen Hilfen für Eltern und Kinder und sozialen Frühwarnsystemen bei Helming, et al. 2007, 26 ff., 87 ff.; siehe auch Fichtner 2007, S. 20 ff., 76 ff., Im Erhebungszeitraum von 01.11.2006 bis 15.12.2006 wurden insgesamt 33 Einrichtungen oder Arbeitskreise kontaktiert.

633 Z.B. Helming, et al. 2007, S. 78.; zu hoch konflikthaften Trennungs- und Scheidungsprozessen vgl. die Studie von Fichtner 2007, S. 73 f.

- Ausbau interdisziplinärer Zusammenarbeit zwischen den beteiligten Professionen. Dies bedeutet insbesondere verbesserte Qualifikationsstandards durch Ausbildung und Fortbildung.
- Fragen des Datenschutzes bezüglich der »interdisziplinären Informationsweitergabe« müssen geklärt werden.[634]
- Unterschiedliche Methoden und Ansätze bedürfen langfristiger Evaluation.[635]

VII. Zwischenergebnis

Im Ergebnis kann festgehalten werden, dass niedrigschwellige Hilfs- und Beratungsangebote für Familien in Trennung und Scheidung angesichts ihrer emotionalen Konfliktlage eine große Bedeutung haben können, um die Notsituation der betroffenen Kinder zu mildern. Dabei hat sich gezeigt, dass die Beratungslandschaft in Deutschland noch entwicklungs- und verbesserungsbedürftig ist. Insbesondere ist hier auf die qualitative und quantitative defizitäre Ausstattung der Beratungsstellen hinzuweisen. Diesbezüglich besteht noch weiterer Evaluationsbedarf.

Hilfen im Wege der Mediation werden in Deutschland noch weitgehend unkritisch betrachtet, sind aber nur in begrenztem Rahmen zur Lösung von Familienstreitigkeiten geeignet. Vor allen Dingen ist hier auf die fehlenden gesetzlichen Ausbildungsstandards für Mediatoren hinzuweisen.

Zur »Cochemer Praxis« kann im Ergebnis festgehalten werden, dass seine Stärken in einer zügigen Bearbeitung der Familienstreitigkeiten liegen. Darüber hinaus besteht die Intention praxisnahe Beratung und Hilfe zum Wohle des Kindes in die Familie zu bringen. Charakteristisch für die »Cochemer Praxis« ist die direkte oder indirekte Androhung gegenüber den Eltern ihr Sorgerecht zu verlieren, um sie zu einer Einigung, d. h. Teilnahme an einer Vermittlung und Beratung zu bewegen. Die erheblichen Einwände und Bedenken gegen die »Cochemer Praxis« konkretisieren sich vor allem auf strukturelle Defizite. Vor diesem Hintergrund ist die »Cochemer Praxis« nicht ohne diese Anpassungen bundesweit einheitlich übertragbar.

---

634 Vgl. allgemein zu einer Lockerung des Instituts der Schweigepflicht auch: Alberstötter, in: Weber/Schilling, 2006, S. 193 (m.w.N.); Weber, in: Weber/Schilling, 2006, S. 199 ff, 206, S. 225 (m.w.N.).

635 So auch zu hoch konflikthaften Trennungs- und Scheidungsprozessen vgl. Studie von Fichtner 2007, S. 73 f.

Kapitel 3. Pflichtberatung bei Trennung und Scheidung.

Im Folgenden soll der Frage nachgegangen werden, inwieweit es der Pflicht der Eltern entspricht, zur Bewältigung von Trennung und Scheidung Hilfen in Anspruch zu nehmen. Insoweit eine entsprechende Pflicht angenommen werden kann, ist die Frage zu beantworten, ob und inwieweit der Staat gehalten ist, diese Pflicht (aktiv) einzufordern.

I. Historischer Kontext: Einflussnahme des Staates auf die Familie

Vor historischem Hintergrund widmete sich der Gesetzgeber 1949 mit Art. 6 GG ausdrücklich dem Thema Eltern, Kind und Familie. Mit Art. 6 Abs. 1 GG wurden »Ehe und Familie« unter den besonderen Schutz der staatlichen Ordnung gestellt. Art. 6 Abs. 1 GG ist ein »klassisches« Freiheitsrecht im Sinne der im 18. und 19. Jahrhundert erkämpften »Abwehrrechte« gegen den Obrigkeitsstaat. Danach ist die Privatsphäre von Ehe und Familie grundsätzlich vor äußerem Zwang durch den Staat geschützt. Der Staat ist verpflichtet, dies zu respektieren und zu fördern.[636]

Eine Pflichtberatung der Eltern in Trennung und Scheidung stellt unweigerlich einen Eingriff in die Familie und die Elternautonomie dar. Insoweit, wie oben in Kapitel 2. VI dargestellt, eine qualitative und quantitative Verbesserung der Beratungslandschaft in Deutschland gefordert wird, insbesondere eine rechtliche Ausgestaltung von Qualifikations- und Ausbildungsstandards, ist dadurch grundsätzlich auch eine Einflussnahme auf die Eltern durch die Beratungsangebote gegeben. Vor dem Hintergrund der historischen Erfahrungen ist es angezeigt, die Einflussnahme des Staates auf die Eltern und die Familie im historischen Kontext zu skizzieren.

636 BVerfGE 6, 55; 24, 119, 66, 84; 68, 256.

1. Einflussnahme des Staates im 18. und 19. Jahrhundert

Zwecks Einflussnahme wurde das Recht zum pädagogischen Instrument, um den Einfluss des Staates zu vergrößern.[637] Die Verfasser des Allgemeinen Preußischen Landrechts (ALR), die ihr Gesetz als vollkommen empfanden[638], waren fest davon überzeugt im Lichte der Aufklärung zu wissen, was für den Bürger das Beste sei.[639] Sie vertraten im Sinne der Aufklärung die These, dass jeder die Pflicht zur Vervollkommnung habe. Das Gesetz wurde als ein Erziehungsinstrument angesehen.[640] Als solches ermahnte und strafte das ALR, setzte jedoch primär auf den moralischen Appell, um auf das Verhalten der Menschen einzuwirken.[641] Man sah das Recht als ein Mittel der Sozialdisziplinierung an.[642]

Am Beispiel der Ehescheidung lässt sich aufzeigen, wie über das Verfahrens- und Kostenrecht auf die Scheidungswilligen Einfluss genommen wurde.

Im Laufe des 19. Jahrhunderts wurde die Möglichkeit einer Ehescheidung zunehmend erschwert. So mussten sich die Scheidungswilligen seit 1844 zunächst einem Sühneversuch durch den Ortsgeistlichen unterziehen. Erst wenn dieser obligatorische Aussöhnungsversuch durch den Pfarrer für gescheitert erklärt wurde, war eine Scheidung möglich.[643] Eine weitere Hürde wurde durch das Verfahrens-

---

637 Kostka 2004, S.28.

638 Müller-Freienfels, in: Dutoit, et al., 1976, S. 119, 143.

639 Das ALR aus dem Jahre 1764 kann als das bedeutendste vorbürgerliche, d.h. vorindustrielle Gesetz Deutschlands bezeichnet werden , da – einmalig in der Rechtsgeschichte – nahezu alle Rechtsgebiete in einem einzigen Gesetz zusammengefasst wurden. Mit dem Anspruch eine Rechtsbereinigung und eine Rechtseinheit herzustellen, wurden zahlreiche allgemeine Rechtsgrundsätze kodifiziert. Mit dem Allgemeinen Preußischen Landrecht versuchte man die Ideale der Aufklärung zu verwirklichen. Dabei sollte das Individuum durch das ALR gemäß dem Leit- und Menschenbild der Aufklärung zu Freiheit und mithin zum Glück erzogen werden. Allerdings wurde die Definition von Glück nicht dem einzelnen Menschen überlassen. Es oblag nicht seiner individuellen Entscheidung, sondern wurde ihm qua Gesetz vorgeschrieben. Münder 1993, S. 12; Gerlachs, in: Wolff/Birtsch, 1995, S. 266; Wesel 2000, S. 72; Müller-Freienfels, in: Dutoit, et al., 1976, S. 119, 143; Hattenhauer, in: Wolff/Birtsch, 1995, S. 58.

640 Hattenhauer, in: Hattenhauer/Bernert, 1994, S. 21.

641 Wolff, in: Wolff/Birtsch, 1995, S. 225; Knieper 1996, S. 23.

642 Huffmann 1990, S. 49, 67; Baacke 1999, S. 251; Man vertraute fest in die Allmacht der Erziehung und glaubte an die Notwendigkeit der Disziplinierung des Menschen, um diesem zu seiner »wahren Natur«, zur Vernunft, Moralität und Sittlichkeit zu verhelfen, Tenorth 2010, S. 101, 107, 110; Kant 1997, S. 3, 9, 73.

643 Gestrich 1999, S.33.

recht aufgebaut. Infolge einer Verlagerung von den Landesgerichten an die Oberlandesgerichte erhöhten sich die Gebühren für einen Scheidungsprozess. Die Konsequenz war, dass die Scheidungsrate in Preußen nach 1874 trotz stetig steigender Bevölkerungszahlen und zunehmender Eheschließungen rückläufig war und die Zahl der abgelehnten Scheidungsgesuche zunahm. Die Folge dieser restriktiven Ehescheidungspraxis im 19. Jahrhundert war, dass in Preußen und in anderen Ländern die informellen Ehetrennungen zunahmen.[644] Eine solche informelle Trennung stellte im 19. Jahrhundert normalerweise die Vorstufe zur Ehescheidung dar. Allerdings musste sie ebenfalls beantragt werden, da eine eigenmächtige Trennung der Partner unter Strafe gestellt war. Jedoch konnte dies in großen Städten kaum noch überprüft werden, so dass sich hier eine schleichende Praxis »selbstständiger Ehescheidungen« durchsetzte.[645]

Im historischen Kontext wird die Einmischung des Staates in die Privatsphäre der Familie an der unterschiedlichen Konzeption vom ALR und BGB deutlich. Während das ALR auf der einen Seite das Verhalten zu steuern versuchte, indem es die privaten und familialen Belange detailliert regelte, verfolgte das BGB auf der anderen Seite einen liberalen, stark non-interventionistischen Ansatz. Man betrachtete die Ehe und die Familie zunehmend als Privatangelegenheit.[646] Insbesondere bezweifelte man, dass die Gesetzgebung unmittelbar in der Lage sei, eine gute Ehe herzustellen oder eine schlechte Ehe zu verbessern. Man erkannte die Grenzen der Wirksamkeit pädagogisch motivierter rechtlicher Maßnahmen.[647] Obwohl zu Beginn des 19. Jahrhunderts und noch während der Beratungszeit über das BGB, Tendenzen bestanden, stärker in die Familie einzugreifen, fanden diese grundsätzlich *keinen* Einzug in das BGB von 1900. Vielmehr wurden die Idee der Privatheit der Familie und ihre Abschottung gegenüber dem Staat auf juristischer Ebene übernommen. Das so geschaffene Familienrecht spiegelte, die im 19. Jahrhundert entwickelten bürgerlichen Familienstrukturen wider.[648] Bereits im Laufe des 22 jährigen Gesetzgebungsverfahren wurde kritisiert, dass das Familienbild des BGB

644 1840 wurden in Preußen noch fast 4000 Ehen getrennt, 1850 waren es noch knapp 3100 und 1869 noch etwas über 2700 Ehetrennungen, Gestrich 1999, S. 33.

645 Gestrich 1999, S. 33.

646 Huffmann 1990, S. 50; Knieper 1996, S. 90.

647 Müller-Freienfels, in: Dutoit, et al., 1976, S. 144, 148; Kostka 2004, S.29; Diese veränderte Einstellung verlief parallel mit dem Funktionswandel der Familie, die nunmehr nicht mehr als das Fundament staatlicher Herrschaft galt, Sachße/Tennstedt, in: Kaufmann, 1982., S. 90, 91.

648 Sachße/Tennstedt, in: Kaufmann, 1982., S. 92; Kostka 2004, S. 30.

nicht der sozialen Realität um 1900 entspräche, sondern von einem bereits überholten *bürgerlichen Idealbild* der Familie ausginge.[649]

2. Beeinflussung der Familie durch das NS-Regime

Mit der Machtergreifung der Nationalsozialisten 1933 wurden die Demokratisierungstendenzen[650] in den Familienkonzeptionen völlig unterdrückt. Die Familie war für die Nationalsozialisten ein zentraler Ansatzpunkt, um ihre rasse- und gesellschaftspolitischen Ziele durchzusetzen. Insoweit kam der Familienpolitik unter der Herrschaft der Nationalsozialisten eine gesteigerte Aufmerksamkeit zu. Die nationalsozialistische Familienideologie war einerseits auf die Etablierung einer sozialen Vormachtstellung des Mannes ausgerichtet, andererseits sollten die Familien dem Einfluss der nationalsozialistischen Organisationen zugänglich gemacht werden.[651]

Ziel der nationalsozialistischen Familienpolitik war die Betonung und Festigung patriarchalischer Strukturen. Demgegenüber sah man die Bestimmung der Frau in ihrer Rolle als Ehefrau und Mutter. Ganz in diesem Sinne sollten die zahlreichen Hilfs- und Unterstützungsprogramme für Frauen nicht ihrer Emanzipation dienen, sondern vielmehr einer Steigerung der Geburtenrate im Sinne der nationalsozialistischen Rassenideologie bewirken.[652] Das Selbstverständnis der Frauenrolle brachte *Paula Siber* 1933 mit den Worten zum Ausdruck: »Höchste Aufgabe der Mutter, das Mutter sein«[653].

Die Nationalsozialisten sahen in der Familie vor allen Dingen eine funktionale, weniger eine emotionale Einheit, da dies nicht mit ihren ideologischen Vorstellungen übereinstimmte. Die Privatheit der Familie und des eigenen Haushalts sollte der politischen Kontrolle zugänglich gemacht werden. Ziel war es, durch die Einbindung aller Familienmitglieder, insbesondere auch der Kinder, in staatliche Or-

---

649 Wesel 2000, S. 96; Faessler/van Fijn Draat, in: Kühn/Adomeit, 1978, S. 163; Knieper 1996, S. 27 ff.; Salgo, in: Salgo, 1997, S. 130; Münder 1993, S. 14.

650 In der Zeit nach dem Ersten Weltkrieg entwickelten sich auch in den Familien- und Partnerbeziehungen, d.h. in den Familienkonzeptionen zunächst Demokratisierungstendenzen, Gestrich 1999, S. 8.

651 Gestrich 1999, S. 8 ff.

652 Gestrich 1999; S. 8 ff.

653 Siber 1933, S. 18. Dies entsprach der Vorstellung des Nationalsozialismus von seiner Führungsaufgabe und seinen imperialen Zielsetzungen. Hierzu bedurfte es der Zeugung vieler Kinder in kürzester Zeit. »Die ewig tragende und opfernde Volksmutter« sollte ein »erbgesundes Geschlecht« heranzüchten, Großmann/Groß, in: Frankfurter Kunstverein, 1974, S. 190.

ganisationen, die Binnenstruktur der Familie und die ihr zu Grunde liegenden emotionalen Bindungen zwischen den Generationen aufzulösen. Darüber hinaus führte die Etablierung eines totalitären lokalen Überwachungssystems zu gegenseitigem Misstrauen, das als systemstabilisierende Herrschaftstechnik bis in die Familie hineinreichte.[654]

3. Nachkriegszeit

Die familienpolitischen Konzepte in der Zeit nach dem Zweiten Weltkrieg waren in der Bundesrepublik maßgeblich von den negativen Erfahrungen der NS-Zeit geprägt. Die Familienkonzepte der politischen Parteien und der Kirchen standen unter dem Eindruck der negativen Erfahrungen mit der Funktionalisierung und Instrumentalisierung der Familie für die Ziele des NS-Regimes. Um dies auszuschließen sollte die Familie, insbesondere Kinder und Jugendliche vor staatlichen Einflussnahmen geschützt werden. Daher wurde die Familie mit Art. 6 GG konsequent unter den Schutz des Staates gestellt. Im Ergebnis bedeutet dies jedoch, dass die Familie im Anschluss an »die Positionen der historischen Rechtsschule des 19. Jahrhunderts als eine Intimsphäre institutionalisierter Privatheit konzipiert« wurde. Sie stand somit gleichberechtigt neben Staat und Gesellschaft und musste vor Übergriffen geschützt werden.[655]

Im Gegensatz zu dem patriarchalischen Stil der NS-Zeit und der relativ repressiven Erziehung in den fünfziger Jahren, wandelte sich in den sechziger Jahren des 20. Jahrhunderts die Form der Kontrolle. Im Vordergrund der Erziehung stand zunehmend eine organisierte Betreuung und fürsorgliches Verwaltungshandeln.[656]

Auch die veränderten gesellschaftlichen Entwicklungen seit den 1950er Jahren machten eine Reform des Kindschaftsrechts erforderlich. Insbesondere trugen die Veränderungen im Bereich der ehelichen und nichtehelichen Lebensgemeinschaften hierzu bei. Ging der Gesetzgeber bei der Schaffung des Sorgerechtsgesetzes noch davon aus, dass es zum Wohle des Kindes legitim sei, die eheliche Lebensgemeinschaft als Gewähr für eine dauerhafte und verbindliche Beziehung zu bevorzugen, so wurde dies auch vom BVerfG als verfassungsmäßig eingestuft.[657] Jedoch wurde diese Annahme des Gesetzgebers von der gesellschaftlichen Entwicklung überholt. So hatte sich die Scheidungsrate in allen Bundesländern mehr als verdoppelt und die Zahl nichtehelicher Lebensgemeinschaften verzehnfachte sich seit den 1970er Jahren.

---

654 Gestrich 1999, S. 8 f.

655 Gestrich 1999, S. 9.

656 Rolff/Zimmermann 2008, S. 141 (m.w.N.).

657 BVerfGE 56, 386.

Neben den gesellschaftlichen Veränderungen der familialen Strukturen wurde infolge der Wiedervereinigung vom 3. Oktober 1990 eine Reformierung der Rechtslage erforderlich. In der ehemaligen DDR waren bereits seit 1965 eheliche und uneheliche Kinder gleichgestellt. Eine diskriminierende Differenzierung wie in der BRD bis 1970 üblich kannte das Recht der DDR nicht. Die Verabschiedung des »Gesetzes über die rechtliche Stellung der nichtehelichen Kinder«[658] war jedoch durch das Bundesverfassungsgericht erzwungen worden, das mit seiner Entscheidung[659] vom 29. Januar 1969 dem Gesetzgeber eine Frist bis zum Ende der Legislaturperiode im Sommer 1969 gesetzt hatte. Hintergrund war das Gleichstellungsgebot aus Art. 6 Abs. 5 GG, wonach der Staat nichtehelichen Kindern die gleichen Entwicklungsbedingungen wie ehelichen Kindern gewährleisten muss. Jedoch setzte das NEhelG[660] von 1969 dieses Gebot aus Art. 6 Abs. 5 GG nicht ausreichend um, so dass nach wie vor Reformbedarf bestand.

4. Intervention des Staates in die Familie im Zusammenhang mit dem KindRG von 1998

Mit dem Kindschaftsrechtsreformgesetz von 1998 wollte der Gesetzgeber das Kindeswohl von ehelichen und unehelichen Kindern absichern. Ziel war es, das Kindeswohl als primäre Maxime in allen Normen des Kindschaftsrechts zu etablieren. Die Rechte des Kindes, unabhängig von der Art der Lebensgemeinschaft der Eltern, sollten gestärkt werden. Dazu gehörte die Normierung eines Rechts auf Umgang mit beiden Elternteilen (§§ 1626 Abs. 3, 1684 Abs. 1 BGB) sowie mit sonstigen Bezugspersonen (§§ 1626 Abs. 3, 1685 BGB).[661] Darüber hinaus wurde den Kindern ein Recht auf Sorge und Betreuung zugesprochen (§ 1626 BGB). Nicht nur das Kindeswohl sollte durch die Reform gestärkt, sondern auch die Rechtspositionen der Eltern und der Familie im Ganzen sollte – soweit mit dem Kindeswohl vereinbar – gestärkt und aufgewertet werden.[662]

Das dem Grunde nach non-interventionistisch ausgerichtete BGB hielt ursprünglich im Falle einer Ehescheidung dennoch eine Intervention des Staates für

658 BGBl. I S. 1243, Gesetz über die rechtliche Stellung der nichtehelichen Kinder (NEhelG), vom 19. August 1969.

659 BVerfGE 25, 167.

660 BR-Drs. 180/96, S. 49.

661 BGH FamRZ 2008, 1334; Diederichsen, in: Palandt, 70. Aufl., § 1626 BGB, Rn. 23; Diederichsen, in: Palandt, 70. Aufl., § 1684 BGB, Rn. 2; Wellenhofer 2009, S. 292 ff.

662 BR-Drs. 180/96; Sachße/Tennstedt, in: Kaufmann, 1982., S. 96; Proksch, in: FK-SGB VIII, 6. Aufl., § 17 SGB VIII, Rn.5.

erforderlich. Der Staat sollte durch das Familiengericht eine Entscheidung über das Sorgerecht treffen. Mit dem Kindschaftsrechtsreformgesetz von 1998 wurde die non-interventionistische Grundhaltung des BGB ausgeweitet, indem bei einer Ehescheidung nunmehr nicht automatisch eine gerichtliche Entscheidung über das Sorgerecht ergeht.[663] Ziel war die Reduzierung staatlicher Eingriffe in die Privatsphäre der Familien. Dadurch sollten die Rechtspositionen der Eltern, soweit mit dem Kindeswohl vereinbar, gestärkt und im Falle einer Scheidung vor unnötigen staatlichen Eingriffen geschützt werden. Im Scheidungsfall behalten beide Eltern ohne einen entsprechenden Antrag die bestehende Sorgerechtsvereinbarung bei, d. h. das gemeinsame Sorgerecht besteht ohne staatliche Kontrolle in der Regel fort. Die zuvor zwangsläufige Sorgerechtsentscheidung des Gerichts fiel weg und damit eine staatliche Überprüfung und Wahrung der Kindeswohlinteressen. Primäres Ziel des KindRG war die Verbesserung der Kindesrechte und eine Verbesserung des Kindeswohls.[664] Obwohl das KindRG von 1998 für die nichtehelichen Kinder einen Fortschritt darstellte, fällt das KindRG gegenüber dem SorgeRG von 1979 hinsichtlich von Trennung und Scheidung der Eltern zurück. Zu diesem Zeitpunkt wurde die Anhörung und Bindung des Kindes berücksichtigt, damit war die Sorgerechtsentscheidung an die Situation und das Wohl des Kindes im Einzelfall auszurichten.[665]

Mit dem Wegfall der automatischen Sorgerechtsentscheidung im Wege der Kindschaftsrechtsreform 1998 kommt es ohne Antrag der Eltern weder zu einem Sorgerechtsverfahren noch zu einer Beteiligung, d. h. Anhörung des Kindes. Im Unterschied zur Rechtslage vor 1998 wurden die Bindungen des Kindes aus dem Gesetzestext eliminiert. Dagegen legt der Gesetzestext nahe, »dass bei Verwirklichung eines ›Rechts des Kindes auf beide Eltern‹ eine kindzentrierte Einzelfallbetrachtung – unter Einbeziehung des Kindes – nicht mehr nötig sei«[666]. Die gemeinsame elterliche Sorge wird als eine Leitbild- und Symbolfunktion angesehen und soll die Eltern »erziehen«. Die »erzieherische Absicht« des Staates besteht darin, dass die Eltern durch den Verzicht des Staates auf Überprüfung der gemeinsamen Sorge ermutigt werden, sich hierfür zu entscheiden. Die Entscheidung der Eltern oder eines Elternteils gegen die gemeinsame Sorge führt indes zu einer staatlichen Überprüfung.[667]

---

663 Kostka 2004, S. 95.

664 Kostka 2004, S. 95.

665 Kostka 2004, S. 95.

666 Kostka 2004, S. 95.

667 Kostka 2004, S. 95.

5. Zwischenergebnis

Der Ansatz, über Pflichtberatung Einfluss auf die Familie zu nehmen, ist bei historischer Betrachtung dem Grunde nach kein Novum. Bereits im ALR existierte eine »Beratungspflicht« durch einen Geistlichen, bevor es den scheidungswilligen Eltern ermöglicht wurde, sich legal zu trennen. Mit aufklärungskritischen, restaurativen Entwicklungen im 19. Jahrhundert, die den Entstehungsprozess des BGB mitprägten, wurde ein non-interventionistischer Ansatz im Familienrecht etabliert, indem die Familie weitgehend gegenüber staatlichen Eingriffen abgeschottet wurde. Dies führte zu einer Etablierung patriarchalischer Strukturen. Einen Höhepunkt staatlicher Einflussnahme auf die Familie bildete die ideologiebefrachtete Familienpolitik des nationalsozialistischen Regimes. Durch systematische Einbindung der Familienmitglieder in staatliche Organisationen fanden eine Vermittlung des rasseideologischen Gedankenguts sowie die Etablierung eines Überwachungsstaates statt.

Als Antwort auf diese Vergangenheit, sollte 1949 u.a. mit Art. 6 GG einer Wiederholung dieser Einflussnahme entgegengewirkt werden. Die historische Betrachtung staatlicher Intervention hat gezeigt, dass diese Maßnahmen weitestgehend politisch motiviert und auf Stabilisierung von Macht, Kontrolle und/oder Etablierung ideologischer Konzepte ausgerichtet waren. Die Perspektive auf das Kind, seine Bedürfnisse und sein Wohlergehen standen dabei im Hintergrund.

Mit dem KindRG 1998 sollte die gemeinsame elterliche Sorge als Leitbild- und Symbolfunktion etabliert werden und die Eltern »erziehen«. Die »erzieherische Absicht« des Staates ist darin zu sehen, dass durch den Verzicht des Staates auf Überprüfung der gemeinsamen Sorge die Eltern ermutigt werden, sich hierfür zu entscheiden bzw. die gesetzlich fortbestehende gemeinsame Sorge nicht in Frage zu stellen. Die Entscheidung der Eltern oder eines Elternteils gegen die gemeinsame Sorge führt indes zu einer staatlichen Überprüfung.

Auch im »Cochemer Modell« spiegelt sich die Leitbild- und Symbolfunktion der gemeinsamen elterlichen Sorge wider. Der faktische Zwang zum Konsens zur gemeinsamen Sorge basiert auf der Drohung der beteiligen Professionen, dass die Verweigerung einer gemeinsamen Sorge sich nachteilig auf die Beurteilung der Elternverantwortung auswirken könne.

Fraglich bleibt jedoch inwieweit ein solch erzwungener Konsens tragfähig ist und der tatsächlich erforderlichen Verantwortung für ein Kind (Elternverantwortung) gerecht wird. Das Kindeswohl wird nicht durch das bloße Bekenntnis der Eltern gewahrt, sondern bedarf der Umsetzung durch gelebte Elternverantwortung.

II. Das Kindeswohl als Maxime

In Kapitel 2 wurde gezeigt, dass zahlreiche Bemühungen bestehen den Leidensdruck[668] von Kindern, die von Trennung und Scheidung ihrer Eltern betroffen sind, zu minimieren. Schnittpunkt und Motivation dieser Bemühungen ist das »Kindeswohl«. Die bestehenden Hilfsangebote haben das Ziel, mit unterschiedlichen Methoden und Techniken eine den Interessen und Bedürfnissen des Kindes entsprechende Situation herzustellen.

1. Das Kindeswohl als unbestimmter Rechtsbegriff

Die Einbeziehung des »Kindeswohls« als unbestimmter Rechtsbegriff in die Gesetzgebung wurde seit jeher als unbefriedigend empfunden.[669] Nicht weil die Belange des Kindes unbedeutend wären – im Gegenteil – vielmehr wurde der normative Gehalt von unbestimmten Rechtsbegriffen kritisiert.[670] Im konkreten Bezug auf das Kindeswohl als Gesetzesbegriff wurde auch hier dieser Vorwurf erhoben und bemängelt, dass er praktisch alle Deutungsmöglichkeiten ermögliche und nicht mehr als ein abstrakter Formalbegriff[671] sei, der die Entwicklung fassbarer Anweisungen und konkreter Entscheidungshilfen für den Richter nicht zulasse.[672] Seitdem *Coester*[673] diese Bedenken 1983 resümierte sind mithin fast 30 Jahre vergangen. Hinsichtlich der politischen Dimension des Kindeswohlbegriffs und der Gefahr einer Ideologisierung werden zum Teil Bedenken geäußert.[674] Zwar bestünden derzeit in der Bundesrepublik Deutschland keine akuten Probleme,[675] aber der allgemeine Trend zur Ökonomisierung und staatlicher Regulierung wird kritisch beurteilt, sofern dieser die Rechts- und Familienpolitik erfasst und zur Herstellung einer

668 Vgl. Kapitel 1. III. 2. .

669 Coester 1983, S. 1 (m.w.N.).

670 Coester 1983, S. 1 (m.w.N).

671 Diederichsen, FamRZ 1978, 461, 468.

672 Coester 1983, S. 1 (m.w.N.).

673 Coester 1983.

674 Vgl. Diederichsen, in: Palandt, 70. Aufl., § 1666 BGB, Rn. 4; 9; 13.; Kostka 2004, S. 119 a.E., z. B. mit dem Hinweis auf »eine einseitige (ideologische) Hinwendung zur Systemtheorie« im Rahmen des KindRG und Abkehr vom »sonstigen Pragmatismus« des Familienrechts.

675 Coester, in: Staudinger BGB, § 1666 BGB, Rn. 67.

»gesellschaftlichen Tüchtigkeit« mit dem Ziel eines »optimalen Einsatzes des Humankapitals« führt.[676]

Der Begriff Kindeswohl respektive Kindeswohlgefährdung gilt inzwischen durch Wissenschaft[677] und Rechtsprechung als geklärt und gefestigt:[678] Nach der Rechtsprechung ist eine Gefährdung eine gegenwärtige, in einem solchen Maße vorhandene Gefahr, dass sich bei der weiteren Entwicklung eine erhebliche Schädigung mit ziemlicher Sicherheit voraussehen lässt.[679] Da die verfassungsrechtlichen Vorgaben (Art. 6 Abs. 2 S. 1 GG) bei der Beurteilung der drohenden Kindeswohlgefährdung zu berücksichtigen sind, verlangt das BVerfG zudem eine »nachhaltige Gefährdung«.[680] Im Hinblick auf eine nachhaltige und schwerwiegende Gefährdung des Kindeswohls sind nur Schädigungen relevant, die mit ziemlicher Sicherheit vorauszusehen sind. Die Abgrenzung einer Gefährdung des Kindeswohls zu einer echten Schädigung ist fließend. Kindeswohlgefährdungen zeigen sich beispielsweise in Beeinträchtigungen der sprachlichen Entwicklung, Verwahrlosung, Delinquenz, soziale Unverträglichkeit oder psychischen Problemen, z. B. in einer Traumatisierung, durch die das Kind zur Ausbildung eigener Wünsche unfähig werden kann.[681]

Die »gegenwärtige« Gefährdung und die mögliche zukünftige Beeinträchtigung müssen zwar einen Kausalzusammenhang aufweisen, jedoch kommt es nicht auf einen nahen zeitlichen Zusammenhang zwischen Gefährdung und (möglicher) Beeinträchtigung an, so dass auch langfristige »Fernschäden« erfasst werden:[682] Es geht »nicht nur um das augenblickliche oder vorübergehende Befinden […], sondern darum, dass die Voraussetzungen für eine gedeihliche altersgemäße Entwicklung […] sichergestellt sind«[683]

---

676 Schumann, in: Behrends/Schumann, 2008, S.190 ff, 213 ff, 224 f; Coester, in: Staudinger BGB, § 1666 BGB, Rn. 67, 123.

677 Vgl. z. B. Simitis 1979, passim.; Kostka 2004, S. 107 ff., 109 ff. (m.w.N.).

678 BT-Drs. 16/6815, S. 15.

679 BGH FamRZ 1956, 350; FamRZ 2005, 344, 345; BayObLG FamRZ 1977, 473, 474; DAVorm 1981, 897, 898; DAVorm 1983, 78, 81; OLG Dresden FamRZ 2003, 1862, 1863; OLG Hamm FamRZ 2006, 359; Diederichsen, in: Palandt, 70. Aufl., § 1666 BGB, Rn. 10 (m.w.N.).

680 BVerfGE 60, 79, 91; BVerfG FamRZ 2008, 492.

681 Diederichsen, in: Palandt, 70. Aufl., § 1666 BGB, Rn. 10 (m.w.N.).

682 Coester, in: Staudinger BGB, § 1666 BGB, Rn. 82.

683 Vgl. BayObLG DAVorm 1981, 901, 903; BayObLG FamRZ 1984, 932, 933; BayObLGZ 1983, 231, 237.

Auch die Gesetzgebung hat zur Konkretisierung und Festigung des Begriffs Kindeswohl beigetragen. Anhaltspunkte bieten so z. B., objektive Entwicklungsstandards für das Kind, etwa im Sinne von § 1 Abs. 1 SGB VIII.[684] Danach hat jeder junge Mensch ein Recht auf Förderung seiner Entwicklung und auf Erziehung zu einer eigenverantwortlichen und gemeinschaftsfähigen Persönlichkeit. Insbesondere sei hier auf das am Kindeswohl auszurichtende Verfahrensrecht in Kindschaftssachen hingewiesen.[685] Beispielsweise sei hier die Einführung der Kindesanhörung (§ 159 FamFG, Art. 12 UN-KRK), des Beschleunigungsgebots (§ 155 FamFG), eines Verfahrensbeistandes (§ 158 FamFG) und die Erörterung im Falle einer möglichen Kindeswohlgefährdung (§ 157 FamFG) erwähnt.

2. Kindeswohl im Verfassungskontext

Im Gegensatz zum BGB enthält der Wortlaut des Grundgesetzes nicht explizit den Rechtsbegriff Kindeswohl. Dies lässt jedoch nicht den Schluss zu, dass die Verfassung dazu keine Aussage trifft. In einzelnen Artikeln wird hierzu Stellung bezogen. So zum Beispiel »Schutz der Jugend« bzw. »gefährdeter Jugendlicher« in Art. 5 Abs. 2 GG sowie Art. 13 Abs. 3 GG, wobei der Oberbegriff »Jugend« bzw. »Jugendlicher« als Oberbegriff auch »Kinder« mit einschließt. Auch ist in diesem Zusammenhang Art. 6 Abs. 5 GG zu erwähnen, der die Gleichstellung von ehelichen und nichtehelichen Kindern regelt.

Ein Anknüpfungspunkt für das Kindeswohl ergibt sich aus Art. 6 Abs. 2 S. 2 GG, der den staatlichen Eingriff im Falle einer Kindeswohlgefährdung legitimiert, wenn die Eltern ihrer Verantwortung aus Art. 6 Abs. 2 S. 1 GG nicht nachkommen. Weitere positive Anknüpfungspunkte, die eine kindgerechte Entwicklung gewährleisten sollen, ergeben sich aus Art. 1 Abs. 1 GG (Menschenwürde), Art. 2 Abs. 1 GG (allgemeines Persönlichkeitsrecht) und Art. 6 Abs. 2 S. 1 GG (Elternrecht). Gemäß Art. 6 Abs. 2 S.1 GG hat die staatliche Gemeinschaft über die Ausübung des Elternrechts nach Art. 6 Abs. 2 S. 1 GG zu wachen.[686] Das BVerfG betont dabei den Kindeswohlbegriff als maßgeblicher »Richtpunkt für den Auftrag des Staates gemäß Art. 6 Abs. 2 S. 2 GG«.[687]

---

684 Diederichsen, in: Palandt, 70. Aufl., § 1666 BGB, Rn. 9 (m.w.N.); Bauer, in: jurisPK-BGB, 2. Aufl., § 1666 BGB, Rn. 25.

685 BVerfG NJW 1968, 2233; BayObLG NJW-RR 1999, 369 ff.; Bauer, in: jurisPK-BGB, 2. Aufl., § 1666 BGB, Rn. 25.

686 Jeand'Heur 1993, S. 17.

687 BVerfGE 24, 119,144.

Da das Kind nicht in der Lage ist, sich vor Gefährdungen seiner Menschenwürde (Art. 1 Abs. 1 GG) und negativen Einflüssen auf seine Persönlichkeitsentwicklung (im Sinne des Art. 2 Abs. 1 GG) zu schützen,[688] sieht das Gericht die Aufgabe und Rechtfertigung des staatlichen Wächteramtes gemäß Art. 6 Abs. 2 S. 2 GG darin, das Kind »notfalls [...] davor [zu] bewahren, dass seine Entwicklung durch einen Missbrauch der elterlichen Rechte oder einer Vernachlässigung Schaden leidet«[689]. In der Auslegungspraxis des BVerfG wird das Kindeswohl zu einem in Art. 6 Abs. 2 S. 2 GG implizit enthaltenen Rechtsgut von Verfassungsrang, ohne zu einem »speziellen Grundrecht des Kindes« zu avancieren. Das Kindeswohl ist der zentrale Maßstab für staatliches Handeln.[690]

3. Maxime des Familien-, Kinder- und Jugendhilferechts

Oberste Maxime des Familienrechts sowie des Kinder- und Jugendhilferechts ist es, den Schutz von Kindern und Jugendlichen zu gewährleisten.[691] Dieses Anliegen findet seinen Ausdruck in dem unbestimmten Rechtsbegriff »Kindeswohl«[692]. Er dient als Entscheidungsmaßstab, Verfahrensrichtlinie und als rechtspolitischer Gestaltungsauftrag.[693] Als unbestimmter Rechtsbegriff ist er durch rechtliche Auslegung und durch Erkenntnisse aus der Sozialpädagogik, der Psychologie und der Soziologie mit Inhalt zu füllen.[694] So ist zu ermitteln, welche Bedingungen erforderlich sind, damit ein Kind sich sowohl körperlich, geistig als auch seelisch gesund entwickeln kann.[695] Dies gebietet stets eine konkret-individuelle Einzelfallbetrachtung; eine schematische, abstrakt-generelle Handhabung ist dagegen unzulässig,[696] da dies der Komplexität des Einzelfalles sowie der Individualität und Persönlichkeit des Kindes nicht gerecht würde.

---

688 Badura, in: Maunz/Dürig GG, Lfg. 41, Art. 6 GG, Rn. 139 f.

689 BVerfGE 24, 119,144; 10, 69, 84; Badura, in: Maunz/Dürig GG, Lfg. 41, Art. 6 GG, Rn. 139 f.

690 Jeand'Heur 1993, S.18 (m.w.N.).

691 Balloff 2004, S.64; Pinkvoß 2009, S. 22.

692 Coester 1983, S. 173; Balloff 2004, S. 64; Dettenborn/Walter/Dettenborn-Walter 2002, S. 59 ff; Stein-Hilbers, in: Menne/Schilling/Weber, 1997, S. 111.

693 Balloff 2004, S.64; Pinkvoß 2009, S. 22.

694 Pinkvoß 2009, S. 22.

695 Pinkvoß 2009, S. 22.

696 Balloff 2004, S. 64; Jeand'Heur 1993, S. 109 f.

Zur Konkretisierung des Kindeswohls sind die in der Rechtsprechung und psychologischen Wissenschaft entwickelten Kriterien zu berücksichtigen. Als wesentliche Faktoren gelten hierbei u.a. die Erziehungseignung der Eltern, deren Förderungskompetenz, Bindungstoleranz oder die Beziehungen und Bindungen sowie der Wille des Kindes.[697]

Der Rechtsbegriff des »Kindeswohls« hat in zahlreichen einfachgesetzlichen Regelungen mit jeweils unterschiedlichen Gewichtungen Einzug gehalten (z.B. §§ 1666, 1671, 1672, 1684, 1697 a BGB).[698] Bei einer Gefährdung des Kindeswohls hat der Staat in Ausübung seiner Wächteramtsfunktion im Rahmen der gesetzlichen Regelungen, die Möglichkeit in Familien einzugreifen. Dadurch ist es dem Staat möglich die Familienautonomie einzuschränken und die elterliche Sorge zu regeln. Sei es durch Antragstellung eines oder beider Elternteile (§ 1671 Abs. 2 BGB) oder im Falle einer Kindeswohlgefährdung (§§ 1666, 1666 a BGB).[699]

Durch § 1666 BGB soll das Kindeswohl geschützt werden. Das Kindeswohl ist zentraler Maßstab für die Ausübung des staatlichen Wächteramtes[700]. Dabei kommen dem Begriff des Kindeswohls verschiedene Funktionen zu:

Über den Begriff der Kindeswohlgefährdung wird die staatliche Eingriffsschwelle in das elterliche Sorgeprimat definiert. Insoweit kommt dem Begriff des Kindeswohls die Aufgabe einer *Eingriffslegitimation* zu.[701] Weiterhin ist das Kindeswohl der zentrale *Entscheidungsmaßstab* für den Familienrichter, soweit Kindesschutzmaßnahmen zu ergreifen sind[702]. Ferner hat das Kindeswohl auch als *verfahrensleitendes Prinzip* Bedeutung[703]. Dies ergibt sich aus der dienenden Funktion des Verfahrensrechts. Das Verfahrensrecht hat die Funktion, die vom materiellen Recht verfolgten Zwecke umzusetzen.[704]

§ 1666 BGB differenziert zwischen körperlichem, geistigem und seelischem Wohl des Kindes. Diese Bereiche lassen sich in der Lebens- und Entwicklungsrealität oder in einer konkreten Gefährdungssituation kaum voneinander abgrenzen. Der Begriff des Kindeswohls umfasst folglich die gesamten erforderlichen Lebens-

---

697 Westhoff/Kluck 2008, S. 156 ff., 162 f.; Balloff 2004, S.64.

698 Coester, in: Staudinger, § 1697 a BGB, Rn. 1.

699 Balloff 2004, S.64.

700 BVerfGE 24, 119, 144; 68, 176, 188; 75, 201, 218; FamRZ 2000, 1489.

701 Coester 1983, S.135 ff.; Coester, in: Staudinger BGB, § 1666 BGB, Rn. 65 (m.w.N.).

702 Coester 1983, S.143 ff.; Coester, in: Staudinger BGB, § 1666 BGB, Rn. 65 (m.w.N.).

703 Coester, in: Staudinger BGB, § 1666 BGB, Rn. 65 (m.w.N.).

704 Vgl. BVerfGE 53, 30, 65; BGHZ 10, 350, 359; Coester, in: Staudinger BGB, § 1666 BGB, Rn. 65.

bedingungen, damit sich ein Kind angemessen und gesund entwickeln kann. Es ist also zu ermitteln, welche Bedingungen für eine positive Entwicklung des Kindes oder Jugendlichen vorliegen müssen. Bei der Auslegung und Ermittlung der Generalklausel »Kindeswohl« und dem damit in Zusammenhang stehenden Gefahrenbegriff, zeigen sich erhebliche Unterschiede in der juristischen bzw. sozialwissenschaftlichen Herangehensweise. Während sozialwissenschaftliche Denkmodelle in der Regel prospektiv und zukunftsorientiert auf eine Optimierung der für das Kindeswohl maßgeblichen Lebensbedingungen ausgerichtet sind, ist die (überwiegende) juristische Sichtweise grundsätzlich defensiv-abwehrrechtlich angelegt, um Kindeswohlverletzungen zu beheben, die aus dieser Perspektive heraus stets von den Eltern zu vertreten sind.[705]

4. Legitimierung staatlicher Eingriffe durch das Kindeswohl

Ausschließlich das Wohl des Kindes legitimiert staatliche Eingriffe,[706] wobei grundsätzlich auch das Integritätsinteresse der Familiengemeinschaft an Privatheit berücksichtigt werden muss.[707] Nur das Interesse und die Verantwortung auch der übergreifenden Gemeinschaft rechtfertigen staatliche Intervention in Form von Kontrolle und ggf. regelnder Eingriffe.

Bei der Durchsetzung wichtig empfundener gesellschaftlicher Werte (politischer oder sittlicher Art)[708] oder der Sanktionierung von Fehlverhalten beteiligter Erwachsener[709] besteht jedoch die Gefahr, dass die Interessen des Kindes in den Hintergrund treten.[710] Dem Kindeswohl wird nicht entsprochen, wenn die gerichtliche Entscheidung ausschließlich vom Gedanken der Sanktionierung eines Fehlverhaltens beteiligter Erwachsener getragen ist.[711]

---

705 Jeand'Heur 1993, S. 107 (m.w.N.).

706 Coester 1983, S. 136.

707 Goldstein 1979, S. 9; Coester 1983, S. 136, 137.

708 Vgl. Salgo, in: Hofer/Schwab, 2005, S. 895, 897.

709 BVerfG FamRZ 2007, 1626; FamRZ 2009, 189; 2009, 1389, 1390 f.

710 Coester, in: Staudinger BGB, § 1666 BGB, Rn. 67.

711 BVerfG FamRZ 2007, 1626; FamRZ 2009, 189; Coester 1983, S. 136.

Die ältere Rechtsprechung neigte dazu, die Eltern im Wege der Sorgerechtsentscheidungen moralisch zu disziplinieren.[712] Die neue Rechtsprechung hat sich jedoch verändert[713] angesichts eines gesellschaftlichen Wertewandels zu größerer Toleranz und zunehmender Sensibilität für die Kindesbedürfnisse.[714]

5. Bestimmung des Kindeswohls

Aus rein juristischer Sicht kann und muss der Begriff des Kindeswohls nicht abschließend geklärt werden, da stets eine auf den Einzelfall bezogene Entscheidung getroffen werden muss. Dies setzt vielmehr eine interdisziplinäre Betrachtung voraus, bei der die beteiligten Wissenschaften eine unterschiedliche Herangehensweise und folglich ein anderes Verständnis von dem haben, was unter dem Begriff »Kindeswohl« zu verstehen ist. Angesichts dieser Interdisziplinarität des Begriffes scheidet eine allgemeingültige Definition aus.

Bei dem Kindeswohlbegriff handelt es sich nicht um ein deskriptives Tatbestandsmerkmal.[715] In diesem Sinne kann der Begriff »Kindeswohl« nicht durch Verweise auf rechtliche oder außerrechtliche Kindeswohlmaßstäbe – subsumtionsfähig – definiert werden.[716] Vielmehr ist es Aufgabe des Richters, durch Rechtskonkretisierung den Gesetzeszweck im Einzelfall umzusetzen.[717] Die Beurteilung des jeweiligen »Einzelfalles« hat im Lichte seiner Zeit zu geschehen. Dazu gehört die Berücksichtigung des aktuellen fachlichen Erkenntnisstandes und entsprechender Wertvorstellungen. Das herrschende Verständnis von Familie, Kindheit, Kind und Kindeswohl[718] wurde im historischen Zusammenhang unterschiedlich interpretiert. In seiner Gesamtheit liegt dem Verständnis des Kindeswohlbegriffs ein heuristisches Prinzip zu Grunde.[719] Die Begriffsbestimmung »Kindeswohl« weist per definitionem über den Bereich des Rechts hinaus und beinhaltet somit einen interdisziplinären Ansatz, dessen Erkenntnisse der Richter bei der Normkonkretisierung

---

712 Vgl. z.B. BVerfG FamRZ 1989, 145 ff.; BayObLG ZBlJugR 1981, 272, 274 f; OLG Oldenburg FamRZ 1981, 811 ff.; Coester, in: Staudinger BGB, § 1666 BGB, Rn. 67 (m.w.N.); Höhne 1974, S. 70 ff., 151.

713 Coester, in: Staudinger BGB, § 1666 BGB, Rn 67, (m.w.N.).

714 Coester, in: Staudinger BGB, § 1666 BGB, Rn. 67: Coester führt dies auch auf einen »weitgehend pluralistischen Konsenszerfall auf moralischem Gebiet« zurück.

715 Coester, in: Staudinger BGB, § 1666 BGB, Rn. 47.

716 Coester 1983, S.162 ff.

717 Teubner, in: Lüderssen, 1978, S. 13 ff.; Jeand'Heur 1993, S. 30.

718 Coester, JAmt 2008, 1, 4.

719 Coester 1983, S.169 f; Coester, JAmt 2008, 1, 3 ff.; Gernhuber 1977, S. 91.

zu berücksichtigen hat.[720] Dabei sind die zur Verfügung stehenden Erkenntnisquellen bei der Normkonkretisierung von Amts wegen auszuschöpfen (§ 26 FamFG). Dazu gehören insbesondere die Kindesanhörung (§ 159 FamFG), die Anhörung der Eltern (§ 160 FamFG), das Hinzuziehen eines Verfahrensbeistandes (§ 158 FamFG), die Anhörung des Jugendamtes (§ 162 FamFG) und ggf. die Erörterung einer möglichen Kindeswohlgefährdung (§ 157 FamFG). Dabei sind auch außerrechtliche Maßstäbe, insbesondere wissenschaftliche Erkenntnisse zu beachten. Im Einzelfall kann dies auch die Einholung eines Sachverständigengutachtens bedeuten.[721] Soweit nicht bereits durch die wissenschaftlichen Erkenntnisse erfasst, können hinsichtlich der Beurteilung von Kindesbedürfnissen und eines adäquaten Elternverhaltens auch gesellschaftliche Standards, im Sinne eines gesellschaftlichen »Grundkonsenses«[722] einbezogen werden.[723] Die vom Richter zu berücksichtigenden außerrechtlichen Kindeswohlkriterien sind im Rahmen einer »Stimmigkeitskontrolle« auf ihre Vereinbarkeit mit der allgemeinen Wertordnung des Rechts und ihre Relevanz im konkreten Einzelfall zu überprüfen.[724]

Angesichts der grundlegenden Bedeutung des Grundgesetzes als Wertordnung, ist bei der Bestimmung des Kindeswohls vorrangig das im Grundgesetz statuierte Erziehungsziel zu berücksichtigen:[725] Die Erziehung des Kindes zu einer selbstständigen, eigenverantwortlichen und zu sozialem Zusammenleben fähigen Persönlichkeit.[726] Weitere, wenngleich nachrangige Aspekte der Kindeswohlbestimmung sind die Bedeutung der Kontinuität und Stabilität der Betreuungs- und Erziehungsverhältnisse,[727] die inneren Bindungen des Kindes, der subjektive Wille des Kindes,[728] sowie des familialen Gesamtzusammenhangs des Kindesschutzes (§ 1666 a BGB).[729]

---

720 Coester, in: Staudinger BGB, § 1666 BGB, Rn. 67; ausführlich Coester 1983, S.419 ff. (m.w.N.)

721 Coester, in: Staudinger BGB, § 1666 BGB, Rn. 72, 281;Coester 1983, S.426 ff; Simitis, in: Dieckmann/Müller-Freienfels, 1986, S. 599 f.

722 Knöpfel, FamRZ 1985, 1211, 1211, 1214.

723 Coester, in: Staudinger BGB, § 1666 BGB, Rn. 72.

724 Coester, in: Staudinger BGB, § 1666 BGB, Rn. 73.

725 Coester, in: Staudinger BGB, § 1666 BGB, Rn. 71.

726 BVerfG FamRZ 2008, 1737, 1738; Coester 1983, S.183 ff. (m.w.N.); Erichsen 1985, S. 39 ff.

727 Coester, in: Staudinger BGB, § 1666 BGB, Rn. 129 ff.

728 Coester, in: Staudinger BGB, § 1666 BGB, Rn. 74 ff.

729 Coester, in: Staudinger BGB, § 1666 BGB, Rn. 4, 71.

6. Soziologische und psychologische Kindeswohlaspekte

Im Folgenden sollen grundlegende soziologische und psychologische Aspekte zur Ermittlung des Kindeswohls skizziert werden.

Das Wohl des Kindes kann als die Gesamtheit der erforderlichen Sozialisationsbedingungen verstanden werden, die für das Heranwachsen des Kindes oder des Jugendlichen notwendig sind. Dies umfasst auch die Möglichkeit zu einer selbstständigen und verantwortungsbewussten Persönlichkeit heranzuwachsen und die Fähigkeit zum Zusammenleben in der Gemeinschaft zu erlangen.[730] Im konkreten Einzelfall ist somit zu prüfen, ob die für die Entfaltung und positive Entwicklung benötigten Ressourcen und sozialen Gegebenheiten vorhanden sind, die eine dem Wohle des Kindes entsprechende Erziehung ausmachen.[731]

Auch aus psychologischer Sicht wird der Begriff des Kindeswohls als ein wünschenswerter Zustand der physischen, psychischen und geistigen Gesundheit des Kindes verstanden. Weiterhin sollte ein altersgemäßer oder den individuellen Möglichkeiten entsprechender Entwicklungsstand gegeben sein. Darüber hinaus bedarf es der Chancen auf Realisierung der verfügbaren Potenziale und einer altersgemäßen und bestmöglichen sozialen Eingliederung.[732]

Neben den Sozialisationsbedingungen findet sich ein weiterer Maßstab für das Kindeswohl in den grundlegenden Bedürfnissen des Kindes. In diesem Zusammenhang werden fünf Grundbedürfnisse relevant, die bezogen auf das Alter und die jeweiligen Entwicklungsstufen des Kindes oder Jugendlichen, im Erziehungsprozess Berücksichtigung finden sollten:[733]

- physische und biologische Bedürfnisse (z.B. Hunger, Durst, Versorgung),
- Sicherheitsbedürfnisse (Schutz, Stabilität und Fürsorge),
- Soziale Bedürfnisse (Zuneigung, Zuwendung, Aufmerksamkeit),
- Wertschätzungsbedürfnisse (Anerkennung, Akzeptanz, Selbstachtung)
- Bedürfnisse nach Selbstverwirklichung.

730 Pinkvoß 2009, S. 23.

731 Pinkvoß 2009, S 22 f.

732 Harnach 2007, S. 189.

733 Krech/Crutchfield 2006, S. 35; Pinkvoß 2009, S. 23.

Wird diesen Bedürfnissen entsprochen, liegen die notwendigen Bedingungen zum Wohle des Kindes vor.[734] Zur Einschätzung der Lebenssituation von Kindern und Jugendlichen ist es somit unerlässlich zu prüfen, ob im Umfeld die verantwortlichen Personen, in der Regel die Eltern, in der Lage sind, diese grundlegenden individuellen Bedürfnisse zu befriedigen. Ist dem nicht so, kann es zu gravierenden Beeinträchtigungen für die Entwicklung und für Leib und Leben der Kinder kommen.[735]

Die Aspekte des seelischen/psychischen Kindeswohls wurden durch das Sorgerechtsreformgesetz 1979 angesichts wissenschaftlicher Erkenntnisse zur Kindesentwicklung verstärkt,[736] da sie in früheren Verfahren zu wenig berücksichtigt wurden.[737]

Die Bedeutung des seelischen Kindeswohls rückt auch vor der Erkenntnis in den Vordergrund, dass sich die Aggressionen von Erwachsenen nicht nur auf den körperlichen Bereich, sondern auch auf die Psyche des Kindes erstrecken.[738] Diese seelischen Schäden werden mitunter als weitaus gravierender als körperliche Schäden erachtet, auch wenn sie vordergründig weniger sichtbar sind.[739] Im Hinblick auf das Kindeswohl ist eine differenzierte Würdigung des Einzelfalles erforderlich,[740] da körperliche und seelische Verletzungen in der Praxis oft nicht eindeutig voneinander zu unterscheiden sind.[741]

---

734 Pinkvoß 2009, S. 23.

735 Schrapper, in: Hoppensack, 2008, S. 58; Pinkvoß 2009, S. 24.

736 Coester, in: Staudinger BGB, § 1666 BGB, Rn. 70.

737 Goldstein 1979, S. 47 ff.; Simitis 1979, S. 34 ff., 163 f., 165 ff., 172 ff. 179 ff., 265.

738 Zenz 1981, S. 61; Simitis, in: Goldstein, et al., 1982, S. 177 f; Simitis, in: Freud/Goldstein/Solnit, 1988, S. 198.

739 Vgl. auch AG Moers ZfJ 1986, 113, 114; Coester, in: Staudinger BGB, § 1666 BGB, Rn. 70.

740 Vgl. Simitis, in: Dieckmann/Müller-Freienfels, 1986 S. 606 Fn. 71.

741 Zenz 1981, S. 96, 227, 249, 287, 308, 342.

7. Kindesschutz gemäß § 1666 BGB

a) § 1666 BGB

Aus Art. 6 Abs. 2 S. 2 GG ergibt sich die Verpflichtung des Staates, den Rechtsschutz und die Verwirklichung von Kinderrechten zu gewährleisten.[742] Der Verwirklichung dieser Pflicht entspricht § 1666 BGB.[743] § 1666 BGB ist die unmittelbare Umsetzung des staatlichen Wächteramtes gemäß Art. 6 Abs. 2 S. 2 GG und die zentrale Vorschrift des zivilrechtlichen Kindesschutzes.[744] § 1666 Abs. 1 BGB ist die zivilrechtliche Konsequenz aus der verfassungsrechtlichen Pflichtgebundenheit der elterlichen Sorge im Sinne ihrer Elternverantwortung[745] und skizziert zugleich die Grenzen des staatlichen Wächteramtes (Art. 6 Abs. 2 S. 2 GG).[746] § 1666 BGB ermöglicht dem Gericht von Amts wegen bei einer Kindeswohlgefährdung in die elterliche Sorge einzugreifen, wenn die Eltern ihre gemäß Art. 6 Abs. 2 S. 1 GG vorrangige Schutzfunktion nicht erfüllen.[747]

Im Mittelpunkt stehen dabei das Kind und sein Wohlergehen und bestimmen dadurch die Eingriffsschwelle des staatlichen Wächteramtes.[748] Die Abgrenzung zwischen elterlichem Erziehungsprimat und staatlichem Wächteramt erfolgt über das (zentrale) Tatbestandsmerkmal der Gefährdung des Kindeswohls.[749] Eine Gefährdung des Kindeswohls ist die Grundvoraussetzung für jeglichen staatlichen Eingriff in die elterliche Personensorge,[750] unabhängig von einem Verschulden der Eltern.[751]

---

742 BVerfG FamRZ 2008, 845; Erichsen 1985, S. 17 ff., 26 f.: folgend aus dem Sozialstaatsprinzip und der objektiven Wertordnung des GG; Jeand'Heur 1993, S. 90 ff., 99: Garantienorm, Schutzgebotsfunktion des Art 6 Abs. 2 S.2 GG; Coester, in: Staudinger BGB, § 1666 BGB, Rn 4, 11; Coester, FamRZ 1995, 399, 399 f.; Olzen, in: MüKo BGB, 5. Aufl., § 1666 BGB, Rn. 1.

743 Hinz 1976, passim; Coester, in: Staudinger BGB, § 1666 BGB, Rn. 3, 11; Olzen, in: MüKo BGB, 5. Aufl., § 1666 BGB, Rn. 34 ff.

744 Coester, in: Staudinger BGB, § 1666 BGB, Rn. 1.

745 BVerfGE 24, 119, 144; Peschel-Gutzeit, in: Staudinger, § 1626 BGB, Rn. 19

746 Coester, in: Staudinger BGB, § 1666 BGB, Rn. 3.

747 Vgl. Erichsen 1985, S. 30; Coester, in: Staudinger BGB, § 1666 BGB, Rn. 3.

748 Coester, in: Staudinger BGB, § 1666 BGB, Rn. 3

749 Coester, in: Staudinger BGB, § 1666 BGB, Rn. 3, 81; Olzen, in: MüKo BGB, 5. Aufl., § 1666 BGB, 48 ff.

750 Diederichsen, in: Palandt, 70. Aufl., § 1666 BGB, Rn. 8 ff.

751 Bauer, in: jurisPK-BGB, 2. Aufl., § 1666 BGB, Rn. 24; Olzen, in: MüKo BGB, 5. Aufl., § 1666 BGB, Rn. 34 ff.

Der staatliche Wächter hat nicht im Interesse des Kindeswohls die objektiv beste Art der Sorgerechtsausübung sicherzustellen. Staatliche Maßnahmen können erst ergriffen werden, wenn die Eltern ihrer Elternverantwortung nicht mehr gerecht werden.[752] Diese, der Eingriffsnorm des § 1666 BGB zu Grunde liegenden Schranken sind insbesondere dann zu beachten, wenn nicht unmittelbar auf das Kind bezogene Entscheidungen oder Verhaltensweisen der Eltern in Frage stehen, sondern Aspekte der gemeinsamen familialen Lebensgestaltung betroffen sind, von denen das Kind nicht als »Objekt« elterlicher Sorge, sondern als Mitglied der Familiengemeinschaft betroffen ist.[753]

Den Eltern steht bei der Wahrung und Interpretation der Kindesinteressen ein breiter Vertretbarkeitsrahmen zu. Erst bei Überschreitung dieses Vertretbarkeitsrahmens greift staatlicher Kindesschutz ein.[754] Der elterliche Erziehungsvorrang muss erst dann zurücktreten,[755] wenn die Gefährdungsgrenze überschritten wird. Dies ist der Fall, wenn die Entwicklung des Kindes nicht mehr mit dem Menschenbild des Grundgesetzes übereinstimmt und das damit korrespondierende Erziehungsziel zu einer autonomen eigenverantwortlichen Persönlichkeit (vgl. z. B. § 1 Abs. 1 SGB VIII) konkret und empfindlich gefährdet erscheint. Diese Gefahr kann sich sowohl aus einzelnen, die Persönlichkeit des Kindes bedrohenden Rechtsgutverletzungen (z.B. Vernachlässigung, physische und psychische Gewalt, sexueller Missbrauch) ergeben, als auch aus langfristig gewachsenen, gravierenden Entwicklungsstörungen ohne Perspektive auf Besserung.[756] In diesem Sinne sind auch langfristige »Fernschäden« erfasst,[757] sofern eine Kausalität zwischen gegenwärtiger Gefährdung und möglicher zukünftiger Beeinträchtigung des Kindes vorliegt.[758]

---

752 BVerfGE 60, 79 ff.; 72, 122 ff.

753 BayObLG FamRZ 1993, 1350, 1351; Bauer, in: jurisPK-BGB, 2. Aufl., § 1666 BGB, Rn. 29.

754 Zum Streit über die »Erheblichkeit« der Gefährdung vgl.: BT-Drs. 8/2788, 39 f.; BVerfGE 24, 119, 145; BVerfG FamRZ 2008, 492; BayObLG DAVorm 1981, 897, 898 f; FamRZ 1982, 638; DAVorm 1983, 78, 81; OLG Stuttgart FamRZ 1966, 256, 257; LG Mannheim DAVorm 1964, 9 f; Erichsen 1985, S.36, 43, 51 ff.; Schmitt Glaeser, DÖV 1978, 629, 634; Jestaedt, in: Lipp/Schumann/Veit, 2008, S. 13 ff.; Knöpfel, FamRZ 1977, 600, 605.

755 Badura, in: Maunz/Dürig GG, Lfg. 41, Art. 6 GG, Rn. 96, 107, 109.

756 Vgl. OLG Köln JAmt 2008, 45 ff.; OLG Brandenburg FamRZ 2008, 1556 f.; Coester, in: Staudinger BGB, § 1666 BGB, Rn. 85; vgl. Beispiel auch bei Olzen, in: MüKo BGB, 5. Aufl., § 1666 BGB, Rn. 48 ff., 58 ff, 100 ff.

757 Coester, in: Staudinger BGB, § 1666 BGB, Rn. 82.

758 Vgl. BayObLG DAVorm 1981, 901, 903; BayObLG FamRZ 1984, 932, 933; BayObLGZ 1983, 231, 237.

In diesem Zusammenhang sind jedoch die sozialen und ökonomischen Verhältnisse der Eltern, grundsätzlich als Schicksal und Lebensrisiko des Kindes anzusehen.[759] Für die Bestimmung des Kindeswohls ist es nicht entscheidend, ob die leibliche, geistige oder seelische Entwicklung des Kindes bei seinen Eltern bei objektiver Betrachtung ideal verlaufen würde, sondern ob die sozialen Bedingungen seines Umfeldes eine Gefährdung darstellen.[760] Demzufolge müssen von dem Kind »wirkliche oder vermeintliche Nachteile [...] durch bestimmte Entscheidungen oder Verhaltensweisen der Eltern in Kauf genommen werden«[761]. Bloße Pflichtwidrigkeiten, die dieses »Familienrisiko«[762], d. h. die Gefährdungsgrenze des Kindeswohls nicht überschreiten, bleiben folgenlos.

b) Eingriffsmöglichkeit unterhalb der Sorgerechtsentziehung

Angesichts dramatischer Fälle von Kindesvernachlässigung, Kindesmissbrauch und Jugenddelinquenz und der damit einhergehenden öffentlichen Diskussion, sollte das staatliche Wächteramt konkretisiert und effektiver ausgestaltet werden.[763] Dies erfolgte mit dem »Gesetz zur Erleichterung familiengerichtlicher Maßnahmen bei Gefährdung des Kindeswohls« vom 4.7.2008 (KiWoMaG 2008).[764] Angesichts der Bestrebungen durch präventive Maßnahmen das Kindeswohl zu verbessern, wuchs das Bedürfnis nach Eingriffsmöglichkeiten unterhalb der Sorgerechtsentziehung.[765] Hintergrund dieser Reform des § 1666 BGB ist die bereits mit der Jugendhilferechtsreform 2005 (KICK)[766] eingeleitete Tendenz, Problemfamilien den staatlichen »Wächter« präventiv früher und näher zur Seite zu stellen. Der Prävention sollte ein stärkeres Gewicht als repressiven Sorgerechtseingriffen beigemessen

---

759 Diederichsen, in: Palandt, 70. Aufl., § 1666 BGB, Rn. 9; Coester, in: Staudinger BGB, § 1666 BGB, Rn. 84.; Bauer, in: jurisPK-BGB, 2. Aufl., § 1666 BGB, Rn. 29.

760 OLG Hamm ZblJugR 1983, 274 ff.; Bauer, in: jurisPK-BGB, 2. Aufl., § 1666 BGB, Rn. 25.

761 BVerfGE 60, 79, 94; 72, 122, 139 f; BVerfG FamRZ 2008, 492; 2008, 2185 Nr 15; BayObLG FamRZ 1993, 1350, 1351.

762 Coester, in: Staudinger BGB, § 1666 BGB, Rn. 84; vgl. Diederichsen, in: Palandt, 70. Aufl., § 1666 BGB, Rn. 9; Olzen, in: MüKo BGB, 5. Aufl., § 1666 BGB, Rn. 100.

763 Coester, JAmt 2008, 1, 1 ff.

764 BGBl. I 1188.

765 Lücking-Michel, ZKJ 2008, 200ff.; Schumann, in: Behrends/Schumann, 2008, S. 177 ff.

766 Kinder- und Jugendhilfeweiterentwicklungsgesetz – KICK, BGBl. 2005 Teil 1 Nr. 57 S.2729; Während das KICK 2005 vor allem die Wächteraufgaben der Jugendhilfe betraf, konkretisiert das KiWoMaG 2008 die Wächteraufgaben des Familiengerichts.

werden.[767] Durch das KiWoMaG 2008 sollte keine Absenkung der durch den Gefährdungsbegriff bezeichneten Eingriffsschwelle für familiengerichtliche Eingriffe in die elterliche Sorge erfolgen.[768] Es war jedoch das erklärte Ziel, »die Eltern stärker in die Pflicht zu nehmen«[769] und eine »frühzeitige Anrufung des Familiengerichts zu fördern«.[770] § 1666 Abs. 3 BGB listet nun ausführlich beispielhaft Maßnahmen unterhalb der Schwelle einer Sorgerechtsentziehung auf, die das Familiengericht anordnen kann.[771]

c) Vorverlagerung der Intervention

Mit der Reform KiWoMaG 2008 sollte die Effektivität des Kindesschutzes verbessert werden.[772]

Die Verbesserung der Effektivität des Kindesschutzes erfolgte im Rahmen des KiWoMaG 2008 durch eine Vorverlagerung des staatlichen Wächteramtes. Ansatzpunkt ist hierbei nicht die Schwere im Sinne von Erheblichkeit der drohenden Schädigung, sondern das Verständnis der »Gefährdung« im Vorfeld der eigentlichen Schädigung.[773] Ausgangspunkt einer staatlichen Intervention muss die Überprüfung der Gefährdungslage im Vorfeld der Schädigung sein (z. B. § 157 FamFG), da dem staatlichen Wächteramt nicht die Aufgabe zukommt, Sorgerechtsverfehlungen der Erwachsenen zu sanktionieren. Vielmehr gilt es präventiv Beeinträchtigungen des Kindes zu verhindern.[774] Die so angestrebte Vorverlagerung staatlicher Interventionen soll jedoch nicht das Verhältnis zwischen elterlichem Erziehungsprimat und staatlichem Wächteramt verändern, mit der Folge, dass die Eingriffsschwelle des § 1666 Abs. 1 BGB nicht abgesenkt wird.[775]

Während die Vorverlagerung nicht die Absenkung der Eingriffsschwelle bedeutet, werden jedoch die staatlichen Handlungsmöglichkeiten im Vorfeld einer Kindeswohlgefährdung erleichtert. Dies geschieht, indem an die Beurteilung der zeitlichen Nähe der drohenden Schädigung und der Eintrittswahrscheinlichkeit ein

---

767 Lücking-Michel, ZKJ 2008, 200ff.; Schumann, in: Behrends/Schumann, 2008, S. 177 ff.; Olzen, in: MüKo BGB, 5. Aufl., § 1666 BGB, Rn. 150.

768 BT-Drs. 16/6815, S. 14; 16/8914, S. 8, 10, 12.

769 BT-Drs. 16/6815, S. 7.

770 BT-Drs. 16/6815, S.11, 14; Coester, in: Staudinger BGB, § 1666 BGB, Rn. 7, 169.

771 Coester, in: Staudinger BGB, § 1666 BGB, Rn. 218 ff.

772 Coester, in: Staudinger BGB, § 1666 BGB, Rn. 18 f.

773 Coester, in: Staudinger BGB, § 1666 BGB, Rn. 84, 86.

774 Coester, in: Staudinger BGB, § 1666 BGB, Rn. 67, 86.

775 Coester, in: Staudinger BGB, § 1666 BGB, Rn. 87.

geringerer Maßstab angelegt wird. Als solche vorverlagerte Interventionsmöglichkeiten (»niedrigschwellige Maßnahmen« i. S. d. § 1666 Abs. 3 Nr. 1, 2, 5 BGB) kommen Erörterung (§ 157 FamFG), Aufklärung des Sachverhalts und Hilfsangebote (z. B. § 2 Abs. 2 ff. SGB VIII) in abgestufter Weise in Betracht.[776]

Der in der Reformdiskussion und Gesetzesbegründung verwendete Begriff der »niedrigschwelligen Maßnahmen« bedeutet weniger eingriffsintensive Maßnahmen »unterhalb der Schwelle der Sorgerechtsentziehung«.[777] In diesem Zusammenhang bedeutet »Schwelle« die Beachtung des Verhältnismäßigkeitsgrundsatzes, d. h. mildere Maßnahmen sind vorrangig heranzuziehen. Aber auch durch diese »niedrigschwelligen Maßnahmen« i. S. d. § 1666 Abs. 3 Nr. 1, 2, 5 BGB kann erst in das Sorgerecht der Eltern eingegriffen werden, wenn die herkömmliche Gefährdungsschwelle des § 1666 Abs. 1 BGB erreicht ist.[778]

d) Duldungspflicht der Eltern von präventiven Maßnahmen

Soweit durch eine solche vorverlagerte »niedrigschwellige Maßnahme« das Sorgerecht der Eltern i. S. d. §§ 1626 ff. BGB noch nicht beeinträchtigt ist, stellt dies jedoch zumindest einen Eingriff des Staates in ihre Elternautonomie (Art. 6 Abs. 2 S. 1 GG) dar.[779] Diese Beschränkung der Elternautonomie erfolgte jedoch nicht erst durch die Einführung von »niedrigschwelligen Maßnahmen«. Bereits vor der Einführung dieser Maßnahmen (§ 1666 Abs. 3 Nr. 1, 2, 5 BGB), hatte das Familiengericht ein Verfahren nach § 1666 BGB zu eröffnen und von Amts wegen (§ 26 FamFG) Ermittlungen anzustellen, wenn konkrete Indizien dazu Anlass gaben.[780] Weitere Einwirkungsmöglichkeiten auf die Eltern ergaben sich im Rahmen des § 157 FamFG. Hierbei sollte das Gericht auf die Eltern zum Zwecke der Gefahrenabwehr einwirken.[781]

Diese bislang – im Vorfeld – bestehenden Aufklärungs- und Eingriffsmöglichkeiten in die Elternautonomie wurden durch das KiWoMaG 2008 (sowie KICK

---

776 Coester, in: Staudinger BGB, § 1666 BGB, Rn. 87.

777 BT-Drucks 16/6815, S. 9, 11; krit. dazu Coester, in: Lipp/Schumann/Veit, 2008, S.32.

778 Rosenboom/Rotax, ZRP 2008, 1, S.3;Veit, in: Lipp/Schumann/Veit, 2008 , S. 4; Schumann, in: Behrends/Schumann, 2008, S. 185 ff.; Röchling, FamRZ 2007, 1775, 1778; van Els, FF 2009, 157ff.; Rosenboom 2006, S. 194, 201; Oberloskamp, in: Lipp/Schumann/Veit, 2008, S. 54.

779 Coester, in: Staudinger BGB, § 1666 BGB, Rn. 88.

780 Andere sprechen von einem „Anfangsverdacht“, Kemper, FamRB 2008, 345, 347; Ulrici, in: MüKo ZPO, 3. Aufl., § 24 FamFG, Rn 3.

781 Röchling, FamRZ 2006, 1732,1737.

2005) stärker betont, konkretisiert und strukturiert.[782] Diese Aufklärungs- und Eingriffsmöglichkeiten in die Elternautonomie werden als Vorstufe zum Sorgerechtseingriff nach § 1666 BGB – in Anlehnung an polizeirechtliche Terminologie – als »Gefahrenerforschungseingriff« bezeichnet.[783] Ein Gefahrenerforschungseingriff ist nur zulässig, wenn die durch »gewichtige Anhaltspunkte« (§ 8a Abs. 1 SGB VIII) und »mögliche Gefährdung« (§ 157 Abs. 1 FamFG) skizzierte vorgelagerte Schwelle (Kontrollschwelle) erreicht ist.

Die Duldungspflicht der Eltern ergibt sich aus ihrer Elternverantwortung,[784] d. h. der inneren Pflichtbindung des verfassungsrechtlich garantierten Elternrechts und der Pflicht des Staates, in Ausübung seines Wächteramtes gemäß Art. 6 Abs. 2 S. 2 GG effektiven Rechtsschutz für das Kind zu gewährleisten.[785] Diese Pflicht der Eltern, präventive Interventionsmaßnahmen zu dulden, umfasst jedoch nicht eine »flächendeckende und verdachtsunabhängige, mitlaufende Erziehungskontrolle«[786] des Staates. Eine solche Überwachung würde der Verantwortungsaufteilung zwischen Staat und Eltern (Art. 6 Abs. 2 GG) zuwiderlaufen.[787]

8. Trennung und Scheidung als Kindeswohlgefährdung oder allgemeines Lebensrisiko

Vor dem Hintergrund der Scheidungsfolgen für Kinder ist nun zu fragen, ob die Folgen von Trennung und Scheidung für das Kind die Gefährdungsgrenze zwischen allgemeinem Lebensrisiko und Kindeswohlgefährdung überschreiten.

§ 1666 BGB verfolgt einen konkret-individuellen, einzelfallbezogenen Schutzansatz,[788] um der Individualität und Komplexität der Sachverhalte angemessen Rechnung zu tragen.[789] Der Gedanke eines effektiven Kindesschutzes und die

---

782 Coester, in: Staudinger BGB, § 1666 BGB, Rn. 88.

783 Jestaedt, in: Lipp/Schumann/Veit, 2008, S.17; Coester, in: Lipp/Schumann/Veit, 2008, S.35 ff; Bringewat, ZKJ 2007, 225, 230.

784 BVerfGE 24, 119, 143; 56, 363, 382.

785 Coester, in: Lipp/Schumann/Veit, 2008, S. 38 f; Jestaedt, in: Lipp/Schumann/Veit, 2008, S. 17 f.

786 Coester, in: Staudinger BGB, § 1666 BGB, Rn. 88.

787 Jestaedt, in: Lipp/Schumann/Veit, 2008, S. 17; Coester, in: Lipp/Schumann/Veit, 2008, S. 33, 34; Schumann, in: Behrends/Schumann, 2008, S. 179; differenzierend Jestaedt, in: Lipp/Schumann/Veit, 2008, S. 17.

788 Bauer, in: jurisPK-BGB, 2. Aufl., § 1666 BGB, Rn. 25.

789 Coester, in: Staudinger BGB, § 1666 BGB, Rn. 3.

Pflicht das Kindeswohl, bzw. dessen Gefährdung stets im Einzelfall zu ermitteln, verbietet es von einem vorgefertigten, subsumtionsfähigen Gefährdungsbegriff auszugehen.[790] Die Ermittlung, was unter einer »Gefährdung« des Kindeswohls zu verstehen ist, ist das Ergebnis eines komplexen, einzelfallbezogenen Ermittlungs- und Abwägungsprozesses.[791]

Scheidungs- und Trennungssituationen können im Einzelfall das körperliche, geistige oder seelische Wohl des Kindes gefährden i. S. d. § 1666 Abs. 1 BGB. Die Erkenntnisse der Scheidungsfolgenforschung haben gezeigt, dass Eltern oftmals nicht fähig sind, aufgrund ihrer hoch emotionalen Konfliktlage die Paarebene von der Elternebene zu trennen und das Kindeswohl noch ausreichend zu berücksichtigen. Im Gegensatz dazu kann, je nach Einzelfall, eine Trennung und Scheidung auch ohne Beeinträchtigung des Kindes ablaufen. Im Ergebnis kann von Seiten der Scheidungsfolgenforschung lediglich bestätigt werden, dass eine Trennung und Scheidung das Risiko des Kindes erhöht mit Nachteilen konfrontiert zu sein.[792] Art und Ausmaß der Nachteile sind jedoch nicht verallgemeinerungsfähig und stets im Einzelfall zu untersuchen.[793]

Damit können Trennung und Scheidung respektive der Elternstreit nicht *per se* als Kindeswohlgefährdung oder allgemeines Lebensrisiko des Kindes angesehen werden, da es stets zur Beurteilung des Kindeswohls einer individuellen Betrachtung bedarf.

9. Zwischenergebnis

Die Bedenken gegen den Rechtsbegriff Kindeswohl sind u.a. vor dem historischen Hintergrund staatlicher Einflussnahme[794] zu erklären. In diesem Sinne muss eine politische Instrumentalisierung des Kindeswohls als unbestimmter Rechtsbegriff ausgeschlossen werden. Diesbezügliche Bedenken bestehen dem Grunde nach jedoch nicht, angesichts einer zunehmenden Kindzentrierung in den jüngsten Gesetzesreformen, die den Erkenntnissen der Scheidungsfolgenforschung Rechnung tragen. Darüber hinaus ist das Kindeswohl – wenngleich kein »Kindesgrundrecht« – eine Maxime, die verfassungsrechtlich verankert und somit im Kontext des Grundgesetzes auszulegen ist. Insoweit wäre eine Interpretation des Rechtsbegriffs »Kin-

---

790 Vgl. Kapitel 3. II. 1. ff.

791 Vgl. Kapitel 3. II. 1. ., 5. ., 6. .; Bauer, in: jurisPK-BGB, 2. Aufl., § 1666 BGB, Rn. 25 (m.w.N.); vgl. auch Olzen, in: MüKo BGB, 5. Aufl., § 1666 BGB, Rn. 48 ff.

792 Kapitel 1. III. 2. und IV.

793 Kapitel 3. II. 5. .

794 Vgl. Kapitel 3.I.

deswohl« unzulässig, wenn dies grundlegenden Prinzipien der Verfassung zuwiderliefe, z.B. Grundsatz der Menschenwürde (Art. 1 Abs. 1 GG), Rechtsstaatlichkeit, Demokratie- und Sozialstaatsprinzip (Art. 20 GG).

Wenn Eingriffe gegenüber den Eltern ausschließlich durch das Kindeswohl legitimierbar sind, muss sich hiernach auch die Pflichtberatung richten. Weitere rechtliche und verfahrensrechtliche Vorschriften müssen das Kindeswohl beachten und die Beratung muss auch am Kindeswohl orientiert sein. Dies kann jedoch nur der Fall sein, wenn sie die Erkenntnisse der Scheidungsfolgenforschung berücksichtigt, d. h. insbesondere effektiv zur Minimierung des Streitpotenzials[795] beiträgt. Soweit auch die Möglichkeit besteht die finanziellen und ökonomischen[796] Folgen positiv für das Kind zu regeln, ist auch dies zu berücksichtigen. Insbesondere darf kein Zwang zur dauerhaften Kooperation erfolgen, solange erhebliches Streitpotenzial vorhanden ist.[797]

Ausbildungsstandards und Vorgehensweisen der Beratungsstellen müssen klar geregelt sein und evaluiert werden, um eine bundesweit einheitliche kindeswohlorientierte Beratungslandschaft herzustellen. Dies gilt umso mehr insofern auch externe Dritte an der Beratung beteiligt werden. In diesem Fall muss der Staat zwingend sicherstellen, dass das Kindeswohl eingehalten wird, sonst fehlt die entsprechende Eingriffslegitimation. Je bedeutender und einschneidender eine Maßnahme elementare Belange des Kindes betrifft, desto stärker muss der Staat die Berücksichtigung des Kindeswohls prüfen, d. h. er muss z.B. die Beratungsverfahren, Ausbildungsstandards und die Beratungsergebnisse kontrollieren.

---

795 Vgl. Kapitel 1.III.4. d) und e).

796 Vgl. Kapitel 1.III.4. b).

797 Vgl. Kapitel 1.IV.

III. Beratung als Elternpflicht – Art. 6 Abs. 2 S. 1 GG

In einer Scheidungssituation kann das Kind seine Interessen nicht eigenständig vertreten und ist somit dem Verlauf der Trennungs- und Scheidungssituation grundsätzlich ausgeliefert. Wie die Scheidungsfolgenforschung gezeigt hat, stellt gerade dieses Gefühl der Ohnmacht einen erheblichen negativen Faktor dar, der das Kind sowohl kurz- als auch langfristig beeinträchtigen kann.[798] Es liegt somit eine für das Kind nachteilige familiale Situation vor, deren Verlauf aber weitgehend vom Verhalten der Eltern beeinflusst wird.

Vor diesem Hintergrund ist der Frage nachzugehen, ob es der Pflicht der Eltern entspricht, zum Wohle des Kindes die (möglichen) negativen Folgen von Trennung und Scheidung gegebenenfalls durch Inanspruchnahme externer Hilfe zu minimieren.

1. Elternrecht

Art. 6 Abs. 2 S. 1 GG statuiert das vorrangige Recht der Eltern auf Pflege und Erziehung ihrer Kinder. Es handelt sich um ein Freiheitsrecht der Eltern gegenüber dem Staat und gewährleistet daher den Eltern grundsätzlich ein Abwehrrecht gegen staatliche Eingriffe.[799] Eingriffe in das Erziehungsprimat der Eltern aus Art. 6 Abs. 2 S. 1 GG sind nur ausnahmsweise im Rahmen der Ausübung des staatlichen Wächteramtes (Art. 6 Abs. 2 S. 2 GG) zulässig.[800] Hierbei unterscheidet sich die Regelung des Grundgesetzes erheblich von jener der Weimarer Reichsverfassung (WRV), die lediglich mit Art. 120 WRV als Programmsatz formuliert war und das Interventionsrecht und -interesse des Staates über das Elternrecht stellte.[801]

798 Vgl. Kapitel 1.III.

799 BVerfGE 60, 79, 88; Ossenbühl 1981, S. 42; Jeand'Heur 1993, S. 19 f.

800 BVerfGE 56, 363, 382; BVerfGE 61, 358, 371 ff.; BVerfG FamRZ 2002, 1021.

801 Ossenbühl 1981, S. 40.

Das Elternrecht aus Art. 6 Abs. 2 S. 1 GG geht aus dem Naturrecht hervor und ist ein vorstaatliches Recht.[802] Das »natürliche Recht« der Eltern ist ein originäres Recht, dessen Vorrang von der staatlichen Gemeinschaft anerkannt wird.[803] Mit der Zeugung ihres Kindes haben Eltern das Recht und die Pflicht, d. h. die Verantwortung für seine Pflege und Erziehung.[804]

2. Elternpflicht

Bei dem so verstandenen Elternrecht handelt es sich nicht um ein Freiheitsrecht zur Selbstbestimmung der Eltern.[805] Vielmehr wird es wegen der Schutzbedürftigkeit des Kindes gewährt.[806] Die Eltern haben eine Führungsrolle aber keine absolute Herrschaftsposition,[807] denn nur die Annahme der Fremdnützigkeit des Elternrechts bewahrt das Kind als Objekt der elterlichen Bestimmung gesehen zu werden.[808] Die im Elternrecht enthaltenen Rechte und Pflichten können nicht getrennt werden. Die Elternpflicht »ist nicht eine das Recht begrenzende Schranke, sondern ein wesensbestimmender Bestandteil dieses Elternrechts, das insoweit treffender als Elternverantwortung bezeichnet werden kann«[809]. In diesem Sinne wird das Elternrecht als Pflichtrecht, d. h. als Elternverantwortung verstanden.[810]

Im Rahmen ihres verfassungsrechtlich garantierten Erziehungsprimats können die Eltern frei darüber entscheiden, wie sie ihrer Elternverantwortung nachkommen und ihr Kind erziehen.[811] Das Elternrecht wird nur durch die Notwendigkeit und

---

802 Maunz, in: Maunz/Dürig GG, Art. 6 GG, Rn. 22; Jeand'Heur 1993, S. 19 (m.w.N.).

803 BVerfGE 60, 79, 88; Badura, in: Maunz/Dürig GG, Lfg. 61., Art. 6 GG, Rn. 91.

804 BVerfGE 24, 119, 150; In diesem Sinne äußerte sich bereits Kant 1797 zum Thema Elternverantwortung wie folgt: »[...]So folgt aus der Zeugung in dieser Gemeinschaft [Ehe/Elternschaft] eine Pflicht der Erhaltung und Versorgung in Absicht auf ihr Erzeugniß, d.i. die Kinder als Personen haben hiemit zugleich ein ursprünglich-angebornes (nicht angeerbtes) Recht auf ihre Versorgung durch die Eltern, bis sie vermögend sind, sich selbst zu erhalten; und zwar durchs Gesetz (lege) unmittelbar, d.i. ohne daß ein besonderer rechtlicher Act dazu erforderlich ist.«, Kant 1990, S. § 28 ff. (Kant: Page 6.280).

805 Peschel-Gutzeit, in: Staudinger, § 1626 BGB, Rn. 7.

806 BVerfGE 24, 119, 144; Jeand'Heur 1993, S. 18 (m.w.N.).

807 Jeand'Heur 1993, S. 20; Ossenbühl 1981, S. 48.

808 Goldstein, et al. 1986, S. 109; Badura, in: Maunz/Dürig GG, Lfg. 61., Art. 6 GG, Rn. 94.

809 BVerfGE 24, 119, 135; 56,363, 382; Henrich/Johannsen/Althammer 2010, S. 248.

810BVerfGE 24, 119, 143; BVerfGE 56, 363.

811 Jeand'Heur 1993, S. 21.

das Bedürfnis des Kindes nach Schutz und Fürsorge gerechtfertigt.[812] Orientierung und Grenze dieser elterlichen Freiheit ist das Wohl des Kindes.[813] Den Eltern obliegt es, ihr Elternrecht zum Wohle des Kindes uneigennützig und verantwortungsbewusst auszuüben. Insoweit kommt dem Elternrecht ein fiduziarischer, treuhänderischer Charakter zu.[814] Maßnahmen und Verhaltensweisen, die das Kindeswohl gefährden oder vereiteln können, werden nicht vom Elternrecht gedeckt.[815] Insoweit normiert Art. 6 Abs. 2 S. 1 GG nicht nur ein Erziehungsrecht, sondern auch eine Erziehungspflicht.[816]

3. Gemeinsame Elternverantwortung

Art. 6 Abs. 2 S. 1 GG sieht eine gleichberechtigte, gemeinsame Verantwortung der Eltern für die Pflege und Erziehung ihrer Kinder vor. Die Eltern müssen sie gleichermaßen gegenüber dem Kind erfüllen. Sie sind verpflichtet, sich wechselseitig zu unterstützen und einander zu ergänzen. Die gemeinsame Elternverantwortung ist nicht teilbar.[817] Dies spiegelt sich auch auf einfachgesetzlicher Ebene des BGB wider. Das Elternrecht erstreckt sich auf beide Eltern. Der Begriff »Eltern« in § 1626 Abs. 1 BGB bringt zum Ausdruck, dass das Elternrecht beiden Eltern gemeinsam zusteht.[818] Ein Alleinentscheidungsrecht im Sinne eines »Stichentscheids« durch einen Elternteil existiert nicht.[819] Es ist die Pflicht der Eltern, sich über die Aufgabenverteilung von Pflege und Erziehung zu verständigen und zu einigen. Auch hier ist das Kindeswohl Maßstab und Grenze bei der Verteilung der elterlichen Erziehungsaufgaben.[820]

Das Elternrecht aus Art. 6 Abs. 2 GG ist Bestandteil und Wesenselement in dem von Abs. 1 geschützten Lebensbereich »Familie«; es bestimmt und sichert das

---

812 BVerfGE 72, 155, 172; Jeand'Heur 1993, S 18 (m.w.N.).

813 BVerfGE 60, 79, 88; Peschel-Gutzeit, in: Staudinger, § 1626 BGB, Rn. 8.

814 BVerfGE 72, 155; 61, 359 (372); 59, 360 (377); Peschel-Gutzeit, in: Staudinger, § 1626 BGB, Rn. 8; Ossenbühl, DÖV 1977, 801 f.; Saladin, in: Harnisch/Hinderling, 1995, S. 199; Jeand'Heur 1993, S. 105; Badura, in: Maunz/Dürig GG, Lfg. 41, Art. 6 GG, Rn. 109.

815 BVerfGE 59, 360, 377; BVerfGE 75, 201, 218.

816 BVerfGE 61, 359 (372); 59, 360 (377); Ossenbühl, DÖV 1977, 801, 801 f.; Saladin, in: Harnisch/Hinderling, 1995, S. 199.

817 BVerfGE 10, 59, 67; Peschel-Gutzeit, in: Staudinger, § 1626 BGB, Rn. 9.

818 BT-Drs. 13/4899, 93.

819 BVerfGE 10, 59, 67, 82; 31, 194, 207.

820 BVerfGE 48, 327, 338.

Eltern-Kind-Verhältnis verfassungsrechtlich ab.[821] Dagegen garantiert Art. 6 Abs. 2 S. 1 GG im Interesse des Kindeswohls die Freiheitsrechte der Eltern gegenüber dem Staat und schützt somit deren Entscheidungsfreiheit gegenüber staatlichen Eingriffen, die nicht vom staatlichen Wächteramt (Art. 6 Abs. 2 S. 2 GG) gedeckt sind.[822] Art. 6 Abs. 2 S.1 GG gebietet den Eltern bei Trennung und Scheidung möglichst alle Schäden von dem Kind fernzuhalten und zu mildern. Es obliegt ihnen eine vernünftige und kindgerechte Lösung zu finden.[823]

Im Rahmen des »Elternprimats« im Sinne des Art. 6 Abs. 2 S. 1 GG obliegt es den Eltern »zuvörderst« für das körperliche Wohl und für die seelische und geistige Entwicklung des Kindes zu sorgen,[824] d. h. auch darüber zu befinden in welchen sozialen Bedingungen und welcher familialen Atmosphäre ihr Kind aufwächst. Maßgebliche Richtschnur ist allerdings das Kindeswohl.[825]

4. Teilnahmepflicht an Beratung gemäß Art. 6 Abs. 2 S. 1 GG

Möglicherweise ergibt sich aus Art. 6 Abs. 2 S. 1 GG eine Pflicht der Eltern, sich externer Hilfen zu bedienen, um das Wohl ihres Kindes im Falle von Trennung und Scheidung zu gewährleisten.

Nach Art. 6 Abs. 2 S. 1 GG haben die Eltern die Pflicht ihr Kind zu erziehen und zu pflegen. Dies bedeutet für das körperliche Wohl des Kindes und für seine seelische und geistige Entwicklung zu sorgen und potentielle Gefahren abzuwenden. Die Annahme einer unmittelbaren Verpflichtung der Eltern gegenüber ihrem Kind oder der staatlichen Gemeinschaft entspricht jedoch nicht der Konzeption der Grundrechte als Abwehrrechte des Bürgers gegenüber dem Staat.[826] Eine unmittelbare Pflicht der Eltern kann somit nicht aus Art. 6 Abs. 2 S. 1 GG hergeleitete werden.[827]

---

821 Ossenbühl 1981, S. 42.

822 BVerfGE 7, 323; 51, 386, 398; 61, 359, 371.

823 Finger, in: MüKo BGB, 4. Aufl., § 1684 BGB, Rn. 1.

824 Vgl. BVerfG NVwZ 1999, 756; BVerfG DVBl 1998, 955; BVerfG NVwZ 2002, 981; BVerfG DVBl 2002, 971; BVerwG DVBl 1994, 163; BVerwG DVBl 1998, 1344.

825 Vgl. BVerfG NJW 1999, 631; BVerfG NJW 2001, 429, 432; BVerfG NVwZ 2002, 981; BVerfG DVBl 2002, 971; Badura, in: Maunz/Dürig GG, Lfg. 61., Art. 6 GG, Rn. 94.

826 Vgl. zur Konzeption der Grundrechte als Abwehrrechte BVerfGE 7, 198.

827 Vgl. Schwer, in: jurisPK-BGB, 4. Aufl., § 1626 BGB, Rn. 1.

5. Gesetzesbefolgungspflicht aus Art. 6 Abs. 2 S. 1 GG

Wie dargestellt kann aus Art. 6 Abs. 2 S. 1 GG keine unmittelbare Handlungspflicht der Eltern gegenüber ihrem Kind und dem Staat abgeleitet werden. Vielmehr ergibt sich aus Art. 6 Abs. 2 S. 1 GG eine Gesetzesbefolgungspflicht[828] der Eltern. Wenngleich der Staat das natürliche Erziehungsrecht der Eltern gewährt und dabei Nachteile für Kinder in Kauf nimmt, die bei staatlicher Einmischung eventuell vermeidbar wären,[829] so bedeutet dies keineswegs vollständige Autonomie in der Wahrnehmung elterlicher Aufgaben.[830] Vielmehr obliegt es dem Staat, über die Erfüllung der elterlichen Pflege- und Erziehungspflicht zu wachen. Diesem Überwachungsrecht entspricht die Pflicht der Eltern, alle einschlägigen Gesetze zum Schutze ihrer Kinder und Jugendlichen zu beachten. Dem folgend konkretisiert Art. 6 Abs. 2 S. 2 GG die bereits in Art. 2 Abs. 1 GG niedergelegte Gesetzesbefolgungspflicht für den Bereich der Familie.[831]

6. Inanspruchnahme von Hilfe als Ausdruck der Elternverantwortung

Im Folgenden soll der Frage nachgegangen werden, ob Eltern als Ausdruck ihrer Elternverantwortung im Sinne des Art. 6 Abs. 2 S. 1 GG gehalten sind, externe Hilfe/Beratung im Falle von Trennung und Scheidung in Anspruch zu nehmen.

a) Verantwortungsbegriff

Zunächst ist zu fragen, welche Bedeutung dem Begriff »Verantwortung« der Eltern beizumessen ist. Verantwortung ist ein offener, nicht statischer Begriff, der sich nicht dauerhaft auf einen konkreten Inhalt festlegen lässt. Verantwortung ist ein heuristischer Begriff.[832] Der Begriff Verantwortung ist »auf die immer neue Rezeption situationsadäquater Wertungen angelegt«.[833]

Die Verantwortung für die Pflege und Erziehung des Kindes wird als »natürliches Recht« der Eltern mit der Zeugung des Kindes begründet.[834] Es handelt sich

---

828 Stober, NVwZ 1982, 473, S.36 (m.w.N.).

829 BVerfGE 34, 165, 184.

830 Vgl. Kapitel 3. III. 2. .

831 Stober, NVwZ 1982, 473, S.36, (m.w.N.).

832 Klement 2006, S. 576.

833 Klement 2006, S. 575

834 BVerfGE 24, 119, 150; Kant 1990, S. § 28 ff. (Kant: Page 6.280).

dabei um ein fiduziarisches Recht und nicht um ein Freiheitsrecht zur Selbstbestimmung der Eltern.[835] Das Elternrecht wird ausschließlich durch die Notwendigkeit und das Bedürfnis des Kindes nach Schutz und Fürsorge gerechtfertigt,[836] da das Kind, als »ein Wesen mit eigener Menschenwürde und eigenem Recht auf Entfaltung seiner Persönlichkeit im Sinne des Art. 1 Abs. 1 und Art. 2 Abs. 1 GG« Beeinträchtigungen seiner Persönlichkeitsentwicklung nicht selbst verhindern kann.[837] In diesem Sinne obliegt es den Eltern »zuvörderst« für das körperliche Wohl und für die seelische und geistige Entwicklung des Kindes zu sorgen,[838] d. h. auch darüber zu befinden in welchen sozialen und familialen Bedingungen ihr Kind aufwächst. Maßgebliche Richtschnur bleibt allerdings das Kindeswohl als Maxime von Verfassungsrang.[839]

Eine unmittelbare Verpflichtung der Eltern an externen Hilfen respektive Beratung teilzunehmen, lässt sich – wie soeben dargestellt – nicht aus Art. 6 Abs. 2 S. 1 GG herleiten.[840] Der Begriff der Elternverantwortung kann somit nicht als unmittelbare Verpflichtung der Eltern verstanden werden, wie es der Wortlaut des Art. 6 Abs. 2 S. 1 GG zunächst nahelegt. Die Begriffe »Verantwortung« und »Pflicht« sind insbesondere im Zusammenhang mit der Elternverantwortung im Sinne des Art. 6 Abs. 2 S. 1 GG nicht zwingend synonym zu verstehen.[841] Die begriffliche Ausgestaltung von Elternrecht und Elternpflicht als »Elternverantwor-

---

835 Peschel-Gutzeit, in: Staudinger, § 1626 BGB, Rn. 7.

836 BVerfGE 72, 155, 172; Jeand'Heur 1993, S 18 (m.w.N.).

837 BVerfGE 10, 69, 84; 94, 100 19,144; Jeand'Heur 1993, S. 17 f.; Badura, in: Maunz/Dürig GG, Lfg. 41, Art. 6 GG, Rn. 139 f.

838 Vgl BVerfG NVwZ 1999, 756; BVerfG DVBl 1998, 955; BVerfG NVwZ 2002, 981; BVerfG DVBl 2002, 971; BVerwG DVBl 1994, 163; BVerwG DVBl 1998, 1344.

839 Vgl BVerfG NJW 1999, 631; BVerfG NJW 2001, 429, 432; BVerfG NVwZ 2002, 981; BVerfG DVBl 2002, 971; siehe auch Kapitel 3. II. 2..

840 Vgl. Kapitel 3. III. 4..

841 Vgl. Klement 2006, S. 424. Als Beispiel zur Einschränkung der These einer strikten Synonymität von Verantwortung und Pflicht. Kritisch zur allgemeinen Verwendung des Verantwortungsbegriffs in Rechtstexten: »Als dogmatischer Begriff hingegen ist ›Verantwortung‹ überwiegend ohne Daseinsberechtigung. Die ihr zugeschriebenen Inhalte sind aus den Rechtstexten häufig nicht begründbar; zudem wird der Begriff den Ansprüchen an ein kohärentes, widerspruchsfreies und klares dogmatisches System nicht gerecht. Als Synonym für Begriffe wie subjektives Recht, Zuständigkeit, Kompetenzbefugnis, Aufgabe, Pflicht, Erlaubnis und Obliegenheit verdeckt ›Verantwortung‹ nur zu oft die sachlichen Unterschiede, die eine differenzierte Terminologie abbilden muss. Sie ist zudem kaum auf die Rolle eines Synonyms zu beschränken und transportiert zumeist weitere, nicht rechtlich begründbare Inhalte in das Recht«, Klement 2006, S. 577.

tung« durch das BVerfG legt somit den Schluss nahe, dass die Elternpflicht als Obliegenheit anzusehen ist, also die Nichterfüllung der Elternverantwortung lediglich als Legitimation für staatliche Eingriffe angesehen werden muss.[842]

b) Risiko und Verantwortung

Im Hinblick auf die vom BVerfG aus Elternrecht und Elternpflicht entwickelte Elternverantwortung im Sinne des Art. 6 Abs. 2 S. 1 GG sind insbesondere die Erkenntnisse der Scheidungsfolgenforschung zu den Risiken und Gefahren des Kindes zu berücksichtigen.[843] Dies bedeutet, dass der Elternkonflikt an dem das Kind zwangsläufig – ohne Einflussmöglichkeit – partizipiert, die primäre Ursache ist für Risiken und Gefahren des Kindes. Darüber hinaus haben die Eltern entscheidenden Einfluss auf Entwicklung und Verlauf des Elternstreits und somit mittelbar auch auf das Kindeswohl.[844]

Ausgangspunkt der Elternverantwortung ist die Pflicht der Eltern u.a. Schaden von ihrem Kind abzuwenden. Die Beurteilung, wann eine Gefahr/Risiko gegeben ist, obliegt grundsätzlich »zuvörderst« den Eltern (Art. 6 Abs. 2 S. 1 GG). Die Eltern müssen nicht die objektiv beste Pflege und Erziehung bieten, sondern lediglich die im Rahmen ihrer sozialen und ökonomischen Verhältnisse mögliche Erziehung gewährleisten.[845]

Die Elternverantwortung, Schäden von ihrem Kind abzuwenden, obliegt den Eltern gleichermaßen, gleichgültig ob sie von Trennung und Scheidung betroffen sind oder nicht. Vor dem Hintergrund der Erkenntnisse der Scheidungsfolgenforschung erhöhen sich jedoch die Risiken für Kinder, die von Trennung und Scheidung betroffen sind, Nachteile/Schäden zu erleiden.[846] Der Übergang zwischen Schaden und »bloßem« Nachteil ist fließend. Die Bandbreite der möglichen Gefährdungen in der sich Kinder befinden können, ist eine Frage des Einzelfalles und kann sich als »bloßer« Nachteil im Rahmen des allgemeinen Lebensrisikos bis hin zu einer akuten Kindeswohlgefährdung darstellen.

Wie die Scheidungsfolgenforschung gezeigt hat, ist die Konfliktsituation der Eltern, d. h. der Elternstreit, *der* zentrale Faktor für Belastungen des Kindes.[847] El-

---

842 Vgl. Klement 2006, S. 424, 496.

843 Kapitel 1. IV.

844 Kapitel 1. III. 4. d), e) und IV.

845 Vgl. Jeand'Heur 1993, S. 104 (m.w.N.); Coester, in: Staudinger BGB, § 1666 BGB, Rn. 84.

846 Kapitel 1. IV.

847 Kapitel 1. III. 4. d).

tern können diese jedoch durch die Trennung von Eltern- und Paarebene und der Entwicklung konsensualer Lösungen verringern.[848] Im Gegensatz zum Kind haben Eltern *den* maßgeblichen Einfluss auf das Geschehen, insbesondere hinsichtlich Verlauf und Tragweite des Elternstreits. Durch die Verursachung und grundsätzliche Einwirkungsmöglichkeit der Eltern auf den Trennungs- und Scheidungsverlauf und somit auch auf das Wohlergehen des zwangsläufig am Geschehen partizipierenden Kindes erhöhen sich die an die Eltern zu stellenden Anforderungen in der Ausübung ihrer Elternverantwortung.

Wenngleich die staatliche Gemeinschaft den Eltern nicht eine objektiv optimale Förderung und Pflege ihrer Kinder zu gewährleisten abverlangt, ist jedoch zu fragen, welche Minimalanforderungen an die Wahrnehmung der Elternverantwortung zu stellen sind. Als Minimalanforderung haben die Eltern darüber zu reflektieren, ob und inwieweit sie ihrer Verantwortung für die Pflege und Erziehung des Kindes (Elternverantwortung) noch gerecht werden können angesichts ihrer Trennung und Scheidung. Mit der Zeugung ihres Kindes haben Eltern das Recht und die Pflicht, d. h. die Verantwortung für seine Pflege und Erziehung.[849] Kommen die Eltern bei objektiver Betrachtung zu dem Ergebnis, dass sie diese Minimalanforderungen nicht (mehr) gewährleisten können, so müssen sie entweder ihre Verantwortung abgeben oder ihre Defizite in der Bewältigung ihrer Verantwortung durch die Inanspruchnahme externer Hilfen kompensieren. Nur so können Eltern den an sie gestellten Anspruch, stets diejenigen zu sein, die das Kindeswohl am ehesten im Auge behalten, gerecht werden.[850]

Bei Trennung und Scheidung ergibt sich aus dem erhöhten Risiko für das Kind einerseits und der Einwirkungsmöglichkeit der Eltern auf die Konfliktsituation andererseits, die Pflicht der Eltern sich externer Hilfen zu bedienen, wenn sie keine eigene Lösung erzielen.[851] Diese Pflicht zur Selbstreflexion und realistischen Bewertung der Lage besteht ungeachtet der Frage, ob Eltern in einer hoch emotionalen Konfliktsituation überhaupt zur Selbstreflexion (noch) in der Lage sind, bzw. Kindeswohlbelange berücksichtigen können. Die Elternverantwortung zur fiduziarischen Gewährleistung des Kindeswohls besteht unabhängig von der subjektiven Fähigkeit der Eltern dieser Verantwortung gerecht zu werden.

---

848 Vgl. Kapitel 1. III. 4. e).

849 BVerfGE 24, 119, 150; Kant 1990, S. § 28 ff. (Kant: Page 6.280).

850 BVerfGE 59, 360, 376; vgl. auch oben Kapitel 2. V. 1..

851 Vgl. Finger, in: MüKo BGB, 4. Aufl., § 1684 BGB, Rn. 1; in diesem Sinne grundsätzlich auch Rudolph, jedoch mit dem Zwang zur Einigung im Sinne einer gemeinsamen Elternschaft, Rudolph 2007, S. 50.

7. Zwischenergebnis

Eine unmittelbare Pflicht aus Art. 6 Abs. 2 S. 1 GG kann angesichts der Funktion der Grundrechte als Abwehrrechte gegenüber dem Staat nicht angenommen werden. Vielmehr ist von einer Obliegenheit der Eltern auszugehen im Rahmen ihrer Elternverantwortung i. S. d. Art. 6 Abs. 1 S. 1 GG externe Hilfen in Anspruch zu nehmen, wenn sie – als Minimalausdruck ihrer Elternverantwortung – zu der Erkenntnis kommen, eine kindeswohlgerechte Bewältigung der Scheidungs- und Trennungssituation nicht gewährleisten zu können.[852] Diese Verantwortung der Eltern – im Sinne einer Obliegenheit – besteht unabhängig von der subjektiven Fähigkeit der Eltern, dieser nachzukommen.

IV. Pflichtberatung als Ausdruck des staatlichen Wächteramtes gemäß Art. 6 Abs. 2 S. 2 GG

Fraglich sind jedoch die Fälle, in denen es Eltern nicht möglich ist ihre familiale Scheidungssituation und die mitunter prekären Auswirkungen auf ihre Kinder zutreffend einzuschätzen (vgl. z.B. Kapitel 1. IV).

Insoweit es der Elternverantwortung als eine Obliegenheit der Eltern entspricht, sich grundsätzlich im Falle von Trennung und Scheidung qualifizierter Hilfe zu bedienen,[853] soll nunmehr der Frage nachgegangen werden, ob und inwieweit der Staat kraft seines Wächteramtes (Art 6 Abs. 2 S. 2 GG) gehalten ist, diese Obliegenheit der Eltern aktiv einzufordern bzw. eine obligatorische Elternberatung (Pflichtberatung) notwendig ist. Abschließend soll der Begriff des Wächteramtes angesichts des zuvor getroffenen Befundes reflektiert werden.

1. Die Funktion des Staates gegenüber der Scheidungsfamilie

Es ist nun zu klären, welche Funktion dem Staat gegenüber einer Scheidungsfamilie zukommt und welche Bedeutung dies für eine Pflichtberatung hat. Durch die Trennung und Scheidung der Eltern wird die Grundlage auf der die generelle Zu-

---

852 In diesem Sinne wohl auch Proksch. In Bezug auf die Teilnahme an Beratung nach § 17 SGB VIII: »Dieses Recht [auf Beratung nach § 17 SGB VIII] ist auch als ›Pflichtrecht‹ der Eltern zu verstehen, (die) Beratung und Unterstützung wahrzunehmen, die zum Wohle der Kinder erforderlich und notwendig ist.«, Proksch, in: FK-SGB VIII, 6. Aufl., § 17 SGB VIII, Rn. 18.

853 Vgl. Kapitel 3. III. 6. .

ordnung von Familie und Staat beruht (Art. 6 GG), nachhaltig betroffen. Zu der Frage, welche Funktion dem Staat in dieser Situation gegenüber der Scheidungsfamilie zukommt und welche Konsequenzen hieraus resultieren, werden unterschiedliche Ansätze vertreten.

Ein Ansatz geht davon aus, dass Trennung und Scheidung den Staat unmittelbar in seiner Wächterfunktion auf den Plan rufen und die Gerichte zur Wahrung des Kindeswohls das Notwendige veranlassen dürfen.[854] Eine ähnliche Auffassung sieht in der Trennung oder Scheidung der Eltern zwar noch keine automatische Berechtigung des Staates zur Intervention. Eine Legitimation zur Intervention ergebe sich aber durch den Rechtsstreit (z.B. Sorgerecht) der Eltern. In diesem Fall »verzichteten« die Eltern auf ihren Autonomieanspruch, da sie selbst ihren Familienbereich öffneten und das Kind der direkten Regulierung durch den Staat aussetzen.[855] Infolgedessen gehe die normalerweise »zuvörderst« den Eltern obliegende Schutzfunktion für ihr Kind auf den staatlichen Wächter über.[856]

Eine andere Ansicht spricht dem Staat primär eine »Schlichtungsfunktion«[857] zu. Danach verändere sich nicht die Grenze zwischen Staat und Familie. Aspekte der Gerechtigkeit und Effizienz müssten bei der Lösung der elterlichen Konflikte im Vordergrund stehen, ohne den Schutz des Kindes zu vernachlässigen. Dieser würde sich mittelbar aus der proportionalen Berücksichtigung aller beteiligten Privatinteressen ergeben.[858] Nach dieser Auffassung würde die elterliche Autonomie auch im Fall einer Streitschlichtung weiterhin Berücksichtigung finden können ohne unmittelbare Intervention des Staates zum Schutze des Kindes im Elternstreit.[859]

Während die ersten beiden Ansichten dem Staat bei der Regulierung von Familienstreitigkeiten eine zentrale Rolle und Eingriffsbefugnis zu sprechen, gibt die dritte Ansicht »einer allgemeinen staatsfeindlichen Tendenz im Familienrecht rechtstheoretischen Ausdruck«.[860] Sie ist vor den historischen Erfahrungen erklärbar,[861] und wendet sich gegen ein richterliches Hineinregieren in die Familie und einer »Verstaatlichung« und »Verrechtlichung« des Kindeswohls durch Veranke-

---

854 BVerfG NJW 1982, 983; BVerfG 1980 NJW, 217, 218; Coester 1983, S. 138 (m.w.N.).

855 Goldstein 1979, S. 24, 31 ff., 32; Fehmel, FamRZ 1980, 758, 759 ff.

856 Coester 1983, S. 138.

857 Coester 1983, S. 138.

858 Mnookin, L. & Cont. Prob. 1975, 226, 229 ff., 234, 248 f., 265 ff., 282, 288; Coester 1983, S. 138 f. (m.w.N.).

859 Coester 1983, S. 139 (m.w.N.).

860 Coester 1983, S. 140.

861 Vgl. Kapitel 3.I.

rung eines »fortschreitend verfeinerten Verhaltenskodex«.[862] Darüber hinaus wird die Leistungsfähigkeit der staatlichen Gemeinschaft bzw. des juristischen Apparates bei der Wahrung des Kindeswohls bezweifelt.[863]

Der Skepsis gegenüber den Möglichkeiten des juristischen Apparates durch Gerichtsverfahren den Interessen und spezifischen Problemen einer Familienstreitigkeit gerecht zu werden, ist grundsätzlich zuzustimmen. Jedoch ist der Ansatz, der dem Staat lediglich eine Schlichtungsfunktion beimisst, unzureichend. Dieser vernachlässigt das Kindeswohl und reduziert den Elternstreit auf einen rein privatrechtlichen Interessenstreit, ohne das Kind ausreichend zu berücksichtigen. Hierdurch werden die Belange des Kindes im Interesse der Familienautonomie zurückgedrängt, obwohl die Elternautonomie durch den Zerfall der Familie und des Elternkonflikts funktionsunfähig geworden ist.[864] Eine sachgerechte Lösung kann demnach nicht in einer Minimalkontrolle des staatlichen Wächters liegen, sondern es bedarf einer der individuellen Situation angepassten Form des Kindesschutzes.[865]

Eine Pflichtberatung erscheint als eine adäquate Lösung, um sowohl dem Schutzbedürfnis des Kindes einerseits, als auch der Elternautonomie und den spezifischen Bedürfnissen einer Familienstreitigkeit andererseits Rechnung zu tragen. Ferner werden die Eltern durch eine Beratung in der Wahrnehmung ihrer Elternverantwortung unterstützt. Dennoch muss bei dem Verweis der Eltern an Beratungsstellen berücksichtigt werden, dass dies nicht zu einer ausschließlichen Aufgabendelegation der Beratungs- und Schlichtungsleistung führen darf. Weder als Reaktion auf eine befürchtete »Verstaatlichungstendenz«, noch als Folge mangelnder Qualifikationen bzw. sächlicher oder personaler Defizite der Familiengerichte.[866] Insoweit muss der Staat weiter in den Beratungsprozess eingebunden bleiben. Sei es, dass Beratungsverfahren, Ausbildungs- und Qualifikationsstandards vorgegeben und eingefordert werden und eine Supervision erfolgt.[867]

---

862 Simitis, in: Goldstein, et al., 1982, S. 103 ff.

863 Coester 1983, S. 140 (m.w.N.).

864 Coester 1983, S. 140; vgl. auch Kapitel 1.III.1..

865 Vgl. BVerfG NJW 1981, 217, 218; Coester 1983, S. 142 (m.w.N.).

866 Vgl. Maier, in: Lipp/Schumann/Veit, 2009, S. 109 f.

867 Vgl. Maier, in: Lipp/Schumann/Veit, 2009, S. 109 f.; Schumann, in: MüKo ZPO, 3. Aufl., § 156 FamFG, Rn. 9 (m.w.N.).

2. Pflichtberatung als Eingriff in das Elternrecht

Möglicherweise könnte die Anordnung von Beratung einen Eingriff in das Elternrecht (Art. 6 Abs. 2 S. 1 GG) darstellen.

Das Elternrecht schützt – wie oben dargestellt – als pflichtgebundenes, treuhänderisches Recht,[868] das seine Rechtfertigung ausschließlich in der Fürsorgebedürftigkeit des Kindes findet, das Recht und die Pflicht der Eltern für eine kindeswohlgerechte Pflege und Erziehung zu sorgen. Soweit das Elternrecht vor diesem Hintergrund besteht, gewährt es den Eltern ein Abwehrrecht gegenüber staatlichen Eingriffen, die nicht gemäß Art. 6 Abs. 2 S. 2 GG gerechtfertigt sind.

Die Ausübung und Wahrnehmung des Elternrechts gemäß Art. 6 Abs. 2 S. 1 GG betrifft das Verhältnis zwischen Eltern und Kind. Die staatliche Kontrolle gemäß Art. 6 Abs. 2 S. 2 GG betrifft die subsidiäre Überwachung der Eltern in der Ausübung ihres Elternrechtes gegenüber dem Kind.[869] Ein Eingriff in das Elternrecht würde somit voraussetzen, dass von staatlicher Seite den Eltern vorgeschrieben würde, wie sie mit ihrem Kind umzugehen haben, d. h. die Ausgestaltung ihres Sorgerechts.

Die Anordnung an einer Beratung teilzunehmen reglementiert nicht die Art und Weise wie Eltern ihr Elternrecht gegenüber ihrem Kind ausüben sollen. Eine solche Anordnung statuiert lediglich die Pflicht zur Teilnahme und zur Entgegennahme von Informationen[870] z. B. zur kindeswohlorientierten Bewältigung der Trennungs- und Scheidungssituation. Sie beinhaltet nicht die Pflicht diese Informationen auch umzusetzen. Die tatsächliche Umsetzung der Beratung obliegt wiederum den Eltern.

Ein unmittelbarer Eingriff durch Anordnung einer Beratung in das Elternrecht aus Art. 6 Abs. 2 S. 1 GG kann nicht angenommen werden. Ein Eingriff könnte lediglich dann angenommen werden, wenn die Anordnung der Beratung den Zwang zur Ausübung des Elternrechts, (z. B. Sorgerecht) in einer von staatlicher Seite vordefinierten, präjudiziellen Weise bedeuten würde.

---

868 Badura, in: Maunz/Dürig GG, Lfg. 41, Art. 6 GG, Rn. 109.

869 Badura, in: Maunz/Dürig GG, Lfg. 41, Art. 6 GG, Rn. 96 f.

870 Vgl. zur Definition von Beratung Kapitel 2. I. 1. a).

3. Staatliches Wächteramt

Im Folgenden soll untersucht werden, ob dem Staat Kraft seines Wächteramtes nach Art. 6 Abs. 2 S. 2 GG die Pflicht zukommt den Eltern über ihre bloße Obliegenheit hinaus, normativ die Teilnahme an einer Beratung abzuverlangen. Zur Bedeutung, d. h. Umfang und Aufgaben des staatlichen Wächteramtes existieren unterschiedliche Auffassungen. Zunächst sollen diese Meinungen untersucht werden welche Bedeutung sie für die Annahme haben, dass der staatliche Wächter gehalten ist zum Wohle des Kindes nicht nur Beratung auf freiwilliger Basis anzubieten, sondern die Obliegenheit[871] der Eltern daran teilzunehmen auch normativ einfordern muss.

a) Das restriktive Wächteramt

Art. 6 Abs. 2 S. 2 GG statuiert das sogenannte Wächteramt des Staates. Danach wacht die staatliche Gemeinschaft über die Betätigung der Elternverantwortung bei der Pflege und Erziehung der Kinder im Sinne des Art. 6 Abs. 2 S. 1 GG. Diese Kontrollfunktion gegenüber dem Elternrecht ist jedoch nicht mit einem gesellschaftlichen oder staatlichen Eigeninteresse zu begründen, sondern primär mit der Schutzverpflichtung der staatlichen Gemeinschaft gegenüber dem Kind als Grundrechtsträger.[872]

Art. 6 Abs. 2 S. 2 GG konkretisiert jedoch nicht, *wie* die staatliche Gemeinschaft die Pflege und Erziehung der Kinder durch ihre Eltern zu überwachen hat. Insbesondere fehlen konkrete Anhaltspunkte in Art. 6 Abs. 2 S. 2 GG, wie das Wächteramt im Falle von Trennung und Scheidung der Eltern die Eingriffsschwelle definiert.[873]

Für die elterliche und staatliche Verantwortung gegenüber den Kindern ist das Kindeswohl nicht nur Richtschnur,[874] sondern auch das zentrale Abgrenzungskriterium für die Verteilung der elterlichen und staatlichen Verantwortungsbereiche.[875] Das vorrangige Recht der Eltern, die Beziehung zu ihrem Kind autonom zu gestalten, beruht auf der in Art. 6 Abs. 2 S. 1 GG gewährleisteten Elternautonomie und die ihr zugrunde liegende Annahme, dass eine im elterlichen Einvernehmen ge-

871 Vgl. Kapitel 3. III. 6. a); Klement 2006, S. 496.

872 BVerfGE 24, 119, 144; Böckenförde, in: Krautscheidt, 1980, S. 73; Jeand'Heur 1993, S. 22 (m.w.N.).

873 BVerfGE 24, 119, 144; 60, 79, 88; BVerfG FamRZ 2003, 296, 299.

874 Vgl. Kapitel 3.II.

875 Coester, FamRZ 1996, 1181.

troffene Entscheidung dem Kindeswohl entspricht.[876] Somit ist das staatliche Wächteramt subsidiär zum Elternrecht.[877] Die Ausübung dieses staatlichen Auftrages aus Art. 6 Abs. 2 S. 2 GG ist am Kindeswohl zu orientieren,[878] unter Berücksichtigung des Verhältnismäßigkeitsgrundsatzes.[879]

Die Frage, wann das Wächteramt nach Art. 6 Abs. 2 S. 2 GG eingreifen muss, wird im Schrifttum uneinheitlich diskutiert:[880] So sehen *Schmitt-Kammler*[881] und *Badura*[882] ein staatliches Eingreifen in das elterliche Erziehungsprimat nur dann als gerechtfertigt an, wenn und soweit die Eltern bei der Pflege und Erziehung des Kindes dessen Wohl nachhaltig verfehlen. Ganz in diesem Sinne erklärt *Coester-Waltjen:* »Der Primat der Eltern bei der Pflege und Erziehung der Kinder tritt dann (aber nur dann) in den Hintergrund, wenn sie ihrer verfassungsmäßigen Elternverantwortung nicht nachkommen (können oder wollen)«.[883] Auch *Jestaedt* stellt auf das Versagen der Eltern im Hinblick auf deren Verantwortung für die Pflege und Erziehung des Kindes ab,[884] und *Erichsen* sieht ebenfalls »die Eingriffsschwelle [...] erst dort erreicht, wo Eltern die verfassungsrechtlichen Begrenzungen des Elternrechts überschreiten und ihr Verhalten vom Schutzbereich des Art. 6 Abs. 2 S. 1 GG nicht mehr umfasst ist.«[885]

Zusammenfassend kann festgehalten werden, dass gemäß der oben genannten Auffassungen, die aus Art. 6 Abs. 2 S. 2 GG zu rechtfertigenden Maßnahmen als »Folgen elterlichen Missbrauchs und Versagens«[886] definiert werden. Primärer Anknüpfungspunkt dieser Ansicht ist der Wortlaut des Art. 6 Abs. 2 S. 2 GG. Der Art. 6 Abs. 2 S. 1 GG statuiert die »Pflege und Erziehung der Kinder« als Pflicht und Recht der Eltern. Über »ihre Betätigung« wacht gemäß Art. 6 Abs. 2 S. 2 GG die staatliche Gemeinschaft. Aus dem Wortlaut und Zusammenspiel von S. 1 und

---

876 BVerfGE 61, 358, 374; BVerfG FamRZ 1982, 1179, 1182; BVerfG FamRZ 1995, 86, 87; Hammer, FamRZ 2005, 1209.

877 BVerfGE 10, 59, 84; 56, 363, 385.

878 BVerfGE 34, 165, 184; BVerfG FamRZ 1999, 641, 642.

879 BVerfGE 24, 119, 145; BVerfG FamRZ 1994, 223, 224; Veit, in: BeckOK, 11. Aufl., § 1626 BGB, Rn. 13.

880 Budzikiewicz 2007, S. 174 f. (m.w.N.).

881 Schmitt-Kammler, in: Sachs GG, 3. Aufl., Art. 6 GG, Rn. 67.

882 Badura, in: Maunz/Dürig GG, Lfg. 61., Art. 6 GG, Rn. 139.

883 Coester-Waltjen, in: Münch/Kunig GG, 5. Aufl., Art. 6 GG, Rn. 92.

884 Jestaedt, in: BK-GG, Lfg. 74., Art. 6 Abs. 2 und 3 GG, Rn. 178 f. (m.w.N.).

885 Erichsen 1985, S. 51.

886 Schmitt-Kammler, in: Sachs GG, 3. Aufl., Art. 6 GG, Rn. 67.

S. 2 wird ein Ursachenzusammenhang zwischen Eingriffsbefugnis des Wächteramtes einerseits und dem Elternversagen bei der Pflege und Erziehung des Kindes andererseits gefordert. Die staatliche Gemeinschaft wird nur in Erfüllung ihrer Aufgabe als »Wächter« auf den Plan gerufen, wenn das Kindeswohl durch defizitäre Pflege und Erziehung durch die Eltern gefährdet ist.

Staatliche Eingriffe zum Schutze von Kindesbelangen sind danach nur dann gerechtfertigt, wenn elterliches Verhalten ursächlich für die Kindeswohlgefährdung ist. Dieser Auffassung liegt ein restriktives Verständnis des Wächteramtes zu Grunde. Diesem restriktiven Verständnis kann entgegengehalten werden, dass es den gesellschaftlichen Wandel von Ehe, Familie und Erziehung nicht ausreichend berücksichtige, bzw. den aus dem sozialen Umfeld des Kindes entstehenden Gefährdungen neutral gegenüberstünde. »Im Extremfall sind danach die Eltern zwar willens, jedoch nicht in der Lage, die negativen Einflüsse abzuwehren oder zu kompensieren, während andererseits der Staat nicht unterstützend tätig werden können soll, da ja die Personensorgeberechtigten, objektiv betrachtet, die Ursache für den Missstand nicht selbst zu verantworten haben.«[887]

Vor dem Hintergrund eines restriktiven Wächteramtsverständnisses kann eine Pflicht des Staates zur Normierung einer Beratungspflicht der Eltern in Trennung und Scheidung nicht abgeleitet werden, da der Staat soziale Risiken und Gefährdung des Kindes aus seinem sozialen Umfeld zunächst neutral gegenübersteht. Ein Eingriff des staatlichen Wächters ist auf die Abwehr von Kindeswohlgefährdungen beschränkt, die ursächlich auf ein elterliches Verhalten zurückzuführen sind. Ein zentrales Problem der Scheidungsfolgenforschung ist jedoch gerade der Nachweis der Kausalität zwischen Scheidung als Ursache für negative Folgen. Da die Bandbreite möglicher Einflussfaktoren, die nicht im Scheidungskontext stehen, so umfangreich ist, kann nicht mit absoluter Sicherheit festgestellt werden, dass mögliche Probleme ausschließlich der Scheidungssituation zugerechnet werden können. Da ferner eine Trennung und Scheidung in der Regel nicht als Kindeswohlgefährdung zu qualifizieren sind, bleibt im Ergebnis kein Raum präventive Beratungsmaßnahmen den Eltern abzuverlangen.

887 Jeand'Heur 1993, S. 111. So auch Miehe, in: Mußgnug, 1990, S. 257, es ist »wenig sinnvoll [...], wenn junge Menschen gefährdet sind und die Eltern dieser Gefährdung nicht entgegentreten, [...] staatliche Fürsorge nur denen zuteilwerden zu lassen, deren Eltern zuvor ursächlich zur Gefährdung beigetragen haben«.

b) Das erweiterte Wächteramt

Die Grundannahme des Verfassungsgebers war, »dass diejenigen, die einem Kinde das Leben geben, von Natur aus bereit und berufen sind, Verantwortung für seine Pflege und Erziehung zu übernehmen«[888]. Dies entspricht einem engen Verständnis des Art. 6 Abs. 2 S. 2 GG, wonach das staatliche Wächteramt nur dann korrigierend eingreifen soll, wenn die Eltern bei der Pflege und Erziehung das »Wohl des Kindes nachhaltig verfehlen«[889]. Danach ist das staatliche Wächteramt auf eine »Gefahrenabwehr im Ausnahmefall«[890] beschränkt.[891]

Es ist jedoch zu fragen, ob ein restriktives Wächteramtsverständnis im Lichte der gegenwärtigen gesellschaftlichen Rahmenbedingungen noch vertretbar ist, oder ob das Verständnis des staatlichen Wächters einer Erweiterung bedarf. Diese Erweiterung könnte darin bestehen, dass es nicht mehr eines Ursächlichkeitszusammenhanges zwischen Elternversagen und staatlichem Eingriff bedarf, sondern, dass der Staat kraft seines Wächteramtes gehalten ist, die sozioökonomischen Rahmenbedingungen für das Wohl des Kindes und zur Wahrnehmung der Elternverantwortung vorzuhalten, zur Prävention und Minimierung von Risiken und Gefährdungen. In einem folgenden Schritt ist sodann der Überlegung nachzugehen, ob der Staat ferner gehalten ist angesichts der gegenwärtigen sozioökonomischen Rahmenbedingungen für Eltern in Trennung und Scheidung, nicht nur Hilfen anzubieten, sondern deren Inanspruchnahme aktiv einzufordern.

Dem restriktiven Verständnis vom staatlichen Wächteramt steht eine weiterreichende Ansicht entgegen. Hierzu vertritt *Jeand'Heur*[892] die Auffassung , dass in Art. 6 Abs. 2 S. 2 eine »Garantienorm« zu sehen sei,[893] aus der sich Schutz- und Leistungspflichten des Staates *unabhängig* von einem elterlichen Fehlverhalten ergeben können. Diese allgemeine Erweiterung im Sinne eines Garantienormkonzeptes begründet *Jeand'Heur* mit der Mitverantwortung[894] der staatlichen Gemeinschaft für soziale Umstände (Missstände), die sich nachteilig auf die Sozialisation der heranwachsenden Generation auswirken können. Diese Erweiterung des Wächteramtsverständnisses sieht er als zwingende Reaktion auf den Wandel der gesell-

888 BVerfGE 24, 119, 150; 59, 360, 376.

889 Badura, in: Maunz/Dürig GG, Lfg. 61., Art. 6 GG, Rn 139.

890 Ossenbühl 1981, S. 71.

891 Neumann, in: Haucke/Noftz, § 1 SGB VIII, Rn.10.

892 Jeand'Heur 1993, passim.

893 Zum Begriff vgl. Jeand'Heur 1993, S. 99.

894 Vgl. zur größeren Verantwortung des Staates in der sog. »Risikogesellschaft«, Klement 2006, S. 482.

schaftlichen Rahmenbedingungen[895] von Familie und Kindererziehung.[896] In diesem Zusammenhang vertritt auch *Rummel* die Auffassung, »dass der gesellschaftliche Wandel und die Bedingungen des Aufwachsens sich derart verändert haben, dass nicht mehr davon ausgegangen werden kann, dass hinsichtlich der Voraussetzungen, die notwendig sind, damit sich Kinder und Jugendliche zu eigenverantwortlichen Persönlichkeiten entwickeln, allein die Eltern, bzw. die Schule, rechtlich verantwortlich zu machen sind«.[897] Art. 6 Abs. 2 S. 2 GG »kann nicht mehr länger als bloße Legitimationsgrundlage für staatliche Kontrollen und Eingriffe in das Elternrecht (Art. 6 Abs. 2 S. 1 GG) verstanden, sondern sie muss zusätzlich im Sinne einer Garantienorm interpretiert werden, welche den Staat verpflichtet, zur Abwehr von Gefährdungen des Kindeswohls sowie als Kompensation der gesellschaftlichen (mit) zu verantwortenden negativen Entwicklungen solche Leistungen zu erbringen bzw. Schutzmaßnahmen vorzunehmen, mit denen die Belange von Kindern gefördert und die Ermöglichungsbedingungen zur Wahrnehmung des Elternrechts verbessert bzw. wiederhergestellt werden können.«[898]

Diese erweiterte Auffassung vom staatlichen Wächteramt sieht in Art. 6 Abs. 2 S. 2 GG eine Garantienorm und Interventionsgarantie des Staates.

---

895 Dieser Wandel beruht nicht auf voluntativen und damit veränderbaren Individualentscheidungen, sondern auf den sozioökonomischen Rahmenbedingungen. Die moderne Industrie erwartet von ihren Arbeitnehmern Mobilität und Flexibilität, in letzter Konsequenz »das allein stehende, nicht partnerschafts-, ehe- oder familien- 'behinderte' Individuum« (Beck/Beck-Gernsheim, 1990, S. 53). Diesen neuen Typus von Arbeitnehmern bezeichnen die Arbeitssoziologen als »Arbeitskraftunternehmer« und charakterisieren ihn mit den Merkmalen Selbstkontrolle, Selbstökonomisierung und Verbetrieblichung. Selbstkontrolle meint die zeitliche Strukturierung der Arbeit durch den Arbeitnehmer selbst, allerdings nicht nach Maßgabe der familialen Interessen, sondern nach den betrieblichen Interessen des Arbeitgebers. Selbstökonomisierung bedeutet hierbei die gezielte Entwicklung und Nutzung des eigenen Arbeitsvermögens für das Unternehmen. Die Verbetrieblichung bedeutet die effizienzorientierte Durchgestaltung des gesamten Lebenszusammenhangs des Arbeitnehmers im Interesse des Arbeitgebers. Mit der Erfüllung familialer Pflichten ist die Tätigkeit des »Arbeitskraftunternehmers« kaum noch zu vereinbaren. Neumann, in: Haucke/Noftz, § 1 SGB VIII, Rn. 9.

896 Jeand'Heur 1993, S. 42 ff., 78, 119. Beck/Beck-Gernsheim, 1990, passim.

897 Rummel, RdJB 1989, 394, 404; zit. n. Luthe 2001, S. 85.

898 Jeand'Heur 1993, S. 119.

aa) Garantienorm

Die in Art. 6 Abs. 2 S. 2 GG verankerte Garantienorm[899] unterscheide sich von der reinen Rechtsgarantie, die weder eine staatliche Leistungsverpflichtung, noch subjektiv-öffentliche Ansprüche garantiere, durch ihr auf tatsächliches, hoheitliches Handeln angelegtes Normprogramm. Sehe man die Aufgabe der staatlichen Gemeinschaft über eine kindeswohlgerechte Ausübung der Elternverantwortung zu wachen, im Zusammenhang mit der staatlichen Pflicht, die Würde des Menschen, als unantastbares Rechtsgut zu schützen (Art. 1 Abs. 1 S. 2, 2. Alt. GG), so ergebe sich daraus die Pflicht, der staatlichen Gemeinschaft in Ausübung ihres Wächteramtes, Schaden und Gefährdung des Kindeswohls zu vermeiden und zumindest die Minimalvoraussetzungen einer kindlichen Entwicklung sicherzustellen.[900]

Das Kindeswohl stelle nicht nur ein einfaches abstraktes Rechtsinstitut dar, sondern sei ein staatlich geschütztes Rechtsgut von Verfassungsrang.[901] Ebenso wenig wie die Garantie des Art. 6 Abs. 2 S. 2 GG keine reine Rechtsgarantie darstelle, sei sie auch nicht als totale Ausübbarkeitsgarantie aufzufassen.[902] Während letztere den Staat verpflichte, alle tatsächlichen Voraussetzungen einer Grundrechtswahrnehmung umfassend durch Leistungen sicherzustellen, umfasse die Garantienorm des Art. 6 Abs. 2 S. 2 GG keine so weitreichenden Eingriffsbefugnisse zum Wohle des Kindes.[903]

Aus dieser Einordnung des Art. 6 Abs. 2 S. 2 GG aufgrund seines Normprogramms als Garantienorm zwischen einer reinen Rechtsgarantie einerseits und einer totalen Ausübbarkeitsgarantie andererseits folge, dass Heranwachsende lediglich einen Anspruch auf eine durch ihr familiäres und soziales Umfeld determinierte Erziehung haben und nicht auf eine objektiv bestmögliche Erziehung. Erst wenn diese Minimalanforderungen gefährdet oder nicht mehr gesichert erscheinen, habe die staatliche Gemeinschaft im Rahmen ihres Wächteramtes die Pflicht zur Intervention.[904]

Das Garantienormkonzept führe angesichts der veränderten gesellschaftlichen Rahmenbedingungen dazu, dass dem Normbereich des Art. 6 Abs. 2 S. 2 GG eine doppelte Funktion des Wächteramtes zukomme: zum einen diene die Norm dem Schutz des elterlichen Erziehungsrechts, da sie Eingriffsbefugnisse des Staates nur

---

899 Vgl. BVerfGE 64, 180, 188; 68; 176, 187 ff.; ausdrücklich so Jeand'Heur 1993, S. 99 ff.; Ruffert 2001, S. 409 (m.w.N.).

900 Jeand'Heur 1993, S. 103.

901 Vgl. Kapitel 3.II.2. .

902 Jeand'Heur 1993, S. 104.

903 Jeand'Heur 1993, S. 104.

904 Jeand'Heur 1993, S. 104 (m.w.N.).

subsidiär für den Notfall des Erziehungsmissbrauchs zulasse. Zum anderen werde die staatliche Gemeinschaft auch legitimiert und verpflichtet, Eltern und Kind einen über die klassische Abwehrfunktion der Grundrechte hinausgehenden Schutz zu gewährleisten, um auch auf Risiken und Gefährdungen des Kindeswohls unabhängig vom Elternverhalten zu reagieren.[905] Das Wächteramt beinhalte folglich eine »Gewährfunktion, [und] damit auch ein Moment von Aufsicht, umgreift über normative Festlegungen und Verletzungsabwehr hinaus auch Information, Beobachtung, Hilfe, Unterstützung, vorbeugende Abwehr drohender Gefahren – und insofern auch Kontrolle«[906]. Der Staat habe »die Aufgabe, Erziehungseinflüsse zurückzudrängen, die die geistig-seelische Entwicklung von Kindern und Jugendlichen in eine mit dem Menschenbild des Grundgesetzes nicht mehr vereinbare Richtung lenken«[907] Folglich habe der Staat die derzeitigen Sozialisationsbedingungen zu berücksichtigen und muss durch adäquate Angebote der Kinder- und Jugendhilfe Bedingungen schaffen, die eine effektive Wahrnehmung des Elternrechts ermöglichen.[908]

bb) Interventionsgarantie – Art. 6 Abs. 2 S. 2 GG

Die Interventionspflicht der staatlichen Gemeinschaft greife nach *Jeand'Heur* ein, wenn die Minimalanforderungen des familiären und sozialen Umfeldes nicht mehr gewährleistet werden, entweder, weil die Eltern ihrer originären Erziehungspflicht nicht nachkommen, oder durch defizitäre gesellschaftliche, d. h. der staatlichen Sphäre zuzurechnenden Umstände verursacht werden.[909]

---

905 Jeand'Heur 1993, S. 84 f.; Robbers, in: BK-GG, 4. Aufl., Art. 6 Abs. 2 GG, Rn. 241.

906 Böckenförde, in: Krautscheidt, 1980, S. 73, der aber auf S. 74 am streng akzessorischen Charakter des Wächteramts im Verhältnis zum Elternrecht festhält; vgl. zu Aufsicht und Kontrolle i.R.d Wächteramtes auch Groß, Deutscher Bundestag, Protokoll Nr. 77: öffentlicher Anhörung KindRG, S.9; Bahr-Jendges, Rechtsausschuss, Zusammenstellung der Stellungnahmen vom 24.7.1997, S. 5, 7.

907 BVerwGE 77, 75, 82; Neumann, in: Haucke/Noftz, § 1 SGB VIII, Rn. 11.

908 BT-Drs. 14/8181, S. 252 (m.w.N.); Oelkers/Schrödter, in: Otto, 2010, S. 145 (m.w.N.).

909 Jeand'Heur 1993, S. 104.

Zum einen könne eine Kindeswohlgefährdung von Seiten der Eltern, bzw. dem »Mikrosystem Familie«[910] herrühren, zum anderen wachse jedoch die Zahl der außerfamiliären (»Makrosystem«)[911] gesellschaftlichen und staatlich determinierten Risiken und Gefahren für die Sozialisation von Minderjährigen.[912] Die mit Art. 6 Abs. 2 S. 2 GG mit dem Wächteramt betraute staatliche Gemeinschaft verursache letzteren Falls, die von ihr mitverantworteten Lebensbedingungen der Kinder und löse damit selber ihre Garantenstellung, d. h. ihre Interventionspflicht aus.[913]

Diese Interventionspflicht bedeute eine Selbstgarantie der staatlichen Gemeinschaft, in Form einer Intervention gegen sich selbst zum Wohle des Kindes, insoweit sie eine Minderung von mitverantworteten Gefahren durch staatliche Leistungs- und Schutzpflichtangebote gebiete.[914] Die aufgrund der Selbstgarantie der staatlichen Gemeinschaft zu erbringenden Leistungs- bzw. Schutzangebote zielen im Kern auf die Schaffung, bzw. Wiederherstellung der erforderlichen sozialen Rahmenbedingungen ab, damit Eltern ihrer Elternverantwortung nachkommen können. Mit anderen Worten: der Staat habe die »Kompensationspflicht« die Möglichkeiten der Eltern soweit wieder herzustellen, dass diese ihrem elterlichen Grundrecht aus Art. 6 Abs. 2 S. 1 GG nachkommen können.[915]

Indem der Staat gemäß Art. 6 Abs. 2 S. 2 GG über die Betätigung des Elternrechts wache, sei es ihm nicht gestattet, den Eingriffstatbestand selbst zu verursachen. In diesem Sinne dürfe er die Bedingungen und Voraussetzungen einer effektiven Grundrechtswahrnehmung weder untergraben noch verschlechtern. Daraus folge, dass der Staat sich vor allen Dingen nicht darauf zurückziehen dürfe, beste-

---

910 Die heutige Kleinfamilie kann als Mikrosystem innerhalb unterschiedlicher sozialer Strukturen (Beruf der Eltern, Wohnverhältnisse usw.) aufgefasst werden. Diese Einteilung geht auf den sozial-ökologischen Ansatz zurück. Der sozial-ökologische Ansatz beruht auf einem Modell der Unterscheidung konzentrisch angelegter Sozialisationskontexte, die als Mikrosysteme, Mesosysteme, Exosysteme und Makrosysteme bezeichnet werden. Mit diesem Modell der verschiedenen Sozialisationskontexte können die unterschiedlichen Einflüsse auf das Leben in der Familie detailliert beschrieben werden, vgl. Petzold 1999, S. 80; Zimmermann 2007, S. 93.

911 Die äußeren Rahmenbedingungen der familialen Sozialisation bilden das Makrosystem. Diese Rahmenbedingungen bestehen bspw. aus der Möglichkeit, familienergänzende Betreuungsformen zu wählen oder aus der Arbeitsgestaltung (z.B. Halbtagsarbeit oder Ganztagsarbeit), vgl. Petzold 1999, S. 80; Zimmermann 2007, S. 93.

912 Jeand'Heur 1993, S. 104.

913 Jeand'Heur 1993, S. 104 (m.w.N.).

914 Jeand'Heur 1993, S. 104 (m.w.N.).

915 Jeand'Heur 1993, S. 105.

hende gesellschaftliche, sozio-ökonomische Gegebenheiten als unabwendbare Sachzwänge hinzunehmen. Insbesondere dann nicht, wenn es sich um Umstände handele, die nachteilige Folgen für die Sozialisation der Kinder bedeuten und mithin auch die Möglichkeit der Eltern behindern, ihrer Verantwortung nach Art. 6 Abs. 2 S. 1 GG nachzukommen.[916]

Im Fall von Art. 6 Abs. 2 S. 2 GG komme ferner die fremdnützige Natur des Elternrechts, als Freiheitsrecht, zum Tragen. Dieses Elternrecht, dürfe nur zu Gunsten des Kindes und dessen Wohlergehen ausgeübt werden.[917] Daraus folge, dass staatliche Leistungen, soweit sie das elterliche Erziehungsrecht stärken oder wieder herstellen, dem Grunde nach das Wohlergehen des Kindes in den Mittelpunkt stellen und somit Kindeswohlgefährdungen entgegentreten.[918] Die Garantienorm des Art. 6 Abs. 2 S. 2 GG sichere sowohl die Wiederherstellung der Ausübungsmöglichkeiten der Elternverantwortung als auch die Förderung des Kindeswohls. Aus verfassungsdogmatischer Sicht beinhalte Art. 6 Abs. 2 GG keinen Widerspruch zwischen Elternrechten und Kindeswohl, da das Elternrecht dem Kindeswohl zu »dienen« habe. In diesem Sinne gelte im Umkehrschluss auch, dass, wenn der Staat das Kindeswohl schütze, er zugleich auch die Möglichkeit der Eltern stärke, ihr Elternrecht wahrzunehmen, da dieses Freiheitsrecht der Eltern als fiduziarisches Recht, normativ am Kindeswohl auszurichten sei und ausschließlich um seinetwillen bestehe.[919]

cc) Diskussion: Restriktives oder erweitertes Wächteramt

In der Diskussion um das Verständnis vom staatlichen Wächteramt gemäß Art. 6 Abs. 2 S. 2 GG stehen sich zwei Ansichten gegenüber. Auf der einen Seite steht ein restriktives Verständnis, das – am Wortlaut des Art. 6 Abs. 2 S. 2 GG orientiert – einen »Ursächlichkeitszusammenhang«, d. h. Elternversagen als Grundvoraussetzung für staatliches Eingreifen für erforderlich sieht. Auf der anderen Seite wird ein erweitertes Verständnis vom staatlichen Wächteramt vertreten (Garantienormkonzept), das – unter Berücksichtigung der gesellschaftlichen Veränderungen der letzten Jahrzehnte – einen primär am Kindeswohl orientierten Standpunkt vertritt.

Dieses Garantienormkonzept beinhaltet die zentrale Aussage, dass die Pflicht des Staates zur Ausübung des Wächteramtes nicht erst ein Elternversagen voraus-

---

916 Jeand'Heur 1993, S. 105.

917 Vgl. Kapitel 3. III. 2..

918 Jeand'Heur 1993, S. 105 f.

919 Jeand'Heur 1993, S. 106.

setzt.[920] Diese Auffassung vom Wächteramt widerspricht nicht dem Wortlaut des Art. 6 Abs. 2 S. 2 GG (»ihre«).[921] Begründet wird dies mit dem *argumentum a maiori ad minus*, dass die staatliche Gemeinschaft erst recht ermächtigt sein muss, das Kindeswohl gegen Gefahren aus dem gesellschaftlichen Raum zu schützen, wenn sie bereits zum Eingriff in das Freiheitsrecht der »zuvörderst« berechtigten Eltern befugt ist.[922]

Gegen die restriktive Interpretation des staatlichen Wächteramtes kann angeführt werden, dass diese Auffassung die gesellschaftlichen Veränderungen der letzten Jahrzehnte nicht ausreichend berücksichtigt. Insbesondere verkenne sie den daraus folgenden Bedeutungswandel beziehungsweise »Verfassungswandel« des Art. 6 Abs. 2 S. 2 GG.

Mithin stellt sich die Frage, inwieweit ein Verfassungswandel des Art. 6 Abs. 2 S.2 GG angesichts der veränderten Sozialisationsbedingungen angenommen werden kann. Ein Verfassungswandel liegt vor, wenn die Änderungen in den tatsächlichen Verhältnissen, auf die sich der Normtext bezieht, von grundsätzlicher Art und von Dauer sind, wenn also ein struktureller Wandel vorliegt.[923] Jedoch die Berufung auf die »normative Kraft des Faktischen«, auf soziokulturelle Veränderungen, »Zweckverfehlungen eines Gesetzes bzw. unerwünschte Reaktionen der Betroffenen rechtfertigt mithin nur dann einen Norm-/Bedeutungswandel, wenn die vorgetragenen Sachdaten im Normbereich der jeweiligen Vorschrift angesiedelt sind«.[924] Dieser Regelungsbereich ergibt sich aus dem Bedeutungsgehalt und den Grenzen des Wortlauts. Jenseits dieser Grenze ist kein zulässiger Verfassungswandel anzunehmen, sondern es liegt eine unzulässige Rechtsanwendung *contra constitutionem* vor.

Ausgehend vom Wortlaut des Art. 6 Abs. 2 S. 2 GG, geht dieser zwingend von einem Vorrang der Eltern vor dem staatlichen Wächteramt aus. Eine Durchbrechung dieses elterlichen Primats würde somit die Grenzen des Wortlauts überschreiten und zu einer unzulässigen Rechtsanwendung *contra constitutionem* führen. Wird das Verständnis vom staatlichen Wächteramt dahingehend erweitert, dass nunmehr Maßnahmen eingeleitet werden können, die die Wahrnehmung der Elternverantwortung stärken und fördern, entspricht dies dem Primat der Eltern wie

---

920 Jestaedt, in: BK-GG, Lfg. 74., Art. 6 Abs. 2 und 3 GG, Rn. 178.Coester-Waltjen, in: Münch/Kunig GG, 5. Aufl., Art. 6 GG, Rn. 92.

921 Neumann, in: Haucke/Noftz, § 1 SGB VIII, Rn. 10; a.A. Jestaedt, in: BK-GG, Lfg. 74., Art. 6 Abs. 2 und 3 GG, Rn. 199.

922 Jeand'Heur 1993, S. 112; Neumann, in: Haucke/Noftz, § 1 SGB VIII, Rn. 11.

923 Hesse 1977, S.126.

924 Jeand'Heur 1993, S. 76 (m.w.N.).

es sich aus dem Wortlaut und der Systematik von Art. 6 Abs. 2 S. 1 und S. 2 GG ergibt.[925] Vor diesem Hintergrund sind Maßnahmen im Rahmen des staatlichen Wächteramtes, die aufgrund eines sozialen Wandels erforderlich erscheinen und das Ziel haben, die Elternverantwortung zu stärken von Art. 6 Abs. 2 S. 2 GG gedeckt.[926] Insoweit ist angesichts gewandelter Sozialisationsverhältnisse von einem Verfassungswandel auszugehen und mithin ist Art. 6 Abs. 2 S. 2 GG im Sinne eines »Garantienormkonzeptes« zu verstehen.

Auch der Befürchtung, dass durch ein entsprechendes Verständnis des Wächteramtes im Sinne eines »Garantienormkonzeptes« das Elternrecht in unzulässiger Weise beschränkt würde,[927] kann nicht gefolgt werden. Wie oben dargestellt, ist primär das Kindeswohl *die* zentrale Maxime.[928] Hieran hat sich jegliches staatliches Handeln zu orientieren und auch das Elternrecht ist kein Freiheitsrecht zur Selbstbestimmung der Eltern, sondern wird nur zur Verwirklichung des Kindeswohls gewährt.[929] Insoweit kann das Elternrecht durch eine ausschließliche Kindeswohlorientierung des staatlichen Wächteramtes nicht weiter beschränkt werden, als es aufgrund seines dienenden, treuhänderischen Charakters – zum Wohle des Kindes – ohnehin schon ist.

Auch die Bedenken, dass nach den negativen Erfahrungen mit den beiden Diktaturen des vergangenen Jahrhunderts, politischer Missbrauch mit dem unbestimmten Rechtsbegriff Kindeswohl zu befürchten sei, kann im Ergebnis nicht durchgreifen, wenngleich die Gefahr von politischer Beeinflussung ein stets zu berücksichtigender Aspekt ist.[930] Die Besorgnis bestand darin, dass staatliche Einrichtungen den Eltern unter dem Vorwand des Kindeswohls die politische Erziehung ihrer Kinder aus der Hand nehmen, wenn die Aktivierung des Wächteramtes nicht (auch) an ein Elternversagen gekoppelt wird.[931] Zum einen erscheint fraglich, ob eine solche Koppelung die Gefahr einer politischen Beeinflussung durch staatliche Einrichtungen tatsächlich zu verhindern vermag. Zum anderen erscheint es nicht nachvollziehbar, dass das Kindeswohl als Maxime für staatliches Handeln und Legitimation

---

925 Vgl. BVerfGE 24, 144; Proksch, in: FK-SGB VIII, 6. Aufl., vor §§ 16-21 SGB VIII, Rn. 1 ff.

926 Jeand'Heur 1993, S.78 ff.; Proksch, in: FK-SGB VIII, 6. Aufl., vor §§ 16-21 SGB VIII, Rn. 1 ff.

927 Vgl. Braune, Deutscher Bundestag, Protokoll Nr. 77: öffentliche Anhörung zum KindRG, S.6, 86; Braune, Rechtsausschuss: Zusammenfassung der Stellungnahmen vom 24.2.1997, S. 14.

928 Kapitel 3. II.

929 Kapitel 3. II.

930 Kapitel 3. I.

931 Diederichsen, in: Palandt, 70. Aufl., § 1666 BGB, Rn. 4 f.

des Elternrechts,[932] beschränkt werden soll, um Letzteres zu stärken. Die Auffassung, die ein Eingreifen des staatlichen Wächters nur bei Vorliegen eines Elternversagens annimmt, nimmt anderweitige Gefährdungen des Kindes in Kauf, ohne dass der staatliche Wächter eingreifen könnte.[933]

Aus dem dargestellten Charakter des Art. 6 Abs. 2 S. 2 GG als Garantienorm und Interventionsverpflichtung ergibt sich, dass es nicht genügt aus einer rein defensiv-abwehrrechtlichen Perspektive heraus, d. h. einem traditionellen Eingriff-Verletzung-Abwehr-Schema der Grundrechte, bereits eingetretene oder unmittelbar bevorstehende Kindeswohlgefährdung abzuwehren. Vielmehr stellt das Abwenden drohender bzw. bereits eingetretener Kindeswohlgefahren nur *einen* Aspekt des Art. 6 Abs. 2 S. 2 GG dar. Darüber hinaus gebietet der Handlungs- und Interventionsauftrag aus dem staatlichen Wächteramt vorbeugend einzuschreiten und es grundsätzlich erst gar nicht zu einer Gefährdung des Kindeswohls kommen zu lassen. In diesem Sinne verpflichtet Art. 6 Abs. 2 S. 2 GG die staatliche Gemeinschaft, präventiv die Lebensbedingungen der Kinder so zu gestalten, dass ein Mindestmaß von positiven Entwicklungsmöglichkeiten sichergestellt wird. Da der Staat das elterliche Erziehungsprimat respektieren muss und es ihm aus rechtsstaatlichen Gründen an einer Definitionsmacht fehlt, müssen sich die präventiven Maßnahmen nicht am Optimum einer »bestmöglichen« Gestaltung der Lebensbedingungen orientieren, sondern an einem Minimum, dessen Überschreitung dann eine Rechtsverletzung darstellen würde.

Sowohl für den Fall defizitärer Erziehung durch die Eltern als auch ungenügender gesellschaftlicher Rahmenbedingungen tangiert dies nicht nur den Gefährdungsbegriff, sondern löst den staatlichen Handlungsauftrag aus. Denn das staatliche Wächteramt aus Art. 6 Abs. 2 S. 2 GG ist eine Garantienorm, die im Unterschied zur bloßen Abwehrnorm nicht nur die individuelle Freiheit vor unberechtigten staatlichen Eingriffen bewahrt, sondern darüber hinaus auch sicherstellt, dass das gewährte Grundrecht zumindest dem Grunde nach ausgeübt werden kann.[934] Art. 6 Abs. 2 S. 2 GG ist in verfassungssystematischer Verbindung mit Art. 1 Abs. 1 GG (Menschenwürdegrundsatz) sowie dem aus Art. 2 Abs. 1 GG hergeleiteten Persönlichkeitsentfaltungsrecht zu sehen.[935] Zwar ist bei der Bestimmung der Menschenwürde im Sinne des Art. 1 Abs. 1 GG grundsätzlich keine abschließend positive Definition von Menschenwürde möglich. Allerdings haben sich Fallgruppen heraus entwickelt, die für die Wahrung und Stellung des Menschen als Subjekt,

932 Vgl. BVerfGE 37, 217, 252; BVerfGE 61, 358 ff.

933 Vgl. Jeand'Heur 1993, S. 111.

934 Jeand'Heur 1993, S. 108.

935 Badura, in: Maunz/Dürig GG, Lfg. 41, Art. 6 GG, Rn. 139 f.

konstitutive Bedingungen umfassen.[936] Hierzu gehört u.a., dass »die staatliche Gemeinschaft [...] ihnen jedenfalls die Mindestvoraussetzungen für ein menschenwürdiges Dasein sichern [muss]«[937]. Sieht man dies in Verbindung mit dem Sozialstaatsprinzip[938] (Art. 20 Abs. 1, Art. 28 Abs. 1 S. 1 GG), ergibt sich daraus das Gebot, absichernde Maßnahmen zu ergreifen. Betrachtet man das allgemeine Persönlichkeitsrecht (Art. 2 Abs. 1 GG) im Lichte der Ausstrahlungskraft des »höchsten Rechtswertes«[939] – der Menschenwürde (Art. 1 Abs. 1 GG) –, so sind die engere Lebenssphäre und die Erhaltung ihrer Grundbedingungen zu gewährleisten,[940] wobei »diese Notwendigkeit [...] namentlich im Blick auf moderne Entwicklungen und die mit ihnen verbundenen neuen Gefährdungen für den Schutz der menschlichen Persönlichkeit [besteht]«.[941] Diesbezüglich hat der Staat Vorsorge zu treffen, um es heranwachsenden Gesellschaftsmitgliedern zu ermöglichen, sich nach dem Menschenbild des Grundgesetzes mit einem entsprechenden Persönlichkeitsprofil entwickeln zu können. Dies umfasst nicht nur das Verbot von kindeswohlgefährdenden Maßnahmen, sondern auch das Gebot, die Sozialisation des Kindes durch entsprechende Angebote zu fördern.[942]

Angesichts der gesellschaftlichen Veränderungen und der besonderen Anforderungen[943] an die Eltern bei der Erziehung ihrer Kinder kann insoweit festgehalten werden, dass dem erweiterten Verständnis des staatlichen Wächteramtes zu folgen ist.

dd) Erklärungen für die unterschiedlichen Interpretationsansätze des Wächteramtes

Wie dargestellt, steht ein restriktives Wächteramtsverständnis einem erweiterten Wächteramtsverständnis im Sinne eines »Garantienormkonzeptes« entgegen. In der Gegenüberstellung zeigt sich, dass das restriktive Wächteramt seinen argumentativen Schwerpunkt auf die Betonung der Elternrechte legt, während das erweiterte

---

936 Vitzthum, in: Kluge/Kriele, 1988, 123 f. (m.w.N.).

937 BVerfGE 40, 121, 133.

938 BVerfGE 1, 97, 104.

939 BVerfGE 5, 85, 204; 202, 221; 39, 1, 43 (m.w.N.); 48, 127, 163.

940 Jeand'Heur 1993, S. 108 f.

941 Donner/Simon, DÖV 1990, 907, S. 912 (m.w.N.).

942 Jeand'Heur 1993, S. 109.

943 Zu den gesellschaftlichen Veränderungen und veränderten Anforderungen an die familialen Lebensformen: Jeand'Heur 1993, S. 39 ff.; Beck/Beck-Gernsheim, 1990, passim; siehe auch noch ausführlich Kapitel 3.IV.3. c).

Wächteramtsverständnis das Kindeswohl in den Mittelpunkt seiner Betrachtung stellt. Vor diesem Hintergrund ist zu fragen, wie diese unterschiedlichen Einstellungen zur Funktion des Wächteramtes im Zusammenhang mit Trennung und Scheidung erklärt werden können.

Ein Erklärungsansatz ergibt sich aus dem Verständnis der idealtypischen Familienleitbilder.[944] Im traditionellen Familienbild werden Ehe und Familie gleichgesetzt, so dass eine Ehescheidung gleichbedeutend mit dem Zusammenbruch und dem Ende der Familie angesehen wird. Danach greife der Staat im Falle einer Scheidung ein, um die Funktion der versagenden Familie auszugleichen. Die bisherige Familie werde durch eine Restfamilie ersetzt, d. h. eine Ein-Eltern-Familie mit einer Hauptbindungsperson für das Kind.[945] Eingeleitet durch die Bundesverfassungsgerichtsentscheidung von 1982 trat ein Interpretationswandel ein:[946]

In der »post-traditionellen« Familie werden Ehe und Familie nicht mehr gleichbedeutend verwendet, so dass eine Ehescheidung nicht zwangsläufig den Zusammenbruch der Familie beinhaltet. Vielmehr wird der Fokus auf das »System Familie« (systemische Sichtweise) gerichtet, das es auch über die Scheidung hinaus zu erhalten gilt. Das »System Familie« bestehe trotz Ehescheidung fort. Vielmehr sei es Aufgabe der Eltern, die Paarebene von der Elternebene zum Wohle des Kindes zu trennen, um das »System Familie« aufrecht zu halten. Dem Staat komme in dieser Situation die Aufgabe zu, die Familie umfassend zu unterstützen. Er soll aber nicht ihre Funktion ersetzen.

Diesem Erklärungsansatz wird entgegengehalten, dass die unterschiedliche Bewertung des staatlichen Wächteramtes im Sinne des Art. 6 Abs. 2 S. 2 GG sich weniger mit den unterschiedlichen Leitbildern der Familie erklären ließe, sondern auf die unterschiedliche Sichtweise auf das Kind in der Familie zurückzuführen sei. Die Gegenüberstellung von »traditionellem Familienleitbild« und »post-traditionellem Familienleitbild« könne die restriktive Sichtweise auf das Wächteramt einerseits und die progressive Interpretation andererseits nicht abschließend erklären. Mit beiden Familienleitbildern kann ein restriktives Wächteramt, d. h. minimale Staatsintervention begründet werden. Das traditionelle Familienleitbild geht von patriarchalischen Strukturen aus, die durch eine umfassende Familienautonomie – Abschottung gegenüber dem Staat – gestützt und geschützt wird. Das »post-traditionelle Familienleitbild« geht überwiegend zwar von einer systemischen Betrachtung der Familie aus, stützt aber ebenfalls die Annahme eines restriktiven Wächteramtes. Ihm liegt die Annahme zu Grunde, dass, wenn das »System Familie« dem Kind erhalten bliebe, damit grundsätzlich auch das Kindeswohl ge-

944 Eckert-Schirmer, FuR 1996, 205, 207 f.

945 Eckert-Schirmer, FuR 1996, 205, 208.

946 BVerfGE 61, 358.

wahrt sei. Bleibt also dieses System erhalten, bedarf es keiner automatischen Prüfung der Kindesinteressen, bzw. des Kindeswohls. Einer staatlichen Überprüfung bedürfe es nur im Einzelfall, wenn Anhaltspunkte für eine konkrete Kindeswohlgefährdung vorliegen.[947]

Die unterschiedlichen Auffassungen zur Ausgestaltung des Wächteramtes können somit nicht mit den unterschiedlichen Familienleitbildern begründet werden.

Ein anderer Ansatz orientiert sich an der Sichtweise auf das Kind und die Familie.[948] Danach stehen auf der einen Seite Argumente, die ihren Fokus auf die Familienstruktur, d. h. das »System Familie« gerichtet haben. Auf der anderen Seite hingegen orientiert sich die Argumentation an der Empirie, d. h. am individuellen Fall des Kindes.

Der rein systembezogenen Argumentationsweise liegt keine kindbezogene Einzelfallbetrachtung zu Grunde. Ausgangspunkt ist vielmehr ein Idealbild – »Wunschvorstellung«[949] – eines funktionierenden »Systems Familie«, das als *Idealtypus* ein Eingreifen des Staates entbehrlich macht. Staatliche Eingriffe sind danach nur in Ausnahmesituationen erforderlich. Angesichts der Fokussierung auf das »System Familie« ist eine individuelle Betrachtung der Situation des Kindes den Argumenten grundsätzlich nicht immanent. Bleibt die Familie als System dem Kind erhalten, wird dies automatisch als Garant für die Wahrung des Kindeswohls angesehen. Schließlich seien – ausgehend vom Idealbild einer Familie – die Eltern diejenigen, die stets das Wohl des Kindes am ehesten berücksichtigen würden. Angesichts einer solchen strukturellen, bzw. systemischen Sichtweise, muss/darf der Staat kraft seines Wächteramtes im Falle einer Ehescheidung nicht eingreifen, da primär das »System Familie« auch vor staatlichen Eingriffen zu schützen ist.[950]

Demgegenüber steht eine kindzentrierte Argumentationsweise, die nicht vom idealtypischen »System Familie« ausgeht, sondern die empirischen Gegebenheiten – z.B. Scheidungsfolgen[951] – in den Mittelpunkt der Betrachtung stellt. Dieser kindzentrierten Argumentation liegt keine konkrete Vorstellung davon zugrunde, wie eine Familie vor oder nach der Scheidung sein *sollte*. Demnach kommt im Ergebnis z.B. sowohl eine gemeinsame Wahrnehmung der elterlichen Verantwortung im Sinne einer gemeinsamen Sorge in Betracht als auch die Möglichkeit, das Sorgerecht einem Elternteil – Vater oder Mutter – allein zuzusprechen. Maßstab hierfür ist ausschließlich das Kindeswohl, so dass beide Optionen gleichberechtigt in

947 Kostka 2004, S. 311 f.

948 Kostka 2004, S. 312.

949 Kostka 2004, S. 312.

950 Kostka 2004, S. 312.

951 Vgl. Kapitel 1.III.

Betracht zu ziehen sind. Die kindzentrierte Betrachtungsweise fordert demnach, dass der Staat sein Wächteramt im Falle eines Scheidungsantrags ausüben muss und den Einzelfall ausschließlich am individuellen Kindeswohl orientiert, beurteilt. Dies entspricht der staatlichen Pflicht, sein Wächteramt gemäß Art. 6 Abs. 2 S. 2 GG im Interesse des einzelnen Kindes auszuüben.[952]

ee) Zwischenergebnis

Das restriktive Verständnis des Wächteramtes ist, wie *Jeand'Heur* nachgewiesen hat, nicht mehr zutreffend, da sich angesichts der veränderten sozio-ökonomischen Verhältnisse das Verständnis des Wächteramtes gewandelt hat.

Das Garantienormkonzept und die Interventionsgarantie bieten die Möglichkeit eine Beratungspflicht der Eltern in Trennung und Scheidung zu normieren und die Pflicht des Staates als Akt der Prävention und Kontrolle die Beratung hinsichtlich Verfahren und Qualität kindeswohlorientiert umzusetzen.

Aus dem Verständnis des Art. 6 Abs. 2 S. 2 GG als Garantienorm und Interventionsgarantie des Staates folgt, dass die staatliche Gemeinschaft kraft ihrer Wächteramtsfunktion gehalten ist Hilfsangebote an Eltern in Trennung und Scheidung zu richten, um die Eltern trotz ihres Paarkonfliktes zu befähigen ihrer Elternverantwortung gegenüber ihrem Kind wieder gerecht werden zu können.

Aus diesem Verständnis des staatlichen Wächteramtes als Garantienorm und Interventionsgarantie ergibt sich die Pflicht des Staates Beratungsangebote zunächst bereitzustellen (z. B. § 17 ff. SGB VIII). Die in dem Garantienormkonzept enthaltene »Gewährfunktion« (s.o.) umfasst darüber hinaus auch die Aufgabe des Staates Beratung aktiv anzubieten und die Entgegennahme der Informationen durch die Eltern sicherzustellen, wenn die Einsicht bzw. Einsichtsfähigkeit der Eltern in die Notwendigkeit oder den Nutzen fehlt. Das aktive Anbieten von Beratung kann beispielsweise durch Informationsbroschüren, Informationsgesprächen und allgemeinen Hinweisen durch Jugendamt oder Familiengericht erfolgen. Die Entgegennahme der Informationen (Beratung) kann durch die Normierung einer Beratungspflicht für die Eltern sichergestellt werden. Eine solche Beratungspflicht ist jedoch von einer Pflicht zu unterscheiden die so erhaltenen Informationen zu verinnerlichen und umzusetzen. Die tatsächliche Umsetzung der Informationen muss den Eltern als Ausdruck ihrer Elternautonomie (Art. 6 Abs. 2 S. 1 GG) vorbehalten bleiben.

---

952 Kostka 2004, S. 312.

c) Die gegenwärtigen sozioökonomischen Rahmenbedingungen

Es gilt nun zu klären, inwieweit weitere Veränderungen der sozio-ökonomischen Bedingungen seit den 1990er Jahren, die Normierung einer Beratungspflicht im Falle von Trennung und Scheidung erforderlich machen. Daher soll untersucht werden, wie sich die aktuellen sozioökonomischen Rahmenbedingungen sowie die Sozialisationsbedingungen auf die Familien im Beratungszusammenhang auswirken. Im Anschluss daran, ist zu erörtern, wie der staatliche Wächter (Art. 6 Abs. 2 S. 2 GG) im Sinne eines Garantienormkonzeptes auf Veränderungen reagieren muss.

Die Pluralisierungstendenzen der familialen Lebensformen sowie die steigende Scheidungszahl sind Ausdruck eines Wandels, dem die Familie stetig unterworfen ist. Seit den 1990er Jahren kommen neue Einflüsse auf die Familie zu, die mitunter als eine drastische Beschleunigung und Veränderung des Alltags empfunden werden. Diese Veränderungen zeigen sich z.B. in den Einflüssen und Möglichkeiten der neuen Medien, sowie den veränderten Anforderungen des Arbeitsmarktes. Zunächst sollen diese Veränderungen der sozioökonomischen Rahmenbedingungen unter denen Sozialisation in der Familie heute stattfindet skizziert werden.

Hinsichtlich der gesellschaftlichen Veränderungen, wie die Zunahme von Trennungen und Scheidungen, die Pluralisierungstendenzen in den familialen Lebensformen, die Erkenntnisse der Scheidungsfolgenforschung sowie eine zunehmende Sensibilisierung für die Belange des Kindes in der gesellschaftlichen Wahrnehmung, kann auf die in Kapitel 1. dargestellte soziale Realität bezuggenommen werden.

Die dem Grundgesetz von 1949 zugrunde gelegte gesellschaftliche Realität, sowohl der vorausgegangenen NS-Zeit,[953] als auch der Nachkriegszeit (1950er Jahre)[954] kann nicht unbesehen auf die heutige Situation von Familien und Kindern übertragen werden. Das Wirklichkeitsbild der familialen Lebensformen hat sich in den letzten Jahrzehnten deutlich verändert. Die Familie als primäre Sozialisationsinstanz ist Pluralisierungstendenzen und einem stetigen Wertewandel ausgesetzt. Infolge dieser Pluralisierung sozialer Muster hat sich die Bedeutung der »Normal-Familie« verändert.

Gegenüber dem patriarchalischen Stil der NS-Zeit, und relativ repressiver Erziehung der Kinder in den fünfziger Jahren entstand im Gegensatz dazu in den sechziger Jahren ein weniger repressiver Erziehungsstil. Auch die soziale Kontrolle

---

953 Vgl. Kapitel 3. I. 2. .

954 Vgl. Kapitel 3. I. 3. .

wandelte sich zu einer zunehmend fürsorglichen Betreuung. Personenbezogene autoritäre Kontrolle veränderte sich zu direkter oder weicher Kontrolle.[955]

Die im Laufe der Nachkriegszeit – insbesondere Ende der 1960er Jahre – zunehmende Emanzipation von obrigkeitsstaatlichem Denken, d. h. Abbau einer »Autoritätsgläubigkeit«[956] und patriarchalischer Familienmuster veränderten sowohl die Erziehungsstile der Eltern als auch das Verhältnis der Eltern und Kinder gegenüber staatlicher Autorität.[957]

aa) Einflüsse und Auswirkungen des Informationszeitalters

Als Informationszeitalter bezeichnet man die dem Industriezeitalter nachfolgende Epoche. Sie beschreibt den Übergang in den 1970er und 1980er Jahren und ist gekennzeichnet durch die für die Gesellschaft immer größer werdende Bedeutung kommunikativer Netzwerke. Die Zeit um 1990 wird als endgültiger Beginn des Informationszeitalters angesehen werden.[958]

Die im Informationszeitalter sozialisierte Elterngeneration von heute ist ihrerseits bereits geprägt von einem Wandel der Kommunikations- und Sozialisationsbedingungen. Neben diesen Veränderungen ist die Generation der letzten Jahrzehnte durch eine Vielzahl von Einflussfaktoren geprägt. Hierzu zählen insbesondere die gewandelten sozioökonomischen Organisationsprinzipien des Industriesystems sowie die damit zusammenhängenden Anforderungen des Arbeitsmarktes.[959] Die moderne Industrie erwartet von ihren Arbeitnehmern Mobilität und Flexibilität, in letzter Konsequenz »das alleinstehende, nicht partnerschafts-, ehe- oder familien-›behinderte‹ einfache Individuum«.[960]

Diese Einflussfaktoren bestimmen die Erziehungsmöglichkeiten der Eltern sowie die Bedingungen des Heranwachsens von Kindern und Jugendlichen, z.B.

---

955 Rolff/Zimmermann 2008, S. 141 (m.w.N.).

956 »Hill betont, dass der Gesetzgeber zur Erreichung seiner staatlichen Ziele ein gewisses Maß an diffuser und passiver Akzeptanz benötigt, damit eine freiwillige Befolgung durch die Adressaten der Rechtsprechung gewährleistet ist. Die Akzeptanzschwelle gegenüber der Legitimität staatlicher Entscheidungen ist in den letzten Jahren aufgrund des Autoritätsverlustes staatlicher Institutionen wie auch durch den Autoritätsverlust von Politik und Politikern gestiegen.«, Leptien 2000, S. 52; Hill, DÖV 1988, 666, 667.

957 Vgl. Rolff/Zimmermann 2008, S. 206; Jugendwerk der Deutschen Shell, 1992, S. 25.

958 Castells, BJS 2001, 423 ff.

959 Siehe oben Fn.895; vgl. Meuser, in: Kahlert, 2004, S. 73 (m.w.N.); Castells 2001, S. 151 ff.

960 Beck/Beck-Gernsheim, 1990, S. 53.

durch Kinderarmut[961] und Wegfall »sozialer Netzwerke«[962] etc. Insbesondere sind hierdurch Aspekte betroffen, die im Falle von Trennung und Scheidung dem Kind helfen können, die Scheidungssituation der Eltern besser zu verarbeiten.[963]

Insoweit sehen sich Eltern einer gewandelten gesellschaftlichen Wirklichkeit gegenüber, die sowohl ihre eigene Sozialisation bereits geprägt hat als auch ihre gegenwärtigen Bemühungen, eigene Kinder zu sozialisieren, beeinflusst. Dieser sozialhistorische Hintergrund ist bei der Beurteilung der Fähigkeit zur Wahrnehmung von Elternverantwortung im Sinne des Art. 6 Abs. 2 S. 1 GG zu berücksichtigen.

Vergangene und gegenwärtige »Scheidungs-Generationen«[964], d. h. die Generationen der Eltern, die sich haben scheiden lassen, haben ein unterschiedliches Verständnis von den Erwartungen, die an sie bei der Erfüllung ihrer Elternverantwortung gerichtet werden. Dies betrifft zum einen das Verhältnis gegenüber der staatlichen Gemeinschaft als auch ihr Verhalten gegenüber ihren Kindern. Insbesondere die Veränderungen der letzten Jahrzehnte stellen die Eltern vor neue Herausforderungen bei der Wahrnehmung ihrer Elternverantwortung, d. h. insbesondere bei der Sozialisation ihrer Kinder. Beispielhaft kann auf eine deutliche Zunahme und Akzeptanz von Gewalt und Gewaltbereitschaft hingewiesen werden, auf neue mediale Einflüsse[965] (z.B. Internet, Computerspiele »Ego-Shooter«), die Zunahme von Leistungsdruck in Schule und Beruf (»lebenslanges Lernen«[966]) sowie den Rückgang von »sozialen Netzwerken«[967].

Trotz einer zunehmenden Kindzentrierung in der öffentlichen Wahrnehmung und politischen Diskussion spiegelt sich dies nicht zwangsläufig in der Handlungsbereitschaft und Handlungsfähigkeit geschiedener Eltern wider. Einsicht und Akzeptanz der an sie gestellten Forderungen im Rahmen ihrer Elternpflicht im Falle von Trennung und Scheidung (Art. 6 Abs. 2 S. 1 GG), sind nicht mehr selbstverständlich.

Diese gesellschaftlichen Veränderungen beeinflussen und bedingen zwangsläufig die Sozialisation in der Familie. Die gegenwärtige Elterngeneration sieht sich –

---

961 Vgl. Kapitel 1. III. 4. b).

962 Vgl. Kapitel 1. III. 4. c).

963 Vgl. Kapitel 1.III.4..

964 Vgl. dazu auch die langfristigen Folgen einer miterlebten Scheidung und das Phänomen der »Vererbung des Scheidungsrisikos«, Kapitel 1. III. 3. a) und b).

965 Sacher, in: Marotzki, 2000, 97 ff., 107f.; Meister/Sander, in: Marotzki, 2000, 115 ff.

966 Meister/Sander, in: Marotzki, 2000, 115; Óhidy 2009, S. 271 (m.w.N.).

967 Vgl. zur Bedeutung Kapitel 1.III.4. c).

wie oben dargestellt – neuen Herausforderungen gegenüber, die sich in den letzten zwei Jahrzehnten entwickelt haben und 1949 noch nicht absehbar waren. Sowohl die Verfügbarkeit als auch die Beeinflussung durch neue und zahlreiche Informationsquellen führen zu Verhaltens- und Einstellungsänderungen von Eltern und Kindern.[968] Durch die Einflüsse des Informationszeitalters werden soziale Verhältnisse der bürgerlichen Gesellschaft nachhaltig beeinflusst. Dies betrifft sowohl die Geschlechterordnung zueinander als auch die Anforderungen der Arbeitswelt an die Eltern.[969]

bb) Autoritätsverlagerung

Eine ganz neue Dimension wurde durch die Verfügbarkeit und Präsenz der neuen Medien erreicht und durch die Indirektheit und das Faszinations- und Täuschungspotenzial, das für mediale Repräsentationen charakteristisch ist. Neue Medien, die sich längst nicht mehr auf bloße Abbildungen beschränken, »simulieren und inszenieren Ereignisse, die in der Realität überhaupt keine Entsprechung haben, sie schaffen virtuelle Realitäten und Hyperrealitäten ohne Vorbild. Und dabei wirken sie so authentisch, dass sie ihre Interpretationsbedürftigkeit vollkommen überspielen und von den meisten Rezipienten für die Wirklichkeit selbst genommen werden«.[970] Aufgrund dieses breiten medialen Informationsangebotes findet eine »Autoritätsverlagerung« statt. Während die neuen Medien scheinbar an Glaubwürdigkeit gewinnen,[971] verlieren staatliche Institutionen – ausgenommen der Rechtsprechung[972] – an Autorität,[973] wobei es dahinstehen kann, ob ein Kausalzusammenhang zwischen dem Autoritätsverlust staatlicher Institutionen einerseits und dem Glaubwürdigkeitsgewinn der neuen Medien andererseits besteht.

In diesem Zusammenhang kommt ein weiterer Aspekt hinzu. In den letzten Jahrzehnten hat sich eine – zum Teil populärwissenschaftliche – »Beratungsindustrie« herauskristallisiert, die sich die Beratung und Betreuung von Familien in Konfliktsituationen zur Aufgabe gemacht hat. So werden Ratgeber, Trainingskurse und neue Berufsbilder angeboten, die mit eigenen »Theorien« und »Erfolgsrezepten« Lösungen für die Probleme der Familie in Trennung und Scheidung versprechen.[974]

---

968 Vgl. Castells 2001, S. 151 ff.

969 Vgl. Castells 2001, S. 1551 ff.; Meuser, in: Kahlert, 2004, 73 f. (m.w.N.).

970 Sacher, in: Marotzki, 2000, 107 f.

971 Sacher, in: Marotzki, 2000, 108, der von einer »bisher nicht dagewesenen Autoritätsgläubigkeit« gegenüber den neuen Medien spricht.

972 Leptien 2000, S. 52 (m.w.N.); Hill, DÖV 1988, 666, 667; siehe dazu oben Fn. 956.

973 Vgl. Hill, DÖV 1988, 666, 667.

974 Salgo, in: Lipp/Schumann/Veit, 2009, S. 162.

Aus den oben dargestellten Aspekten ergibt sich, dass den betroffenen Familien zwar eine breite Informationspalette zur Verfügung steht, die aber von den Betroffenen kaum noch rezipierbar bzw. hinsichtlich des wissenschaftlichen Gehalts[975] differenzierbar ist.[976] Hieraus ergeben sich Konsequenzen für die Akzeptanz und Anforderungen staatlicher Hilfs- und Beratungsangebote.

cc) Akzeptanz staatlicher Beratungsangebote

Die betroffenen Familien respektive Eltern sind, wie die Scheidungsfolgenforschung zeigt, oftmals nicht (mehr) in der Lage ihre Hilfsbedürftigkeit zu erkennen.[977] Vor diesem Hintergrund werden die staatlichen Hilfsangebote nur unzureichend wahrgenommen.[978]

Ein weiterer Grund ergibt sich speziell für den Bereich der Jugendhilfe. Zum einen bestehen aufgrund der »Doppelfunktion« des Jugendamtes als Eingriffsbehörde und »Unterstützungsbehörde« Vorbehalte auf Seiten der Familien im Umgang mit der Jugendhilfe.[979] Zum anderen werden hinsichtlich personeller und sächlicher Ausstattung der Jugendhilfe Bedenken geäußert.

Die teilweise populärwissenschaftliche Kommerzialisierung der Informationsvermittlung und der Beratungs- und Hilfsangebote für Familien in Trennung und Scheidung führt zu einer Konkurrenzsituation. Hieraus folgt die Notwendigkeit, dass die angebotenen staatlichen Dienstleistungen an Attraktivität zum einen und

---

975 Dazu sei beispielhaft auf die Problematik von PAS, dem wissenschaftlich nicht fundierten »Parental Alienation Syndrome« (PAS) nach Gardner hingewiesen; vgl. Paul/Dietrich 2007, S. 59 ff. (m.w.N.); ausführlich krit. Kostka 2004, S. 223 ff. (m.w.N.); Bruch, FamRZ 2002, 1304 ff.

976 Vgl. Leptien 2000, S. 71 ff.

977 Vgl. Buchholz-Graf/Vergho 2000, passim; Bröning 2009, S. 136.

978 Vgl. Helming, et al. 2007, S.75.

979 Diese Doppelfunktion bereitet dem Jugendamt ein Dilemma: zum einen ist sie als sozialpädagogische Fachbehörde mit spezifischer Kompetenz und Verantwortlichkeit auf das Vertrauen und die Kooperation der hilfesuchenden Eltern angewiesen, um – im Interesse einer effektiven Prävention – ihre Aufgabe als Erziehungs- und Unterstützungsorgan des Staates wahrzunehmen. Zum anderen kommt dem Jugendamt gleichzeitig eine Kontroll- und Anzeigefunktion, gegebenenfalls Kooperationsfunktion mit dem Familiengericht zu, indem es dieses bei drohender Kindeswohlgefährdung anzurufen oder im Rahmen eines »ersten Zugriffs« vorläufig einzugreifen hat, vgl. Coester, in: Staudinger BGB, § 1666 BGB, Rn. 17, Jestaedt, in: Münder/Münder-Wiesner, 2007, Kap 1. 5 Rn 17-20; Wiesner, ZKJ 2008, 143 ff.; Wiesner, ZfJ 2004, 161, 167; Oberloskamp, in: Lipp/Schumann/Veit, 2008, 61 f.

Erreichbarkeit zum anderen gewinnen müssen (z.B. durch ment[980]).

dd) Konsequenzen für das staatliche Wächteramt

Angesichts des oben skizzierten gesellschaftlichen Wandels und der daraus resultierenden Konsequenzen für Hilfs- und Beratungsangebote ist nun der Frage nachzugehen, ob und wie der Staat diese Probleme im Rahmen seines Wächteramtes aufnehmen und entgegentreten muss.

Insofern die an die Eltern gestellten Erwartungen, von diesen nicht mehr als notwendig erkannt oder als verbindlich empfunden werden (können),[981] hat dies unmittelbare Auswirkungen auf die konkrete Wahrnehmungsfähigkeit der Elternverantwortung (Art. 6 Abs. 2 S. 1 GG).[982] Auf diese veränderten Rahmenbedingungen muss die staatliche Gemeinschaft, die über die Ausübung der Elternverantwortung wacht (Art. 6 Abs. 2 S. 2 GG), reagieren. Je weniger die Elternverantwortung wahrgenommen werden kann – sei es aus persönlichen oder gesellschaftlichen Gründen –, desto stärker muss die staatliche Gemeinschaft auf deren Einhaltung hinwirken.[983] Diese Verpflichtung ergibt sich aus der Kindeswohlmaxime. Zum einen muss die staatliche Gemeinschaft qualifizierte Hilfsangebote parat halten, und zum anderen muss sie versuchen ein ggf. bestehendes Informationsdefizit der Eltern durch Beratung auszugleichen, wenn diesen die Einsicht zur Notwendigkeit der Beratung fehlt. Letzteres erfolgt durch die Möglichkeit Eltern zur Teilnahme an einer Beratung zu verpflichten gemäß § 156 Abs. 1 S. 4 FamFG. Im Hinblick auf die Fragestellung von obligatorischer Beratung der Eltern im Falle von Trennung und Scheidung bedeutet dies, dass soweit es den Eltern an Einsicht und Akzeptanz zur Teilnahme an freiwilligen Hilfsangeboten fehlt, eine entsprechende Pflicht zur Teilnahme anzuordnen ist. Eine mögliche Einsicht der Eltern, wie sie ihren Trennungs- und Elternstreit bewältigen können,[984] kann jedoch nur durch Informationsvermittlung im Rahmen angeordneter Beratung angeregt und gefördert werden.

Da das Kindeswohl oberste Maxime für staatliches Handeln darstellt, muss der Staat sicherstellen, dass Hilfsmaßnahmen – soweit sie im konkreten Einzelfall dem

---

980 So z.B. das Qualitätsmanagement des Jugendamtes Steglitz-Zehlendorf orientiert sich an der DIN EN ISO 9001:2000, Biermann/Rauschenbach, Qualitätsmanagement Handbuch Jugendamt Steglitz-Zehlendorf, Juli 2008. (Internetdokument zuletzt geprüft am: 19.07.2011).

981 Vgl. Helming, et al. 2007, S. 73 f.

982 Proksch, in: FK-SGB VIII, 6. Aufl., § 17 SGB VIII, Rn. 1.

983 Vgl. Helming, et al. 2007, S.75 ff.

984 Vgl. Kapitel 1. III. 4. d) und e).

Kindeswohl dienlich sind und Minimalstandards der Sozialisation (wieder) herstellen – auch wahrgenommen werden.[985] Dies hat zur Konsequenz, dass entsprechende Hilfen nicht rein schematisch als bloße Formalie zu verstehen sind. Die staatliche Gemeinschaft kann diese Verpflichtung jedoch nur erfüllen, wenn sie die Wahrnehmung von Beratung – als Ausdruck der Elternverantwortung – adäquat kontrolliert. Dies bedeutet jedoch, dass der Staat das Elternprimat beachten und die Beratung ergebnisoffen führen muss.[986] Der Staat darf den Eltern nicht vorschreiben, wie sie ihre Elternverantwortung im Einzelfall auszuüben haben, da den Eltern im Rahmen ihres Elternprimats die Entscheidung über den Modus der Umsetzung der Informationen verbleiben muss.[987] Die Beratung darf daher auf keine vorgefertigten Ergebnisse ausgerichtet werden. Einer inhaltlichen Kontrolle bedarf es nur insoweit, um eine mögliche Kindeswohlgefährdung auszuschließen.

Die Beratungsangebote, zu denen der Staat die Eltern im Falle von Trennung und Scheidung verpflichten kann, sind hinsichtlich Qualität und Effektivität der Beratung am Kindeswohl zu orientieren. Der Grundrechtsschutz beeinflusst weitgehend die Gestaltung und die Anwendung des Verfahrensrechts.[988] Vor diesem Hintergrund wirkt sich die Pflicht der staatlichen Gemeinschaft gemäß Art. 6 Abs. 2 S. 2 GG, die Pflege und Erziehung des Kindes zu überwachen auf die Ausgestaltung und Anwendung des Prozessrechts aus. Das Auftreten einer Schutzlücke wäre mit dem Grundrechtsschutz des Kindes als eigenständiger Persönlichkeit nicht vereinbar.[989] Aufgrund der sich aus Art. 6 Abs. 2 Satz 2 und Art. 2 Abs. 1 GG ergebenden Schutzpflichten muss der Staat in materiell- und verfahrensrechtlicher Hinsicht normative Regelungen schaffen, die eine hinreichende Berücksichtigung der grundrechtlichen Stellung des Kindes garantieren. Staatliche Maßnahmen, die auf die Zukunft und die konkreten Lebensumstände des Kindes Einfluss nehmen, müssen auf das Wohl des Kindes ausgerichtet sein und dieses in seiner Individualität als Grundrechtsträger berücksichtigen.[990] Vor diesem Hintergrund muss der Staat kraft seines Wächteramtes als Pflicht gegen sich selbst (Garantienormkonzept) nicht nur das Prozessrecht, sondern auch die staatlichen Beratungs- und Hilfsangebote am Kindeswohl orientiert, ausgestalten. Wie in Kapitel 3.II.5. dargestellt, be-

---

985 Vgl. Kapitel 3. IV. 3. b).

986 Vgl. Kapitel 3. IV. 3. b) ee)

987 Vgl. auch Kapitel 3. IV. 2. . und Kapitel 3. IV. 3. b) ee).

988 BVerfGE 53, 30, 65.

989 BT-Drs. 16/6815, S. 10; BVerfGE 24, 119, 144; BVerfGE 37, 217, 252.

990 Vgl. BVerfGE 37, 217, 252; BVerfGE 24, 119, 144.

darf es zur Ermittlung des Kindeswohls gesicherter wissenschaftlicher Erkenntnisse, interdisziplinär angelegter Untersuchungen und Evaluationen.[991]

Verändern sich aufgrund des gesellschaftlichen Wandels die Anforderungen und Erwartungshaltungen an Eltern und Familie, so muss das staatliche Wächteramt diesen Veränderungen Rechnung tragen.

Das erweiterte Verständnis des Art. 6 Abs. 2 S. 2 GG als Garantienormkonzept gestattet dem staatlichen Wächter mit einer Pflichtberatung auf die Eltern Einfluss zu nehmen, um hierdurch – soweit möglich – ein kindeswohlgerechtes Umfeld herzustellen. Durch eine Pflichtberatung soll die Elternverantwortung gestärkt werden, damit die Eltern ihren Aufgaben im Sinne des Art. 6 Abs. 2 S. 1 GG nachkommen können. Das BVerfG sah die grundsätzliche Fähigkeit der Eltern kritisch auch nach einer Trennung, ihre Elternverantwortung uneingeschränkt zum Wohle des Kindes auszuüben. Der Staat soll kraft seiner Wächteramtsfunktion gemäß Art. 6 Abs. 2 S. 2 GG auf die Erfüllung der Elternverantwortung insistieren. Dementsprechend forderte das BVerfG, im Falle einer Trennung stets eine gerichtliche Überprüfung des Einzelfalles, ob die Eltern eine gemeinsame Sorge – im Sinne ihrer Elternverantwortung – trotz des bestehenden Elternkonflikts ausüben können. In diesem Sinne dürfe kein blindes Vertrauen in die elterliche Fähigkeit gesetzt werden, ihre Konflikte auf der Paarebene lösen zu können, ohne dass dies Auswirkungen auf ihre Elternverantwortung habe.[992] Der Staat darf sich nicht auf die Position blinden Vertrauens in den Fortbestand der elterlichen Erziehungsfähigkeit angesichts der potentiellen Konfliktsituationen zurückziehen, vielmehr müsse er ihr Verhalten beobachten.[993] Schließlich ist auch der Schutz »systemisch Schwächerer«, d. h. der Kinder (und ggf. der Mütter) eine zentrale Aufgabe der Justiz.[994]

Dieses erweiterte Verständnis des staatlichen Wächteramtes als Garantienormkonzept[995] verlangt gleichwohl – als Pflicht gegen sich selbst – sowohl das Verfahrensrecht als auch die praktische Umsetzung von Beratungs- und Hilfsangeboten, einer Qualitätssicherung zu unterwerfen.

---

991 Siehe auch in Kapitel 2. VI die Forderungen von Helmig et al. (2007).

992 BVerfGE 61, 358 ff., 379 f.; Furstenberg/Cherlin 1993 (Nachwort Salgo) S.213; Dahlheimer, Sozialmagazin 1997, 12, 19; Schall, in: VAMV Bundesverband e.V. (Verband Alleinstehender Mütter und Väter), 1996, S.106 f.; Helming, et al. 2007, S.75; Zenz, in: Ständige Deputation des deutschen Juristentages (DJT), 1992, S. M 18, 27.

993 Vgl. Groß, Deutscher Bundestag, Protokoll Nr. 77: öffentlicher Anhörung KindRG, S.9.

994 Zenz, in: Ständige Deputation des deutschen Juristentages (DJT), 1992, M 25.

995 Vgl. Kapitel 3. IV. 3. b) aa).

ee) *Zusammenfassung: Das insistierende Wächteramt*

Es kann festgehalten werden, dass es den Eltern oftmals nicht möglich ist, ihre Hilfsbedürftigkeit sowie die negativen Auswirkungen einer Trennung auf das Kind richtig einzuschätzen.[996] Hier muss der Staat zum Wohle des Kindes die Obliegenheit der Eltern sich beraten zu lassen, einfordern und hinsichtlich einer möglichen Kindeswohlgefährdung überprüfen.[997]

Ferner müssen angesichts des umfangreichen Informationsangebotes bezüglich Beratung und Hilfsangebote für Familien in Trennung und Scheidung klare Vorgaben gemacht werden, die an wissenschaftlich gesicherten Erkenntnissen orientiert sind. Dies betrifft insbesondere die Normierung von Ausbildungs- und Qualitätsstandards für beratende und vermittelnde Berufe.

Das staatliche Wächteramt ist im Sinne eines Garantienormkonzeptes zu verstehen und führt zu einer stärkeren Fokussierung auf das Kindeswohl. Vor diesem Hintergrund stehen Maßnahmen, wie die Anordnung einer Teilnahme an Beratung, die der Förderung und Stärkung der Elternautonomie dienen sollen, mit dem staatlichen Wächteramt gemäß Art. 6 Abs. 2 S. 2 GG in Einklang.

Angesichts der gewandelten sozioökonomischen Rahmenbedingungen in den letzten Jahrzehnten zeigte sich die Notwendigkeit, den Eltern in Scheidung und Trennung, Hilfen in Form von Beratung zukommen zu lassen. Da vielfach die Einsicht fehlt, Hilfe in Anspruch zu nehmen, ist der Staat aufgrund seines Wächteramtes gehalten, den Eltern dies abzuverlangen. In diesem Sinne ist der Staat gehalten eine Teilnahme an einer ergebnisoffen zu führenden Beratung anzuordnen und im Falle einer Einigung, diese auf mögliche Kindeswohlgefährdungen hin zu überprüfen.

Während das restriktive Verständnis des Wächteramtes noch einen Ursächlichkeitszusammenhang zwischen dem Eingreifen des staatlichen Wächteramtes und dem Elternversagen erforderlich hielt, geht das erweiterte Verständnis im Sinne einer Garantienorm davon aus, dass eine Kindeswohlgefährdung ausreiche, da Eltern primär die Pflicht haben diese Gefährdung auszuschließen.[998] Der Staat hat sich darüber hinaus nicht nur auf die bloße Abwehr von Kindeswohlgefährdungen zu beschränken, sondern es sind Maßnahmen im Sinne eines Gestaltungsauftrages aktiv zu ergreifen, mit denen sowohl die Situation des Kindes als auch die Möglichkeit der Eltern ihre Elternverantwortung (wieder) wahrnehmen zu können, verbessert werden.[999] Die sich hieraus ergebende stärkere kindzentrierte Sichtweise

996 Vgl. Helming, et al. 2007, S. 73 f.; siehe oben Kapitel 1.III.

997 Vgl. Groß, Deutscher Bundestag, Protokoll Nr. 77: öffentlicher Anhörung KindRG, S. 9.

998 Vgl. Kapitel 3. IV. 3. b) cc).

999 Vgl. Jeand'Heur 1993, S. 119; Oelkers/Schrödter, in: Otto, 2010, S. 145.

ermöglicht es Eltern die Teilnahme an einer Pflichtberatung abzuverlangen, um sie in der Wahrnehmung ihrer Elternverantwortung zu stärken und zu unterstützen. Insbesondere angesichts der oben skizzierten sozioökonomischen Bedingungen ist es erforderlich, die Teilnahme an Beratung aktiv einzufordern, wenn ersichtlich ist, dass die eigenen Ressourcen der Familie zur Problembewältigung nicht ausreichen.

Aus dem Garantienormkonzept und der Interventionsgarantie des Art. 6 Abs. 2 S. 2 GG ergibt sich die Pflicht des Staates, die Eltern zur Teilnahme an Hilfs- und Beratungsangeboten der Jugendhilfe zu verpflichten und auf deren konsequente Durchführung zu beharren. Man kann mithin dieses Verständnis als »insistierendes Wächteramt« bezeichnen.

4. Zwischenergebnis

Zusammenfassend kann festgehalten werden, dass es der Elternpflicht im Sinne einer Obliegenheit[1000] entspricht sich im Falle von Trennung und Scheidung einer Beratung bzw. der Hilfe Dritter zu bedienen, wenn sie eine selbständige gütliche Konfliktlösung nicht sicherstellen können, um somit die Belastungen für das Kind zu minimieren.

Die Frage, inwieweit der Staat im Rahmen seines Wächteramtes gemäß Art. 6 Abs. 2 S. 2 GG die grundsätzliche Obliegenheit der Eltern, sich im Falle von Trennung und Scheidung beraten zu lassen, aktiv einfordern muss, kann vor dem Hintergrund der dargestellten Auffassungen wie folgt beantwortet werden:

Angesichts der veränderten gesellschaftlichen Strukturen und Rahmenbedingungen ist von einem gewandelten Verständnis vom Wächteramt (Art 6 Abs. 2 S. 2 GG) auszugehen, das auf die Einhaltung dieser Elternpflicht zu insistieren hat. Darunter ist sowohl die Gewährleistung qualitativ hochwertiger Hilfen (z.B. hinsichtlich der Beratungsstandards) zu verstehen als auch eine am Kindeswohl orientierte Ergebniskontrolle, um eine mögliche Gefährdung auszuschließen. Diese Ergebniskontrolle darf jedoch nicht in der kontrollierten Herbeiführung eines vordefinierten Ergebnisses bestehen. Ein vordefiniertes Ergebnis, das unter staatlichem Druck[1001] zustande kommen soll, widerspräche dem Kindeswohlbegriff als Maxime.[1002] Die Beratung muss ergebnissoffen geführt werden und das Ergebnis muss individuell am Kindeswohl orientiert, überprüft werden.

1000 Vgl. Kapitel 3. III. 6. a).

1001 So z. B. in der Cochemer Praxis, die grundsätzlich negative Konsequenzen für eine Sorgerechtsentscheidung in Aussicht stellt, sofern keine Einigung im Sinne einer gemeinsamen Sorge erzielt wird, vgl. Rudolph 2007, S. 50.

1002 Vgl. Kapitel 3. II.

Die Wahrnehmung von Hilfen (z.B. Beratung) ist Ausdruck der Erfüllung der Elternverantwortung. Hierüber hat die staatliche Gemeinschaft zu wachen. Dies kann sie jedoch nur erfüllen, wenn sie die Beratung nachvollziehen und prüfen kann. Eine einvernehmliche Lösung der Eltern kann sich unter Gesichtspunkten des Kindeswohls als dem Kindeswohl abträglich herausstellen. Dies muss sowohl in einer nachträglichen (Kindeswohl-)Prüfung (§ 1666 BGB) des Elternkonsenses erfolgen als auch – ganz im Sinne einer effektiven Prävention – durch eine unmittelbare Beteiligung des Kindes und seines Verfahrensbeistandes (§ 158 FamFG). Auf diese Weise werden die Belange des Kindes bereits in der Elternberatung angesprochen und in den möglichen Elternkonsens einbezogen.[1003] Die Notwendigkeit der Beteiligung des Kindes und seines Verfahrensbeistandes entspricht ferner Art. 12 UN-KRK, der eine Beteiligung des Kindes in jeglichen Verfahren vorschreibt, die Trennung und Scheidung betreffen.[1004] In diesem Sinne hat die staatliche Gemeinschaft (Art. 6 Abs. 2 S. 2 GG) im Rahmen des insistierenden Wächteramtes sicherzustellen, dass das Kind als Rechtssubjekt in der Beratung der Eltern Berücksichtigung findet.

V. Pflichtberatung der Eltern bei Trennung und Scheidung nach dem FamFG

Im Kontext von Trennung und Scheidung soll erörtert werden, was unter Pflichtberatung der Eltern zu verstehen ist. Im Gegensatz zu den freiwilligen Hilfs- und Beratungsangeboten des Kinder- und Jugendhilfegesetzes soll im Folgenden der Frage nach den Möglichkeiten einer Pflichtberatung bei Trennung und Scheidung nachgegangen werden. Im Mittelpunkt der Betrachtung soll zunächst der Begriff der

---

1003 Vgl. Salgo, FPR 2010, 456, 457 f.

1004 »51. In cases of separation and divorce, the children of the relationship are unequivocally affected by decisions of the courts. Issues of maintenance for the child as well as custody and access are determined by the judge either at trial or through court-directed mediation. Many jurisdictions have included in their laws, with respect to the dissolution of a relationship, a provision that the judge must give paramount consideration to the "best interests of the child".

52. For this reason, all legislation on separation and divorce has to include the right of the child to be heard by decision makers and in mediation processes. Some jurisdictions, either as a matter of policy or legislation, prefer to state an age at which the child is regarded as capable of expressing her or his own views. The Convention, however, anticipates that this matter be determined on a case-by-case basis, since it refers to age and maturity, and for this reason requires an individual assessment of the capacity of the child.«, vgl. COMMITTEE ON THE RIGHTS OF THE CHILD 20 July 2009, Absatz. 51, 52 (Seite 15); Salgo, FPR 2010, 456, 457.

Beratung stehen. Im Anschluss daran wird zu erörtern sein, ob eine nachhaltige Vermittlung von Informationen unter Zwang möglich ist.

1. Entwicklung der gesetzlichen Grundlagen

Zunächst soll aus historischer Sicht der Meinungstand zur Anordnung von Pflichtberatung skizziert und anschließend auf das Gesetz über das Verfahren in Familiensachen und in den Angelegenheiten der freiwilligen Gerichtsbarkeit (FamFG)[1005] aus dem Jahr 2009 eingegangen werden.

a) Meinungsstand

Angesichts der Erkenntnisse der Scheidungsfolgenforschung und den Risiken einer Scheidungssituation, war die grundsätzliche Frage nach einer Pflichtberatung für Eltern in Trennung Gegenstand der Diskussion.

Hierzu vertraten *Oberloskamp* und *Adams* (1991) folgende Auffassung: Zunächst ist es die Aufgabe des Jugendamtes mit den Eltern ins Gespräch zu kommen und – soweit möglich – mit diesen ein Konzept für die Nachscheidungszeit zu erstellen. In diesem Zusammenhang stellt sich die Frage, ob die Eltern diese Zusammenarbeit mit dem Jugendamt verweigern können. Obwohl Scheidungsberatung als eine Leistung der Jugendhilfe nach § 2 Abs. 2 Nr. 2 i.V.m. § 17 Abs. 2 SGB VIII stets freiwillig ist und nicht aufgezwungen werden kann, wäre es gemäß §§ 1626 ff. BGB oder gemäß Art. 6 Abs. 2 S. 1 GG möglich, hieraus eine Elternpflicht auf Teilnahme an der Beratung abzuleiten. So wird argumentiert, dass die elterliche Sorge (§ 1626 BGB) ein fiduziarisches, treuhänderisches Recht ist, wonach die Eltern die Pflicht haben, ihre Kinder zu fördern und vor Schäden zu bewahren. Diese Pflicht ende nicht mit der Ehescheidung, sondern ist von den Eltern so gut wie möglich auch darüber hinaus umzusetzen. Die Verweigerung der Eltern, in der Scheidungssituation eine Sorgerechtsvereinbarung im Interesse des Kindes zu finden, stelle einen Missbrauch der ihnen eingeräumten Rechtsmacht dar. *Oberloskamp* und *Adams* (1991) kamen zu dem Ergebnis, dass die nach dem Gesetz und dem Grundgedanken des Kindeswohls grundsätzlich bestehende Elternpflicht, mitzuwirken und eine Beratung zum Wohle des Kindes aufzunehmen (materielle Mitwirkungspflicht), weder (seinerzeit) vom Gericht noch vom Jugendamt zwangsweise durchgesetzt werden könne (§ 33 Abs. 2 FGG a.F.; Art. 104 Abs. 1 GG, §§ 50 a-c FGG a.F.).[1006]

1005 BGBl. I S. 2586, 2587 ff. (Art. 112 Abs. 1 Gesetz vom 17. Dezember 2008) in Kraft getreten am 1.9.2009.

1006 Oberloskamp/Adams 1991, S.212.

Eine ablehnende Haltung gegen die oben skizzierte Pflicht der Eltern, Hilfen in Anspruch zu nehmen, nahm *Coester* (1991) ein.[1007] Das Grundgesetz legitimiere keine staatlich verordnete Therapie für Scheidungsfamilien. Das in § 1671 BGB a. F.[1008] verankerte Entscheidungsmodell betone die private Freiheit und garantiere vor staatlichen Eingriffen verschont zu bleiben. Wenngleich auch keine aktiven Mitwirkungsrechte der Eltern bestünden, ist es die Aufgabe des Staates für in soziale Not geratene Familien, die Hilfe wünschen, diese auch zu gewährleisten. Diese Pflicht ergebe sich aus Art. 6 Abs. 1 und 2 GG sowie dem Sozialstaatsprinzip.[1009]

Jopt (1992) vertritt dagegen die Auffassung, dass alle Eltern vor einer Scheidung im Interesse des Kindes an einer psychologischen Beratung teilzunehmen hätten. Hierfür wäre eine entsprechende gesetzliche Vorschrift erforderlich. Auf diese Weise könne sichergestellt werden, dass das »verfassungsrechtlich gebotene Wächteramt des Staates nicht länger zur leeren Worthülse« werde. In einer gesetzlich verankerten psychologischen Beratung sieht *Jopt* eine wesentliche Schutzmaßnahme des Staates zum Wohle der Scheidungskinder.[1010]

Menne (1992) sah in § 614 ZPO a. F. eine Möglichkeit, das Verfahren auszusetzen, um – entgegen dem ausdrücklichen Wortlaut – den Eltern nahe zu legen, eine Beratungsstelle in Anspruch zu nehmen.[1011] Eine ausdrückliche Mitwirkungspflicht der Eltern, Hilfe in Anspruch zu nehmen, sah er jedoch ebenfalls nicht.

Die Rechtsprechung vertrat hierzu die Auffassung, dass mangels Rechtsgrundlage Eltern zu Beratungsangeboten nicht verpflichtet werden können.[1012] »Das Fehlen einer gesetzlichen Anordnungsermächtigung ist jedenfalls so lange zu akzeptieren, bis möglicherweise in der angedachten Reform des Familienverfahrensgesetzes

---

1007 Coester, FuR 1991, 70, passim.

1008 Das BVerfG entschied 1982 darüber, dass es geschiedenen Eltern grundsätzlich erlaubt sein müsse das gemeinsame Sorgerecht (auch) nach der Trennung fortzuführen. Infolgedessen erklärte das BVerfG den soweit entgegenstehenden § 1671 Abs. 4 S. 1 BGB a.F. für nichtig, BVerfGE 61, 358; Dopffel/Martiny, in: Dopffel, 1994, S. 590.

1009 Coester, FuR 1991, 70, 73.

1010 Jopt, Psychol. Erz. Unterr. 1992, 57, 61.

1011 Menne, ZfJ 1992, 66, 71.

1012 Vgl. BGH FamRZ 1994, 158, 160; OLG Hamburg FamRZ 1996 422, 424; OLG Brandenburg FamRZ 2002, 975 ff. (m.w.N.); ausdrücklich OLG Stuttgart NJW-RR 2007, 1083: »Die geltende Gesetzeslage bietet keine Grundlage zu einer gerichtlichen Verpflichtung der Eltern an einer Teilnahme an Beratungs- oder Therapiegesprächen (Aufgabe der früheren Rechtsprechung OLG Stuttgart; 26. Juli 2000; 17 UF 99/00; FamRZ 2001, 932)«.

eine entsprechende Anordnungsbefugnis der Familiengerichte ausdrücklich gesetzlich geregelt werden könnte«.[1013]

b) Reform des familiengerichtlichen Verfahrens (FamFG)

Am 1.9.2009 trat das Gesetz über das Verfahren in Familiensachen und in den Angelegenheiten der freiwilligen Gerichtsbarkeit (FamFG[1014]) in Kraft.[1015] Mit der Reform des Familienverfahrensgesetzes (FamFG) schuf der Gesetzgeber mit § 156 Abs. 1 S. 4 FamFG die Voraussetzungen, den Eltern die Teilnahme an einer Beratung aufzuerlegen.[1016] Gemäß § 156 Abs. 1 S. 4 FamFG ist es nun dem Familienrichter möglich, Eltern in Scheidungssituationen zur Teilnahme an Hilfsangeboten der Kinder- und Jugendhilfe zu verpflichten.

aa) Gesetzesentwurf - FGG-Reformgesetz

Mit dem Gesetzesentwurf[1017] der Bundesregierung vom 7. September 2007 sollte eine vollständige und einheitliche Neukodifizierung des Rechts der Freiwilligen Gerichtsbarkeit und des familiengerichtlichen Verfahrens – dem heutigen FamFG - erfolgen. Eine bloße Novellierung des geltenden FGG und des 6. Buches der ZPO schien aufgrund der strukturellen Unzulänglichkeiten des bisherigen Familienverfahrensrechts für nicht ausreichend. Es sollte vielmehr eine vollständige, moderne, den rechtsstaatlichen Anforderungen genügende Verfahrensordnung geschaffen werden. Man sah in dem gesteigerten öffentlichen Interesse, die Notwendigkeit die gerichtliche Verfahrensverantwortung stärker zu betonen. Ziel war es, einer durch eine bürgernahe, flexible und möglichst unformalistische, pragmatische, aber auch rechtsstaatlichen Grundsätzen genügende Verfahrensordnung gerecht zu werden.[1018]

Die Ziele dieser FGG-Reform lassen sich zusammengefasst wie folgt darstellen:[1019]

1013 OLG Stuttgart NJW-RR 2007, 1083, 1084.

1014 Gesetz über das Verfahren in Familiensachen und in den Angelegenheiten der freiwilligen Gerichtsbarkeit, BGBl. I S. 2586, 2587 ff.

1015 Gesetz vom 17. Dezember 2008, BGBl. I S. 2586, 2587 ff. in Kraft getreten am 1. September 2009 gemäß Art. 112 Abs. 1 Gesetz vom 17. Dezember 2008.

1016 Coester, in: Staudinger BGB, § 1666 BGB, Rn. 218 ff.

1017 BT-Drs. 16/6308, Entwurf eines Gesetzes zur Reform des Verfahrens in Familiensachen und in den Angelegenheiten der freiwilligen Gerichtsbarkeit (FGG-Reformgesetz – FGG-RG).

1018 Volpert, in: Horndasch/Viefhues FamFG, Vorbemerkungen, Rn. 1.

1019 BT-Drs. 16/6308, S. 164.

- Das lückenhafte Regelungswerk des FGG sollte zu einer einheitlichen Verfahrensordnung zusammengefasst werden. Insbesondere sollten die Erkenntnisse der Rechtsprechung und Wissenschaft berücksichtigt werden unter Beibehaltung der Vorteile des bisherigen Verfahrensrechts (z.B. Flexibilität),
- Das Verfahren sollte an rechtsstaatlichen Grundsätzen orientiert ausgestaltet werden. Insbesondere sollten die durch die Verfassung begründeten und von der Rechtsprechung ausgeformten Garantien für die Verfahrensbeteiligten ausdrücklich normiert werden.
- Im Interesse der Transparenz und der damit einhergehenden Rechtssicherheit sollte das Zusammenspiel mit anderen Verfahrensordnungen koordiniert und abgeglichen werden.
- Gesetzesaufbau, Inhalt und Gesetzessprache sollten den praktischen Bedürfnissen der Verfahrensbeteiligten gerecht werden und auch für den interessierten Laien verständlich und nachvollziehbar sein.
- Inhaltlich sollte die Verfahrensordnung insbesondere den speziellen familienrechtlichen Anforderungen hinsichtlich der Streitgegenstände gerecht werden. Dabei sind die besondere Verantwortung des Gerichts zur Sachverhaltsaufklärung, der überwiegend höchstpersönliche Charakter und die existenzielle Bedeutung der Verfahrensgegenstände von zentraler Bedeutung.
- Die für familienrechtliche Streitigkeiten charakteristischen, emotionalen Konfliktsituationen sollten verstärkt Berücksichtigung finden, indem konfliktvermeidende und konfliktlösende Elemente verstärkt implementiert werden. Da ein familienrechtliches Verfahren im Gegensatz zu anderen gerichtlichen Streitigkeiten durch faktisch nicht justiziable emotionale Konflikte geprägt ist, die aber einen wesentlichen Einfluss auf das Streitpotenzial und die Möglichkeiten zur gütlichen Beilegung der Auseinandersetzung haben.

Insbesondere der letzte Aspekt, die emotionale Nähe zwischen den Verfahrensbeteiligten, macht den spezifisch familienrechtlichen Streitgegenstand äußerst komplex und stellt besondere – aufwändige – Anforderungen an die Ausarbeitung einer tragfähigen Lösung. Um diese Streitigkeiten, mit ihrem spezifisch emotionalen Konfliktpotenzial, einer adäquaten Lösung zuzuführen, war es die erklärte Intention des Gesetzgebers, geeignete Instrumentarien bereitzustellen, um die Auseinandersetzung positiv zu beeinflussen. In dem neu zu schaffenden familiengerichtlichen Verfahrensrecht, dem heutigen FamFG, sollte der Fokus auf die Lösung, der für das

Verfahren typischen, hoch emotionalen Konfliktlagen gerichtet werden. Folgende Aspekte wurden zur Vermeidung und Lösung von Konflikten anvisiert, z.B.: [1020]

- Gerichtliche und außergerichtliche Streitschlichtung sollen gefördert werden.
- Beschleunigung von Verfahren über das Umgangs- und Sorgerecht durch Implementierung von Elementen des sogenannten »Cochemer Modells«.
- Die Beteiligungs- und Mitwirkungsrechte betroffener Kinder sollten durch die Präzisierung der Funktion des Verfahrenspflegers (d. h. heute: Verfahrensbeistand) verstärkt werden.
- Die Durchsetzung von Entscheidungen zum Sorgerecht, zur Herausgabe und zu Umgangsregelungen soll effizienter gestaltet werden.
- Einführung von hauptsacheunabhängigem einstweiligem Rechtsschutz, um einverständliche Lösungen zu erleichtern.
- Einführung des »Großen Familiengerichts«.

In dem Gesetzesentwurf der Bundesregierung 2007 werden Schwerpunkte hervorgehoben, die im Vergleich zum Referentenentwurf 2005 Ausdifferenzierungen aufweisen. Im Hinblick auf das Familienverfahrensrecht wurde vom Gesetzgeber u.a. folgendes hervorgehoben:

- Verschärfung der Sanktionsmöglichkeiten bei der Vollstreckung von Kindesumgangsentscheidungen: Einführung von Ordnungsgeld und -haft bei Missachtung gerichtlicher Umgangsregelungen[1021]
- Beschleunigung von Umgangs- und Sorgeverfahren: Einführung einer obligatorischen, kurz bemessenen Frist (ein Monat) zur Durchführung eines ersten Termins, um längere Umgangsunterbrechungen zu vermeiden; Förderung der gütlichen Einigung der Eltern über das Umgangs- und Sorgerecht, [1022]
- Straffung des gerichtlichen Verfahrens durch Erweiterung der Auskunftspflichten der Parteien und der gerichtlichen Auskunftsbefugnisse gegenüber Behörden und Versorgungsträgern in Unterhalts- und Versorgungsausgleichssachen.[1023]

1020 BT-Drs. 16/6308, S. 164.

1021 BT-Drs. 16/6308, S. 1 f.

1022 BT-Drs. 16/6308, S. 2.

1023 BT-Drs. 16/6308, S. 2.

Ein wichtiger Bestandteil der Reformüberlegungen war die Einführung einer obligatorischen Beratung der Eltern (Pflichtberatung), um ein Einvernehmen zu erzielen (§ 156 FGG-Reformgesetz).

bb) Öffentliche Anhörung - Februar 2008

Angesichts der Überlegungen zu einer Pflichtberatung der Eltern sollen im Folgenden das Augenmerk insbesondere auf die Stellungnahmen der Expertengruppe in der öffentlichen Anhörung vom Februar 2008 gerichtet werden, die sich zu diesem Themenkomplex geäußert haben. Grundsätzlich wurden Maßnahmen zur Herbeiführung von elterlichen Einvernehmen – so auch Beratungsmaßnahmen – begrüßt[1024], wenn gleich Effizienz und Möglichkeiten einer angeordneten Beratung infrage gestellt wurden.[1025]

Zur »Pflichtberatung der Eltern« wurden im engeren Sinne keine substanziellen Ausführungen gemacht. Eine wesentliche Forderung war jedoch eine prägnantere Fokussierung des Gesetzes auf die Kindeswohlbelange. In diesem Sinne wurde eine Stärkung von Kinderrechten und des Kinderschutzes gefordert.[1026] Bemängelt wurde, dass der Gesetzesentwurf eine starke Tendenz aufweist, grundsätzlich Elternrechte zu stärken, während die Belange des Kindeswohls nicht in gleichem Maße zum Tragen kommen. Die Ausgestaltung des Verfahrensrechts muss am Leitbild des Kindeswohls geschehen. Das Verfahrensrecht ist von besonderer Bedeutung für die Verwirklichung materieller Rechtspositionen.[1027] Durch das Verfahrensrecht gewinnt das Gerichtsverfahren Gestalt, indem festgelegt wird, »wer mit wem, wann spricht und worüber«. Das Verfahrensrecht bestimmt somit die Informationsgewinnung, was essentielle Grundlage für eine Entscheidung über materielle Rechtspositionen ist. Demzufolge ist es entscheidend, das Verfahrensrecht eindeutig am Kindeswohl auszurichten. In diesem Sinne wurde beispielhaft gefordert, in § 156 Abs. 1 FGG-Reformgesetz (heute: § 156 Abs. 1 FamFG) den Begriff »Einvernehmen« der Beteiligten, durch den Begriff »Kindeswohl« zu ersetzen. Hierdurch würde der Fokus auf das Kindeswohl zentriert. Bei wohlverstandenem und ernstgenommenem

---

1024 Vgl. Salgo (11.02.2008). Stellungnahme zum FGG-RG - BT-Drucks. 16/6308, S. 4.

1025 Vgl. z.B. Bohnert, Öffentliche Anhörung Teil I, Rechtsausschuss BT-Drs. 16/6308 Protokoll Nr. 86, S. 42.

1026 Nothhafft, Öffentliche Anhörung Teil II, Rechtsausschuss BT-Drs. 16/6308 Protokoll Nr. 88, S. 17 f.

1027 Nothhafft, Öffentliche Anhörung Teil II, Rechtsausschuss BT-Drs. 16/6308 Protokoll Nr. 88, S. 18.

Kindeswohl würde dies stets zu einer für das Kind positiven Entscheidung führen.[1028]

Ein Ziel der Gesetzesreform war die Einführung außergerichtlicher Vermittlung/Beratung. In diesem Zusammenhang wurden in der öffentlichen Anhörung 2008 zum FGG-Reformgesetz die fehlenden wissenschaftlichen Grundlagen der Gesetzesreform kritisiert.[1029]

cc) Stellungnahme des Bundesrates

Der Bundesrat hat am 6. Juli 2007 zu dem Gesetzentwurf (FGG-Reformgesetz - FGG-RG) gemäß Art. 76 Abs. 2 GG Stellung genommen.[1030]

(1) Allgemein

Der Bundesrat bewertete den Entwurf des FGG Reformgesetzes aus Sicht der Kinder- und Jugendhilfe grundsätzlich positiv. Zustimmung fand insbesondere die Absicht, das Verfahren in Familiensachen zu reformieren und konfliktvermeidende und konfliktlösende Elemente im familienrechtlichen Verfahren zum Wohle des Kindes zu integrieren.[1031]

Bedenken wurden jedoch hinsichtlich der begrenzten Ressourcen der Jugendämter und Beratungsstellen geäußert. Es besteht die Gefahr, dass angesichts knapper Ressourcen auf kommunaler Ebene, die Jugendämter und Beratungsstellen infolge einer zunehmenden Ausweitung ihrer Aufgaben, nicht mehr ihr »Kerngeschäft« ordnungsgemäß erfüllen könnten. Die angestrebte Gesetzesänderung müsse daher die knappen finanziellen und personellen Ressourcen der Kommunen berücksichtigen.[1032]

Von Seiten des Bundesrates wird mit Blick auf die Jugendamtspraxis das gesetzlich verankerte Beschleunigungsgebot und der frühe erste Termin binnen eines Monats (§ 155 Abs. 2 S. 2 FamFG-E) zwar grundsätzlich befürwortet, allerdings wird angeregt, um Terminkollisionen zu verhindern, dass eine vorherige Terminabsprache zwischen Jugendamt und Gericht stattfinden soll. Diese Absprache sollte

1028 Nothhafft, Öffentliche Anhörung Teil II, Rechtsausschuss BT-Drs. 16/6308 Protokoll Nr. 88, S. 18.

1029 Salgo, Öffentliche Anhörung Teil II, Rechtsausschuss BT-Drs. 16/6308 Protokoll Nr. 88, S. 26 f. Salgo, in: Lipp/Schumann/Veit, 2009, S. 155.

1030 Stellungnahme des Bundesrates vom 6.7.2007 (Beschluss), BR-Drs. 309/07.

1031 Stellungnahme des Bundesrates vom 6.7.2007 (Beschluss), BR-Drs. 309/07 S. 99.

1032 Vergleiche hierzu auch die Problematik knapper Ressourcen und der regionalen Ausgestaltung des »Cochemer Modells«, Kapitel 2. IV. 2. c) und h).

gesetzlich verankert werden, damit gewährleistet wird, dass der frühe erste Termin binnen eines Monats auch durchgeführt werden kann.[1033]

Auf eine vergleichbare Abspracheproblematik wird im Rahmen der Verpflichtung der Eltern zur Teilnahme an einer Beratung durch eine Beratungsstelle (§ 156 Abs. 1 S. 4 FamFG-E) hingewiesen. Auch hier sei eine vorherige Absprache wichtig, um zum einen Verzögerungen zu verhindern und zum anderen die Verpflichtung zur Beratung zu konkretisieren und damit auch verbindlicher zu gestalten.[1034]

Im Übrigen begrüßte der Bundesrat, dass das Kind durch den Gesetzesentwurf stärker in den »Mittelpunkt« des gerichtlichen Verfahrens gestellt wird. Jedoch hält er die Stellung des Kindes im Verfahren noch für verbesserungswürdig.[1035]

(2) Änderungsvorschlag des Bundesrates zu § 156 Abs. 2 FamFG-E

Nach § 156 Abs. 1 FamFG-E soll das Gericht in Kindschaftssachen, die die elterliche Sorge bei Trennung und Scheidung, den Aufenthalt des Kindes, das Umgangsrecht oder die Herausgabe des Kindes betreffen, in jeder Lage des Verfahrens auf ein Einvernehmen der Beteiligten hinwirken.

Erzielen die Beteiligten Einvernehmen über den Umgang oder die Herausgabe des Kindes, ist die einvernehmliche Regelung als Vergleich aufzunehmen, wenn das Gericht diese billigt (§ 156 Abs. 2 S. 1 FamFG-E). Diesbezüglich regte der Bundesrat an, nicht nur einvernehmliche Regelungen über Umgang und Kindesherausgabe verbindlich in einen Vergleich aufzunehmen, vielmehr sollte jede von den Eltern einvernehmlich getroffene Regelung in einem gerichtlichen Vergleich fixiert werden.[1036]

> »a) Satz 1 ist wie folgt zu fassen: ›Erzielen die Beteiligten in einer Kindschaftssache nach Absatz 1 eine einvernehmliche Regelung, ist die Regelung als Vergleich aufzunehmen, wenn das Gericht sie billigt (gerichtlich gebilligter Vergleich).‹
>
> b) In Satz 2 ist das Wort ›Umgangsregelung‹ durch das Wort ›Regelung‹ zu ersetzen.«[1037]

Der Bundesrat begründet seinen Änderungsvorschlag damit, dass ein Hinwirken auf eine einvernehmliche Regelung nur dann unproblematisch sei, wenn dem Ge-

---

1033 Stellungnahme des Bundesrates vom 6.7.2007 (Beschluss), BR-Drs. 309/07 S. 99.

1034 Stellungnahme des Bundesrates vom 6.7.2007 (Beschluss), BR-Drs. 309/07 S. 99.

1035 Stellungnahme des Bundesrates vom 6.7.2007 (Beschluss), BR-Drs. 309/07 S. 100.

1036 Stellungnahme des Bundesrates vom 6.7.2007 (Beschluss), BR-Drs. 309/07 S. 40; BT-Drs. 16/6308 S. 376.

1037 Stellungnahme des Bundesrates vom 6.7.2007 (Beschluss), BR-Drs. 309/07 S. 40; BT-Drs. 16/6308 S. 376.

richt auch die Möglichkeit offenstehe, diese Einigung im Hinblick auf das Kindeswohl zu überprüfen. Es sei insoweit nicht nachvollziehbar, weshalb die Kontrollmöglichkeit des Gerichts nicht für alle Regelungen in Kindschaftssachen des § 156 Abs. 1 FamFG-E bestehen, sondern ausschließlich auf Umgangsregelungen beschränkt sein sollen. In diesem Sinne sei die Figur des »gerichtlich gebilligten Vergleichs« auf eine Kindschaftssache im Rahmen des § 156 Abs. 1 FamFG-E auszuweiten.[1038]

2. Pflichtberatung der Eltern im FamFG

Im Folgenden soll dargestellt werden, wie die Pflicht der Eltern sich beraten zu lassen einerseits und die Aufgabe des insistierenden Wächteramtes diese Pflicht einzufordern andererseits, normiert sind. Darüber hinaus soll der Frage nachgegangen werden, inwieweit die getroffenen Regelungen einen effizienten Kindesschutz gewährleisten können.

a) Pflichtberatung gemäß § 156 Abs. 1 S. 4 FamFG

Mit § 156 Abs. 1 FamFG schuf der Gesetzgeber im September 2009 eine Möglichkeit, Eltern in Trennungs- und Scheidungssituationen professionellen Beratungsstellen der Kinder- und Jugendhilfe (i. S. d. §§ 17, 18 SGB VIII) zuzuführen.[1039] Danach kann das Familiengericht gemäß § 156 Abs.1 S.4 FamFG anordnen, dass die Eltern an einer Beratung teilnehmen müssen.

aa) Gerichtlich angeordnete Beratung gemäß § 156 Abs. 1 S. 4 FamFG

Das Hinwirken auf Einvernehmen durch das Familiengericht war bereits im FGG-Verfahren von zentraler Bedeutung.[1040] Die Aufgabe des Familienrichters bestand bereits nach altem Recht nicht darin, ausschließlich einen Sachverhalt zu ermitteln und eine dem Kindeswohl entsprechende Entscheidung zu treffen. Vielmehr musste er das Kindeswohl als verfahrensleitende Maxime berücksichtigen und in diesem Sinne versuchen, den Streit zu minimieren und auf ein Einvernehmen der Beteiligten hinzuwirken (§§ 50, 52 a FGG a.F.). Dieser Ansatz wird nunmehr mit dem neuen FamFG weiter fortgesetzt (§ 156 FamFG).[1041]

1038 Stellungnahme des Bundesrates vom 6.7.2007 (Beschluss), BR-Drs. 309/07 S. 40.

1039 Schumann, in: MüKo ZPO, 3. Aufl., § 156 FamFG, Rn. 1 ff.

1040 Schumann, in: MüKo ZPO, 3. Aufl., § 156 FamFG, Rn. 1 ff.

1041 Stötzel, FPR 2009, 332; Schumann, in: MüKo ZPO, 3. Aufl., § 156 FamFG, Rn. 2.

§ 156 Abs. 1 S. 1 und 2 FamFG entsprechen im Wesentlichen der bisherigen Regelung des § 50 Abs. 1 S. 1 und 2 FGG a.F. Durch die Neuformulierung als *Soll*-Vorschrift stellt der Gesetzgeber klar, dass ein Hinwirken auf Einvernehmen grundsätzlich stattfinden soll. Maßgebliche Richtschnur ist das Kindeswohl.[1042] Dies bedeutet insbesondere, dass z.B. in Fällen von häuslicher Gewalt – so der ausdrückliche Hinweis des Gesetzgebers – von einem Hinwirken auf Einvernehmen i. S. d. § 156 Abs. 1 FamFG abzusehen ist.[1043]

Gelingt es dem Gericht nicht, Einvernehmen zwischen den Parteien herzustellen, hat es auf die Möglichkeiten außergerichtlicher Beratung hinzuweisen, um eine selbstständige Konfliktlösung der Eltern zu ermöglichen.[1044] Dementsprechend sieht § 156 Abs. 1 S. 3 FamFG zunächst einen gerichtlichen Hinweis auf die Möglichkeit der Mediation oder der sonstigen außergerichtlichen Streitbeilegung vor. § 156 Abs. 1 S. 4 FamFG ermächtigt darüber hinaus das Familiengericht, die Eltern zu einer Teilnahme an einer Beratung durch die Beratungsstellen der Kinder- und Jugendhilfe zu verpflichten.[1045] Durch den Verweis von § 156 Abs. 1 S. 4 FamFG auf S. 2 wird klargestellt, dass das Gericht die Eltern nur verpflichten kann, an Beratungen durch die Beratungsstellen und -dienste der Träger der Kinder- und Jugendhilfe teilzunehmen (i. S. d. §§ 3 f., 16 f. SGB VIII). Dem Gericht kommt jedoch keine Befugnis zu, die Eltern an Verfahren der Mediation oder der sonstigen außergerichtlichen Streitbeilegung im Sinne des § 156 Abs. 1 S. 3 FamFG zu verpflichten.[1046] Vor dem Erlass der Anordnung einer Pflichtberatung soll das Gericht dem Jugendamt Gelegenheit zur Stellungnahme geben. Das Familiengericht soll dabei im Einvernehmen mit dem Jugendamt festlegen, bei welcher Beratungsstelle und binnen welcher Frist die Eltern sich beraten lassen sollen.[1047]

1042 Schumann, in: MüKo ZPO, 3. Aufl., § 156 FamFG, Rn. 7.

1043 BT-Drs. 16/6308, S. 236; Schumann, in: MüKo ZPO, 3. Aufl., § 156 FamFG, Rn. 7, 12.

1044 BT-Drs. 16/6308, S. 237.

1045 Damit entspricht der Gesetzgeber auch der Empfehlung des Arbeitskreises 10 des 16. Deutschen Gerichtstages, 16. Deutscher Familiengerichtstag, FamRZ 2005, 1962, 1964; BT-Drs. 16/6308, S. 237.

1046 Schumann, in: MüKo ZPO, 3. Aufl., § 156 FamFG, Rn. 10 (m.w.N.); Von Seiten der Mediatoren wird angeführt, dass es wünschenswert sei, dass die Gerichte den Eltern auch die Teilnahme an einer Mediation oder den sonstigen außergerichtlichen Streitbeilegungsmöglichkeiten (§ 156 Abs. 1 S. 3 FamFG), verbindlich auferlegen könnten. Letztlich würde eine »erzwungene« Mediation im Vergleich zu einer »freiwilligen« nicht den Erfolgsaussichten auf eine einvernehmliche Lösung entgegenstehen. Ebenso würde das Kindeswohl nicht durch die Mediation gefährdet. Es sei jedoch darauf zu achten, dass eine solche obligatorische Mediation nicht eine »Pflicht zur Einigung« impliziere, Trenczek, FPR, 335, 338 f.

1047 BT-Drs. 16/6308, S. 237.

Neben den Einigungsbemühungen des Gerichts und den Beratungsstellen werden nunmehr auch zunehmend Dritte – der Verfahrensbeistand (§ 158 Abs. 4 S. 3 FamFG) und der Sachverständige (§ 163 Abs. 2 FamFG) – an den Einigungsbemühungen beteiligt, indem sie auf ein Einvernehmen ebenfalls hinwirken sollen.[1048] Jedoch ist nach dem Gesetzeswortlaut ungeklärt, wie die konkrete Zusammenarbeit der am Einigungsprozess zu beteiligenden Professionen innerhalb und außerhalb der Verhandlung umgesetzt werden soll.[1049] In diesem Zusammenhang wird darauf hingewiesen, dass »das Familiengericht in den outgesourcten Einigungsprozess eingebunden bleiben [muss], indem es zumindest regelmäßig über den Stand der Bemühungen unterrichtet wird und bei Bedarf auch an diesen Bemühungen mitwirkt«[1050]. Nur auf diese Weise kann das Gericht seiner Verantwortung für eine tragfähige Entscheidung gerecht werden, die die Interessen aller Beteiligten ausreichend berücksichtigt.[1051]

Auch im Rahmen des § 156 FamFG ist dem Beschleunigungsgrundsatz (§ 155 FamFG) Rechnung zu tragen. Die Anordnung einer Pflichtberatung darf nicht zu einer Verzögerung des Verfahrens führen. Der Gesetzgeber hat daher die bisherige Vorschrift des § 52 Abs. 2 FGG a.F. nicht mehr übernommen, da von einer Aussetzung des Verfahrens im Falle einer Beratung nunmehr abgesehen werden soll. Eine Aussetzung des Verfahrens soll nur noch nach § 21 FamFG in Betracht kommen.[1052]

bb) Gerichtlich gebilligter Vergleich (§ 156 FamFG)

Das FamFG ist geprägt vom Leitbild der auf Einvernehmen hinwirkenden Familienrichter. In Familienkonflikten sollen die Selbststeuerungskompetenzen der Beteiligten in den Familien (re)aktiviert werden.[1053] Deshalb erhalten die Beteiligten die Möglichkeit, über alle Verfahrensgegenstände, über die sie selbst verfügen können, einen Vergleich abzuschließen, § 36 Abs.1 S.1 FamFG. Auch wenn das Umgangsrecht nicht zur Disposition der Beteiligten steht, ist auch hierüber ein Vergleichsabschluss zulässig, wenn das Gericht ihn billigt, § 156 Abs. 2 FamFG. Das Familien-

---

1048 Schumann, in: MüKo ZPO, 3. Aufl., § 156 FamFG, Rn. 9.

1049 Coester, in: Lipp/Schumann/Veit, 2009, S. 52.

1050 Maier, in: Lipp/Schumann/Veit, 2009, S. 109 f.; Schumann, in: MüKo ZPO, 3. Aufl., § 156 FamFG, Rn. 9 (m.w.N.).

1051 Trenczek, FPR, 335, 339; Schumann, in: MüKo ZPO, 3. Aufl., § 156 FamFG, Rn. 9 (m.w.N.); Maier, in: Lipp/Schumann/Veit, 2009, S. 109 f.

1052 BT-Drs. 16/6308, S. 237.

1053 Schumann, in: MüKo ZPO, 3. Aufl., § 156 FamFG, Rn. 1 ff., gericht soll in allen Verfahren – außer in Gewaltschutzsachen – auf eine gütliche Einigung der Beteiligten hinwirken (§ 36 Abs.1 S. 2 FamFG).[1054]

In Kindschaftssachen im Sinne des § 156 Abs. 1 S. 1, die die elterliche Sorge bei Trennung und Scheidung, den Aufenthalt des Kindes, das Umgangsrecht oder die Herausgabe des Kindes betreffen, soll das Gericht auf ein Einvernehmen der Eltern hinwirken. Diese Bemühungen um eine einvernehmliche Einigung der Eltern sind problematisch, wenn das Gericht das Ergebnis dieser Einigung keiner Kontrolle in Bezug auf das Kindeswohl unterziehen kann.[1055] Einer solchen Kontrolle und Überprüfung der Kindeswohlverträglichkeit kann vom Gericht nur dann gewährleistet werden, wenn die getroffene einvernehmliche Regelung der Eltern nach § 156 Abs. 2 FamFG als Vergleich aufgenommen und von dem Gericht gebilligt wurde (gerichtlich gebilligter Vergleich), d. h. dem Kindeswohl nicht widerspricht. Im Verfahren der Freiwilligen Gerichtsbarkeit können die Beteiligten grundsätzlich einen Vergleich nur schließen soweit sie über den Gegenstand des Verfahrens auch verfügen können (§ 36 Abs. 1 FamFG). Zwar wurde der Gegenstand eines gerichtlich gebilligten Vergleichs auf Anregung des Bundesrates auch auf die Herausgabe des Kindes erweitert, jedoch nicht, wie ebenfalls vom Bundesrat gefordert[1056], allgemein für *alle* Angelegenheiten im Sinne des § 156 Abs. 1 FamFG.[1057]

Die Anforderung, die die Kindeswohlverträglichkeitsprüfung im Sinne des § 156 Abs. 2 S. 2 FamFG fordert, unterscheidet sich von dem Maßstab des § 1697a BGB. Während § 1697a BGB vorsieht, dass das Familiengericht Maßnahmen anzuordnen hat, die dem Kindeswohl am besten entsprechen, darf nach dem Wortlaut des § 156 Abs. 2 S. 2 FamFG die von den Eltern einvernehmlich getroffene Umgangsregelung nicht dem Kindeswohl widersprechen. Daraus folgt, dass der vom Familiengericht anzulegende Prüfungsmaßstab im Falle des § 156 Abs. 2 S. 2 FamFG weniger streng ist als im Rahmen des § 1697a BGB. Hierdurch bleibt den Eltern ein Spielraum in der Ausgestaltung der Umgangsbefugnis mit ihrem Kind erhalten.

Die Notwendigkeit einer gerichtlichen Billigung der Regelungen zur Umgangsbefugnis mit dem Kind sowie der Herausgabe des Kindes (Abs. 2) – im Gegensatz zur Regelung der elterlichen Sorge (Abs. 1) – wird mit der Dispositionsbe-

1054 Kretzschmar/Meysen, FPR 2009, 1, 2.

1055 Vgl. Kapitel 3. V. 1. b) cc) (2); BR-Drs. 309/07 S. 40; BT-Drs. 16/6308 S.376; so auch Bumiller/Harders, in: Bumiller/Harders, 9. Aufl., § 156 FamFG.

1056 BR-Drs. 309/07 S. 40; Kapitel 3. V. 1. b) cc) (2).

1057 Bumiller/Harders, in: Bumiller/Harders, 9. Aufl., § 156 FamFG.

fugnis der Eltern über die elterliche Sorge (vgl. § 1671 BGB) begründet.[1058] Während es der Dispositionsbefugnis der Eltern entspricht, über die Aufteilung der elterlichen Sorge zu verfügen (§ 1671 Abs. 1, Abs. 2 BGB) ist das Umgangsrecht, als primäres Recht des Kindes (§ 1684 Abs. 1 Hs.1 BGB), grundsätzlich der elterlichen Dispositionsbefugnis entzogen. Daraus folgt die Notwendigkeit, die Umgangsregelungen der Eltern einer gerichtlichen Überprüfung der Kindeswohlverträglichkeit zu unterziehen.[1059]

Treffen die Eltern einen Vergleich zur elterlichen Sorge, muss dieser nicht durch das Familiengericht gebilligt werden. Das Familiengericht kann, gemäß § 1671 Abs. 3 BGB, der auch auf die §§ 1666, 1666 a BGB verweist, bei einer zu befürchtenden Kindeswohlgefährdung von Amts wegen eine anderweitige Regelung gemäß § 157 FamFG treffen.[1060]

cc) Absicherung des Kindeswohls durch ein Sorgekonzept

Fraglich ist, ob es im Sinne eines verfahrensrechtlich effektiven Kindesschutzes geboten erscheint, Eltern nicht nur zur Teilnahme an Beratung zu verpflichten (§ 156 Abs. 1 S. 4 FamFG), sondern ebenfalls die Pflicht zu statuieren, das Ergebnis dieser Beratung dem Gericht in Form eines Sorgeplanes vorzulegen.

Bereits in der Gesetzgebungsphase hatte der Bundesrat darauf hingewiesen, dass es wünschenswert wäre, wenn nicht nur im Rahmen des § 156 Abs. 2 ein »gerichtlich gebilligter Vergleich« über Einvernehmen bezüglich des Umgangs oder der Herausgabe des Kindes obligatorisch wäre, sondern wenn dies für *alle* Verfahren in Kindschaftssachen im Sinne des § 156 FamFG eingeführt würde. Diesem Vorschlag wurde in der Umsetzung des FamFG nicht Rechnung getragen.[1061]

Bereits im Vorfeld der Kindschaftsrechtsreform 1998 wurde über Sinn und Nutzen eines gesetzlich verankerten elterlichen Sorgeplans, bzw. einer Elternvereinbarung uneinheitlich diskutiert.

Die Lebensbedingungen des Kindes nach der Trennung wären Regelungsgegenstand einer solchen Elternvereinbarung. Dieser Sorgeplan sollte Regelungen über den Aufenthalt, Umgang, Alltagspflichten, Kindesunterhalt, gemeinsame Ent-

---

1058 Horndasch, in: Horndasch/Viefhues FamFG, § 156 FamFG, Rn. 10; Schumann, in: MüKo ZPO, 3. Aufl., § 156 FamFG, Rn. 3.; allgemein zum Umfang der Dispositionsbefugnis i.R.d. § 156 FamFG, Bumiller/Harders, in: Bumiller/Harders, 9. Aufl., § 156 FamFG, Rn. 1.

1059 Musielak/Borth, in: Musielak/Borth, § 156 FamFG, Rn. 4.

1060 Musielak/Borth, in: Musielak/Borth, § 156 FamFG, Rn. 4.

1061 Vgl. Kapitel 3. V. 1. b) cc) (2); Schumann, in: MüKo ZPO, 3. Aufl., § 156 FamFG, Rn. 3, siehe dort auch Fn. 9.

scheidungskompetenzen und Sorgerechtsform etc. enthalten.[1062] Eine solche Elternvereinbarung dürfe nicht statisch alle Details festlegen, sondern müsse dynamisch ausgestaltet sein.[1063] Insbesondere bedeute dies eine regelmäßige Überprüfung und Anpassung an Alter, Wünsche und Bedürfnisse des Kindes.[1064]

Ein gesetzlich vorgeschriebener Sorgeplan wird z.T. mit der Begründung abgelehnt, dass hierdurch der Sorgerechtsstreit lediglich auf den Sorgeplan vorverlagert werde. Es sei zu befürchten, dass durch die Verpflichtung dezidierte Regelungen zu treffen, ein Streit erst entfacht oder zu einer weiteren Eskalation führt.[1065] Ein statisch, juristisch fixierter Sorgeplan widerspreche der »Dynamik des Lebens« und bietet den Eltern nicht die Möglichkeit, adäquat und flexibel auf die Entwicklungen in der Familie zu reagieren.[1066] Im Vordergrund müsse die dauerhafte Stärkung der elterlichen Kommunikations- und Kooperationsfähigkeit stehen, was allerdings nicht durch einen einmaligen Sorgeplan erreicht werden könne.[1067] Als weiteres Argument gegen einen Sorgeplan wird die Gefahr einer Ungleichbehandlung von ehelichen und unehelichen Kindern angeführt. Unverheiratete Eltern wären im Gegensatz zu verheirateten Eltern nicht zur Vorlage eines Sorgeplans verpflichtet, was zu einer stärkeren Überwachung der verheirateten Eltern führen würde.[1068] Ferner führe die Verpflichtung zur Abgabe eines Sorgeplanes zu einem unbegründeten Misstrauen gegenüber jenen Eltern, die die gemeinsame Sorge fortsetzen wollen, ohne dass dadurch weitergehende Ziele erreicht würden.[1069]

Die Befürworter eines verpflichtenden Sorgeplanes sehen darin eine Möglichkeit, die Vereinbarung der Eltern und deren Einhaltung gerichtlich überprüfbar zu

---

1062 Weiser, Deutscher Bundestag, Protokoll Nr. 77: öffentliche Anhörung zum KindRG, S. 49 f.; Lossen, Deutscher Bundestag, Protokoll Nr. 77: öffentliche Anhörung zum KindRG, S. 60 f.; Willutzki, Deutscher Bundestag, Protokoll Nr. 77: öffentliche Anhörung zum KindRG, S. 43; Deutscher Familiengerichtstag, Rechtsausschuss: Zusammenstellung der Stellungnahmen vom 24.2.1997, S. 129; Bundesrechtsanwaltskammer, Rechtsausschuss: Zusammenstellung der Stellungnahmen vom 24.2.1997, S. 97 f.

1063 Lossen, Deutscher Bundestag, Protokoll Nr. 77: öffentliche Anhörung zum KindRG, S. 60 f.

1064 Kostka 2004, S. 379 (m.w.N.).

1065 Kloster-Harz, Deutscher Bundestag, Protokoll Nr. 77: öffentliche Anhörung zum KindRG, S.21; BR-Drs. 180/96, S. 74.

1066 BR-Drs. 180/96, S. 74.

1067 Proksch, Deutscher Bundestag, Protokoll Nr. 77: öffentliche Anhörung zum KindRG, S. 32 ff., 66, 89; Proksch, Rechtsausschuss: Zusammenstellung der Stellungnahmen vom 24.2.1997, S. 114.

1068 BR-Drs. 180/6 90, S. 74.

1069 BT-Drs. 13/8511, S. 67.

machen und – soweit notwendig – Einfluss zu nehmen.[1070] Eine solche Vereinbarung könnte im Rahmen einer mündlichen Verhandlung als Grundlage einer gerichtlichen Überprüfung herangezogen werden. Die Eltern könnten dazu konkret befragt werden und die Vereinbarung auf ihre Kindeswohlverträglichkeit überprüft werden. Auf diese Weise könnte den Vorgaben des BVerfG[1071] genüge getan werden, indem eine nachhaltige Überprüfung des Einzelfalles zum Wohle des Kindes möglich wäre. Die Aussagen der Eltern sollten dem Gericht verdeutlichen, dass ein tatsächliches Einvernehmen zwischen ihnen vorliege. Soweit dies nicht der Fall ist, indiziert dies staatlichen Handlungsbedarf in Form von konkreten Beratungsangeboten und richterlichen Entscheidungen.[1072]

Innerhalb der Befürworter der Elternvereinbarung (Sorgeplan) wird teilweise eine abschließende richterliche Entscheidung für entbehrlich gehalten, soweit sich die Eltern über die Mindestanforderungen geeinigt haben.

Die Möglichkeiten und Chancen eines expliziten Sorgeplans wurden insbesondere im Zusammenhang mit hoch-strittigen Elternkonflikten positiv hervorgehoben. Dadurch ist es grundsätzlich möglich, eine (gemeinsame) konkrete Lösung vorzuverlagern und von der (späteren) konkreten Konfliktsituation abzukoppeln. So ist es möglich, in einem frühen – weniger streitbehafteten – Zeitpunkt, eine kindeswohlgerechte Lösung zu erarbeiten, ohne dass der konkrete Streit im Einzelfall den Blick auf das Kindeswohl versperrt.

Entgegen der Befürchtung, dass durch eine Elternvereinbarung Konflikte eskalieren oder neu entfacht werden, bietet eine solche Vereinbarung, gerade die Möglichkeit, Konflikte nachhaltig zu bereinigen. Durch eine Verpflichtung der Eltern, eine Vereinbarung über die für das Kind essentiellen Punkte Regelungen zu treffen, sind sie gezwungen, bestehende oder potentielle Konflikte offenzulegen und einer Lösung zuzuführen. Um dem Kindeswohl zu genügen, darf eine solche Elternvereinbarung keine rein standardisierte Formalie werden.[1073]

In diesem Sinne argumentierte auch der Bundesrat, dass es im Hinblick auf das Kindeswohl erforderlich sei, wenn das Gericht in allen Fällen des § 156 Abs. 1 FamFG die Möglichkeit hätte, die einvernehmliche Regelung der Eltern auf ihre

---

1070 Klappert, Deutscher Bundestag, Protokoll Nr.77: öffentliche Anhörung zum KindRG, S.17 f. Empfehlung des Rechtsausschusses, BT-Drs. 13/8511, S. 64; Bundesrechtsanwaltskammer, Rechtsausschuss: Zusammenstellung der Stellungnahmen vom 24 Februar 1997, S. 10.

1071 Vgl. Kapitel 2. V. 1. .

1072 Weiser, Deutscher Bundestag, Protokoll Nr. 77: öffentliche Anhörung zum KindRG, S. 49 f.; Willutzki, Deutscher Bundestag, Protokoll Nr. 77: öffentliche Anhörung zum KindRG, S. 43; Kostka 2004, S. 378 (m.w.N.).

1073 Kostka 2004, S. 379.

Kindeswohlverträglichkeit hin zu überprüfen. Es sei insoweit nicht nachvollziehbar, weswegen eine entsprechende Überprüfung ausschließlich auf einvernehmliche Regelungen über den Umgang oder die Herausgabe des Kindes beschränkt sein soll gemäß § 156 Abs. 2 FamFG.[1074] Hierzu äußert sich die Begründung des Gesetzesentwurfes nicht. Vielmehr wird lediglich von der Notwendigkeit einer gerichtlichen Kontrolle im Falle von Umgang oder Herausgabe des Kindes gemäß § 156 Abs. 2 S. 1, S. 2 FamFG gesprochen, da dies der Dispositionsbefugnis der Eltern grundsätzlich entzogen sei.[1075] Für eine gerichtliche Kontrolle anderer Regelungen der Eltern, außer in Fällen von Umgang oder Herausgabe des Kindes, sieht man kein Bedürfnis, da verbleibende Kindschaftssachen im Sinne des § 156 Abs. 1 S. 1 FamFG, als Ausdruck ihres Elternrechts, zu ihrer Disposition stehen.[1076]

dd) Lücke im Schutz des Kindeswohls

Im Gegensatz zu § 156 Abs. 2 FamFG sieht § 156 Abs. 1 FamFG keinen gerichtlich gebilligten Vergleich etwaiger Elternvereinbarungen vor. Fraglich ist, ob diese fehlende gerichtliche Kontrolle in Kindschaftssachen des § 156 Abs. 1 S.1 FamFG zu einer Lücke im Schutz des Kindeswohls führt.

Diese fehlende gerichtliche Kontrolle für alle Kindschaftssachen im Sinne des § 156 Abs. 1 FamFG wird zum Teil nicht als eine Lücke im Schutz des Kindeswohls angesehen. Das Gericht habe stets von Amts wegen § 1666 BGB zu beachten, um somit Kindeswohlgefährdung auszuschließen.[1077] Sofern eine Kindeswohlgefährdung zu befürchten sei, könne es von Amts wegen Maßnahmen ergreifen (§ 1671 Abs. 3 i.V.m. § 1666 BGB, § 157 Abs. 3 FamFG). Voraussetzung hierfür ist jedoch eine Kindeswohlgefährdung im Sinne des § 1666 BGB. Anhaltspunkte für eine begründete Besorgnis einer Kindeswohlgefährdung können aus bereits eingetretenen Schädigungen hergeleitet werden.[1078] Dabei ist jedoch zu berücksichtigen, dass durch Maßnahmen im Rahmen des § 1666 BGB nicht vergangenes Verhalten »abgestraft« werden soll, sondern es ist zukunftsorientiert zu überprüfen, ob in physischer wie auch psychischer Hinsicht das Kindeswohl gewährleistet werden kann. Durch die (obligatorische) Beratung soll dieser, für Kindschaftssachen notwendige Sicht, Rechnung getragen werden. Neben der streitschlichtenden, klärenden und somit prophylaktischen Funktion eines Sorgeplanes stellt dieser bei adä-

---

1074 BR-Drs. 309/07 S. 40.

1075 Vgl. Horndasch, in: Horndasch/Viefhues FamFG, § 156 FamFG, Rn. 10.

1076 Horndasch, in: Horndasch/Viefhues FamFG, § 156 FamFG, Rn. 10.

1077 Vgl. Horndasch, in: Horndasch/Viefhues FamFG, § 156 FamFG, Rn. 4; Musielak/Borth, in: Musielak/Borth, § 156 FamFG, Rn.4.

1078 Diederichsen, in: Palandt, 70. Aufl., § 1666 BGB, Rn. 10.

quater Ausgestaltung eine Beurteilungsgrundlage für das Gericht dar. Fehlt es jedoch an dem Erfordernis eine Beratung im Sinne des § 156 Abs. 1 S. 2 FamFG mit einem verbindlichen Ergebnis (Sorgeplan) abzuschließen, ist (auch) eine von Amts wegen durchzuführende Überprüfung im Rahmen des § 1666 BGB nicht, oder nur schwer praxisgerecht durchführbar. Vor diesem Hintergrund besteht die Gefahr, dass ein effektiver Kindesschutz im Sinne des § 1666 BGB in der Praxis leerläuft.

Ein weiterer Aspekt ist in diesem Zusammenhang zu berücksichtigen: Kommen die Eltern im Rahmen des § 156 Abs. 1 FamFG unmittelbar vor dem erkennenden Gericht zu einer einvernehmlichen Lösung, so kann diese ohne weiteres vom Richter im Sinne des § 1666 BGB von Amts wegen gewürdigt werden. Werden die Eltern jedoch an eine außergerichtliche Beratungsstelle verwiesen, ist eine vergleichbare – von Amts wegen durchzuführende – Überprüfung nicht ohne weiteres möglich.

Es zeigt sich insoweit eine Lücke im Kindesschutz, ungeachtet der Frage, ob eine solche elterliche Vereinbarung ausschließlich an § 1666 BGB zu messen ist oder ein niedrigerer Maßstab unterhalb einer Kindeswohlgefährdung anzulegen ist.

Betrachtet man die Diskussion vor dem Hintergrund des oben dargestellten »insistierenden Wächteramtes«[1079], so ergibt sich daraus die Notwendigkeit einer Kindeswohlprüfung auch innerhalb und nach dem Beratungsprozess. Es entspräche somit dem Gebot der Effektivität des Verfahrensrechts, wenn das Ergebnis einer obligatorischen Beratung im Sinne des § 156 Abs. 1 S. 4 FamFG schriftlich fixiert und dem Gericht vorgelegt würde. Das Verfahrensrecht muss so ausgestaltet sein, dass es den materiellen Rechtspositionen – hier das Kindeswohl – bestmögliche Geltung verschafft.

Einer ausdrücklichen Billigung, wie es § 156 Abs. 2 S. 2 FamFG vorsieht, bedürfte es nicht zwingend. Jedoch könnte auf diese Weise sichergestellt werden, dass die von Amts wegen durchzuführende Prüfung im Sinne des § 1666 BGB erfolgen kann. Das Elternprimat wäre dadurch gewahrt, da der Prüfungsmaßstab, nicht dem § 1697 a BGB entspräche, sondern § 1666 BGB.

Es kann somit festgehalten werden, dass eine Lücke im Kindesschutz hinsichtlich der verfahrensrechtlichen Ausgestaltung besteht. Diese könnte geschlossen werden, wenn die Eltern verpflichtet wären, das Ergebnis der Beratung schriftlich zu fixieren und dem Gericht vorzulegen. Dies bedeutet jedoch nicht, dass hieraus eine »Pflicht zur Einigung« abgeleitet werden darf. So, wie die Beratung ergebnisoffen ausschließlich am Kindeswohl orientiert erfolgen muss, so darf keine Pflicht zur Vorlage *eines* Sorgeplanes auferlegt werden. Kommen die Eltern jedoch zu ei-

---

1079 Vgl. Kapitel 3. IV. 3. c) ee).

ner Einigung, dann (aber auch erst dann) haben sie den Sorgeplan dem Gericht vorzulegen.

ee) *Änderungsvorschlag zu § 156 Abs. 1 FamFG*

Angesichts der oben beschriebenen Lücke im Kindesschutz sowie der grundsätzlich positiv zu bewertenden Möglichkeiten eines Sorgerechtsplans[1080] stellt sich die Frage, wie diese Erkenntnis verfahrensrechtlich zu implementieren ist. Dies ist durch eine Erweiterung des § 156 Abs. 1 FamFG um einen weiteren Satz (S. 6) möglich:

> § 156 Hinwirken auf Einvernehmen. (1) [1]Das Gericht soll in Kindschaftssachen, die die elterliche Sorge bei Trennung und Scheidung, den Aufenthalt des Kindes, das Umgangsrecht oder die Herausgabe des Kindes betreffen, in jeder Lage des Verfahrens auf ein Einvernehmen der Beteiligten hinwirken, wenn dies dem Kindeswohl nicht widerspricht. [2]Es weist auf die Möglichkeit der Beratung durch die Beratungsstellen und -dienste der Träger der Kinder- und Jugendhilfe insbesondere zur Entwicklung eines einvernehmlichen Konzepts für die Wahrnehmung der elterlichen Sorge und der elterlichen Verantwortung hin. [3]Das Gericht soll in geeigneten Fällen auf die Möglichkeit der Mediation oder der sonstigen außergerichtlichen Streitbeilegung hinweisen. [4]Es kann anordnen, dass die Eltern an einer Beratung nach Satz 2 teilnehmen. [5]Die Anordnung ist nicht anfechtbar und nicht mit Zwangsmitteln durchsetzbar. ***[6]Das Ergebnis der Beratung ist dem Gericht von der Beratungsstelle schriftlich zur Kenntnis zu bringen. Soweit ein einvernehmliches Konzept erarbeitet wurde, ist auch dieses mitzuteilen.***
>
> Die Formulierung, dass das Ergebnis der Beratung und soweit die Eltern ein einvernehmliches Konzept erarbeiten konnten zur Kenntnis zu bringen ist, soll sicherstellen, dass keine Pflicht zur Einigung besteht. Die Beratung muss ausschließlich am Kindeswohl orientiert ergebnisoffen geführt werden. Die Eltern müssen sich demnach nicht zwingend einigen, mit anderen Worten, sie dürfen sich auch nicht einigen. Hierdurch wird deutlich, dass allein aus dem Umstand, dass kein Konsens hergestellt werden konnte, ohne weitere Anhaltspunkte grundsätzlich keine nachteiligen Folgen für eine, z.B. Sorgerechtsentscheidung, abgeleitet werden dürfen. Aus der Formulierung »soweit« und »Konzept« wird klargestellt, dass kein statischer Plan erstellt werden soll. Vielmehr ist ein individuelles Konzept zu erstellen, das die für das Kindeswohl maßgeblichen Eckdaten enthält.[1081]. Insoweit sollte nicht von einem Sorgeplan sondern vielmehr von einem Sorgekonzept gesprochen werden.

Die Mitteilungspflicht soll dabei die Beratungsstelle treffen, um sicherzustellen, dass kein Streit um die Authentizität des Konzepts entsteht, die Eltern entlastet werden und einheitliche Standards in der Kommunikation zwischen Beratungsstelle und Gericht entstehen können. Das Ergebnis bzw. das einvernehmliche Konzept ist dem Gericht »schriftlich zur Kenntnis« zu bringen. Durch das Schriftformerforder-

---

1080 Kostka 2004, S. 364 ff, 377 ff.; vgl. Kapitel 1. III. 4. d); Kapitel 3. V. 2. a) cc).

1081 Vgl. Kapitel 1. III. 4. d); Kapitel 3. V. 2. a) cc); Kostka 2004, S. 364 ff., 377 ff.

nis wird die Bedeutung und Ernsthaftigkeit unterstrichen und durch die Formulierung »zur Kenntnis« wird der Bezug zu der gerichtlichen Prüfung gemäß § 1666 BGB verdeutlicht.

ff) Schutz von Sozialdaten gemäß § 65 SGB VIII

Es ist nun der Frage nachzugehen, ob und inwieweit das Ergebnis (z. B. Sorgekonzept) einer angeordneten Beratung an das Familiengericht in datenschutzrechtlicher Hinsicht (§ 65 SGB VIII, § 35 Abs. 3 SGB I) weitergegeben werden darf.

Im Rahmen einer Beratung (§ 17 SGB VIII) werden der beratenden Fachkraft regelmäßig sehr persönliche Informationen der Eltern anvertraut. Die Fachkraft erlangt Einsicht in die höchstpersönlichen Lebensumstände der Familie. Diese Informationen, die aufgrund der besonderen Vertrauensstellung der Fachkraft erlangt werden bedürfen eines besonderen Schutzes.[1082]

Diesem Umstand hat der Gesetzgeber mit § 65 SGB VIII Rechnung getragen und schränkt die Weitergabe anvertrauter Sozialdaten[1083] (i.S.d. § 35 SGB I, §§ 67 ff. SGB X, § 1 BDSG) durch das Institut der Schweigepflicht der Fachkraft ein. Hierbei sollen nicht nur die Angaben der Hilfe- und Ratsuchenden geschützt werden, sondern insbesondere das Vertrauensverhältnis zwischen Berater und Ratsuchenden.[1084] Grundsätzlich dürfen demnach anvertraute Sozialdaten der Eltern nur mit ihrer ausdrücklichen Einwilligung i.S.d. § 65 Abs. 1 S. 1 Nr. 1 SGB VIII weitergegeben werden, sofern nicht ein Fall des § 65 Abs. 1 S. 1 Nr. 2-5 SGB VIII vorliegt.[1085] Die Übermittlung von Informationen über den Verlauf oder das Ergebnis einer angeordneten Beratung darf somit grundsätzlich nicht ohne Einwilligung an das Familiengericht weitergegeben werden.[1086]

Zum Teil wird jedoch in der Literatur über die Notwendigkeit einer differenzierenden Betrachtung – im Sinne einer Lockerung – des Instituts der Schweigepflicht

---

1082 Proksch, in: FK-SGB VIII, 6. Aufl., § 65 SGB VIII, Rn. 1, 6 ff., 24.

1083 Sozialdaten sind Informationen über persönliche oder sachliche Verhältnisse einer bestimmten oder bestimmbaren natürlichen Person. In persönlicher Hinsicht umfasst dies z. B. Angaben über die Person selbst, seine Identifizierung und Charakterisierung. So zum Beispiel der Name, die Anschrift, aber auch Charaktereigenschaften und Überzeugungen des Betroffenen. Informationen über sachliche Verhältnisse sind demgegenüber Angaben über einen auf den Betroffenen bezogenen Sachverhalt. Dies können Informationen über z. B. Einkommen, Vermögen sowie vertragliche oder sonstige Beziehungen des Betroffenen zu Dritten sein, Proksch, in: FK-SGB VIII, 6. Aufl., § 61 SGB VIII, Rn. 4 ff.

1084 Proksch, in: FK-SGB VIII, 6. Aufl., § 65 SGB VIII, Rn. 6.

1085 Proksch, in: FK-SGB VIII, 6. Aufl., § 65 SGB VIII, Rn. 12 ff.

1086 Vgl. Trenczek, in: FK-SGB VIII, 6. Aufl., § 50 SGB VIII, Rn. 19.

im Beratungskontext hochstrittiger Elternkonflikte diskutiert.[1087] Eine effektive Beratung hochstrittiger Eltern erfordere eine transparente Kommunikation zur Förderung der Kooperation zwischen den Eltern. Auch in verfahrensrechtlicher Hinsicht habe eine Rückmeldung über das Ergebnis einer außergerichtlichen Beratung positiven Einfluss auf die Beschleunigung des Verfahrens, wodurch belastende Verzögerungen für das Kind vermieden würden.[1088] In diesem Sinne soll die Information, ob und wann eine Beratung stattgefunden hat zwingend kommuniziert werden. Informationen über etwaige Vereinbarungen der Eltern und der Befindlichkeit des Kindes sollen ferner nicht automatisch der Schweigepflicht unterfallen. Lediglich Informationen über das Verhalten der Eltern sollen der Schweigepflicht unterfallen, um das Vertrauensverhältnis[1089] zwischen Berater und Eltern zu ermöglichen bzw. nicht zu gefährden.[1090]

Einer solchen Lockerung der Schweigepflicht im Beratungskontext (§ 17 SGB VIII) stehen indes § 65 SGB VIII und § 35 Abs. 3 SGB I entgegen.[1091] Der Schutz von Sozialdaten darf nicht zur Disposition des Beraters gestellt werden. Insbesondere darf der Sozialdatenschutz nicht durch Zweckmäßigkeitserwägungen dem Beratungsverlauf angepasst werden und der persönlichen Einschätzung des Beraters unterliegen. Dies birgt die Gefahr von Rechtsunsicherheit in sich und einer nicht zu rechtfertigenden Ungleichbehandlung der Hilfesuchenden. Insbesondere wäre eine daraus resultierende Verunsicherung der Hilfesuchenden kontraproduktiv für die Entwicklung einer Vertrauensbasis zwischen Berater und Hilfesuchenden.[1092] Eine solches Vorgehen widerspräche ferner dem Wortlaut und der Systematik des § 65 SGB VIII und § 35 Abs. 3 SGB I. § 65 Abs. 1 S. 1 SGB VIII ermöglicht »*nur*« unter den Voraussetzungen der Nr. 1 bis 5 abschließend die Möglichkeit – nicht aber die Verpflichtung[1093] – zur Informationsweitergabe. Darüberhinausgehende Möglichkeiten zur Informationsweitergabe sind nicht vorgesehen.[1094]

1087 Vgl. Alberstötter, in: Weber/Schilling, 2006, S. 193 (m.w.N.); Weber, in: Weber/Schilling, 2006, S. 199 ff, 206, 225 (m.w.N.).

1088 Weber, in: Weber/Schilling, 2006, S. 206.

1089 Proksch, in: FK-SGB VIII, 6. Aufl., § 65 SGB VIII, 1 ff., 3.

1090 Weber, in: Weber/Schilling, 2006, S. 225.

1091 Proksch, in: FK-SGB VIII, 6. Aufl., § 17 SGB VIII, Rn. 46; vgl. Proksch, in: FK-SGB VIII, 6. Aufl., § 61 SGB VIII, Rn. 11.

1092 Vgl. Proksch, in: FK-SGB VIII, 6. Aufl., § 65 SGB VIII, Rn. 6 ff.

1093 Vgl. Proksch, in: FK-SGB VIII, 6. Aufl., § 65 SGB VIII, Rn. 5, 24.

1094 Vgl. Proksch, in: FK-SGB VIII, 6. Aufl., § 65 SGB VIII, Rn. 20, zu der grundsätzlichen Möglichkeit einer Weitergabebefugnis wegen rechtfertigenden Notstandes gemäß § 34 StGB.

Im Ergebnis kann festgehalten werden, dass Sozialdaten an das Familiengericht grundsätzlich nur nach gesonderter Einwilligung[1095] der Eltern mitgeteilt werden dürfen.[1096] Dementsprechend darf das Ergebnis (z. B. Sorgekonzept) einer angeordneten Beratung ausschließlich unter den Voraussetzungen des § 65 SGB VIII an das Familiengericht weitergegeben werden.

b) Zusammenfassung der Kritik an § 156 FamFG

Das FamFG führt zu Eingriffen in die Persönlichkeitsrechte der Kinder und der betreuenden Elternteile und wird mitunter äußerst kritisch betrachtet.[1097] Die Kritik im Schrifttum an § 156 FamFG beschränkt sich im Wesentlichen auf zwei Themenkomplexe: häusliche Gewalt und Qualitätssicherung[1098] im Beratungszusammenhang.

Ein wesentlicher Kritikpunkt ist die fehlende Beachtung sozialwissenschaftlicher Erkenntnisse.[1099] Wissenschaftliche Erkenntnisse über die Sozialisationsbedingungen von Kindern und Jugendlichen sind bei der Gesetzesanwendung, insbesondere bei der Wahrnehmung des staatlichen Wächteramtes gemäß Art. 6 Abs. 2 S. 2 GG zwingend zu berücksichtigen.[1100] Nichts anderes darf aber für den Gesetzgeber gelten, bei der Ausgestaltung von einfachgesetzlichen Normen, die bei der Erfüllung des staatlichen Wächteramtes zur Anwendung kommen sollen. Geht man davon aus, dass nicht nur der Gesetzesanwender bei der Auslegung eines Gesetzestatbestandes auf wissenschaftliche Erkenntnisse zurückgreifen muss[1101], sondern auch der Gesetzgeber sich sozialwissenschaftlicher Erkenntnisse bedient, um seine Entscheidung abzusichern, ist sowohl die »Cochemer Praxis« als auch das Gesetzgebungsverfahren kritisch zu sehen. In diesem Zusammenhang ist ferner zu erwähnen, dass die »Cochemer Praxis« einseitige Sorgerechtsregelungen im Sinne einer

---

1095 Vgl. Proksch, in: FK-SGB VIII, 6. Aufl., § 65 SGB VIII, Rn. 13 ff., eine bloße Genehmigung nach der Datenweitergabe genügt nicht. Die Betroffenen müssen gesondert und ausdrücklich ihre Einwilligung erklären, wobei keine Schriftform erforderlich ist. Den Betroffenen muss Inhalt und Tragweite ihrer Erklärung bewusst sein; u.U. müssen sie diesbezüglich ausreichend aufgeklärt werden.

1096 Trenczek, in: FK-SGB VIII, 6. Aufl., § 50 SGB VIII, Rn. 19.

1097 VAMV Bundesverband e.V. (Verband Alleinstehender Mütter und Väter), Reform des familiengerichtlichen Verfahrens, 2007. (Internetdokument zuletzt geprüft am: 19.07.2011).

1098 Vgl. z.B. Proksch, in: FK-SGB VIII, 6. Aufl., § 17 SGB VIII, Rn. 19.

1099 So auch Salgo, in: Lipp/Schumann/Veit, 2009, 155; VAMV Bundesverband e.V. (Verband Alleinstehender Mütter und Väter), Reform des familiengerichtlichen Verfahrens, 2007. (Internetdokument zuletzt geprüft am: 19.07.2011).

1100 Jeand'Heur 1993, S. 109 f.

1101 Jeand'Heur 1993, S. 109 f.

»gemeinsamen Sorge« hervorbringt. Insoweit ist zu befürchten, dass mit § 156 Abs. 1 FamFG und dem ausdrücklichen Hinweis in den Gesetzesmaterialien auf das »Cochemer Modell« nunmehr diese kritisierte Verfahrenspraxis verfestigt wird. Dies erscheint aber insbesondere kritisch, will man das Kindeswohl als zentrale Richtschnur ernst nehmen. Dies bedeutet eine individuelle Einzelfallbetrachtung, für die es keine vorgefertigten Ergebnisse geben darf. Insoweit muss jegliche staatliche Beratung/Hilfe im Interesse des Kindeswohls ergebnisoffen geführt werden.

c) Gebote gemäß § 1666 Abs. 3 Nr. 1 BGB

Das Gericht kann gemäß § 156 Abs. 1 S. 4 FamFG die Teilnahme der Eltern an dem Beratungsangebot der Kinder- und Jugendhilfe anordnen. Die Auswahl der Hilfsangebote/Leistungen für die Eltern legt das Gericht im Einvernehmen mit dem Jugendamt[1102] (§ 50 SGB VIII, § 155 Abs. S. 3 FamFG) fest, innerhalb welcher Frist sich die Eltern bei welcher Beratungsstelle beraten lassen müssen.[1103] Gemäß § 1666 Abs. 3 Nr. 1. BGB kann das Gericht den Eltern auferlegen (Gebot), Leistungen der Kinder- und Jugendhilfe in Anspruch zu nehmen. Eine Differenzierung zwischen der Anordnung zur Teilnahme an Beratung gemäß § 156 Abs. 1 S.4 FamFG und dem Gebot gemäß § 1666 Abs. 3 Nr. 1 BGB an öffentlichen Hilfen wie zum Beispiel Leistungen der Kinder- und Jugendhilfe und der Gesundheitsfürsorge in Anspruch zu nehmen, ergibt sich aus der Grundkonzeption der jeweiligen Norm. § 1666 BGB betrifft ein kindeswohlgefährdendes Verhalten der Eltern gegenüber ihrem Kind. Dementsprechend zielen diese Maßnahmen auf das Verhältnis der Eltern zu ihrem Kind ab oder betreffen das Kind unmittelbar. Solche Maßnahmen finden sich in dem Leistungsspektrum der öffentlichen Hilfen z. B. in den §§ 27 ff. SGB VIII, als Hilfe zur Erziehung.[1104] Dagegen hat § 156 Abs. 1 FamFG den Elternstreit bei Trennung und Scheidung im Fokus an dem das Kind mittelbar partizi-

---

1102 Mitwirkungspflicht des Jugendamtes gemäß § 50 SGB VIII. Grundsätzlich hat das Jugendamt das Gericht zu unterstützen (Mitwirkungspflicht nach § 50 SGB VIII), über die Art und Weise der Unterstützung entscheidet es aber selbständig. Das Jugendamt ist nicht der Erfüllungsgehilfe des Familiengerichts, um auf ein Einvernehmen (§ 156 FamFG) der Eltern hinzuwirken. Das Jugendamt erfüllt ausschließlich eigene Aufgaben (z.B. Beratung gemäß § 17 SGB VIII). Eine Erfüllung gerichtlicher Aufgaben durch das Jugendamt würde eine unzulässige Vermischung von Staatsfunktionen darstellen und somit zu einem Verstoß gegen das Gewaltenteilungsprinzip (Art. 20 II 2 GG) führen, vgl. BT-Drs. 11/5948, 86 ff.; Trenczek, in: FK-SGB VIII, 6. Aufl., vor §§ 50-52 SGB VIII, Rn. 12 (m.w.N.).

1103 Schumann, in: MüKo ZPO, 3. Aufl., § 156 FamFG, Rn. 10 (m.w.N.).

1104 Diederichsen, in: Palandt, 70. Aufl., § 1666 BGB, Rn. 39 f.

piert.[1105] Vor diesem Hintergrund kommen im Zusammenhang mit § 156 Abs. 1 S. 4 FamFG grundsätzlich Beratungen nach §§ 17, 18 SGB VIII in Betracht.[1106]

d) Erörterung gemäß § 157 FamFG

Gemäß § 157 FamFG besteht die Möglichkeit im Verfahren nach den §§ 1666 und 1666 a BGB durch das Familiengericht auf die Eltern einzuwirken.

Das Gericht soll in dem Termin, zu dem auch das Jugendamt zu laden ist, den Eltern die mögliche Kindeswohlgefährdung vor Augen führen und sie auf die Konsequenzen (z. B. Sorgerechtsentzug) hinweisen, wenn sie nicht mit dem Jugendamt kooperieren und die erforderlichen Leistungen der Kinder und Jugendhilfe in Anspruch nehmen.[1107] Gemäß § 157 Abs. 2 S. 1 FamFG hat das Gericht das persönliche Erscheinen der Eltern zu dem Termin anzuordnen, was unter den Voraussetzungen des § 33 Abs. 3 S. 3 FamFG auch zwangsweise durchgesetzt (Vorführung) werden kann.

Unabhängig von der Frage, ob die Erörterung einer möglichen Kindeswohlgefährdung gemäß § 157 FamFG bereits eine Form von Beratung beziehungsweise angesichts des § 33 Abs. 3 FamFG Zwangsberatung darstellt, betrifft das Verfahren nach § 157 FamFG die Erörterung einer Kindeswohlgefährdung (§§ 1666, 1666 a BGB) und die damit einhergehenden Möglichkeiten des Familiengerichts Maßnahmen anzuordnen (z. B. § 1666 Abs. 3 Nr. 1 BGB). Solche Maßnahmen sind Hilfen zur Erziehung gemäß des Leistungsspektrums öffentlicher Hilfen im Sinne der §§ 27 ff. SGB VIII.[1108] Die Anordnung einer Beratung im Sinne der §§ 17, 18 SGB VIII kommt im Rahmen der Maßnahmen gemäß § 1666 Abs. 3 Nr. 1 BGB grundsätzlich nicht in Betracht.[1109]

e) Gegenüberstellung von FamFG und »Cochemer Praxis«

In der Diskussion um die Reform des FGG-Verfahrens (FamFG) wurde auf die »Cochemer Praxis« Bezug genommen. Im Folgenden soll ein Abgleich wesentliche Elemente von FamFG und »Cochemer Praxis« erfolgen. Die »Cochemer Praxis« wurde im Verlauf der FGG Reform medienwirksam präsentiert, so dass im Folgenden ein Abgleich wesentlicher Aspekte der »Cochemer Praxis« und dem FamFG 2009 erfolgen soll.

1105 Vgl. Schumann, in: MüKo ZPO, 3. Aufl., § 156 FamFG, Rn. 2, 6.

1106 Schumann, in: MüKo ZPO, 3. Aufl., § 156 FamFG, Rn. 9.

1107 Zorn, in: Bork/Jacoby/Schwab, FamFG Kommentar, § 158 FamFG, Rn. 2.

1108 Diederichsen, in: Palandt, 70. Aufl., § 1666 BGB, Rn. 39 f.

1109 Vgl. oben Kapitel 3. V. 2. c).

aa) Beschleunigungsgebot

Die Erkenntnis, dass Verfahren in Kindschaftssachen zügiger Entscheidungen bedürfen, ist nicht neu. Die Begründung wird mit unterschiedlicher Gewichtung darin gesehen, dem Kind die Belastungen eines langwierigen Gerichtsverfahrens zu ersparen und einer vermeintlichen »Entfremdung«[1110] vom nicht betreuenden Elternteil entgegen zu wirken. In diesem Sinne sieht die Cochemer Praxis vor, dass Kindschaftssachen vorrangig zu terminieren sind und gegenüber anderen Rechtsstreitigkeiten Priorität genießen. So soll nach Möglichkeit ein erster Termin innerhalb von 14 Tagen anberaumt werden.[1111]

Das erstmals im Rahmen des Gesetzgebungsverfahrens zur Schaffung des FGG-RG (kontrovers[1112]) diskutierte Beschleunigungsgebot wurde bereits durch das Gesetz zur Erleichterung familiengerichtlicher Maßnahmen bei Gefährdung des Kindeswohls in § 50e Abs. 1 bis 3 FGG a.F. mit Wirkung vom 12.7.2008 eingeführt.[1113] Das FamFG übernimmt diese Regelungen ohne sachliche Änderungen und normiert mit § 155 FamFG ein Vorrang- und Beschleunigungsgebot. Gemäß § 155 Abs. 1 FamFG sollen Kindschaftssachen, die den Aufenthalt des Kindes, das Umgangsrecht oder die Herausgabe des Kindes betreffen, sowie Verfahren wegen Gefährdung des Kindeswohls vorrangig und beschleunigt durchgeführt werden. Nach § 155 Abs. 2 FamFG soll dieser Termin spätestens einen Monat nach Beginn des Verfahrens stattfinden. § 155 FamFG ist der Regelung des § 61 a ArbGG nachgebildet und soll die Verkürzung der Verfahrensdauer bezwecken.[1114] Ziel ist, eine zügige und einvernehmliche Konfliktlösung zu fördern und eine Eskalation des Elternkonflikts zu vermeiden.[1115] Das Beschleunigungsgebot ist kein Selbstzweck. Es besteht ausschließlich im Interesse des Kindes und darf daher nicht schematisch ohne konkrete Einzelfallprüfung angewendet werden.[1116] Eine Verfahrensbeschleu-

---

1110 Rudolph 2007, S. 85 f., Rudolph nimmt ausdrücklich Bezug auf PAS nach Gardner. Das sog. PAS nach Gardner entbehrt jedoch einer wissenschaftlichen Grundlage. Bei eingehender Befassung mit PAS nach Gardner werden u. a methodologische, in wissenschaftlicher Hinsicht nicht haltbare Defizite sichtbar. Vgl. zur Kritik an PAS ausführlich Kostka 2004S. 223 ff., 241, 244 ff. (m.w.N.); Bruch, Child & Fam. L. Q. 2002, 381, 381 ff.; Bruch, FamRZ 2002, 1304,1305, (m.w.N.); Emery/Otto/O'Donohue, Psy. Sci. Pub. Interest 2005, 1, 10 (m.w.N.).

1111 Rudolph 2007, S. 47.

1112 Heinke, Streit 2008, 3, 3 ff.

1113 BGBl I 2008 S. 1188.

1114 Zorn, in: Bork/Jacoby/Schwab, FamFG Kommentar, § 155 FamFG, Rn. 1.

1115 Zorn, in: Bork/Jacoby/Schwab, FamFG Kommentar, § 155 FamFG, Rn. 4; krit. Flügge, Streit 2008, 7, 9.

1116 Zorn, in: Bork/Jacoby/Schwab, FamFG Kommentar, § 155 FamFG, Rn. 3.

nigung darf nicht dazu führen, dass eine Gefahrenanalyse im konkreten Einzelfall zu Lasten des Kindeswohls unterbleibt.[1117]

bb) Häusliche Gewalt

Elternstreitigkeiten im Kontext häuslicher Gewalt bergen für die Opfer psychische als auch physische Gefahren. Diese Gefahren und Risiken erneuter Einschüchterungen bzw. Übergriffe sind in angemessener Weise bei der Verfahrensgestaltung zu berücksichtigen und auszuschließen.[1118]

Die Cochemer Praxis berücksichtigt jedoch in ihrer Grundkonzeption die Gefahren häuslicher Gewalt nur unzureichend. Dies ergibt sich zum einen aus dem Bestreben eine Einigung mit der Drohung einer (teilweisen) Sorgerechtsentziehung herbeizuführen und dem Präjudiz der gemeinsamen Sorge.[1119] In diesem Bestreben sollen die Eltern – Täter und Opfer häuslicher Gewalt – mit den beteiligten Professionen gemeinsam eine Einigung erarbeiten. Die Gefahren ergeben sich aus dem Zusammentreffen und der Konfrontation von Täter und Opfer. Ferner ist zu befürchten, dass ein Elternteil, das Opfer häuslicher Gewalt wurde aus Angst um sein Sorgerecht z. B. vorangegangene Drohungen und Tätlichkeiten verschweigt und einer Einigung zustimmt. Hierdurch wird die Gefahrenlage verkannt und verschärft.

Das FamFG trägt der Sicherheit und dem Schutz anzuhörender Beteiligter mit § 33 Abs. 1 S. 2 und § 157 Abs. 2 S. 2 FamFG Rechnung. Danach ist eine getrennte Anhörung bzw. Erörterung möglich, wenn dies zum Schutz eines Beteiligten oder aus anderen Gründen erforderlich ist. § 157 Abs. 1 und Abs. 2 FamFG sind dem Wortlaut nach grundsätzlich nur auf Verfahren nach §§ 1666 f. BGB anwendbar.[1120] An einem Erörterungsgespräch sollen grundsätzlich beide Elternteile gemeinsam teilnehmen, um dem Gericht die Möglichkeit zu eröffnen sich einerseits einen unmittelbaren Eindruck zu verschaffen und andererseits auf die Eltern zur Herstellung eines Einvernehmens (§ 156 Abs. 1 FamFG) einzuwirken.[1121] § 157 Abs. 2 S. 2 FamFG normiert, dass das Gericht zum Schutz der Beteiligten die Erörterung in Abwesenheit eines Elternteils durchführt, wenn ein Zusammentreffen der Beteiligten mit einem besonderen Gefährdungsrisiko verbunden wäre. Beurteilungsgrundlage bildet eine retrospektive Betrachtung der Konfliktsituation im Hin-

---

1117 Flügge, Streit 2008, 7, 7 ff., 9.

1118 Zorn, in: Bork/Jacoby/Schwab, FamFG Kommentar, § 155 FamFG, Rn. 4; krit. Flügge, Streit 2008, 7, 9.

1119 Vgl. Rudolph 2007, S. 50.; krit. Kostka, FamPra.ch 2009, 634, 648. (m.w.N.).

1120 Zorn, in: Bork/Jacoby/Schwab, FamFG Kommentar, § 157 FamFG, Rn. 4.

1121 Zorn, in: Bork/Jacoby/Schwab, FamFG Kommentar, § 157 FamFG, Rn. 11.

blick auf im Vorfeld ausgeübte oder angedrohte Gewalthandlungen für einen der Beteiligten.[1122]

cc) Kindesanhörung

Eine zwingende und unmittelbare Einbeziehung des Kindes in das Verfahren war in der Cochemer Praxis grundsätzlich nicht vorgesehen.

Demgegenüber sieht das FamFG in § 159 Abs. 1 S. 1 eine persönliche Anhörung des Kindes explizit vor. Der Grundsatz der Anhörungspflicht gemäß § 159 FamFG wurde auch in systematischer Hinsicht deutlich herausgestellt, indem § 159 FamFG den Vorschriften über die Anhörungen in Kindschaftssachen vorangestellt wurde.[1123] Das Gericht hat gemäß § 159 Abs. 1 S. 1 FamFG das Kind persönlich anzuhören, wenn es das 14. Lebensjahr vollendet hat. Sofern das Kind das 14. Lebensjahr noch nicht vollendet hat, ist es persönlich anzuhören, wenn die Neigung, Bindungen oder der Wille des Kindes für die Entscheidung des Gerichts von Bedeutung sind oder wenn eine persönliche Anhörung aus sonstigen Gründen angezeigt ist (§ 159 Abs. 2 FamFG). Eine Unterscheidung wird nur hinsichtlich der Art der Anhörung älterer Kinder getroffen, nicht aber in Bezug auf die Frage »ob« eine Anhörung erfolgen soll. Gleiches gilt auch grundsätzlich für die Anhörung jüngerer Kinder, wenn die Voraussetzungen des § 159 Abs. 2 FamFG vorliegen. Auch in diesen Fällen steht trotz der »weichen Bestimmungen«[1124] »ob« eine Anhörung jüngerer Kinder erfolgt nicht im Ermessen des Gerichts.[1125] Somit ging der Gesetzgeber von dem Grundsatz aus, dass eine Kindesanhörung obligatorisch ist.

Die persönliche Anhörung des Kindes ist eine besondere Form der Sachaufklärung (§ 26 FamFG). Mit der Anhörung des Kindes werden mehrere Ziele verfolgt. Primär soll die gerichtliche Entscheidungsfindung optimiert und gleichzeitig dem Kind auch rechtliches Gehör gewährt werden.[1126] Auf diese Weise kann auch der Kindeswille ermittelt werden, der im Rahmen einer regelmäßig erforderlichen Kindeswohlprüfung bis zur Kindeswohlgrenze Berücksichtigung findet.[1127] Der Kindeswille gibt Aufschluss darüber zu welcher Person das Kind die relativ stärkste Bindung empfindet. Ab einem gewissen Alter ist der geäußerte Kindeswille ein Akt der Selbstbestimmung, der mit zunehmendem Alter und Verstandesreife an Bedeu-

---

1122 Zorn, in: Bork/Jacoby/Schwab, FamFG Kommentar, § 157 FamFG, Rn. 12.

1123 Zorn, in: Bork/Jacoby/Schwab, FamFG Kommentar, § 159 FamFG, Rn. 1.

1124 Zimmermann 2009, Rn. 367.

1125 Zorn, in: Bork/Jacoby/Schwab, FamFG Kommentar, § 159 FamFG, Rn. 2.

1126 Zorn, in: Bork/Jacoby/Schwab, FamFG Kommentar, § 159 FamFG, Rn. 2 (m.w.N.).

1127 BVerfG FamRZ 2007, 1078.

tung gewinnt.[1128] Die persönliche Anhörung findet grundsätzlich, sofern es sich nicht um Kleinkinder handelt, in Abwesenheit der Eltern und ihrer Verfahrensbevollmächtigten statt, um Beeinflussungen auszuschließen und das Kind vor Loyalitätskonflikten zu bewahren.[1129] Den Eltern steht aus Kindeswohlgründen kein Recht auf Anwesenheit zu.[1130] Ihnen ist anschließend das Ergebnis der Anhörung mitzuteilen und rechtliches Gehör zu gewähren.[1131] Während der Anhörung soll das Gericht gemäß § 159 Abs. 4 S. 1 FamFG nach pflichtgemäßem Ermessen das Kind in einer seinem Alter und Entwicklungsstand entsprechenden Weise über das Verfahren informieren,[1132] soweit dadurch keine Nachteile für seine Entwicklung zu befürchten sind.[1133] In diesem Zusammenhang hat das Gericht gemäß § 159 Abs. 4 S. 2 FamFG dem Kind Gelegenheit zur Äußerung zu geben.

dd) Interessenvertretung des Kindes

In der Cochemer Praxis sieht sich die Allianz der interdisziplinär zusammenarbeitenden Professionen als ausreichende Vertretung der Kindesinteressen vor Gericht und mittelbar auch gegenüber den Elterninteressen. Vor diesem Hintergrund wird ein Verfahrensbeistand gemäß § 158 FamFG in der Cochemer Praxis weitestgehend als entbehrlich angesehen.[1134]

Die Rechtsfigur des Verfahrensbeistands ersetzt den im bisherigen § 50 FGG vorgesehenen Verfahrenspfleger für minderjährige Kinder. Auch in Kindschaftssachen, die die Unterbringung eines Minderjährigen betreffen, tritt der Verfahrensbeistand an die Stelle des Verfahrenspflegers, § 167 Abs. 1 S. 2. Bei der Verfahrensbeistandschaft handelt es sich um ein ausschließlich verfahrensrechtliches Institut, nicht um eine Beistandschaft nach §§ 1712 ff. BGB.[1135]

1128 OLG Zweibrücken FamRZ 2001, 186.

1129 Zorn, in: Bork/Jacoby/Schwab, FamFG Kommentar, § 159 FamFG, Rn. 15.

1130 Ist dem Kind ein Verfahrensbeistand (§ 158 FamFG) bestellt, soll die Anhörung des Kindes in dessen Anwesenheit stattfinden, § 159 Abs. 4 S. 3 FamFG. Das Ermessen des Gerichts hinsichtlich der Gestaltung der Anhörung ist durch § 159 Abs. 4 S. 3 FamFG eingeschränkt.

1131 KG FamRZ 1980, 1156; Zorn, in: Bork/Jacoby/Schwab, FamFG Kommentar, § 159 FamFG, Rn. 15.

1132 OLG Karlsruhe FamRZ 1994, 915.

1133 Vgl. BT-Drs. 16/6308, S. 240; Zorn, in: Bork/Jacoby/Schwab, FamFG Kommentar, § 159 FamFG, Rn. 14.

1134 Rudolph 2007, S. 51 f.

1135 Zorn, in: Bork/Jacoby/Schwab, FamFG Kommentar, § 158 FamFG, Rn.1

Zur eigenständigen Wahrnehmung der Kindesinteressen im Verfahren ist dem Kind eine allein diesem Interesse verpflichtete Person zur Seite zu stellen, wenn dies aufgrund konkreter Umstände zur Wahrung der Kindesinteressen erforderlich ist.[1136] Zweck der Verfahrensbeistandsbestellung ist der Ausgleich von Defiziten bei der Wahrnehmung der Kindesinteressen durch den/die »üblichen« gesetzlichen Vertreter in den die Person des Kindes betreffenden gerichtlichen Verfahren. Der Gesetzgeber entsprach mit der Schaffung eines eigenen Rechtsinstituts »Verfahrenspflegschaft« bzw. nunmehr »-beistandschaft« der u. a. vom BVerfG[1137] vertretenen Auffassung, wonach es in den die Person eines minderjährigen Kindes betreffenden Verfahren für die am Kindeswohl orientierte Entscheidung von besonderer Bedeutung ist, dass dessen Interessen in einer Weise eingebracht werden, die seiner grundrechtlichen Position hinreichend Rechnung trägt. Nach Ansicht des Gesetzgebers bringt die neue Bezeichnung »Verfahrensbeistand« Aufgabe und Funktion im Verfahren deutlicher zum Ausdruck als der Begriff des Verfahrenspflegers.[1138]

ee) Gerichtsentscheidung

Da die »Cochemer Praxis« bestrebt ist eine außergerichtliche Einigung im Sinne gemeinsame Elternschaft herbeizuführen, erging seit 1996 in familiengerichtlichen Sorgerechtsregelungen in lediglich zwei Konfliktkonstellationen eine gerichtliche Entscheidung[1139]. Hintergrund ist ein »Angebot, das die streitenden Eltern nicht ablehnen können«.[1140] Sie müssen sich im Sinne einer gemeinsamen Sorge einigen, um nicht den (teilweisen) Verlust ihres Sorgerechts zu riskieren.[1141] Dadurch sollen einerseits gerichtliche Entscheidungen ausgeschlossen werden, um eine weitere Polarisierung des Elternkonfliktes und die daraus befürchteten Belastungen für das Kind zu vermeiden.[1142] Andererseits sollen die Eltern gemeinsam dem Kind »erhalten bleiben«, ungeachtet der Nachhaltigkeit einer solchen erzwungenen Einigung. Ungeklärt und bislang nicht evaluiert bleibt die Frage, ob eine solche Einigung auf

---

1136 BT-Drs. 13/4899, S. 130.

1137 BVerfGE 55, 171, 179; BVerfGE 72, 122, 132 ff.; BVerfGE 75, 201, 217 ff.; BVerfG FamRZ 1999, 777; BVerfG Beschl. vom 26.8.1999, Az. 1 BvR 1403/99 (zitiert nach juris); BVerfGE 99, 145, 157.

1138 BT-Drs. 16/6308, S. 238; Zorn, in: Bork/Jacoby/Schwab, FamFG Kommentar, § 158 FamFG, Rn. 2 (m.w.N.).

1139 Rudolph 2007, S. 57.

1140 Rudolph 2007, S 50 f.

1141 Kostka, FamPra.ch 2009, 634, 648 f.

1142 Rudolph 2007, S. 27 ff.

einen zukunftsfähigen Konsens beruht oder lediglich ein Lippenbekenntnis als Kapitulation vor der Robe des Richters darstellt.

Gemäß § 156 Abs. 1 FamFG-E soll das Gericht in Kindschaftssachen auf ein Einvernehmen der Eltern hinwirken. Es kann darüber hinaus gemäß § 156 Abs. 1 S. 4 FamFG auch anordnen, dass die Eltern an einer Beratung teilzunehmen haben. Dies schließt jedoch grundsätzlich eine gerichtliche Entscheidung in letzter Konsequenz nicht aus. Erst eine Handhabe im Sinne der »Cochemer Praxis« würde – wie bereits dargestellt – faktisch zu einem Ausschluss von Gerichtsentscheidungen führen.

3. Durchsetzung der Pflichtberatung (§ 156 FamFG)

Nachdem nun die gerichtlichen Möglichkeiten dargestellt wurden, Eltern zu einer Beratung zu verpflichten, soll im Folgenden darauf eingegangen werden, wie eine solche Verpflichtung durchgesetzt werden kann. Dabei soll der Überlegung nachgegangen werden, ob es jenseits klassischer – gemäß § 156 Abs. 1 S. 5 FamFG ausgeschlossener – Zwangsmittel (§ 35 FamFG) Möglichkeiten gibt, die Motivation der Eltern zu erhöhen angeordnete Beratungs- und Hilfsangebote i. S. d. § 156 Abs. 1 S. 4 FamFG wahrzunehmen.

a) Sanktionssystem - Bußgelder

Angesichts der klaren gesetzgeberischen Entscheidung, dass eine angeordnete Beratung nach § 156 Abs. 1 S. 4 FamFG gemäß § 156 Abs.1 S. 5 FamFG weder selbstständig anfechtbar noch mit Zwangsmitteln durchsetzbar ist, kommt ein auf Bußgelder gestütztes Sanktionssystem zur Durchsetzung der Beratung nicht in Betracht.

Für diese gesetzgeberische Entscheidung spricht zum einen, dass eine (weiterreichende) finanzielle Belastung der Familie – insbesondere des betreuenden Elternteils – zwangsläufig auch zu einer wirtschaftlichen Benachteiligung des Kindes führt und somit mittelbar das Kindeswohl tangiert.

Darüber hinaus zeigen Studien aus den USA,[1143] wo umfangreiche Sanktionsmöglichkeiten der Gerichte bei obligatorischen Beratungsangeboten für Eltern in Trennung vorhanden sind, dass Sanktionsmöglichkeiten keine Garantie für eine Teilnahme an der Beratung darstellen. In ca. zwei Drittel aller untersuchten Programme wurde die Teilnahme der Eltern entweder durch den Familienrichter angeordnet oder war unmittelbar durch Gesetz vorgeschrieben. Trotz dieser sanktionsbewehrten Beratungspflicht berichteten über zwei Drittel der befragten Beratungs-

1143 Braver, et al., Fam. Cons. Crt. Rev. 1996, 41; Bröning 2009, S.148 f. (m.w.N.).

stellen von rückläufigen Teilnehmerzahlen.[1144] Ungeachtet der Frage, ob »Beratung unter Zwang« überhaupt sinnvoll ist, erscheint somit ein unmittelbares Straf- und Sanktionssystem zur Durchsetzung von Beratung ein untaugliches Mittel zu sein.

Unmittelbare Zwangsmittel zur Durchsetzung der Beratung sind ausgeschlossen. Vor diesem Hintergrund erscheint es geboten über alternative Möglichkeiten nachzudenken.

b) Negative Kostenfolge gemäß § 81 Abs. 2 Nr.5 FamFG

Gemäß § 156 Abs. 1 S. 5 FamFG kann eine vom Gericht angeordnete Pflichtberatung der Eltern nicht mit Zwangsmitteln durchgesetzt werden. Jedoch kann die Verweigerung der Teilnahme an der Beratung negative Kostenfolgen gemäß § 81 Abs. 2 S. 5 FamFG nach sich ziehen.[1145]

§ 81 Abs. 1 S. 1 FamFG ermöglicht dem Gericht, den Beteiligten die Kosten des Verfahrens nach billigem Ermessen aufzuerlegen.[1146] Mit § 81 FamFG wird nunmehr allgemein geregelt, dass nicht nur die Erstattung der außergerichtlichen Kosten, sondern auch die Verteilung der Gerichtskosten nach billigem Ermessen erfolgt. Auf diese Weise soll dem Gericht die Möglichkeit eröffnet werden, bei der Verteilung der gerichtlichen Kosten auch den Ausgang des Verfahrens zu berücksichtigen.

Eine allgemeine Verpflichtung des Gerichts, eine Kostenentscheidung zu treffen, sollte – so der Gesetzgeber – mit § 81 FamFG nicht eingeführt werden. Gemäß § 81 Abs. 1 S. 2 kann das Gericht grundsätzlich auch von einer Erhebung absehen. Dies gilt gemäß § 81 Abs. 1 S. 3 FamFG jedoch nicht für Familiensachen. Hier ist stets über die Kosten zu entscheiden.[1147]

In § 81 Abs. 2 FamFG werden Abweichungen vom Grundsatz der Kostenentscheidung nach billigem Ermessen im Sinne des § 81 Abs. 1 FamFG normiert. Dies eröffnet dem Gericht einen weiten Ermessensspielraum, um eine pflichtwidrige Einleitung von Verfahren oder Verstößen gegen die Mitwirkungspflichten der Beteiligten zu sanktionieren. Insbesondere besteht grundsätzlich keine strikte Beschränkung der Kostenauferlegung entsprechend der Verursachungsbeiträge der Beteiligten. Dabei ist nicht erforderlich, dass durch das Verhalten eines Beteiligten überhaupt zusätzliche Kosten entstanden sind. Auch ist das Gericht – so der Ge-

1144 In 40 % der Fälle bestand die Möglichkeit Bußgelder zu verhängen, in 30 % Aufschub oder zumindest Verzögerung des Urteils, Bröning 2009, S.149.

1145 BT-Drs. 16/6308 S. 215 f.

1146 Borth/Grandel, in: Musielak/Borth FamFG, 2. Aufl., Einleitung, Rn. 23.

1147 BT-Drs. 16/6308 S. 215.

setzgeber – nicht auf die Auferlegung solcher zusätzlichen Kosten beschränkt. Es bedarf lediglich eines Zusammenhanges zu dem Verfahrensgegenstand, dessen Kosten den Beteiligten auferlegt werden sollen, d. h. Auferlegung der Kosten regelmäßig nur bezüglich des Verfahrensgegenstandes, auf den sich die Pflichtwidrigkeit des Beteiligten erstreckt.[1148]

Von besonderem Interesse hinsichtlich einer Pflichtberatung im Sinne des § 156 Abs. 1 S. 4 FamFG ist die Kostenregelung des § 81 Abs. 2 Nr. 5 FamFG. Sofern einer der Beteiligten der gerichtlich angeordneten Beratung nicht nachkommt, soll das Gericht diesem die Kosten des Verfahrens ganz oder teilweise auferlegen, wenn der Beteiligte dies nicht genügend entschuldigt.[1149] Die gesetzgeberische Intention dieser Kostenregelung war das Hinwirken, eine einvernehmliche Regelung der Eltern über das Sorge- und Umgangsrecht zu fördern und eine Verweigerungshaltung bei der Kostenentscheidung zu berücksichtigen.[1150] Nach § 81 Abs. 2 Nr. 5 kann die Weigerung, an einer Beratung teilzunehmen, mit einer Kostensanktion bedacht werden.[1151] Dies kann sich aber nur auf Kosten beziehen, die zusätzlich durch diese Weigerung entstanden sind, weil dem Kostenrecht das Verursacherprinzip zugrunde liegt und es nicht dazu dient, eine Strafsanktion anzuordnen.[1152] Eine Ermessensentscheidung im Sinne des § 81 Abs. 1 S. 1 FamFG des Familienrichters darf demnach ausschließlich am Verursacherprinzip orientiert sein. Soweit die Ermessensentscheidung den Charakter einer Strafsanktion trägt, wäre sie fehlerhaft und somit rechtswidrig.

Der mittelbare »Zwang«[1153] durch eine negative Kostenfolge (§ 81 Abs. 2 Nr. 5 FamFG) bei Nichtbefolgen der angeordneten Beratung (§ 156 Abs. 1 S. 4 FamFG) stieß jedoch in der Literatur zum Teil auf Ablehnung.[1154] Es wurde infrage gestellt, ob durch eine faktische »Sanktionierung« tatsächlich eine innere Bereitschaft zur Beratung hergestellt werden kann und eine einvernehmliche Lösung durch außerge-

---

1148 BT-Drs. 16/6308 S. 215 f.

1149 Zimmermann 2009, Rn. 216 ff., 232; Borth/Grandel, in: Musielak/Borth FamFG, 2. Aufl., Einleitung, Rn. 24.

1150 BT-Drs. 16/6308 S. 216.

1151 Musielak/Borth, in: Musielak/Borth, § 156 FamFG, Rn. 2 (m.w.N.).

1152 Musielak/Borth, in: Musielak/Borth, § 156 FamFG, Rn. 2.

1153 Bumiller/Harders, in: Bumiller/Harders, 9. Aufl., § 156 FamFG, Rn. 3-6, »Ein Zwang wird jedoch dadurch ausgeübt, dass die Weigerung eines Elternteils, an einer angeordneten Beratung teilzunehmen, oder deren Verzögerung durch einen Elternteil Kostennachteile nach sich ziehen kann«.

1154 Nake, Schriftliche Stellungnahme Zur öffentlichen Anhörung des Rechtsausschusses des Deutschen Bundestages am 11. Februar 2008, 07.02.2008. (Internetdokument zuletzt geprüft am: 26.03.2010), S. 8; Rauscher, FamFR 2010, 1, 2.

richtliche Beratung gefördert würde. Es wurde befürchtet, dass diese Vorschrift lediglich das äußere Wohlverhalten der Eltern »erzwingen« würde, nicht jedoch die innere Bereitschaft herstellen könne, konstruktiv an einer Beratung der Kinder- und Jugendhilfe teilzunehmen. Vielmehr würde dem Gericht angesichts der im Vorfeld wirkenden Kostendrohung die Möglichkeit genommen, sich ein authentisches Bild anhand des Prozessverhaltens der Beteiligten zu machen. Dem Gericht sei es nicht oder nur schwer möglich, die tatsächliche Tiefe des Elternkonfliktes in seiner ganzen Tragweite objektiv einzuschätzen.[1155]

c) Belohnungssystem – positive Kostenfolge

Ein alternativer Ansatz könnte ein Belohnungssystem darstellen, das die Bereitschaft der Eltern zur Teilnahme an Beratungs- und Hilfsangeboten fördert. Gestützt auf Modelle der Lern- und Motivationstheorie[1156] kann ein Belohnungssystem im Sinne von positiver Verstärkung das Verhalten der Eltern beeinflussen.[1157] Ein so verstandenes System könnte durch zusätzliche Anreize für die Eltern die Wahrnehmung von Beratungsangeboten erhöhen. Insbesondere die Möglichkeit finanzieller Anreize kann Beratung im Zwangskontext unterstützen, wenn z.B. die Berater Einfluss auf die Gewährung von (zusätzlichen) Leistungen (z.B. Geld-, Sach- oder Sozialleistungen) hätten.[1158]

Ein erster Ansatz wäre ein unmittelbares Belohnungssystem, das bei kooperativem Verhalten zusätzliche Vorteile bringt, indem z. B. dem kooperativen Elternteil bei der Teilnahme an Beratung finanzielle Leistungen zukommen. Dieser Ansatz über ein Belohnungssystem positiv auf die Eltern einzuwirken, entspräche der gesetzgeberischen Intention des § 156 Abs. 1 S. 5 FamFG – keine Zwangsmittel zur Durchsetzung angeordneter Beratung einzusetzen –, sondern berücksichtige in zweifacher Hinsicht die Maxime des Kindeswohls. Zum einen, indem unmittelbar durch Leistungen die konkrete Situation des Kindes in der Familie verbessert würde und zum anderen, indem langfristig durch die Beratung auf die Eltern eingewirkt werden könne.

1155 Nake, Schriftliche Stellungnahme Zur öffentlichen Anhörung des Rechtsausschusses des Deutschen Bundestages am 11. Februar 2008, 07.02.2008. (Internetdokument zuletzt geprüft am: 26.03.2010), S. 8.

1156 Z.B. durch sog. Instrumentelle Motivation (instrumental motivation): Das Verhalten wird im Wesentlichen von der Aussicht auf konkrete Vorteile (zB.: Kosten-, Nutzenvorteile) oder Belohnungen von außen (extrinsisch) geleitet, vgl. Mayerl 2009, S. 118 (m.w.N.); Heckhausen 2006, S. 96 ff, 97 (m.w.N.).

1157 Vgl. Edelmann 2000, S. 65, 258; Döring 1980, S. 177.

1158 Vgl. Schweikart/Steiner 2009, S. 222, Anm. 2).

Es ist jedoch nicht auszuschließen, dass durch ein solches unmittelbares Belohnungssystem falsche Anreize gesetzt würden. Eltern, die sich unkooperativ verhalten und beratungsresistent sind, würden durch Belohnungen zur Teilnahme motiviert. Dies könnte den Eindruck vermitteln, dass ein unkooperatives Verhalten einen größeren Vorteil einbrächte, als ein kooperatives Verhalten. Vor diesem Hintergrund erscheint ein unmittelbares Belohnungssystem fraglich.

Ein zweiter denkbarer Ansatz wäre ein mittelbares Belohnungssystem, das dem kooperativen Elternteil die Möglichkeit bietet, seine Kostenlast (Verfahrenskosten) durch Teilnahme an Beratungsangeboten zu verringern (positive Kostenfolge), ohne die Kostenlast des Antragsgegners dadurch zu erhöhen. Der dadurch entstehende Differenzbetrag ginge zu Lasten der Staatskasse. Im Gegensatz zu § 81 Abs. 2 Nr. 5 FamFG würde somit nicht derjenige Elternteil faktisch sanktioniert der unkooperativ ist,[1159] sondern derjenige belohnt, der kooperiert.

Fraglich erscheint jedoch, ob diese positive Kostenfolge gegen das Verursacherprinzip des Kostenrechts verstößt, wie es im Fall des § 81 Abs. 2 Nr. 5 FamFG kritisiert[1160] wird. Nach dem Kostenverursachungsprinzip[1161] hat derjenige die Kosten zu tragen, die er verursacht. Ein kooperatives Verhalten zum einen und die Teilnahme an der Beratung zum anderen führt zu einer Entlastung der Gerichte[1162] und damit zu einer Reduzierung der Kosten. Folglich verstößt dieses System nicht gegen das Kotenverursachungsprinzip, wenn das Gericht nach billigem Ermessen die Arbeitserleichterung im individuellen Fall kostenreduzierend berücksichtigt (z. B. auf Grundlage einer Mitteilung der Beratungsstelle). Auch das Argument § 81 Abs. 2 Nr. 5 FamFG führe zu einem faktischen Zwang und widerspreche damit gegen die Intention des § 156 Abs. 1 S. 5 FamFG keine Zwangsmittel einzusetzen, kann im Fall eines Belohnungssystems (positive Kostenfolge) nicht durchgreifen, da hierdurch kein Zwang ausgeübt wird. Dies kommt der gesetzlichen Intention des § 156 Abs. 1 S. 5 FamFG näher, als ein faktisches Sanktionssystem.

1159 Vgl. Kapitel 3. V. 3. b).

1160 Musielak/Borth, in: Musielak/Borth, § 156 FamFG, Rn. 2.

1161 sog. Veranlasserprinzip: BGH Beschl. v. 4. März 1993 – Az. V ZB 5/93, Rn. 11 (zitiert nach Juris); BGH Beschl. v. 26. November 1953 – Az. IV ZR 127/53; BGH Beschl. v. 4. Dezember 1974 – Az. VIII ZB 30/74; BGH Beschl. v. 18. November 1982 – Az. III ZR 113/79.

1162 BT-Drs. 13/4899, S. 51, 75; Schumann, in: MüKo ZPO, 3. Aufl., § 156 FamFG, Rn. 2 dort Nachweis 6.

Kapitel 4. Schlussbetrachtung

Richtet man den Blick auf die Scheidungsfolgenforschung, so zeigt sich, dass eine Trennung und Scheidung neben gravierenden ökonomischen Folgen auch ein nicht zu vernachlässigendes Risiko für die psychische und psychosomatische Entwicklung des Kindes darstellt. Hinsichtlich möglicher Langzeitfolgen von Trennung und Scheidung können keine klaren Aussagen getroffen werden, da ein Hauptproblem der Scheidungsfolgenforschung darin besteht, eine klare Kausalität zwischen Scheidungssituation und späteren Problemen der Kinder im Erwachsenenalter herzustellen. Es ließ sich lediglich das Phänomen beobachten, dass Kinder, die eine Trennungs- und Scheidungssituation miterlebt haben, selbst als Erwachsene häufiger von Trennung und Scheidung betroffen waren. Für dieses Phänomen existiert jedoch noch keine wissenschaftlich abschließende Erklärung.

Die Scheidungsfolgenforschung zeigt, dass neben der ökonomischen Situation des Kindes insbesondere die Reduzierung des Elternstreits der wichtigste Faktor ist, um dem Kind bei der Bewältigung der Scheidungssituation zu helfen. Da, wie oben ausgeführt, zwischen Kooperationsfähigkeit der Eltern einerseits und einem minimierten Konfliktniveau andererseits differenziert werden muss, darf eine angeordnete Beratung nicht zu einer langfristig erzwungenen Kooperation führen, sofern nicht zuvor eine Minimierung des Elternstreits eingetreten ist. Soweit eine Beratungssituation diese Voraussetzungen im Einzelfall sicherstellen kann, ist sie ein begrüßenswertes Instrumentarium. Die Scheidungsfolgenforschung hat gezeigt, dass insbesondere in der Nachscheidungsphase Beratung und Hilfen für Eltern und Kind eine große Bedeutung haben. Entscheidend ist jedoch, dass das Kind unmittelbar an der Beratung und Hilfe partizipiert. Nur durch diese unmittelbare Beteiligung des Kindes kann Beratung und Hilfe die Risiken einer Trennung und Scheidung minimieren und als protektiver Faktor dem Kind bei der Bewältigung der Scheidungssituation seiner Eltern helfen.

Eine lediglich mittelbare Einbeziehung des Kindes über seine Eltern kann diesen Zweck nicht erfüllen. Zum einen weil die Gefahr besteht, dass die wirklichen Interessen und Vorstellungen des Kindes unberücksichtigt bleiben oder nur durch die Sichtweise der Eltern gefiltert Einzug in die Beratung finden. Zum anderen bekommt das Kind das Gefühl vermittelt ausgeliefert und übergangen zu werden. Vor diesem Hintergrund ist die Einhaltung des Art. 12 UN-KRK zwingend erforderlich. Dies betrifft nicht nur – wie geschehen das Verfahrensrecht (§ 159 FamFG) – sondern insbesondere auch die Mediation. Es erscheint insoweit bedenklich, wenn ein Familiengericht gemäß § 156 Abs. 1 S. 3 FamFG auf die Möglichkeiten der Mediation hinweisen soll (muss), obwohl im Mediationsverfahren bis dato nicht sichergestellt ist, dass das Kind in gleichem Maße beteiligt wird, wie dies nach dem FamFG (§ 159 FamFG) zwingend vorgeschrieben ist.

Darüber hinaus muss die Gefahr von häuslicher Gewalt – wie auch die Gesetzesmaterialien zum FamFG ausdrücklich klarstellen – berücksichtigt werden. In diesem Sinne muss jede staatliche Maßnahme, die sich am Kindeswohl zu orientieren hat, vor allen anderen Überlegungen sicherstellen, dass eine solche Gefährdung ausgeschlossen wird. Erst dann – und nur dann – sind Maßnahmen zur Herstellung eines Einvernehmens in Betracht zu ziehen. Aufgrund der erforderlichen Einzelfallprüfung darf eine Verpflichtung zur Teilnahme an einer Beratung erst nach einer gerichtlichen Einzelfallprüfung angeordnet werden. Dies ist bei der gesetzgeberischen Ausgestaltung, wie mit § 156 FamFG geschehen, zu berücksichtigen.

Hinsichtlich der Frage, ob Beratung im Zwangskontext erfolgreich durchgeführt werden kann, ist festzustellen, dass auch solche Beratungen positiven Einfluss auf die Eltern haben können. Grundsätzlich begrüßenswert sind Maßnahmen, die das Einvernehmen der Eltern ermöglichen, den Eltern die Bedeutung des Kindeswohls verdeutlichen und zu einer zügigen Beendigung des Streits führen.

Im Hinblick auf eine obligatorische Beratung wurde mit § 156 Abs. 1 S. 4 FamFG für die »Cochemer Praxis« eine »Pflichtberatung Kraft Autorität des Richters«, eine Rechtsgrundlage geschaffen. Dennoch bleibt aus den oben genannten Gründen das sogenannte »Cochemer Modell« kritikwürdig, da ein Einvernehmen der Eltern um jeden Preis angestrebt werden soll. Darüber hinaus ist die präjudizielle Vorgehensweise zu bemängeln, die keine ergebnisoffene Beratung intendiert, sondern auf eine gemeinsame Sorge abzielt.

Es kann festgehalten werden, dass es der Elternverantwortung (Art 6 Abs. 2 S. 1 GG) entspricht, sich im Falle von Trennung und Scheidung externer Hilfe zu bedienen, sofern sie nicht in der Lage sind ihren Elternstreit zum Wohle des Kindes zu minimieren. Hierbei kommt den Eltern jedoch ein weiter Beurteilungsspielraum zu.

Das staatliche Wächteramt gemäß Art. 6 Abs. 2 S. 2 GG hat als Garantienorm sowohl die Wiederherstellung der Ausübungsmöglichkeiten der Elternverantwortung als auch die Förderung des Kindeswohls sicherzustellen. Dem entspricht die Normierung einer Pflichtberatung, sofern diese ausschließlich am Kindeswohl orientiert ist. Es stellt insoweit auch keinen Widerspruch zu dem Elternrecht aus Art. 6 Abs. 3 S. 1 GG dar, da die Statuierung einer Pflichtberatung gerade die Wiederherstellung oder Unterstützung der Elternverantwortung im Falle von Trennung und Scheidung zum Ziel hat. Eine solche Unterstützung durch den staatlichen Wächter erscheint gerade angesichts der gewandelten sozioökonomischen Bedingungen als geboten. Die Herausforderungen, Aufgaben und Probleme der Eltern haben sich im letzten Jahrzehnt deutlich verändert, was sich auch auf das Verständnis vom staatlichen Wächteramt niederschlagen muss. Die staatliche Gemeinschaft muss darauf insistieren, dass nicht nur adäquate Hilfsangebote zur Verfügung stehen, sondern diese auch entsprechend wahrgenommen werden.

Hinsichtlich der Verfahrensabläufe, im Falle einer angeordneten Beratung im Sinne des §§ 156 Abs. 1 S. 4 FamFG ist zu fordern, dass die Eltern nach Abschluss der Beratungsmaßnahmen das Ergebnis dem Gericht vorlegen. Ohne eine entsprechende Vorlagepflicht der Beratungsergebnisse besteht die Gefahr, dass, trotz der Risiken einer Scheidungssituation für das Kind, die Überprüfung einer Kindeswohlgefährdung im Sinne des § 1666 BGB faktisch ins Leere läuft. In diesem Sinne ist eine Ergänzung des § 156 Abs. 1 FamFG dahingehend zu fordern:

Das Ergebnis der Beratung ist dem Gericht von der Beratungsstelle schriftlich zur Kenntnis zu bringen. Soweit ein einvernehmliches Konzept erarbeiten wurde, ist auch dieses mitzuteilen.

Hierdurch wird zum Ausdruck gebracht, dass weder eine Pflicht zur Einigung besteht noch, dass ohne weitere Anhaltspunkte eine nachteilige Entscheidung allein auf das Ausbleiben eines Konsenses gestützt werden darf. Eine angeordnete Teilnahme an Hilfs- und Beratungsangeboten der Jugendhilfe kann nach dem eindeutigen Willen des Gesetzgebers nicht mit Zwangsmitteln durchgesetzt werden. Dennoch ist zu überlegen, ob jenseits der klassischen Zwangsmittel eine Möglichkeit besteht, Eltern zur Teilnahme zu motivieren. In diesem Zusammenhang sei auf Ergebnisse der Motivationsforschung verwiesen. Hieraus resultiert, dass gerade ein Belohnungssystem Anreiz sein kann, einer Beratungsanordnung Folge zu leisten.

Als Fazit kann festgehalten werden, dass eine Pflichtberatung mit der Elternverantwortung und dem staatlichen Wächteramt (Art. 6 Abs. 2 GG) vereinbar ist. Die Scheidungsfolgenforschung zeigt,[1163] dass eine Trennung und Scheidungssituation der Eltern ein erhebliches psychisches und psychosomatisches Risiko für die Entwicklung des Kindes darstellt. Ebenso wurde festgestellt, dass es den Eltern aufgrund ihres hoch emotionalen Konfliktes oft nicht (mehr) möglich ist die familiale Situation im Hinblick auf das Kindeswohl zutreffend einzuschätzen, um ihrer Elternverantwortung aus Art. 6 Abs. 2 S. 1 GG gerecht zu werden.[1164] Der Elternkonflikt wird durch höchst komplexe und individuelle Faktoren beeinflusst, die monokausale Erklärungsansätze ausschließen; d. h. Trennung und Scheidung können nicht per se als Kindeswohlgefährdung angesehen werden.

Die Scheidungssituation – an der die Kinder zwangsläufig partizipieren – darf jedoch nicht ausschließlich auf das »Mikrosystem« Eltern-Kind-Verhältnis reduziert betrachtet werden. Die Komplexität der Zusammenhänge erfordert eine weitergehende Betrachtung und Einbeziehung der sozioökonomischen Bedingungen unter denen Eltern ihrer Elternverantwortung nachkommen müssen. Diese Bedingungen beeinflussen nicht nur die Sozialisation des Kindes in der Familie, sondern bestimmen insbesondere den Umgang und die Bewältigung der Trennungssituation.

1163 Vgl. Kapitel 1. II.

1164 Vgl. Kapitel 1.IIIKapitel 1. III.

Der Auftrag an die staatliche Gemeinschaft aus Art. 6 Abs. 2 S. 2 GG über die kindeswohlgerechte Ausübung der Elternverantwortung zu wachen, ist als Garantienormkonzept zu verstehen.[1165] Dieses beinhaltet eine Interventionsgarantie der staatlichen Gemeinschaft um jene Bedingungen und Verhältnisse aufzufangen, die eine kindeswohlgerechte Ausübung der Elternverantwortung erheblich erschweren oder verhindern. Die gesellschaftlichen Verhältnisse haben sich, seitdem *Jean-d'Heur* Anfang der 1990er Jahre das Garantienormkonzept entwickelt hat, abermals deutlich verändert. Die Anforderungen an die Eltern und die Möglichkeit ihrer Elternverantwortung nachzukommen sind komplexer und schwieriger geworden. Dieser Umstand kann für sich genommen ein Einschreiten des staatlichen Wächters grundsätzlich nicht begründen. Die sozioökonomischen Rahmenbedingungen[1166] der Familie müssen insoweit als allgemeines »Familienrisiko« angesehen werden.[1167] Der Schutz des Kindeswohls garantiert keine optimale – bestmögliche – Erziehung und Sozialisation. Den Eltern obliegt lediglich die Pflicht im Rahmen ihrer persönlichen, sozialen und ökonomischen Fähigkeiten, eine am Wohl des Kindes orientierte Sozialisation sicherzustellen. Allerdings dürfen weder die gesellschaftlichen Rahmenbedingungen, noch die innerfamiliale Konfliktsituation isoliert betrachtet werden. Sie bedingen und beeinflussen sich gegenseitig und schließen eine monokausale Betrachtung aus.

Sieht man dementsprechend die Trennungs- und Scheidungssituation im Kontext der gewandelten gesellschaftlichen Veränderungen, so treffen zwei hoch komplexe Lebenssachverhalte aufeinander und begründen eine neue – weitaus komplexere – Situation, die eine Neubewertung des staatlichen Wächteramtes im Sinne eines »insistierenden Wächteramtes«[1168] erforderlich macht. Verändern sich die gesellschaftlichen Bedingungen der Art, dass das Individuum nicht mehr in der Lage ist, eigenständig die Risiken seines Verhaltens adäquat einzuschätzen, bzw. sich eine Entscheidungsgrundlage durch Informationen zu verschaffen, ist der Staat gehalten, regulierend einzuschreiten und sich schützend vor die systemisch Schwächeren zu stellen.[1169] Entsprechende Defizite muss die staatliche Gemeinschaft kompensieren. Dies gilt erst recht, wenn Dritte, d. h. insbesondere Kinder von bewussten oder unbewussten Entscheidungen ihrer Eltern betroffen sind, ohne dass sie als Kinder darauf Einfluss nehmen können.

Angesichts der gesellschaftlichen Veränderungen ist es die Pflicht der staatlichen Gemeinschaft im Rahmen ihres Wächteramtes aktiv zu werden und entspre-

---

1165 Vgl. Kapitel 3. IV. 3. b).

1166 Vgl. Kapitel 3. IV. 3. c).

1167 Vgl. Kapitel 3. II. 7. a).

1168 Vgl. Kapitel 3. IV. 3. c) ee).

1169 Vgl. Kapitel 3. IV. 3. c) dd) a. E.

chende Regelungen zu treffen. Diesbezüglich ist die Normierung einer Pflichtberatung ein angemessenes Mittel, um Eltern über scheidungsbedingte Probleme der Kinder aufzuklären und sie dabei zu unterstützen ihre Elternverantwortung (wieder) kindeswohlorientiert auszuüben.

Im Hinblick auf die Elternverantwortung (Art. 6 Abs. 2 S. 1 GG) stellt die Normierung einer Pflichtberatung gemäß § 156 Abs. 1 S. 4 FamFG keinen Widerspruch dar. Durch die Vermittlung von Informationen und Entscheidungshilfen in der Scheidungssituation werden die Eltern durch diese Unterstützung befähigt ihre Elternverantwortung kindeswohlorientiert auszuüben. Die Elternverantwortung wird insoweit auch dadurch gewahrt, dass Beratung als niedrigschwellige Maßnahme erst angeordnet werden kann, wenn die Voraussetzungen des § 1666 Abs. 1 BGB vorliegen, oder die Eltern sich selbst an das Familiengericht wenden (vgl. § 156 Abs. 1 FamFG). Solange nicht die Gefährdungsschwelle des § 1666 Abs. 1 BGB überschritten wird und von Amts wegen eingeschritten werden muss, entspricht es dem weiten Beurteilungsspielraum der Eltern, ob sie eine gerichtliche Entscheidung respektive Hilfe einfordern. Im letzteren Fall rufen sie selbst die staatliche Gemeinschaft auf den Plan. Dem Staat kommt in diesem Falle eine »Schlichtungsfunktion«[1170] im Elternstreit zu.[1171] Um der Elternverantwortung im Sinne des Art. 6 Abs. 2 S. 1 GG Geltung zu verschaffen, stellt eine Pflichtberatung (§ 156 Abs. 1 S. 4 FamFG) ein probates Mittel dar, um die langfristige Wahrnehmung der Elternverantwortung sicherzustellen.

Die Kompensationspflicht des staatlichen Wächters darf sich jedoch nicht vordergründig darin erschöpfen eine Beratungspflicht der Eltern zu normieren, in der Hoffnung damit gleichermaßen »Vernunft anzuordnen«. Die Beratung muss in Inhalt und Methodik einheitlich, ergebnisoffen und kindeswohlorientiert strukturiert sein. Ferner müssen Kompetenzen, Aufgaben und Qualifikationen eindeutig definiert werden. Die Art und Qualität der Beratung darf nicht vom Selbstverständnis regionaler Zusammenschlüsse der interdisziplinär zusammenarbeitenden Professionen abhängen. Ein »Outsourcen«[1172] der Beratung darf nicht zu einem Absenken staatlicher Verantwortung führen.[1173] Folglich hat der staatliche Wächter die Pflicht entsprechende Beratungen auszugestalten und durch Kontrolle und Evaluation zu überwachen.

1170 Coester 1983, S. 138.

1171 Vgl. Kapitel 3. IV. 1. .

1172 Schumann, in: MüKo ZPO, 3. Aufl., § 156 FamFG, Rn. 9; Maier, in: Lipp/Schumann/Veit, 2009, S. 109.

1173 Maier, in: Lipp/Schumann/Veit, 2009, S. 109.

Anhang

I. Auszug aus dem österreichischen Bundesgesetz über Mediation in Zivilrechtssachen – §§ 1, 10 und 29 ZivMediatG

Begriff

§1. (1) Mediation ist eine auf Freiwilligkeit der Parteien beruhende Tätigkeit, bei der ein fachlich ausgebildeter, neutraler Vermittler (Mediator) mit anerkannten Methoden die Kommunikation zwischen den Parteien systematisch mit dem Ziel fördert, eine von den Parteien selbst verantwortete Lösung ihres Konfliktes zu ermöglichen.

[...]

Fachliche Qualifikation

§ 10. (1) Fachlich qualifiziert ist, wer auf Grund einer entsprechenden Ausbildung (§ 29) über Kenntnisse und Fertigkeiten der Mediation verfügt sowie mit deren rechtlichen und psychosozialen Grundlagen vertraut ist. Die Ausbildung ist tunlichst in Lehr- und Praxisveranstaltungen solcher Einrichtungen, einschließlich der Universitäten, zu absolvieren, die der Bundesminister für Justiz in die Liste der Ausbildungseinrichtungen und Lehrgänge für Mediation in Zivilrechtssachen eingetragen hat.

(2) Bei Beurteilung der fachlichen Qualifikation sind jene Kenntnisse und Fertigkeiten, die Angehörige bestimmter Berufe, insbesondere Psychotherapeuten, klinische Psychologen und Gesundheitspsychologen, Rechtsanwälte, Notare, Richter, Staatsanwälte, Wirtschaftstreuhänder, Ziviltechniker, Lebens- und Sozialberater, Sozialarbeiter, Unternehmensberater oder Hochschullehrer aus einem einschlägigen Fach, im Rahmen ihrer Ausbildung und ihrer Berufspraxis erworben haben und die ihnen bei Ausübung der Mediation zustatten kommen, zu berücksichtigen.

Verordnungsermächtigungen

§ 29. (1) Der Bundesminister für Justiz hat nach Anhörung des Beirats für Mediation durch Verordnung nähere Bestimmungen über die Ausbildung für Mediatoren festzulegen. Dabei können die Ausbildungsinhalte nach Fachbereichen unterschiedlich festgesetzt werden.

(2) Der theoretische Teil der Ausbildung ist, aufgegliedert nach einzelnen Ausbildungsinhalten, mit 200 bis 300, der anwendungsorientierte Teil mit 100 bis 200 Ausbildungseinheiten festzulegen. Es haben insbesondere zu umfassen

1. der theoretische Teil:

a) eine Einführung in die Problemgeschichte und Entwicklung der Mediation, einschließlich deren Grundannahmen und Leitbilder;

b) Verfahrensablauf, Methoden und Phasen der Mediation unter besonderer Berücksichtigung verhandlungs- und lösungsorientierter Ansätze;

c) Grundlagen der Kommunikation, insbesondere der Kommunikations-, Frage- und Verhandlungstechniken, der Gesprächsführung und Moderation unter besonderer Berücksichtigung von Konfliktsituationen;

d) Konfliktanalysen;

e) Anwendungsgebiete der Mediation;

f) Persönlichkeitstheorien und psychosoziale Interventionsformen;

g) ethische Fragen der Mediation, insbesondere der Position des Mediators;

h) rechtliche, insbesondere zivilrechtliche, Fragen der Mediation sowie Rechtsfragen von Konflikten, die für eine Mediation besonders in Betracht kommen;

2. der anwendungsorientierte Teil:

a) Einzelselbsterfahrung und Praxisseminare zur Übung in Techniken der Mediation unter Anwendung von Rollenspielen, Simulation und Reflexion;

b) Peergruppenarbeit;

c) Fallarbeit und begleitende Teilnahme an der Praxissupervision im Bereich der Mediation.

(3) Die für einen Beruf erforderliche Ausbildung und die bei dessen Ausübung typischerweise erworbene Praxis ist angemessen zu berücksichtigen (§ 10).

II. Auszug aus der Studie von *Fichtner* (2007)

Die Studie von *Fichtner* (2007) zur Evaluation des »Cochemer Modells ist als Internetdokument über die Internetpräsenz des Deutsches Jugendinstitut e. V. - Abteilung Familie/Familienpolitik (www.dji.de) verfügbar.[1174]

> »Die Eigenangaben zu Evaluation bzw. Erfolgsquoten und die veröffentlichten Arbeiten hierzu [»Cochemer Modell«] divergieren stark: Es liegen lt. eigenen Angaben eine Reihe von evaluativen Arbeiten vor, derzeit werden je eine juristische und eine psychologische Dissertationsarbeit zur Arbeitsweise in Cochem erstellt. Eine Nutzerumfrage weise 95% zufriedene Eltern aus, 70% der Verfahren würden in der ersten Anhörung geregelt, lediglich in 1-2% der Regelung käme es zu Folgeverfahren. Auf der Internetsite des Arbeitskreises werden zwei Diplomarbeiten der Fachhochschule Koblenz sowie der als „Studie" bezeichnete Überblicksartikel von Füchsle-Voigt (2004), selbst Mitglied im Arbeitskreis, wiedergegeben. Von diesen ist nur die Arbeit von Gorges[[1175]] (o. Jg.) als empirische Studie zu werten, die allerdings aufgrund der geringen Stichprobe von N = 20 befragten Eltern nur begrenzt aussagefähig ist (die Rücklaufquote lag lt. Untersuchung bei 24%; lt. angegebenen Daten lediglich bei 15%). Diese Ergebnisse dokumentieren allerdings weit geringere Raten an Zufriedenheit als die genannten 95%. So waren hiernach z.B. mehr als zwei Drittel der befragten Eltern gar nicht oder nur wenig zufrieden mit der Beratung vor Gericht. Weiterhin wird mehrfach „Lengowski 2005" zitiert (z.B. Gorges o. Jg., Moskopp 2006[[1176]]), wonach 98 % der Eltern eine einvernehmliche Lösung fänden. Die empirische Basis für dieses Ergebnis wird allerdings in keiner der Quellen genannt, war auch auf Nachfrage nicht zu erhalten und widerspräche den Ergebnissen von Gorges.«[1177]

1174 Fichtner 2007.

1175 Gorges o. Jg.

1176 Moskopp 2006.

1177 Fichtner 2007, S. 31.